OEUVRES

COMPLÈTES

DE PIGAULT-LEBRUN.

TOME XVII.

L'ÉGOISME.
LE BEAU-PÈRE ET LE GENDRE.

DE L'IMPRIMERIE DE FIRMIN DIDOT,
RUE JACOB, N° 24.

OEUVRES

COMPLÈTES

DE PIGAULT-LEBRUN.

TOME DIX-SEPTIÈME.

A PARIS,

CHEZ J.-N. BARBA, LIBRAIRE,

ÉDITEUR DES OEUVRES DE M. PICARD ET DE M. ALEX. DUVAL,
PALAIS-ROYAL, N° 51, DERRIÈRE LE THÉATRE-FRANÇAIS.

1824.

L'ÉGOÏSME,

OU

NOUS LE SOMMES TOUS.

CHAPITRE PREMIER.

INTRODUCTION.

« Vous êtes un égoïste. — J'aime à croire le con-
« traire. — Au reste, tous les hommes le sont. —
« L'expression est forte. — Elle est juste. — Ah!
« je suis égoïste, moi? — Hé! sans doute. — J'ai
« passé les deux tiers de ma vie à servir mon pays.
« — A vous occuper de vous. Né avec de la for-
« tune, vous avez ambitionné des places. — Je les ai
« méritées. — Afin de les obtenir. — Je les ai rem-
« plies avec désintéressement. — Parce que vous
« n'aviez besoin de rien. Mais il vous fallait de la
« considération, des honneurs, des gens à proté-
« ger, des inférieurs à brusquer. — Je n'ai jamais
« brusqué que ceux qui n'ont pas fait leur devoir.
« — Vous seul avez été leur juge, et vous avez
« toujours jugé d'après vos dispositions du moment.

« Ne pas adopter aveuglément toutes vos idées;
« ne pas exécuter à la minute celle que vous avez
« le moins réfléchie; oser discuter avec vous; es-
« sayer de vous ramener à une manière de voir
« plus saine, sont à vos yeux des torts que vous
« ne pardonnez pas, parce qu'ils blessent votre
« orgueil. Vous avez aussi des supérieurs, et vous
« en parlez avec légèreté, pour faire disparaître
« les distances. Un enfant brûle d'atteindre un
« fruit au-dessus de sa portée; il monte sur des
« échasses, et il se croit grandi : vous êtes cet en-
« fant-là. — J'ai des faiblesses, sans doute; mais
« j'ai, par devers moi, des actions, dont je peux
« m'honorer. — Lesquelles? — J'ai épousé une
« femme pauvre... — Vous aviez des biens consi-
« dérables. — Pour relever une famille illustre...
« — Dont le crédit vous était nécessaire. — J'ai
« doté une nièce... — Qu'il fallait éloigner, parce
« qu'elle déplaisait à madame, et que les tracas-
« series de ménage vous fatiguent. — J'ai fondé
« des établissemens utiles. — Pour vous entendre
« louer par le public, et lire votre éloge dans les
« journaux. — Mais vous empoisonnez tout. — Je
« n'empoisonne rien : j'apprécie les choses à leur
« juste valeur. Oui, mon cher ami, tous les hom-
« mes sont égoïstes, et chacun l'est à sa manière.
« On colore d'un vernis, plus ou moins épais,
« plus ou moins brillant, un penchant naturel,
« qu'on blâme ouvertement dans ceux qui contra-
« rient notre marche, et qu'on excuse dans l'indi-

« vidu dont on n'attend ni bien, ni mal. L'amour-
« propre, ou l'amour de soi, est permis et encou-
« ragé, parce qu'il conduit, dit-on, à faire de
« grandes choses. Quelle différence y a-t-il de cet
« amour de soi à l'égoïsme? une nuance presque
« imperceptible. Pour qui fait-on de grandes cho-
« ses? pourquoi s'expose-t-on à se faire tuer pour
« des querelles, auxquelles on est tout à fait
« étranger? Parce qu'on est dévoré de passions
« sourdes, qu'on veut satisfaire, à quelque prix
« que ce soit; que ces passions sont tellement vio-
« lentes, qu'elles l'emportent sur l'amour de la vie,
« le premier sentiment de l'instinct animal. Et ce-
« lui qu'elles subjuguent, qu'elles entraînent, est
« animé de l'amour du bien public? Prétendez-vous
« me prouver cela? Il cède à l'amour de soi; il ne
« voit que la faveur et les graces; que les jouis-
« sances, qui l'attendent au bout de la carrière.
« Les bonnes gens le décorent des titres les plus
« pompeux : moi, je l'appelle égoïste, parce que
« c'en est un. Je le répète, mon cher monsieur,
« tous les hommes sont égoïstes. J'avoue que je
« le suis; les autres le nient; voilà toute la dif-
« férence. »

Ainsi parlaient M. de Versac et le comte d'A-
laire. Le premier est un homme de cinquante ans,
à qui de longs travaux ont fait une réputation,
que le comte d'Alaire seul ose lui contester. D'A-
laire avoue hautement que jamais il n'a rien fait
que pour lui, et personne ne le hait, parce qu'on

sait que le nom n'est rien à la chose; que l'homme qui s'occupe exclusivement de lui, sans nuire à personne, fait nécessairement du bien à quelqu'un, lorsque le sien se lie à celui d'un autre, ce qui arrive fréquemment. Ce genre d'égoïsme ne vaut-il pas une prétendue philantropie, qu'on affecte pour se faire bénir partout, excepté chez soi : les juges les plus éclairés, les moins corruptibles d'un chef de famille sont sa femme et ses enfans.

Versac et d'Alaire vivaient fort bien ensemble, quoiqu'ils fussent toujours divisés d'opinion. D'Alaire aimait la discussion, parce que très-souvent il avait l'avantage sur Versac. Si son adversaire avait eu une certaine supériorité d'esprit et de lumières, il s'en serait éloigné, et il le lui déclarait avec sa franchise ordinaire. L'amitié, lui disait-il, cette divine amitié, si chantée en vers et en prose, n'est qu'une liaison, qui fait toujours une dupe. Lisez, observez, réfléchissez, et vous verrez partout qu'un des deux amis est, plus ou moins, victime de l'autre. Ils restent cependant unis, parce que celui à qui l'amitié est utile, n'a aucun motif de rompre, et que l'autre a contracté l'habitude de céder. Il est subjugué au point de ne plus sentir le poids de sa chaîne. Il en est dédommagé par des soins, des égards, des attentions, des prévenances, qui l'attachent parce qu'il n'est pas sûr de trouver les mêmes avantages ailleurs. Il n'est pas bien; mais il craint d'être mal, et il se tient où il est : c'est un égoïste.

Vous croyez donc, répondait Versac, que je n'aurais pas la force de m'éloigner de vous, si je croyais devoir le faire? Je vous en défie, répliquait d'Alaire. Qu'êtes-vous dans le monde? un être constamment loué, applaudi, enivré, fatigué d'encens, excédé d'entendre dire et de répéter sans cesse les mêmes choses; un être toujours hors de la nature. Forcé de redevenir homme, à certains intervalles, ce n'est que près de moi que vous vous retrouvez. Je vous dépouille, pour quelques instans, de ce fastueux et triste étalage, qui ne séduit que ceux qui n'en connaissent pas le vide et l'ennui. Je vous fais oublier l'insipide et monotone langage de la flagornerie. Je vous contrarie, je vous gronde; je vous dis quelquefois des vérités dures, qui vous sont rarement utiles; mais enfin je vous rends à vous-même, et vous m'en savez intérieurement trop bon gré, pour que jamais vous puissiez sérieusement penser à rompre avec moi.

Le lecteur ne sait pas encore ce qui a amené ces longues et profondes discussions; je m'empresse de le lui apprendre : je ne veux pas lui donner d'humeur, en commençant mon livre. Peut-être n'en aura-t-il que trop, quand il arrivera à la fin.

Versac était entré chez d'Alaire, paré d'un large cordon rouge, et le cœur couvert d'un soleil de paillettes d'or. « Je ne vois pas grand mal, lui avait « dit d'Alaire, à ce que vous portiez ce qui n'est

« quelquefois que le licou de la bêtise. Vous res-
« semblez à cet enfant qui court avec ardeur après
« un papillon revêtu des plus brillantes couleurs,
« et qui ne s'en soucie plus quand il s'en est saisi.
« Dans un mois, vous ne verrez plus qu'une aune
« de ruban dans ce qui vous rend si fier aujour-
« d'hui. Ce que je ne vous pardonne pas, c'est d'a-
« voir rusé, intrigué, manœuvré pour enlever à un
« soldat, blanchi sous le poids des armes et des
« ans, un hochet qui eût charmé ses derniers jours.
« — Que n'a-t-il été aussi heureux ou aussi adroit
« que moi ? Qu'importe d'ailleurs à la société que
« cet homme s'éloigne triste ou gai ? » La réplique
était simple, et d'Alaire ne la fit pas attendre. C'est
le mot qui commence cet ouvrage : *Vous êtes un
égoïste.*

CHAPITRE II.

Que ferai-je de ces deux hommes-là ?

Le titre de ce chapitre rend assez bien l'espèce
d'anxiété où je me trouve. Ce n'est pas la première fois que je me suis dit, en attachant quelques feuilles de papier ensemble : Que vais-je faire ?
Je commence, n'importe comment ; je vais ; quelques faits se lient ; une action forte ou faible,
bonne ou mauvaise s'engage ; j'arrive à un dénoûment, prévu ou non ; le livre est lancé ; on le lit,
puisqu'on le critique, et moi je me repose.

Si cette manière n'est pas la meilleure, elle est au moins la plus commode. Je m'en trouve trop bien pour en changer. D'ailleurs, ce n'est pas après avoir mis, pendant quarante ans, du noir sur du blanc, qu'on s'avise de chercher le mieux possible. Allons, avançons, aux risques et périls des oisifs qui voudront nous lire.

On ne manque pas de se montrer en public le jour, où, pour la première fois, on s'est passé un cordon rouge au cou. Versac était allé à l'Opéra, et vous prévoyez bien qu'il n'avait pas négligé les précautions d'usage. Ses gens avaient quitté la livrée, et s'étaient partagé le parquet. Quelques protégés, beaucoup de ceux qui espéraient l'être, étaient dispersés dans la salle. Dès que Versac parut, un murmure flatteur se fit entendre, et ceux qui n'avaient encore que des espérances, murmuraient plus haut que les autres : ils voulaient se faire remarquer du patron.

Versac n'était pas connu de toute la France, et de bonnes gens se demandaient à qui s'adressaient ces marques d'approbation. Je vais vous le dire, répondit, assez haut, un petit homme sec, au teint hâve, aux sourcils rapprochés, au nez saillant, à la bouche rentrante, à l'habit râpé, et qui avait les deux mains appuyées sur une vieille canne, que ses ancêtres lui avaient transmise. Cet homme-là aimait le plaisir qui ne lui coûtait rien, par la raison toute simple qu'il ne pouvait l'acheter. La femme de chambre d'une danseuse lui avait donné un billet de parquet, pour applaudir un pas de deux, et il se trouvait précisément sous la loge dont Versac occupait le devant.

« Ce personnage que vous voyez là, dit le pe-
« tit homme, oblige beaucoup de gens qui n'ont
« besoin de rien, parce qu'ils sont répandus dans
« le grand monde, et qu'ils étayent une réputation
« de philantropie, qui chancelle quelquefois, et
« que le protecteur s'est acquise, on ne sait trop
« comment. Ils se gardent bien de dire que cet
« homme est dur, ingrat, injuste même à l'égard
« de ceux qu'il ne craint pas. J'ai servi trente ans
« dans les bureaux de son administration, et j'ai
« été renvoyé, parce que ma place convenait au
« frère d'une petite fille pour laquelle il a des
« bontés. On le félicite assez directement sur la
« décoration qu'il vient d'obtenir, et celui qui l'a-
« vait méritée est mort aujourd'hui du chagrin
« d'avoir été écarté. »

Versac n'avait pas perdu un mot, et l'intention du petit homme était de se faire clairement entendre : on a nécessairement de l'humeur, quand on a perdu un emploi, dont on tenait l'existence, et il est bien difficile de ne pas se venger, quand on en trouve l'occasion.

Ce que venait de dire Moufflard passa de bouche en bouche, et bientôt des murmures d'improbation couvrirent ceux qui flattaient si agréablement l'oreille de Versac. Il ne pardonnait la contradiction qu'à d'Alaire. Il était vif, emporté, et déja il pâlissait de colère. Cependant nous n'étions plus au bon temps, où un grand écrasait l'homme du peuple qui osait le juger, et il faut imposer silence, de quelque manière que ce soit, à un censeur d'autant plus dangereux qu'il est véridique. Versac prit tout à coup un air affable, et fit signe à Moufflard. Moufflard ne savait s'il devait se rendre à l'invitation de Versac : la loi le protégeait; mais on l'élude quelquefois. Un second signe, un sourire de bienveillance encouragent le petit homme. Il se lève, il traverse le parquet, au grand mécontentement de ceux qu'il dérange. Il sort, il gagne l'escalier des premières, il arrive à la loge de monseigneur.

« Dites-moi, monsieur, pourquoi, depuis trois
« jours, vous n'avez point paru dans les bureaux?
« — Parbleu, monseigneur, vous m'en avez chassé.
« — Chassé! ah, mon ami!... je ne retrouve pas
« votre nom.—Moufflard, pour vous servir, mon-
« seigneur. — Moufflard, c'est bien cela; un an-
« cien employé... — Trente ans de service. — Et
« vous avez pu croire que je vous aie destitué!—
« Je ne vois pas comment j'en aurais pu douter.
« — Vous n'avez donc pas reçu votre nouvelle
« commission?—Ma nouvelle commission! quoi,
« monseigneur, vous auriez eu la bonté... — En
« vérité, rien ne finit dans ce bureau du person-
« nel. Oui, mon cher, j'ai nommé à votre petite
« place un jeune homme qui donne de grandes

« espérances, et je vous ai fait monter à un em-
« ploi de mille écus. — Ah! monseigneur, com-
« ment reconnaître... — En continuant de vous
« conduire, comme vous l'avez fait jusqu'ici. Pas-
« sez demain à deux heures au bureau des expé-
« ditions. Allez, Moufflard, allez. »

Moufflard se retire à reculons, en faisant des révérences jusqu'à terre. La porte de la loge est à peine fermée, qu'il se relève et se caresse le menton ; son air est rayonnant ; il traverse d'un pied léger ces corridors dans lesquels il s'était traîné quelques minutes auparavant. Il rentre au parquet, il saute sur une banquette ; il s'appuie sur une épaule ; il fait tomber un chapeau ; il froisse, du genou, une omoplate. On tempête, on le maudit ; il va toujours, il n'entend rien, il a une place de mille écus.

Il a retrouvé celle qu'il occupait au parquet. Le rideau n'est pas levé encore, et il se livre aux idées les plus riantes. « Il faut avouer, dit-il à ses voi-
« sins, que les hommes sont bien injustes! J'ai osé
« blâmer la conduite de monseigneur, et il vient
« de me prouver qu'il est le père de ses employés.
« — Quoi! votre emploi... — Il m'en a donné un
« qui double mes appointemens, et je l'ignorais!...
« et il a eu la bonté de me le dire en personne!
« Oh! je lui suis dévoué pour la vie. — Je vous fais
« mon compliment, relativement à vous ; mais ce
« cordon rouge... — Ce cordon rouge, ce cordon
« rouge?... Ne faut-il pas que le chef d'une admi-

« nistration militaire soit décoré? Doit-on, un jour
« d'audience, être obligé de demander à l'huissier
« qui de ces messieurs est monseigneur? Et mon-
« seigneur pouvait-il prévoir que son concurrent
« prendrait la chose à cœur au point de se laisser
« mourir? C'était un imbécile, que cet homme-là.
« N'y aurait-il pas eu une promotion nouvelle
« dans six mois, dans un an? Tout vient à point
« à qui sait attendre. »

L'ouverture commence, et les conversations finissent. Ce que venait de dire Moufflard avait été entendu de ceux qui l'entouraient, et n'avait persuadé personne : on sait assez quel changement apporte, dans la manière de voir, une grace inattendue. On cessa de s'occuper de monseigneur et de Moufflard.

Le petit homme avait imaginé faire un coup de maître, en s'efforçant de rétablir une réputation qu'il avait si vivement attaquée, et il avait parlé à haute voix : il fallait bien que monseigneur le crût reconnaissant. Cette marche est connue, et pourtant elle pouvait le conduire, plus tard, de mille écus à quatre mille francs. Encore un égoïste.

Un homme, dont la fortune est inopinément doublée, se soucie fort peu de roulades et d'entrechats. L'audace du tyran, les larmes d'une princesse opprimée, sont des balivernes indignes de l'occuper : Moufflard était tout entier à l'emploi qu'il fera de ses mille écus. Il descendra du sixième au second; il aura une feuillette de vin dans sa cave, une petite bonne, qui fera un peu de tout, et, dès le lendemain, il achètera un habit neuf à crédit. Il ne pense pas à la place qu'on lui a donnée; il ne se demande pas s'il pourra la remplir : il n'en voit que les émolumens.

Ah! coquin, se disait Versac, tu m'as forcé à te faire du bien! va, je t'en punirai à la première occasion.

« Monsieur, dit le lendemain Versac, à un chef
« de division, vous m'avez fait commettre une in-
« justice. — Moi, monseigneur! — Vous m'avez fait
« destituer Moufflard. — Votre excellence voulait
« placer M. Mauret; elle m'a demandé quel était
« l'imbécile qu'on pouvait renvoyer. — Je n'ai pas
« dit un mot de cela, monsieur; vous entendez
« toujours mal. D'ailleurs Moufflard est loin d'être
« un sot : je sais qu'il connaît les hommes. — Mais
« les choses, monseigneur? — Et puis il a trente
« ans de service. — Je vous l'ai dit, monseigneur.
« Non, monsieur; si je l'avais su, Moufflard se-
« rait resté dans mes bureaux. Au reste, il est in-
« utile de discuter là-dessus. Vous m'avez fait faire
« le mal, il faut que vous le répariez.—Ordonnez,
« monseigneur. — Je veux qu'à deux heures Mouf-
« flard ait la commission d'une place de mille écus.
« — Monseigneur, il n'y en a pas de vacante. —
« Créez-en une, monsieur. — En vérité, monsei-
« gneur, je ne sais... — Hé! monsieur, vous trou-
« vez des difficultés à tout. Dites-moi, s'il vous
« plaît, pourquoi j'ai des chefs de divisions? Est-ce

« pour tout voir, tout faire par moi-même, pour
« entrer dans les moindres détails? Allez, et faites
« ce que je vous demande. »

Une heure après, le chef de division rentra et
présenta une commission à la signature. « Ah!
« voyons cela, dit Versac... Inspecteur des four-
« nitures des bureaux. J'aime assez ce titre-là. Et
« quelles seront les fonctions de cet inspecteur?
« — Monseigneur, il tiendra note des règles, ca-
« nifs et grattoirs qui seront distribués aux em-
« ployés; ils n'en recevront de neufs que sur le
« bon de l'inspecteur, et ils n'obtiendront ce bon
« qu'en lui présentant le manche de l'instrument
« cassé. — Comment donc, monsieur, ne m'avez-
« vous pas proposé plus tôt de créer cette place-là?
« Elle est vraiment nécessaire. Quoi! un employé
« pouvait mettre son canif dans sa poche, et en
« demander un le lendemain! je ne m'étonne pas
« si les frais de bureaux sont si considérables. De
« l'ordre, monsieur, de l'ordre, jusque dans les
« moindres parties, entendez-vous?... Ah! vous
« ajouterez aux attributions de l'inspecteur, qu'il
« sera chargé de la distribution du papier et des
« plumes, et qu'on en justifiera l'emploi, en lui
« présentant toutes les minutes : je ne veux pas
« que les femmes de mes employés fassent des
« papillotes avec du papier blanc. Et ne m'avoir
« pas encore parlé de cela! c'est inconcevable.
« Savez-vous, monsieur, qu'il résultera, de la

« création de cette place, une économie réelle
« pour le trésor? »

Monsieur le chef de division était né plaisant ; mais il était convenu qu'un subordonné ne peut rire en présence de son supérieur, que lorsqu'il y est autorisé par l'exemple : or, monseigneur gardait un sérieux imperturbable. Le chef de division se retourne, pour étouffer un éclat prêt à lui échapper, et il marche sur la pate du sapajou de son excellence. Le sapajou jette un cri, saute sur la cheminée et renverse la pendule. Le chef de division s'enfuit ; l'huissier du cabinet accourt au bruit de la chute et de la fracture ; le sapajou, effrayé, donne de la tête dans un carreau de vitre et le brise ; il file le long du balcon, grimpe au haut d'un treillage, et en quatre sauts il est sur le toit. Monseigneur ordonne à l'huissier de le suivre et de le ramener.

Le sapajou avait pris le chemin le plus court. Un homme en habit noir complet, poudré à blanc, décoré de l'ordre argenté de l'antichambre, ne pouvait sauter comme lui. Il eût été très-inconvenable, d'ailleurs, de compromettre la dignité du costume. L'huissier prend gravement sa route par le grand escalier. Il arrive au grenier, et passe avec précaution la tête à travers une lucarne. Tout être aime la liberté. Le sapajou, enchanté d'avoir recouvré la sienne, faisait, sur le toit, mille gentillesses, qui arrêtaient les passans. L'huissier lui représente que ce qu'il fait est très-joli, mais que monseigneur est inquiet, et qu'il convient qu'il rentre. Le sapajou répond par une gambade au discours très-sensé de l'huissier. L'huissier le menace des yeux et de la main, le sapajou lui fait la grimace. L'huissier, accoutumé aux marques de déférence que lui prodiguent ceux qui sollicitent l'honneur de dire à son excellence un mot, qu'elle oubliera, quand ils seront sortis, l'huissier se croit un personnage, et trouve la grimace du sapajou déplacée, impertinente. Il lui lance un morceau de plâtre, qui se trouve sous sa main. Le sapajou accepte le défi, et le combat s'engage. Des débris d'ardoises volent au nez et aux oreilles de l'huissier, qui trouve convenable de mettre sa tête à l'abri des coups. Il la rentre, et descend aussi gravement qu'il est monté, en secouant légèrement de la main, la poussière dont ses épaules sont chargées.

Monseigneur, à qui rien ne doit résister, est indigné que le sapajou soit resté sur le toit. Il apprend à l'huissier que ses fonctions sont susceptibles de varier, selon les circonstances, et que dans celle-ci, il ne doit pas balancer à exposer un bras ou une jambe. L'huissier n'est pas persuadé : il se soucie très-peu de son excellence et de son sapajou; mais il a contracté l'habitude de l'oisiveté, et il tient à sa place. Il sort du cabinet de monseigneur, et il descend, avec l'espoir de trouver, en bas, quelqu'un qui fera ce qu'il n'a pu faire en haut. La cour, la rue sont obstruées par la valetaille de l'hôtel et une foule de curieux. L'huissier prend la parole, et sa figure solennelle commande le silence. On apprend que le sapajou appartient à son excellence, et qu'une récompense *honnête* est destinée à qui le ramènera.

Le sapajou de monseigneur ne peut être un sapajou comme un autre. On admire celui-ci dans la proportion de la dignité du maître, et un pauvre diable, qui sollicitait une place de garçon de bureau, lui ôte respectueusement son chapeau : l'excellence pouvait l'apercevoir à travers ses croisées, et concevoir des dispositions favorables pour l'être qui lui est dévoué jusque dans la personne de son sapajou.

Moufflard attendait avec impatience que deux heures sonnassent. Le marteau de l'horloge lui communique une activité nouvelle. Il trotte, il court, il arrive, il s'étonne, il interroge, il a trouvé l'occasion précieuse de justifier les bontés de monseigneur. Il fend la presse, il s'élance. Il n'a pas encore son habit neuf; il ne craint pas de gâter celui qu'il porte, et en quatre secondes il est sur le toit. Les applaudissemens, les *bravo*, qui lui sont prodigués de la rue, l'encouragent; il avance, et le sapajou recule. Moufflard pressent que de toit en toit il peut aller jusqu'au bout de la rue, et cette manière de voyager n'est pas agréable pour quelqu'un qui n'y est pas acccoutumé. Mais que ne fait-on pas avec de l'imagination, j'allais dire avec du génie? Moufflard a dans sa poche le petit pain et la pomme de rainette, destinés à lui faire attendre son modeste dîner. Il ne perd pas de temps à pérorer, comme les héros d'Homère et l'huissier. Il tire sa rainette de sa poche; il la fait voir au sapajou; il le caresse de la voix et du geste. Le sapajou s'approche, recule, avance encore; la gourmandise étouffe enfin l'amour de la liberté. La rainette de Moufflard est croquée; mais il tient le sapajou sous son bras. Les applaudissemens redoublent, et il rentre triomphant par cette même lucarne, théâtre de la fuite honteuse de l'huissier.

Le sapajou, qui n'a plus rien à croquer, regrette le grand air, et prétend se remettre en jouissance de ses droits naturels. Moufflard résiste; le sapajou mord, égratigne. Semblable à ce jeune Spartiate qui se laissa déchirer le ventre par un renard, Moufflard périra plutôt que de ne pas réintégrer le sapajou dans le cabinet de son excellence. Il court, il arrive à la porte du sanctuaire; l'huissier l'a prévenu, et se présente pour recueillir le fruit de la victoire qu'il n'a pas remportée. *Sic vos, non vobis...*

Moufflard presse le sapajou de ses deux bras, et jure qu'on lui arrachera la vie avant de le lui enlever. L'huissier insiste; Moufflard se défend avec les pieds, ne pouvant mieux faire. L'huissier, macéré dans certain endroit sensible, s'emporte, tempête; ses vociférations parviennent jusqu'au tympan de monseigneur. L'excellence ouvre la porte; le sang, qui couvre la figure de Moufflard, atteste ses exploits. Le vainqueur présente humblement le vaincu. Monseigneur prend son sapajou, le caresse en rentrant dans son cabinet, et en referme la porte, sans daigner adresser un mot à Moufflard. N'est-il pas, en effet, trop heureux d'avoir reçu quelques égratignures pour l'homme à qui il doit tant?

Ah! pensait Moufflard, monseigneur ne m'a pas remercié, parce qu'il était tout entier au plaisir de revoir son sapajou; mais il ne caressera plus ce charmant petit animal, sans penser à ce qu'il m'en a coûté pour le rendre à sa tendresse, et ma fortune est assurée.

Il court au bureau du personnel, et il se présente avec la fierté d'un héros sortant du champ de bataille. On l'entoure, on l'interroge; on sait bientôt qu'il ne lui manque qu'un poète épique pour transmettre son nom à la dernière postérité. On lui remet sa commission; on le comble d'éloges, parce qu'on le croit au mieux dans l'esprit du patron, et un sot, qui a du crédit, est à ménager comme un autre.

Le garçon du marchand papetier venait d'apporter quelques fournitures. Il apprend que son excellence a créé un inspecteur de canifs et de grattoirs; il sort avec Moufflard et lui demande son adresse. Moufflard ne prévoit pas ce qu'on en veut faire; mais il n'a pas le temps de faire des questions. Il indique le café, qui est au bas de la maison, dont il occupe le comble : il ne recevra personne chez lui avant que d'être descendu au second étage. Il se hâte d'entrer chez le suisse de l'hôtel. On lui prodigue l'eau fraîche ; on lui présente une serviette sale ; il se met en état de paraître sans être suivi d'une meute de polissons.

Il était six heures du soir ; le tailleur avait apporté l'habit complet, payable à tant par mois. Moufflard s'en était paré, et il était descendu au café d'un air important. Il était du nombre de ceux qui n'entrent dans ces sortes de maisons que pour y lire les journaux, voir jouer aux dominos et aux dames, et qui, de loin en loin, se font servir un verre d'eau. Rien de tout cela ne se paie, et il en résulte, pour cette espèce d'habitués, une économie journalière de bois et de chandelle. Ce sont de mauvaises pratiques pour la limonadière ; mais il faut bien que les oisifs indigens trouvent un asile. D'ailleurs, il en est qui ne manquent pas d'esprit ; qui savent monter la conversation sur un ton intéressant ; qui se font écouter, autour de qui on fait cercle, et qui attirent quelques consommateurs. Le garçon a l'ordre de donner à ceux-ci le morceau de sucre avec le verre d'eau.

Moufflard n'était pas né orateur ; cependant il n'était pas sans imagination. Son changement de situation lui avait monté la tête, et il faisait l'éloge de monseigneur avec enthousiasme, et avec la confiante audace que donne un habit neuf. Il racontait comment il avait remis, dans les bras de son excellence, le fugitif sapajou ; et cinq à six bandelettes de taffetas d'Angleterre, appliquées sur différentes parties de sa figure, attestaient la vérité des faits. On l'écoutait avec attention, avec déférence même, lorsqu'un homme entra, d'un air affable et riant. Il portait ses yeux autour de lui, et ses regards semblaient dire : Où donc est monsieur l'inspecteur de canifs et de grattoirs? Il le reconnut bientôt aux emplâtres qui couvraient ses honorables blessures; il le salua poliment, lui prit la main, et le tira à l'écart. C'était le fournisseur des bureaux de son excellence.

Quand on veut traiter une matière délicate, on prend ordinairement un détour pour arriver au but. « Monsieur a-t-il pris son café? demande « le marchand de papier à Moufflard. — Jusqu'à « présent, monsieur, je n'en ai pris qu'aux quatre « grandes fêtes de l'année. — Vous en prendrez « aujourd'hui, monsieur, et il dépend de vous « d'en prendre tous les jours. Garçon, deux demi-« tasses et deux petits verres. — Mais à qui ai-je « l'honneur de parler? — A un homme qui ne « s'occupe qu'à faire prospérer son commerce, « par tous les moyens honnêtes qui sont à sa « disposition, et qui sera flatté d'ajouter à votre « bien-être. C'est moi qui vends tous les objets « qu'on vient de soumettre à votre inspection.

« — Ah, monsieur, je suis fort aise... — Il est
« reconnu que les employés passent la moitié du
« temps au bureau, à lire la gazette, à déjeuner,
« et à tailler des plumes. C'est leur rendre service
« que chercher à prolonger la taille des plumes et
« le grattage d'une faute ou d'un pâté; et comme
« il faut obliger le prochain, surtout quand on y
« trouve son compte, nous leur donnerons des
« instrumens, qui couperont peu, mais qui ne
« coûteront que six sols et que je ferai payer
« vingt. Comme il faut encore que tout le monde
« vive, je vous mets d'un tiers dans mes bénéfi-
« ces, et cela pourra monter à soixante francs par
« mois. — En vérité! — Faites-moi le plaisir de
« recevoir le premier mois d'avance. — Monsieur...
« Ah çà! il est convenu que vous trouverez bon
« tout ce que je fournirai. — Si cependant on crie
« trop fort?... — Des employés se plaindre de ne
« pas travailler! cela ne s'est jamais vu. Et puis,
« ils sont intéressés à me ménager : je leur donne
« à chacun, au premier jour de l'an, un almanach
« doré sur tranche. — Mais le travail souffrira...
« — Qu'est-ce que cela fait? qu'est-ce que cela
« fait? On créera vingt ou trente emplois de plus;
« vingt ou trente pères de famille seront placés,
« et j'aurai fait notre bien particulier et le bien
« public à la fois. Oh! je ne suis pas égoïste, moi.
« — Ma foi, monsieur, je n'ai rien à répondre à
« d'aussi bonnes raisons. » Et Moufflard met ses
soixante francs dans sa poche.

CHAPITRE III.

Revenons au comte d'Alaire.

Que faisait-il, pendant que Versac était à l'Opéra? Il sortait de table et il s'ennuyait : c'est ce qui arrive assez ordinairement aux vieux célibataires. D'Alaire avait eu pendant long-temps des idées de mariage, et il les avait combattues. Si je me marie, disait-il, je m'engagerai à faire le bonheur de ma femme; elle sera exigeante, elles le sont toutes. Il faudra que je lui sacrifie ma vie entière, et je suis bien aise de vivre pour moi : je suis égoïste.

L'amour s'était, une fois ou deux, glissé dans son cœur, et il avait résisté. Cette dame si jolie, pensait-il, qui m'accueille, qui m'attire, donnerait de la vanité à tout autre. Mais que me prouverait sa faiblesse? Qu'elle a le goût du plaisir, et qu'elle a cru que je lui conviens mieux qu'un autre. Que son espoir soit déçu, elle me quittera; que je sois l'homme qu'elle cherchait, elle me quittera encore, parce que l'amour s'use d'un côté pour gagner d'un autre. Et puis son mari s'aime passionnément en elle. Que cette intrigue perce, il sera malheureux; si je causais le malheur de quelqu'un, je ne dormirais pas tranquille, et j'aime à dormir d'un bon somme.

De projets en projets, de raisonnemens en raisonnemens, d'Alaire était arrivé à sa cinquantième année. Il pensait alors qu'il était trop tard pour revenir aux agréables chimères qu'il avait caressées pendant sa jeunesse. Il avait dîné. Il s'ennuyait, comme je vous le disais tout à l'heure; il avait pris son Plutarque, et il passait d'un homme célèbre à un autre : ces prétendus grands hommes, disait-il, n'ont rien fait que pour eux; ils ont obtenu des honneurs pendant leur vie, et ils sont morts avec la certitude que la postérité s'occuperait d'eux. Moi, je ne vois dans tout cela qu'une ressource contre l'ennui, et je m'embarrasse fort peu de ces messieurs-là.

Cependant d'Alaire continuait de lire, et, sans s'en apercevoir, il souriait à tel trait de grandeur ou d'héroïsme. Se surprenait-il, applaudissant malgré lui à Thémistocle, à Aristide, il jetait le livre, le reprenait après avoir fait un tour ou deux dans son salon; et fatigué de le jeter et de le reprendre, il sonne et ordonne qu'on mette ses chevaux.

Il descend, et croit remarquer que son cocher n'est pas d'aplomb sur son siége. « Malheureux !
« ce n'est donc pas pour me servir que tu es entré
« chez moi; c'est pour y gagner de quoi te griser,
« tu ne t'occupes que de toi : tu es un égoïste.
« Va te coucher, maraud. Si je sortais, mon car-
« rosse te passerait sur le corps, et je n'entends
« pas avoir d'être souffrant chez moi. Le specta-

« cle de la douleur m'afflige, et je ne veux com-
« patir aux peines de personne. »

D'Alaire allait remonter, et probablement reprendre son Plutarque. Son suisse querellait une jeune personne éplorée, qui voulait absolument parler à monsieur le comte. « Pourquoi empêcher
« mademoiselle de m'approcher ? — Monsieur le
« comte a fait défendre la porte. — Oui ; mais je
« suis ici, et c'est à moi d'éloigner ou de recevoir
« cette jeune personne. Imaginez-vous, parce que
« je vous ai donné le baudrier, que vous soyez
« établi gouverneur de ma maison, et que per-
« sonne ne me verra que sous votre bon plaisir ?
« D'ailleurs, quel usage faites-vous de cette au-
« torité supposée ? Vous avez l'ambition de mar-
« quer ; vous voulez être un personnage, n'im-
« porte à quel prix. Vous affligez un enfant qui
« n'a peut-être que trop de sujets de chagrin.
« Vous voyez ses larmes sans émotion. Vous êtes
« un égoïste. Montez, mademoiselle, montez.

« Un égoïste ! un égoïste ! répétait le cocher en
« bredouillant ; qu'est-ce que cela veut dire, papa
« Sturmer ? — Cela veut dire... cela veut dire...
« ma foi, je n'en sais rien. — Est-ce un compli-
« ment ? est-ce une injure ? — Une injure ! cela
« ne se peut pas. Monsieur répète à chaque in-
« stant, qu'il est égoïste aussi, et on ne se dit pas
« de sottises à soi-même. — D'ailleurs, monsieur
« fait tant de bien ! — C'est vrai, c'est très-vrai. —

« C'est donc un compliment que monsieur nous
« a fait. — Nous ne pouvons plus en douter. —
« Cependant il paraissait mécontent de nous. —
« Bah! ne gronde-t-il pas sans cesse? — C'est en-
« core vrai, et il a voulu adoucir ce que ses pre-
« mières paroles ont eu de dur, en finissant par
« un mot propre à nous les faire oublier. — Je
« continuerai donc de boire, pour le bien de mon
« marchand de vin. — Moi, je serai toujours ferme
« pour l'honneur de ma livrée, et pour donner
« une haute idée de monsieur le comte. »

D'Alaire a conduit la jeune personne à son appartement; il lui a avancé un fauteuil d'un air affable; il s'est assis à côté d'elle. « Ne vous flattez
« pas, lui dit-il, que je prenne à vous le moindre
« intérêt. Que m'importe que vous souffriez ou
« non? mais je pense que j'aurai du plaisir à sé-
« cher vos larmes, et j'en tarirai la source. Parlez,
« mademoiselle. Qu'avez-vous? que puis-je pour
« vous? »

Le lecteur n'a pas oublié un certain Mauret, à qui son excellence a donné l'emploi que Moufflard exerçait depuis trente ans. Il se souvient que la place d'inspecteur de canifs et de grattoirs est due à la confidence que Moufflard a faite au public de l'Opéra, des amours clandestins de monseigneur. La jeune personne est la sœur de Mauret.

Les premières phrases de d'Alaire avaient glacé Julie. Ses derniers mots lui rendirent de la force et de l'espérance. Elle tourna, vers l'homme qu'elle implorait, un grand œil bleu, d'une douceur, d'une expression!... « Mon enfant, ne me « regardez pas ainsi. Parlez, vous direz moins; « mais je pourrai écouter sans distraction. Baissez « donc les yeux, mademoiselle, et parlez. — Mon- « sieur le comte... monsieur les comte... monsieur « le comte... — Hé! je sais bien que je suis comte, « comte sans comté, sans priviléges. Monsieur le « comte aujourd'hui, ne veut pas dire beaucoup « plus que M. Thomas, ou M. Guillaume : aussi « ne suis-je pas enorgueilli de mon titre. Cepen- « dant, je suis bien aise d'être homme de qualité; « cela me tire de la foule, et commande les égards « des gens superficiels à qui j'ai affaire. Ce que « je dis, mademoiselle, cesserait de vous étonner, « si vous saviez que j'ai le vice essentiel de l'es- « pèce humaine. — Un vice, monsieur le comte, « vous? — Oui, moi, mademoiselle, moi, comme « un autre, comme vous, sans doute... Vos lar- « mes redoublent... Pardon, pardon, ma chère « enfant. Je vous ai dit une vérité dure; votre « douleur m'afflige moi-même, et je ne veux pas « m'affliger. Parlez donc, je vous en supplie, ban- « nissons ces tristes pensées. »

Julie ne comprenait rien à ce mélange de dureté et de bienveillance. On lui avait vanté le cœur de d'Alaire, et elle commençait à se repentir d'avoir fait une démarche qui n'avait servi encore qu'à l'humilier. Cependant elle croyait n'avoir rien de plus à redouter, et elle commença à s'expliquer, au risque d'être souvent interrompue. « — Monsieur le comte, j'ai perdu mon père « bien jeune. — Je ne peux vous le rendre. — Ce « fut pour moi le plus grand des malheurs. — « Ah ! j'entends ; votre père était bon ; vous aviez « en lui un ami vrai, un guide, et voilà pourquoi « vous le regrettez. — Je l'aimais par reconnais- « sance... — C'est-à-dire par le souvenir de ce qu'il « a fait pour vous, et par l'espoir qu'il ferait da- « vantage.—Monsieur, vous calomniez mon cœur. « — Mademoiselle, de grands mots ne m'en im- « posent pas ; mais finissons. En quelles mains « vous a laissée votre père ? — J'ai une mère, « monsieur le comte... Vous soupirez. Cette « mère ne vous est pas aussi chère que l'était « votre père. Je la respecte, monsieur. — Et « vous ne l'aimez pas, parce qu'elle a quelques « torts graves envers vous. — Ah, monsieur !... « monsieur... — Levez-vous, mademoiselle. Je ne « souffrirai pas que vous restiez dans cette atti- « tude humiliante. — Monsieur, sauvez-moi l'hon- « neur et la vie. »

D'Alaire la relève, la replace dans son fauteuil, se tait, et prête une oreille attentive. « Le valet « de chambre d'un grand seigneur est venu chez « nous, il y a quelques jours. Son maître, a-t-il dit, « m'a vue à une représentation de *la Fille d'hon-* « *neur...* Ah ! vous allez au spectacle ! les jeunes « filles aiment à voir des *Nanine*, des *Paméla* :

« cela donne des espérances flatteuses. Enfin, vous
« aviez un billet pour entendre *la Fille d'hon-*
« *neur*. — Heureux billet! il m'a éclairé sur le
« danger qui me menace. — Bon, bon. Revenez,
« s'il vous plaît. Le maître du valet de chambre
« vous a vue au spectacle. — J'étais pourtant bien
« haut. — Ma fille, le vice a l'œil perçant. — Cet
« homme a fait des offres brillantes à ma mère...
« — Qui les a acceptées? — Hélas! monsieur...
« Il a promis une place à mon frère... — Et à vous,
« mon enfant? — Tout ce que je voudrais. — Vous
« êtes née sans doute dans une classe indigente.
« — Je suis ouvrière en dentelles. — Et vous êtes
« sans protecteur : le lâche n'outrage jamais que
« lorsqu'il peut le faire impunément. Poursuivez.

« — Cet émissaire est sorti, et ma mère a essayé
« de me persuader. — Qu'avez-vous répondu? —
« Que je préfère ma réputation à l'éclat des riches-
« ses. — Cela signifie que vous trouvez à suivre
« la sagesse, plus de satisfaction que vous en pro-
« cureraient l'or et les diamans. On est fier, d'ail-
« leurs, d'avoir résisté à la séduction. On s'est
« élevé à ses propres yeux, et on se laisse aller
« au plaisir de s'honorer soi-même. — Celui-là est
« bien légitime, monsieur. — Je n'en disconviens
« pas, mon enfant; mais ce n'en est pas moins de
« l'égoïsme. Enfin? — Enfin, monsieur, ma résis-
« tance, mes prières, mes pleurs ont été inutiles,
« et ce soir, on doit, on veut... il faut... — On
« tentera, on voudra vainement. Vous n'irez pas...

« Et où veut-on vous conduire? — Monseigneur
« doit venir déguisé... Ah! c'est un monseigneur!
« ils sont plaisans ces seigneurs, qui ne savent
« rien respecter! Son nom, s'il vous plaît? — On
« le dit votre ami; on assure que vous pouvez
« tout sur son esprit, et voilà pourquoi je suis
« venue me réfugier près de vous. — C'est Versac,
« c'est Versac! Il y a trois jours que je n'ai eu le
« plaisir de le gronder. Oh! quelle scène je vais
« lui faire! quelle bonne nuit je passerai! Mais
« pourquoi, mademoiselle, avez-vous préféré un
« ami de Versac à tout autre? — Je suis déter-
« minée à ne pas céder; mais mon frère a une
« place dont il avait le plus grand besoin, et vous
« seul, m'a-t-on dit, pouvez tout concilier. — Ah!
« du calcul! et vous aimez ce frère? — Bien ten-
« drement. — J'entends : vous vous aimez en lui.
« Qu'on vienne me dire que l'égoïsme n'est pas
« le vice commun à l'espèce humaine, lorsque la
« candeur et l'innocence en sont entachées! »

D'Alaire se lève et sonne. « Faites venir madame
« Bernard. » Madame Bernard est sa femme de
charge. « Madame, je vous confie mademoiselle.
« Logez-la avec vous; qu'elle soit traitée avec les
« égards dus au malheur. Allez et félicitez-vous de
« ce que les bienséances m'obligent à vous sacrifier
« la moitié d'une jouissance. Ah! dites à Julien de
« m'aller chercher un fiacre. »

Madame Bernard était une femme bien née,
que de longs malheurs avaient réduite à solliciter

une place quelconque. On avait parlé d'elle à d'Alaire, qui l'avait prise sans savoir à quoi il l'occuperait, et qui ne la rencontrait jamais dans ses appartemens, sans se dire avec complaisance : C'est moi qui ai éloigné d'elle la misère, et les humiliations qui l'accompagnent.

La femme de charge mourut. Il donna sa place à madame Bernard, et il se disait encore : Elle ne rougira plus de devoir son bien-être à la pitié ; elle gagnera ce que je lui donnerai ; elle sera heureuse, et ma jouissance sera plus vive et plus pure.

Madame Bernard avait reçu une éducation qui interdit les questions indiscrètes. Mais elle n'avait jamais eu de passion dominante ; elle vivait dans la retraite ; elle avait quarante-cinq ans, et, tôt ou tard, il faut payer le tribut au malin. Elle était devenue curieuse à l'excès, et la manière dont Julie était entrée à l'hôtel ; l'intérêt honnête, mais pressant, que le comte paraissait prendre à la jeune personne, lui promettaient une conversation longue et piquante. Elle sut bientôt ce que d'Alaire n'avait pas voulu apprendre, ce dont peut-être il n'avait pas pensé à s'informer. M. Mauret était capitaine de cavalerie, et fut tué à la bataille de Wagram. Il laissa une jeune veuve et deux enfans en bas âge, dépourvus de ressources. Madame Mauret avait été jolie, et à force de questions et d'interprétations, madame Bernard put croire que la délicatesse n'avait pas toujours dirigé la mère de Julie dans le choix des moyens d'existence. La sagesse de la jeune personne l'étonna et lui inspira un attachement sincère. Jusqu'alors elle avait suffi à tout. Elle s'aperçut, pour la première fois, qu'il était indispensable d'attacher à la lingerie, une ouvrière adroite, laborieuse et sûre. Elle y conduisit Julie, et en deux heures de temps, elles formèrent un tas énorme de linge, qui avait quelque besoin d'être réparé.

Ces dispositions préliminaires terminées, madame Bernard revint à son goût dominant, et releva la conversation. Il était assez naturel que Julie se fît expliquer la contradiction continuelle qu'elle avait remarquée dans le comte, et comment on peut allier, à l'extrême bonté, la bizarrerie et même la dureté des expressions. «Que « cela ne vous inquiète pas, ma chère amie, lui « dit madame Bernard; laissez passer les mots et « arrêtez-vous aux choses. Tout homme a sa ma- « nie; celle du comte est de se persuader, de tâ- « cher de faire croire à tout le monde que l'é- « goïsme est le levier qui remue le genre humain. « Depuis que je le connais, il n'a rien fait que la « vertu ne puisse avouer, et il repousse avec opi- « niâtreté le titre d'homme vertueux. Sans cesse il « pratique le bien, et son cœur est toujours sec « et froid. C'est un malheur pour lui, sans doute; « plaignons-le d'avoir adopté un semblable sys- « tème; mais gardez-vous de le combattre, si, par « hasard, il vous développe quelques-unes des

« idées qu'il a adoptées à ce sujet. Attribuez aussi
« à l'amour de vous le peu de bien que vous
« pourrez faire chez lui, et vous parviendrez en
« peu de temps à la plus haute faveur.

« Du moment où je suis entrée ici, il m'a mar-
« qué de la considération et de la confiance. J'ai
« souffert de la constance avec laquelle il cherche
« à se dégrader à ses propres yeux. Je me suis per-
« mis quelques représentations; j'ai voulu prouver
« que l'homme de bien s'élève, et que sa propre
« estime est la juste récompense d'un bienfait. Il
« a rompu toute relation avec moi, et ne m'a plus
« parlé que de la conduite de sa maison. Je ne
« peux revenir sur ce que j'ai dit; mais l'avis que
« je vous donne peut vous être très-utile : pro-
« fitez-en. »

Revenons à Versac, que nous avons perdu de vue depuis quelque temps. Moufflard avait cru faire un coup de maître en lui rendant son sapajou, et Versac était révolté de l'idée de devoir quelque chose à un homme qu'il détestait. La réparation tardive que Moufflard lui avait faite à l'Opéra, n'avait pas effacé de son esprit la sortie virulente qui l'avait précédée. Et il faut, se disait-il, que je doive un service à ce misérable ! Il a prétendu me forcer à la reconnaissance ! Il paiera cher cet attentat; je n'attends que l'occasion; elle se présentera sans doute.

Pendant que le comte roulait modestement dans son fiacre, le valet de chambre de Versac vint

lui annoncer l'évasion de Julie. Oh! alors sa fureur n'eut plus de bornes. Il oublia Moufflard pour maudire une petite imbécille, qui n'avait pas assez d'élévation dans l'ame pour sortir de sa misère, et bénir la main respectable qui voulait l'en tirer. Son premier mouvement fut de chasser Mauret, et de faire enfermer sa mère et sa sœur. Il sentit aussitôt les difficultés qui s'opposaient à ce plan de vengeance. Chasser, sans motifs qu'on puisse avouer, un jeune homme, en faveur de qui on s'est permis, trois jours auparavant, de commettre une injustice criante! Exercer envers ces femmes une autorité arbitraire, qu'un simple mémoire dévoilera, que l'autorité supérieure ne manquera pas de punir! « Heureux temps! s'écria-
« t-il avec douleur, où les ministres subjuguaient
« non-seulement les peuples, mais les rois! Heu-
« reux temps, qu'êtes-vous devenu? »

On annonça d'Alaire, et Versac reprit aussitôt un air ouvert, affable et riant. C'est un masque qu'il prend et quitte à volonté. « Ah! vous voilà,
« mon cher comte! Votre cher comte a de l'hu-
« meur, beaucoup d'humeur. — Et contre qui? —
« Et parbleu, contre vous. — Cela vous arrive
« souvent. — Et vous n'en êtes pas plus sage.
« Qu'est-ce, s'il vous plaît, qu'une petite Julie
« Mauret?... — Oh! j'y suis, j'y suis. Vous savez
« que je suis philantrope. — Il y a long-temps
« que vous le dites. Je cherche le mérite dans
« l'obscurité. — C'est admirable. — La famille

« Mauret est honnête et même estimable. — Qui
« vous l'a dit? — Mon valet de chambre. — La
« belle autorité! — J'ai placé le fils dans mes bu-
« reaux. — A la bonne heure. — J'ai fait une pen-
« sion à la mère. — Voilà de l'argent bien placé!
« — Je comptais même aller ce soir visiter ces
« bonnes gens. — Et vous n'irez pas. — Pourquoi?
« — Parce que celle pour qui la philantropie fai-
« sait tant, a jugé à propos de s'éloigner de son
« domicile. — Vous savez cela, cher comte? — Le
« cher comte sait tout, et voici ce que vous ne
« savez pas. La petite Mauret est chez moi, et il
« n'est pas de puissance qui parvienne à l'en ar-
« racher. — Elle est chez vous! — Je ne la con-
« nais pas; mais j'ai trouvé du plaisir à la recevoir,
« à la protéger; et je n'ai rien fait que pour moi,
« entendez-vous : je l'avoue, je le proclame, je ne
« suis pas philantrope, moi. — Elle est chez
« vous! Je ne reviens pas de mon étonnement.
« — Rien de plus simple cependant, et de plus
« facile à expliquer. La petite Mauret est sage; sa
« mère est une infâme, et vous un libertin. — Mo-
« dérez vos expressions, je vous en prie, mon-
« sieur. — Soyez décent dans votre conduite, et
« les expressions seront ce qu'elles doivent être.
« — L'amour, monsieur le comte... — L'amour,
« l'amour! Un amoureux de cinquante ans, qui
« ne peut se vaincre! Un amoureux qui est loin
« d'être beau, et qui prétend, à quelque prix que
« ce soit, que la jeunesse et les graces lui cèdent!

« Un amoureux, qui se dégrade jusqu'à consentir
« à devoir son triomphe à l'or! — Monsieur le
« comte, la patience a ses bornes. — Et qui en a
« plus besoin que moi? Croyez-vous qu'il ne me
« soit pas pénible d'avoir à rougir de vos égare-
« mens? Mon devoir n'est-il pas de mettre votre
« cœur à nu, et de vous effrayer de l'aspect re-
« poussant qu'il présente? Vous, chargé d'une
« grande administration, vous abusez de l'in-
« fluence de votre place et de celle des richesses
« pour corrompre un enfant, dont la résistance
« est la satire sanglante de vos désordres. Vous
« mettez votre réputation à la merci d'un valet
« que vous pouvez chasser, qui peut vous quitter
« demain, et vous perdre dans l'opinion publi-
« que, qui est la sauve-garde d'un homme d'état.
« Et je le souffrirais! Je m'entendrais dire que je
« suis l'ami d'un homme sans mœurs, d'un homme
« méchant! Je passerais pour un être sans dis-
« cernement! Non, monsieur le philantrope, je
« m'aime trop pour cela, et je vous empêcherai
« de vous déshonorer. — Vous aviez bien raison
« de me dire l'autre jour, qu'en amitié il y a tou-
« jours une dupe. Je vous déclare, monsieur, que
« je suis las d'être la vôtre. — Moi je le suis d'avoir
« toujours à gronder. — Hé bien, monsieur, vous
« pouvez vous en dispenser à l'avenir. — Vous
« voulez rompre, je vous prends au mot. La sa-
« tisfaction de valoir mieux que vous est trop
« achetée par le spectacle continuel de fautes plus

3.

« ou moins avilissantes. Vous ne me reverrez plus.
« Mais livré à vous-même, vous arriverez à grands
« pas au précipice que creusent vos propres mains.
« Vous m'invoquerez alors, et je ne vous écouterai
« pas. Adieu, monsieur. »

D'Alaire remonte dans son fiacre. Je fais un peu de bien, pensait-il, et je n'ai aucun mérite à cela : il faut que j'en fasse; c'est en moi un penchant naturel, insurmontable. Mais une jouissance uniforme cesse bientôt d'en être une. Nous éprouvons tous le besoin de la variété, et celui de gronder Versac est, pour moi, d'une indispensable nécessité. Il a voulu rompre!... oh! il me reviendra... oui, oui, il me reviendra... et... ma foi, je le recevrai. Je l'ai avoué publiquement pour mon ami, et sa chute me ferait tort dans le monde. D'ailleurs je lui suis sincèrement attaché.

En satisfaisant un de mes goûts dominans, je lui ai dit de fort bonnes choses. Massillon n'aurait pas mieux parlé. J'ai vraiment de l'esprit, et j'en suis bien aise : c'est un moyen de plus de jouir, et par conséquent d'être heureux.

D'Alaire rentre chez lui, et madame Bernard se présente. « Je ne vous ai pas fait appeler, ma-
« dame; que me voulez-vous? — Je viens, mon-
« sieur le comte, prendre vos ordres à l'égard de
« mademoiselle Julie. — Je vous les ai donnés. —
« Elle ne peut toujours rester chez moi, et vous
« n'avez probablement pas l'intention de la ren-
« voyer à sa mère. — J'en suis incapable. Mais

« pourquoi ne resterait-elle pas avec vous ? —
« Sans titre, sans qualité dans votre maison ? vou-
« lez-vous qu'on pense ?... — Quoi ! finissez. —
« Que vous avez des vues sur elle, et que j'ai la
« faiblese de les seconder. — J'entends ; vos re-
« présentations sont dictées par la crainte de vous
« compromettre. Toujours l'égoïsme ! Il faut donc,
« pour satisfaire le vôtre, que je renvoie cette
« enfant, que je la jette au milieu des dangers
« auxquels j'ai eu tant de plaisir à la soustraire ?
« — Hé non, monsieur le comte, non. — Que
« faut-il donc ? parlez.

« — Les ouvrières que j'ai en ville sont négli-
« gentes et souvent maladroites. Le linge de mon-
« sieur le comte n'est pas en bon état.— J'entends
« encore : vous vous ennuyez d'être seule, et vous
« voulez avoir une compagne. Attachez cette pe-
« tite fille à ma lingerie, j'y consens. — Oh ! mon-
« sieur le comte, que vous êtes généreux ! que
« vous êtes bon ! — Non, madame, je ne suis pas
« généreux, je ne suis pas bon ; mais si je veux
« que Julie me doive sa vertu et son repos, il
« faut bien que je lui donne des moyens d'exis-
« tence. Vous réglerez son traitement. Laissez-
« moi. »

CHAPITRE IV.

Encore de la philantropie.

Vous sentez bien que ce n'était pas l'amour qui avait dirigé Versac. Un homme riche et puissant voit, au spectacle, une jeune personne séduisante; la place qu'elle y occupe, des vêtemens simples annoncent l'extrême médiocrité. Le sang s'allume, l'imagination se monte, et on ne doute pas de la facilité du succès. On a un valet de chambre propre à tout; on le charge de conduire l'intrigue. Les difficultés existent, on veut absolument les surmonter. On fait briller l'or, on double, on triple les offres. On a tout prévu, tout préparé; on s'est assuré de tout, excepté de la jeune personne. Elle fuit; l'argent donné est perdu. Le dépit, la colère remplacent les douces illusions. Les remontrances dures, mais sensées d'un ami, font naître l'humiliation, et la crainte de l'avenir. On ne s'occupe que de se garantir des suites de démarches coupables et inconsidérées.

Versac est retombé dans son fauteuil; sa tête est appuyée sur sa main; il rêve profondément. D'Alaire est un impertinent, pensait-il; mais il a raison, je me suis mis dans la dépendance de mon valet de chambre. Cet homme peut parler étant à mon service, et si je le congédie, je compromets nécessairement une réputation qui m'a coûté tant de soins et de temps. Tout se lie dans le monde; c'est par la conduite privée de l'homme en place qu'on juge de ce qu'il vaut comme homme d'état. Il faut absolument dérober au public la connaissance de ce qui s'est passé entre moi et la famille Mauret... En dérober la connaissance! tout transpire, tout perce; on ajoute, on envenime; point de demi-mesures, elles sont toujours nuisibles. Je publierai ce que j'ai fait, je colorerai ma conduite du vernis de la philantropie. Prévenir la malignité, c'est la réduire au silence.

Un homme de mon rang ne peut agir par lui-même dans la circonstance dont il s'agit, et j'ai besoin d'un agent sûr, qui tienne à moi par l'impossibilité de trouver ailleurs ce qu'il perdrait ici; qui s'engage par des complaisances qu'on ne révèle jamais, et qui mettent dans l'impuissance de rétrograder; un de mes commis, par exemple... Hé, je ne les connais pas. Je pourrais m'adresser à quelqu'un de ces gens à principes, que tout effraie et révolte... Ce coquin de Moufflard, qui, dans une demi-heure de temps, m'a mis en pièces et m'a réhabilité, est peut-être l'homme qu'il me faut. Je le hais; mais j'ai besoin de lui, et je le persuaderai aisément qu'il est au mieux avec moi. Je ne le crois pas fin... C'est encore un bien; je le dirigerai; il agira sans savoir ce qu'il hasarde; j'en ferai mon séide.

Versac fait appeler Moufflard. Il prend avec lui cet air caressant, ce ton de bienveillance, à l'aide desquels les grands subjuguent si facilement leurs inférieurs. Il descend jusqu'à dire quelques mots sur les écorchures dont on voit encore les traces; Moufflard est dans l'ivresse. A propos du sapajou, on parle de la famille Mauret. Une particularité en amène une autre; Moufflard se croit convaincu que monseigneur ne fait que du bien; que le voile du mystère couvre ses actes de bienfaisance. Cependant son excellence laisse deviner qu'elle ne craint pas un peu de publicité; qu'elle est la récompense due à l'homme bienfaisant, un encouragement à mieux faire; et le mot *journal* s'est échappé.

Quel est le journaliste qui ne s'empresse de louer un grand, surtout quand il le croit digne d'éloges? Le lendemain on lisait partout: Monseigneur se délasse de ses importans travaux, en prêtant une main secourable à l'honnête indigence. Il a placé dans ses bureaux le fils de M. Mauret, capitaine de cavalerie, tué à la bataille de Wagram; il a fait, de ses propres fonds, une pension de quinze cents francs à la veuve pour l'aider à élever sa fille, jeune personne intéressante, et le paragraphe était orné de réflexions philantropiques, de développemens plus ou moins flatteurs.

Le surlendemain, on lisait dans les *Petites-Affiches*: Un homme de trente ans, un autre de quarante, un troisième de quarante-cinq, l'un ayant un peu de bien, l'autre étant sans fortune, et celui-là très-actif, tous doués d'intelligence, et connus par leur moralité, offrent leur main à mademoiselle Mauret. On se fera connaître dès qu'elle aura donné son adresse.

D'Alaire lisait les journaux. Il était frappé, chaque jour, par quelques traits d'égoïsme; il en prenait note, et il avait déjà la matière de six volumes *in-quarto*, qu'il comptait bien faire paraître un jour. Il se mit en colère, en lisant les articles dont je viens de parler. Il s'écria que Versac joignait l'hypocrisie à la dépravation, et qu'il était trop heureux d'avoir rompu avec lui. Un moment après, il regrettait de ne pouvoir lui faire une nouvelle scène sur ces paragraphes mensongers, dont, indirectement au moins, il devait être l'auteur.

L'article des *Petites-Affiches* lui fit d'abord froncer le sourcil. « Voilà les hommes, dit-il, et « on prétend que je ne les connais pas ! » Tout à coup il part d'un éclat de rire, ce qui lui arrive très-rarement. Il se met à son secrétaire, écrit quatre lignes, fait entrer un laquais et l'envoie porter aux *Petites-Affiches* ce qu'il vient d'écrire.

Il a placé, parmi les subalternes de sa maison, une grosse fille de dix-huit à vingt ans, mal bâtie, aux habitudes agrestes, à l'air hébété. Il mande madame Bernard. « Vous avez à la cuisine une lai-« deron... — Belle, ou laide, monsieur le comte,

« vous m'avez ordonné de la prendre. — Je ne
« m'en repends pas, et ce n'est pas là ce dont il
« s'agit. Après demain, à midi, vous l'habillerez en
« bourgeoise qui a de l'aisance. Marguerite! —
« Oui, Marguerite, et vous l'enverrez ici. — Mar-
« guerite en demoiselle! y pensez-vous, mon-
« sieur le comte? — Faites ce que je vous de-
« mande. Il y aura de quoi mourir de rire. —
« Hé bien! vous rirez tant que cela vous convien-
« dra. Allez. »

Versac, satisfait des journalistes, et croyant avoir couvert la verité d'un voile impénétrable, était monté en carrosse et allait, d'hôtel en hôtel, recevoir le tribut de louanges qu'il avait si bien méritées. Partout on le félicitait, on vantait sa philantropie. On applaudissait au choix du prince, justifié par des talens éminens et la pratique des vertus privées. Versac jouait l'embarras, la modestie. Ah! mon Dieu, disait-il, il y a peut-être des gens qui empoisonneront ce que je viens de faire : la petite Mauret est, dit-on, très-jolie. Je vous jure cependant que je ne lui ai jamais parlé.

Il arrive chez une dame, célèbre par la beauté qu'elle n'a plus, par l'amabilité qu'elle a conservée, et surtout par l'influence qu'elle exerce sur tout ce qui prétend à l'esprit. Elle aime à persuader qu'elle est bien avec les grands, et quelquefois elle protège avec succès. Il était naturel que monseigneur fût accueilli dans cette maison de la manière la plus flatteuse, la plus distinguée. Aux éloges les plus délicats, succéda l'invitation de rester à dîner. On promettait à son excellence des convives plus aimables les uns que les autres, quelques jolies femmes, et la manière franche, avec laquelle Versac accepta, parut causer le plus sensible plaisir.

Madame de Lessart avait, comme toutes les femmes, l'esprit du moment. Elles ne diffèrent entre elles que par la manière, plus ou moins adroite de l'appliquer. M. Dutour avait été jeune, et madame de Lessart lui avait prouvé qu'il était très-aimable. Il le parut beaucoup moins après quelques années, et cela est tout simple. Cependant on n'oublie jamais entièrement un homme pour qui on a eu des bontés, lorsque le nombre des heureux est borné, et madame de Lessart avait été plusieurs fois utile à Dutour. Il est à peu près reconnu que le moyen le plus sûr d'arriver rapidement à la fortune, est d'obtenir une *fourniture*. Celle de cent mille aunes de drap blanc allait être donnée. Déjà les concurrens avaient déposé leurs soumissions. Le bien de l'état exigeait que celui qui demanderait moins obtînt la préférence. Mais on connaît les effets d'une protection puissante, et il n'est pas auprès des grands, et même des petits, de recommandation plus sûre que celle d'une très-jolie femme. Dutour avait spéculé, en épousant la sienne, non sur la dot effective, mais sur les fournitures qu'il lui *devrait*, et, sous ce rapport, elle lui avait apporté des biens considérables. Ils dînaient, ce jour-là, chez madame de Lessart, qui avait déja essayé son crédit; elle ambitionnait de nouveaux droits au titre de protectrice. Dutour, d'ailleurs, s'était toujours très-bien conduit avec elle. En se donnant de la consistance dans le monde, elle s'acquittait avec un ancien ami. Ainsi, de la considération de plus, et de la reconnaissance de moins à jouer ou à sentir, ce qui fatigue toujours un peu, tels étaient les motifs qui avaient déterminé madame de Lessart à presser l'excellence d'accepter son dîner. D'Alaire, instruit des détails, n'aurait pas manqué de crier à l'égoïsme. Je laisse au lecteur à juger s'il aurait eu tort, ou raison.

On présenta à monseigneur tous ceux qui entraient avec la plus scrupuleuse exactitude. Il salua le plus grand nombre, avec une froideur qu'il croyait être de la dignité, et une parcimonie de paroles, que le vulgaire prend souvent pour de la profondeur, ou la préoccupation que doivent donner les grandes affaires. Il fit un certain accueil à deux ou trois poètes, parce qu'il est beau d'encourager les arts, qu'il est flatteur de jouer le *Mécène*, et surtout de s'en voir donner le nom. Un poète, accueilli par monseigneur, ne pouvait manquer de lui adresser une épître sur la philantropie, et c'est ce que voulait monseigneur. D'Alaire, d'Alaire, où étiez-vous?

On allait se mettre à table. Madame de Lessart

s'empara de Versac; elle fait briller les charmes de son esprit; elle subjugue, elle entraîne. Un sourire, qui n'a rien d'étudié, lui fait connaître que le moment est favorable, et elle ne le laisse pas échapper. Elle parle, à demi-voix, des cent mille aunes de drap, de Dutour, dont Versac a déjà oublié le nom, et de sa probité, dont on se soucie peu. Versac répond, très-haut, qu'il sera enchanté de faire quelque chose qui soit agréable à madame de Lessart; il convient que l'amour des hommes est sa passion dominante; la bienfaisance, son penchant le plus doux; mais que la sévère équité est la règle de sa conduite; que son attachement à ses devoirs fait disparaître toute considération personnelle, et que l'intérêt de l'état doit être la règle unique qui dirige un homme en place.

Madame de Lessart est piquée; mais elle applaudit à de si beaux sentimens. On lui annonce qu'elle est servie. Versac a le coup d'œil sûr. Il présente la main à madame Dutour; il promène, à la ronde, un regard bienveillant; il s'assied avec une noble aisance; place la jolie femme près de lui, et laisse à madame de Lessart la liberté d'arranger les autres, selon les goûts et les convenances.

Un homme, placé à côté d'une femme qu'il ne connaît pas, qui n'est ni jeune ni vieille, ni laide ni jolie, ne sait que lui dire, et dîne : c'est, en effet, ce qu'il y a de mieux à faire, quand on est à table. L'imagination de Versac ne pouvait être stérile auprès de madame Dutour. Il fut aimable; il crut l'être, au moins, parce que les plus jolis yeux du monde souriaient au moindre mot qui lui échappait. La conversation prit bientôt une tournure semi-sentimentale, et les plus jolis yeux du monde s'animaient et paraissaient tendres tour à tour. On ne se dit rien de positif; mais on sentit qu'on était d'accord. Ce que c'est que l'usage du grand monde!

Un de messieurs les poètes avait préparé, le matin, un *impromptu* pour madame de Lessart. Tout homme, quel qu'il soit, paie son dîner. Celui qui n'est bon à rien, n'est invité que parce qu'il est riche. Il rend le dîner reçu; il le paie plus cher qu'un autre, et cela est juste.

Le poète n'avait à substituer, dans ses vers, que le nom de Versac à celui de Lessart. Même mesure, même redondance; j'allais dire, presque même rime.

Au dessert, la maîtresse de l'hôtel adresse une invocation aux Muses. Deux chansonniers paient leur tribut. L'homme à l'impromptu assure qu'il n'a rien de prêt; on le prie, on le presse; il lève les yeux au plafond, il réfléchit; on attend un de ces jolis *riens* qui coûtent peu à l'homme qui a l'habitude d'écrire. Dix, quinze, vingt, trente vers s'échappent, et sont savourés par Versac. On applaudit; on proteste que personne n'improvise avec cette facilité et cette grace. Il est constant que c'est bien un impromptu qu'on vient d'entendre : l'auteur ne savait certainement pas qu'il aurait l'honneur de dîner avec son excellence.

On passe au salon. Versac serre, d'une manière expressive, la main du poète; il le proclame homme de génie; il le prie de lui envoyer ses vers. Tout le monde est content.

Dutour a de l'expérience. Il ne doute pas que la fourniture des cent mille aunes de drap ne soit à lui, et, en homme qui sait vivre, il se retire sans bruit.

Il faut faire quelque chose pour arriver à minuit; on joue; on gagne de l'or, dont on peut se passer; on perd celui dont on avait besoin. Les têtes se montent; joueurs et parieurs sont tout à ce qu'ils font.

Versac et madame Dutour ne jouaient pas. La petite femme, rassurée, en apparence, par l'absence de son mari, se livre davantage. Une proposition positive lui fait baisser les yeux; et, dans certains cas, baisser les yeux c'est répondre. La réplique de monseigneur est attendue avec impatience; la promesse de la fourniture est faite; on est, de part et d'autre, au comble de ses vœux; on se lève, on disparaît, la voiture vole.

Le lendemain matin, madame de Lessart reçoit un billet de son excellence. Il s'est fait présenter les soumissions des divers fournisseurs. M. Dutour est celui qui offre de livrer au prix le plus modéré. Il a joint à sa soumission, des échantillons d'une qualité satisfaisante. Le préférer à ses concurrens, c'est faire, à la fois, un acte de justice et d'une philantropie éclairée.

Madame de Lessart, plus franche que Versac, publiait avec orgueil les services qu'elle rendait. Elle courut dans vingt maisons, faire lire son billet; elle s'arrêta long-temps chez Dutour; elle croyait lui apprendre quelque chose de nouveau. Pauvre femme! elle lui adressa les plus belles choses du monde sur la probité et même sur la délicatesse; elle lui fit sentir l'obligation où il était de justifier les bontés qu'elle avait pour lui, en tenant rigoureusement les conditions auxquelles il s'était soumis. Dutour protestait de son désintéressement; il avait été guidé, plutôt par le désir d'être utile, que par l'appât du gain. Sa petite femme riait, et de l'air important de madame de Lessart, et des contes que lui faisait son mari. Elle avait aussi son genre d'orgueil, et, en se regardant avec complaisance dans une glace, elle se disait : Une figure comme celle-là n'a pas besoin de protection; il suffit de se montrer.

Versac disait, de son côté : Dutour est un fripon; il est impossible qu'il fournisse d'après ses échantillons; mais sa femme est si jolie! et puis cent mille écus de plus au *budget* couvriront cela.

CHAPITRE V.

Je crois qu'il sera varié.

Il était midi. Madame Bernard se présenta, poussant devant elle Marguerite, et riant aux éclats. Marguerite ne ressemblait pas mal à un fagot habillé, et d'Alaire eut de la peine à conserver son air sérieux. Mais quand il se crut maître de lui, il tança vertement sa femme de charge.
« Croyez-vous, madame, que mes gens doivent
« être l'objet de vos railleries? Que trouvez-vous
« de si plaisant dans cette fille? Elle est gênée
« dans des habits qu'elle n'a pas l'habitude de
« porter, cela est tout simple, et vous le savez
« comme moi. Que signifient ces ris immodérés?
« Ils sont l'expression de l'orgueil; ils tendent à
« faire sentir à Marguerite l'abjection de la place
« qu'elle occupe, et votre supériorité. Vous en ac-
« cablez, sans ménagement, une pauvre servante.
« Que vous importe son humiliation, pourvu que
« vous jouissiez? Vous êtes une égoïste.

« — Mais, monsieur le comte, vous m'avez per-
« mis, avant-hier, de rire autant que je le vou-
« drais. — Oui, madame, mais entre nous; et
« certes je n'ai pas entendu vous autoriser à of-
« fenser personne. Ma bonne Marguerite, mets-
« toi dans ce fauteuil. — Moi, monsieur le comte!
« — Pourquoi hésites-tu, puisque je t'y invite et

« que je le veux? Je ne ressemble pas à madame
« Bernard, et je te retrouve sous des habits qui te
« vont assez mal, il faut que j'en convienne. Tu
« as un très-mince emploi, tu le remplis bien ; tu
« vaux qui que ce soit ici. Assieds-toi, te dis-je,
« et sois parfaitement à ton aise. »

Madame Bernard, piquée au vif, sortit du plan
qu'elle avait suivi jusqu'alors. « Si j'osais parler,
« dit-elle à d'Alaire. — Parlez, madame, parlez.—
« Ma franchise, peut-être... — Ne me déplaira pas.
« — Eh bien! monsieur le comte, je viens d'avoir
« un tort assez grave, je l'avoue. Je vous ai indis-
« posé, et vous trouvez quelque satisfaction à ven-
« ger Marguerite d'une offense qui n'était pas ré-
« fléchie. Vous vous élevez à vos propres yeux,
« en protégeant le faible contre le fort. Vous êtes
« très-content de vous en ce moment.— C'est
« cela, madame, c'est cela. Vous commencez à
« connaître le cœur humain. Si vous aviez tou-
« jours vu et pensé ainsi, je ne vous aurais pas
« donné d'emploi dans ma maison ; je vous aurais
« approchée de moi ; nous aurions raisonné phi-
« losophie ensemble. Votre tournure d'esprit me
« plaisait ; vos grands mots, substitués à des cho-
« ses évidentes, m'ont inspiré de l'éloignement.
« — Je vous entends, monsieur le comte : vous
« avez des momens d'un vide difficile à supporter.
« — Cela est vrai. — Vous éprouvez souvent le
« besoin d'avoir quelqu'un qui ne vous impose
« aucune contrainte, et qui cependant puisse vous

« entendre et vous répondre.—Je l'avoue, ma-
« dame, j'en conviens. Vous conviendrez aussi
« que vous brûlez d'être la préférée.—Mais, mon-
« sieur le comte, je m'occupe un peu de moi. —
« Oh! un peu! beaucoup.—Beaucoup, soit.—A
« la bonne heure. J'aime qu'on s'exprime ainsi.
« Vous désirez être mieux, et cela doit être : je
« recherche les jouissances qui ne laissent après
« elles ni craintes ni regrets, et, dans ce moment,
« chacun de nous ne s'occupe que de lui.

« Madame, vous choisirez, parmi mes domes-
« tiques, un homme digne de quelque confiance;
« vous le chargerez des détails, et vous vous bor-
« nerez à le surveiller. Vous ferez les honneurs de
« ma maison et de ma table, et nous compterons
« tous les mois. A commencer d'aujourd'hui, vous
« ferez mettre deux couverts. — De tels arrange-
« mens, monsieur le comte, me plaisent beaucoup.
« — Je le crois. — Et je ferai des efforts soutenus
« pour justifier vos bontés. — Pour conserver le
« bien-être que je vous assure.—Je le pensais,
« monsieur le comte. — Pourquoi ne pas le dire?
« Je n'exige de vous que de la franchise; mais je la
« veux entière et sans réserve. — Nous voilà par-
« faitement d'accord. Mais Julie... — Qu'en ferons-
« nous? On ne peut la laisser à elle-même...—
« Au milieu de domestiques sans délicatesse, peut-
« être sans honnêteté. — En supposant que vous
« voulussiez en faire votre femme de charge, son
« extrême jeunesse ne commanderait ni le respect

« ni la confiance. — Ma chère madame Bernard, « voilà qui est embarrassant... Hé! que diable, « madame, vous n'avez d'abord pensé qu'à vous, « et vous voyez... — Monsieur le comte n'a pas « été plus prévoyant.—Vous avez raison. Ne pour-« rait-on pas trouver une pension chez d'honnêtes « gens?... Non, non, cette mère est une vile in-« trigante, et il faut à Julie un asile, où le vice et « l'or ne puissent pénétrer, une protection élevée, « contre laquelle on n'ose rien entreprendre. — « Sous ces rapports, elle ne peut être ailleurs aussi « en sûreté qu'ici. — Sans doute ; mais, comme « vous l'avez dit vous-même, à quel titre l'y gar-« der? »

On annonce à d'Alaire une dame, qui désire le voir, et qui ne se nomme pas. Il ordonne qu'on la fasse entrer. La dame se présente.

« Les *Petites-Affiches* m'ont appris, dit-elle, « qu'un homme, qui jouit de la meilleure répu-« tation, méconnaît les lois naturelles et civiles, « au point de favoriser l'évasion d'une jeune per-« sonne, et de la soustraire à l'autorité maternelle. « —Ah! vous êtes madame Mauret.—Et je viens, « monsieur le comte, revendiquer mes droits. — « Vos droits! ils sont perdus, par l'abus que vous « en avez fait. — Monsieur prétendrait-il retenir « ma fille chez lui?—La retenir! elle est venue se « jeter dans mes bras, et je l'ai accueillie, per-« suadé qu'elle ne peut être nulle part aussi mal « que chez vous. — Ainsi, monsieur, vous avouez

« le rapt, et vous y persistez. — Malheureuse! il
« vous sied bien de tenir ce langage, vous, qui,
« sans pudeur, avez vendu cette enfant, et qui
« jouissez, sans remords, du prix que vous avez
« mis à sa vertu! — Vous m'insultez, monsieur;
« vous oubliez que vous êtes chez vous. — Je vous
« dis la vérité; je la dis à tout le monde, parce
« que cela me convient. — Il est inutile de pro-
« longer une discussion, qui deviendrait orageuse.
« Je me retire, en déclarant à monsieur que je
« vais le traduire devant les tribunaux. — J'y pa-
« raîtrai, madame, et j'y mettrai votre infamie au
« grand jour. — Vous n'y paraîtrez pas, monsieur.
« — Et la raison, s'il vous plaît? — Je jette le
« masque, et je vais m'expliquer franchement. —
« Vous êtes l'ami de M. de Versac. — Je ne le suis
« plus. — Vous l'avez été; il interviendrait néces-
« sairement au procès, et vous ne voulez pas le
« dégrader dans l'opinion publique. — Il est trop
« vrai! je serais malheureux du mal que je ferais
« à cet homme-là. Finissons. Vous voulez me for-
« cer à transiger : combien vous faut-il pour signer
« une renonciation, en bonne forme, à tous vos
« droits sur Julie? — Trente mille francs. — Trente
« mille francs! — La somme aujourd'hui, ou l'as-
« signation demain.   Voilà bien de l'égoïsme!
« Celui-ci est affreux, épouvantable! le mien, du
« moins, est utile quelquefois. »

Le comte se met à son secrétaire, rugissant de
fureur. Marguerite est stupéfaite. Madame Ber-

nard regarde madame Mauret d'un air indigné et menaçant. Cette femme seule est calme. Le domestique, qui l'a introduite, rentre, et paraît attendre des ordres. D'Alaire lui demande ce qu'il veut. « Faut-il chasser cette femme par la porte « ou par la fenêtre?—De quel droit vous établis-« sez-vous réparateur des torts qu'on a envers « moi? Vous croyez gagner beaucoup en me per-« suadant de votre attachement, de votre zèle! « mais comment avez-vous l'audace d'écouter de « l'antichambre?—Quand on parle très-haut, mon-« sieur le comte, j'entends, sans avoir écouté. — « En voilà assez. Portez cette lettre à mon notaire. « Madame, demain vous irez signer, et vous pren-« drez, en échange de votre signature, l'argent « que vous me volez. Sortez, et que je ne vous « revoie jamais.

« Hé bien, ma chère madame Bernard, sommes-« nous des gens à systèmes? Votre opinion sur le « cœur humain ne se vérifie-t-elle pas à chaque « instant? Trente mille francs! c'est un peu cher. « Il faudra les regagner par des économies. Nous « passerons l'été dans ma terre de Basse-Bretagne. « — Vous allez vous imposer des privations. — « Sans doute. — Mais elles seront compensées par « l'idée toujours renaissante de ce que vous doit « Julie. — C'est cela, c'est cela. Mais que ferons-« nous de cette enfant? — Elle n'a plus de parens; « vous seul lui restez au monde. Ne peut-elle être « chez vous comme une pupille dans la maison de

« son tuteur ? — Mais ce tuteur n'a que cinquante
« ans ; Julie est charmante ; André a tout entendu ;
« mon notaire va savoir que je tire cette jeune
« personne des mains de sa mère, tranchons le
« mot, que je l'ai achetée. De là les interpréta-
« tions, les conjectures, les propos. — Hé ! mon-
« sieur le comte, tenez-vous plus à votre réputa-
« tion qu'à la sûreté de Julie ? Ce serait porter l'é-
« goïsme trop loin. — Je tiens beaucoup, sans
« doute, à ma réputation ; mais celle de Julie n'y
« est-elle pas désormais attachée, et n'est-elle pas
« détruite si je suis soupçonné ? La réputation de
« cette enfant est le seul bien qu'elle possède ; je
« dois le lui conserver. — Partout où vous la met-
« trez, ne vous serait-il pas facile de lui faire des
« visites clandestines ? Manquera-t-on de le suppo-
« ser ? — Bah ! quand je serai à cent lieues d'elle...
« — Ne sait-on pas avec quelle rapidité l'opulence
« franchit les distances ? La calomnie est active,
« et ne verra, dans votre éloignement de la capi-
« tale, qu'un moyen de plus de cacher vos dé-
« marches. — Allons, allons, vous n'aimez pas la
« campagne. — Que je l'aime ou non, je suis per-
« suadée que, pour persévérer à lever tant d'ob-
« stacles, il faut que vous ayez un grand plaisir
« à faire ce que le vulgaire appelle du bien. — En
« voilà assez, madame ; en voilà assez. Chassons
« ces tristes idées : la mélancolie ne me vaut rien.
« Faites servir aujourd'hui Julie dans votre appar-
« tement, et demain nous verrons. »

Un bruit sourd paraît venir de l'antichambre. D'Alaire, madame Bernard et Marguerite prêtent l'oreille. « Ma note était déposée aux *Petites-Affi-* « *ches* avant les vôtres : j'entrerai le premier. — « J'ai payé le double du prix ordinaire, pour que « mon article parût le lendemain : je passerai avant « vous. — Je suis cousin d'un des compositeurs, « et je suis annoncé en tête de la colonne des de- « mandes : bien certainement, vous ne vous pré- « senterez qu'après moi. Voilà mes originaux, dit « le comte. » Il ouvre les deux battans, et, pour terminer la contestation, il invite les trois messieurs à entrer de front.

L'aigreur, qui commençait à naître, se calme aussitôt. A l'aspect de monsieur le comte, ces messieurs deviennent très-polis; leur ton est plein d'aménité; leur regard sollicite la bienveillance. Marguerite se lève, fait une révérence gauche, et retombe sur son fauteuil. Madame Bernard n'a pas exigé d'elle autre chose : c'est là tout ce qu'elle pouvait apprendre. D'Alaire est obligé de faire des efforts pour conserver la dignité du rôle qu'il va jouer. Madame Bernard cherche et trouve une phrase qui la met à son aise, et elle rit de tout son cœur.

Nos trois messieurs s'arquent le dos en allongeant le cou vers Marguerite. Ils se tournent ensuite du côté du comte, et l'un d'eux, qui croit apparemment avoir plus d'esprit que les autres, prend la parole, et demande avec des inflexions

mielleuses, si mademoiselle est la jeune personne qu'il désire si vivement de saluer. Le comte répond affirmativement. Une tête se baisse, pendant qu'une autre se relève, pour se baisser de nouveau. Les révérences se succèdent sans interruption. Marguerite, qui n'est pas accoutumée à ces marques de respect, ne sait que penser de ce qu'elle voit. « Hé bien ! messieurs, dit le comte,
« comment la trouvez-vous ? — Charmante, ado-
« rable. — En vérité ? — D'honneur.

« — Ah çà ! vous ne pouvez l'épouser tous les
« trois. — Le hasard nous a rendus rivaux, mon-
« sieur le comte ; que le hasard décide et fasse un
« heureux. — Et si aucun de vous ne convient à
« mademoiselle ? — Certainement il ne me conve-
« nont pas. J'aime Jérôme, moi. » Jérôme est le commissionnaire de l'hôtel. Ce langage agreste paraît déplacé dans la bouche d'une demoiselle, fille d'un capitaine de cavalerie. Nos épouseurs secouent les oreilles. Cependant l'orateur ne se démonte pas : il sait que la prudence veut qu'on ne précipite jamais son jugement. Il reprend la parole. « Nous avons un rival aimé, monsieur le
« comte ! Ah ! quel malheur pour nous ! Pourquoi,
« mademoiselle, avoir donné votre adresse, puis-
« que votre cœur est prévenu en faveur d'un au-
« tre ? cela est fâcheux, cruel, désespérant ! —
« Hé non, messieurs ! hé non ! vous ne vous dés-
« espérerez pas ; vous ferez mieux : vous serez
« aimables, empressés ; vous tâcherez de supplan-

« ter M. Jérôme, qui, entre nous, n'est pas un
« homme d'un mérite extraordinaire. — Qu'est-ce
« qu'ous dites donc, monsieur le comte? Ous sa-
« vez ben qu'mon Jérôme porte trois cents sur
« ses crochets, comme je porte une plume. —
« Des crochets? — Qu'entends-je! — Qu'est-ce que
« cela veut dire? »

D'Alaire avait, plusieurs fois, fait signe à Marguerite de se taire. Mais on lui parlait mariage avec un autre que Jérôme; on avait attaqué la réputation colossale du commissionnaire. Quelle fille peut se posséder en pareille circonstance? Celle-ci s'était levée et marchait à pas allongés dans le salon. Elle se tordait les bras, se meurtrissait les mains à force de se les serrer, et elle répétait sans cesse: « Oui, monsieur le comte, « oui, trois cents sur ses crochets. »

Nos épouseurs ne savaient plus où ils en étaient, ni quelle contenance ils devaient prendre. L'orateur jugea convenable de faire sentir au moins qu'il n'était pas dupe de ce qui se passait. « Ceci, « monsieur le comte, ressemble beaucoup à une « mystification, et sans la haute idée que j'ai de « votre caractère... — Oui, messieurs, oui, c'est « une mystification. Celle-ci, du moins, est assez « innocente; mais vous en aviez préparé une à « mademoiselle Mauret, qui pouvait avoir les plus « sérieuses conséquences, et je ne fais que suivre « le mauvais exemple que vous m'avez donné. —
« Monsieur le comte, je n'entends pas trop... —

« Ah! vous n'entendez pas. Je vais m'expliquer.
« Vous apprenez, par la voie des journaux, que
« M. de Versac protége fortement une famille,
« dont une demoiselle, jeune et intéressante, fait
« partie. Vous êtes sûrs qu'une place avantageuse
« sera la dot qu'elle apportera à son mari, et cette
« persuasion devient la règle de votre conduite.
« Vous entrez chez moi; je vous présente à ma
« fille de cuisine; la protection de monseigneur
« embellit une figure repoussante, et Marguerite
« vous paraît charmante; adorable. Vous êtes
« désespérés de ce que son cœur n'est pas libre,
« parce que la place convoitée vous échappe. Pour
« de l'argent, vous épouseriez une guenon, et
« vous avez cela de commun avec bien d'autres.
« Regardez celle-ci, regardez-la, vous dis-je. L'em-
« ploi obtenu, cette malheureuse serait trahie,
« maltraitée, délaissée. Vous êtes des égoïstes.

« Oui, messieurs, mademoiselle Mauret est ici.
« Elle est jolie, très-jolie, et vous ne la verrez
« pas : vous n'êtes pas dignes de l'approcher. Le
« souffle impur du vil intérêt ne corrompra pas
« l'air qu'elle respire.

« Je viens de vous donner une leçon, qui peut
« vous être utile. Tâchez d'en profiter. Adieu,
« messieurs. Laissez-moi.

« Madame Bernard, ils se retirent, honteux,
« confus, sans articuler un mot. Je suis bien aise
« d'être comte : à la faveur d'un titre, assez insi-
« gnifiant, je me permets de dire des vérités, dont

« peut-être on ne profitera pas. Ces gens-là au-
« raient envoyé, par-delà les monts, celui qu'ils
« considèrent comme leur égal. Ils se taisent de-
« vant moi, et ils n'en savent pas trop la raison,
« ni moi non plus. — Oh! monsieur le comte, les
« préjugés, l'habitude, l'exemple... — Vous avez
« raison. Où un mouton passe, les autres passe-
« ront, et, vanité à part, nous ne ressemblons pas
« à la gent moutonnière. »

Marguerite ne pouvait apprécier la juste valeur d'un mot. Mais elle avait fort bien compris qu'on parlait de sa figure d'une manière très-désavantageuse. L'éducation est à une femme ce que la culture est à une plante : elle la perfectionne, sans en changer la nature, et Marguerite, sans se rendre compte de rien, avait tout l'amour-propre de son sexe. Elle n'avait osé répondre à d'Alaire. Un dépit violent, fortement concentré, perce enfin, de quelque manière que ce soit. Marguerite sanglotait dans un coin.

« Tu pleures, ma bonne Marguerite! j'ai des
« torts envers toi. En voulant prouver à ces gens-
« là qu'ils ne sont que de misérables égoïstes, je
« l'ai été moi-même. Je t'ai sacrifiée à la jouissance
« du moment. Je réparerai ma faute. Tu dis que
« Jérôme t'aime? — Oui, monsieur le comte. —
« Tu en es sûre? — Oui, monsieur le comte. —
« Hé bien, tu l'épouseras. — Ah, monsieur le
« comte! — S'il devient infidèle, ce ne sera pas la
« faute de ta figure, car tu n'as rien à perdre, et

« si tu changes en vieillissant, ce ne peut être en
« mal... Encore de l'égoïsme!... La maudite vanité
« de prouver à cette fille que je ne me suis pas
« trompé dans le jugement que j'ai porté d'elle
« tout à l'heure... Oh! les hommes! les hom-
« mes... Madame Bernard, je veux que ce mariage
« se fasse sans délai. Vous donnerez deux cents
« francs à Marguerite, et autant à Jérôme, pour
« acheter des habits de noces. Ils vivront à l'hô-
« tel, et s'il vient des enfans, ils s'élèveront ici.
« Va, Marguerite, va reprendre tes habits, que
« je me reproche de t'avoir fait quitter. » Il lui
donne une petite tape sur chaque joue; il lui
sourit avec bonté, et Marguerite sort, en riant
d'un œil, en pleurant de l'autre, et elle court
chercher Jérôme de tous les côtés.

« Je me suis mal conduit, madame Bernard. —
« J'en conviens, monsieur le comte. Mais vous
« savez si bien sécher les larmes que vous faites
« couler!—Parbleu, c'est bien la moindre chose!...
« Ah! il me vient une idée! nous étions, tout à
« l'heure, irrésolus, embarrassés sur le parti que
« nous prendrons à l'égard de Julie. J'ai prononcé
« que je déciderai demain. Vaniteux! aurai-je de-
« main plus de lumières qu'aujourd'hui? Si nous
« consultions cette jeune personne, elle nous
« donnerait peut-être quelque notion; elle indi-
« querait du moins ce qui peut lui être agréable.
« Passons à la lingerie. »

Madame Bernard suit monsieur le comte. Ils

arrivent, ils entrent. « Julien, que faites-vous ici?
« — Monsieur le comte... monsieur le comte... —
« Monsieur le comte vous demande ce que vous
« faites là. — Je causais avec mademoiselle. — In-
« solent! vous causez avec elle! vous causez d'aussi
« près! Julie, je suis mécontent de vous. Cet homme
« prend des libertés qui ne lui conviennent pas,
« et vous le souffrez! — Monsieur le comte, je ne
« suis rien chez vous; je ne peux rien empêcher.
« — Est-ce la première fois que cet homme entre
« ici? — C'est la seconde, monsieur le comte. —
« Et vous ignorez cela, madame Bernard! — Mon-
« sieur le comte ne m'a pas chargée de veiller sur
« mademoiselle. — Veillez-y, madame; veillez-y;
« C'est un dépôt sacré que je vous confie, et dont
« vous me répondrez. Défendez à mes gens de ja-
« mais paraître ici, à peine d'être aussitôt congé-
« diés. Julien, cette défense vous regarde parti-
« culièrement. Sortez.

« Vous n'êtes rien chez moi, mademoiselle!
« Vous ne pouvez rien empêcher! Vous m'accusez
« d'imprévoyance, et je mérite le reproche. — Je
« vous accuse, monsieur le comte, vous, que je
« ne connais encore que par vos bienfaits! —
« Des bienfaits, des bienfaits! Toujours de grands
« mots! Je ne suis pas bienfaisant, mademoiselle;
« je ne fais rien que pour moi, je vous l'ai déja
« dit... Vous n'êtes rien chez moi! Vous y serez
« quelque chose; je vous y mettrai dans une po-
« sition qui commandera le respect. J'aime mieux

« qu'on me soupçonne d'être sensible, que d'en-
« tendre dire que je ne vous ai recueillie que par
« ostentation, et que je vous laisse confondue
« avec mes gens, exposée à tous les écueils de
« votre âge. J'aurai pour moi le plaisir d'avoir fait
« le bien, et je m'élèverai au-dessus de la calom-
« nie. Madame Bernard, vous ferez mettre trois
« couverts. Vous logerez mademoiselle dans le
« petit appartement de l'entresol; vous ferez con-
« damner la porte qui donne sur le grand es-
« calier. Mademoiselle passera chez vous pour
« arriver chez elle. Je n'y pourrai entrer, sans
« que vous le sachiez, ou plutôt, je n'y entrerai
« jamais. — Mon bienfaiteur, mon père !... vous
« unissez la délicatesse aux plus généreux procé-
« dés. — Ta, ta, ta!... En voilà assez, mademoi-
« selle. Madame Bernard, passons chez vous, et
« terminons ces petits arrangemens.

« Conçoit-on ces trois impertinens? Avoir l'au-
« dace de prétendre à la main de Julie. D'une
« fille... Ne trouvez-vous pas que je prends le seul
« parti qui puisse la soustraire aux importunités,
« aux poursuites de gens trop au-dessous d'elle?
« — D'après cet aperçu, monsieur le comte, vous
« ne pouvez, je le répète, la mettre ailleurs que
« chez vous. — Je le sens. — La conduire à la
« campagne, serait plus dangereux que la garder
« ici. — Je le crois. On supposerait que je ne
« m'éloigne de Paris, qu'afin de vivre exclusive-
« ment pour elle. On dirait, on répéterait partout

« que je viole toutes les bienséances. — Que vous
« êtes jaloux de cette enfant. — Oui, oui, on dirait
« tout cela, ma chère madame Bernard. Nous res-
« terons ici. — Où on pourra tout voir, tout ap-
« précier. — Sans doute : ma conduite sera sans
« cesse à découvert.

« Mais comment retrouver ici les trente mille
« francs que je dois donner demain? — Oh, cela
« n'est pas très-difficile. Les chaleurs s'appro-
« chent; les spectacles vont être désagréables, et
« vous avez une loge aux trois grands théâtres. —
« Vous avez raison. Je remettrai mes loges. —
« Vous devez, à beaucoup d'exercice, une santé
« robuste, et certain air de fraîcheur. — Mon co-
« cher, d'ailleurs, est un ivrogne... Vous lui direz
« de vendre les chevaux et de rester ici jusqu'à
« ce qu'il trouve une bonne place. — Vous don-
« nez, toutes les semaines, un très-grand dîner,
« où vous ne vous amusez pas du tout. — Je ne
« les donne que pour sacrifier à l'usage. Suppri-
« mons-les. Nous dînerons tous les trois, sans
« façon, sans contrainte. Une gaieté décente fera
« le charme de nos repas. — Ces suppressions
« sont plus que suffisantes pour vous faire re-
« trouver vos trente mille francs en peu de mois.
« Vous remonterez ensuite votre maison... — Ou
« je ne la remonterai pas : nous verrons... Ces
« retranchemens-là feront parler; ils feront parler,
« ma chère madame Bernard! — Hé! que vous
« importe, monsieur le comte? N'êtes-vous plus

« cet égoïste qui voit le genre humain comme s'il
« n'était pas; qui ne veut que sa propre estime,
« et qui est parfaitement heureux, lorsqu'il est
« content de lui? — Je le suis, je le suis sans
« doute. Je suis incapable de changer d'opinion.
« — Tout est donc arrêté comme vous venez de
« le dire? — Soit, madame Bernard. Mais dans
« les réflexions que vous venez de faire, dans les
« conseils que vous m'avez donnés, n'avez-vous
« pas été poussée par quelques motifs particuliers?
« — Cela est inévitable, monsieur le comte. La
« satisfaction d'exercer un certain ascendant sur
« un homme de mérite, de m'élever à mes pro-
« pres yeux par le bien que je le porte à faire...
« — Ce n'est pas cela, ce n'est pas cela. En me
« déterminant à rompre avec le monde... — Je
« vous deviens nécessaire; mon importance s'ac-
« croît chaque jour; je suis enfin votre premier
« ministre. — Je vous sais très-bon gré de cet
« aveu. Il est pour moi une nouvelle preuve de
« votre franchise; mais vous n'auriez rien gagné
« à vous taire : je vous avais pénétrée. »

CHAPITRE VI.

La brochure.

Tout a son terme dans ce monde. Ce principe
s'applique également à l'homme puissant et à
l'homme obscur, au riche et au pauvre : il semble

que la fortune se plaise à punir ses favoris des bienfaits qu'elle a répandus sur eux au hasard, et à dédommager le malheureux qu'elle accable, par le spectacle de grandes catastrophes. Laissons, pour un moment, ces idées, très-philosophiques, sans doute; n'anticipons pas sur les événemens; avançons sans rien précipiter, sans rien brusquer.

Il est à Paris une foule de gens qui n'ont rien à faire; qui ne sont pas assez riches pour s'étourdir sur leur existence par des plaisirs bruyans; qui ont assez d'aisance pour ne pas s'inquiéter du lendemain, et qui n'ont à s'occuper, en se levant, que de la manière dont ils useront la journée. Plusieurs de ces messieurs sont curieux, par caractère ou par malignité; actifs par le besoin de se satisfaire. Ils sont partout, où la simplicité de leur costume leur permet de s'introduire; ils écoutent tout, recueillent tout, méditent sur tout, et se plaisent à raconter, parce qu'ils se croient quelque chose, quand ils obtiennent les applaudissemens, et même un sourire du petit cercle qui se forme autour d'eux au Luxembourg, ou sous une allée des Tuileries.

Un de ces nouvellistes connaissait certaines particularités de la vie publique, et même de la vie privée de Versac. Quel plaisir de se dédommager de son infériorité, en écrasant un grand personnage! C'est comme si on se disait : les graces sont répandues sans choix et sans discernement. Si elles tombaient sur moi, on n'aurait pas à me reprocher les fautes graves dont j'entretiens mon auditoire. Je vaux donc réellement mieux que monsieur celui-ci, que monseigneur celui-là. On se dit cela bien bas; mais enfin on se le dit.

Un des auditeurs a remporté, au collége, un prix d'amplification française. Il n'a plus douté de sa vocation, et il a consacré sa vie aux Muses. Voulez-vous connaître la mesure de son talent? regardez sa perruque, que le temps a jaunie; son habit, qui s'éclaircit au coude; sa chemise, qui était blanche le dimanche précédent.

Ce nourrisson du Pinde n'admet aucune de ces considérations, ne connaît ni ces ménagemens, ni ces bienséances qui, au défaut de vertus, étayent encore l'ordre social. C'est au génie qu'il appartient de faire justice des abus d'autorité, de la bassesse des grands. Voilà ce qu'on dit très-haut; voici ce qu'on pense en secret : j'ai le sujet d'une brochure bien maligne, bien méchante, et qui, par conséquent, piquera la curiosité publique. Je la vendrai ce que je voudrai; j'en vendrai par milliers, et je vivrai un an du produit de mon talent. Je mettrai de la circonspection, de la prudence dans la distribution de mon ouvrage; mais que risqué-je, après tout, si je suis connu? un procès en calomnie? Je défie qu'on me fasse payer les frais. On m'emprisonnera? il faudra qu'on me nourrisse. J'ai toujours avec moi mon écritoire de poche, et qu'importe que j'écrive dans un coin ou dans un autre?

Notre homme se retire dans son galetas, et en vingt-quatre heures sa brochure est terminée. Elle n'offre ni esprit de conduite, ni liaison dans les raisonnemens, ni choix dans les expressions. Elle déchire un grand, voilà tout. Mais cela suffit à tant de lecteurs !

Le logement qu'a quitté Moufflard, est habité par un pauvre diable qui ne possède au monde qu'une presse portative, qu'il démonte, qu'il met dans un sac, et qu'il emporte sur son épaule, quand il est forcé de changer de domicile. Il imprime la chanson satirique ou licencieuse, le pamphlet insolent ou calomniateur, tous ces écrits qui circulent dans l'ombre, et que craignent d'avouer les auteurs les plus déhontés. Il est connu de tous les écrivassiers, et c'est à lui que s'adresse l'auteur de la brochure dont je viens de parler. Le traité est bientôt conclu. On partagera les bénéfices, sous la seule condition que l'auteur aidera l'imprimeur à faire gémir la presse.

A mesure qu'on tire, la maîtresse de l'imprimeur, qui mange du pain noir pendant la semaine, et qui est battue le dimanche, en revenant de la guinguette, ploie et broche. On a escamoté, dans un cabinet littéraire, l'almanach des vingt-cinq mille adresses. On le compulse, on examine ; on juge quels sont ceux qui, par la nature de leurs fonctions, ou leur caractère connu, sont, ou doivent être en opposition avec Versac. On rédige une liste, et la brocheuse, et l'imprimeur, et l'auteur partagent entre eux les quartiers de Paris, et on commence à colporter la brochure.

On y relève, d'un ton tantôt plaisant, tantôt amer, toutes les fautes de Versac. On a fouillé dans les secrets de son intérieur; on a interprété ses moindres actions, ses paroles les plus insignifiantes; on a pénétré jusque dans sa pensée. La petite Mauret, madame Dutour sont le sujet de deux épisodes piquans. L'ouvrage a un succès décidé, non d'estime, mais de vogue. On se l'arrache; on l'a toujours en poche, pour le faire lire à ceux qui n'ont pu se le procurer encore. Un homme qui se disait dévoué à Versac, lui en envoie douze exemplaires.

Il est facile d'imaginer les transports, la fureur de l'excellence. Ils n'étaient comparables qu'à la soif de vengeance qui la dévorait. Mais sur qui tomberont les coups, et comment trouver le coupable? S'adresser à la police, serait paraître attacher de l'importance à un libelle, qu'il est de la dignité d'un homme de bien de mépriser.

Moufflard, malgré son ambition, n'avait pu descendre que d'un étage. L'imprimeur avait fixé sa presse sur d'épais paillassons, qui n'étouffaient pas tellement le bruit, qu'on ne pût se douter dessous de ce qui se faisait dessus. Moufflard savait donc qu'un imprimeur, non avoué, occupait son ancien logement; mais il n'avait donné aucune suite à cette première idée : la conduite du voisin ne l'intéressait en rien.

Mais le voisin et ses associés avaient, malgré leur extrême circonspection, laissé tomber un de leurs exemplaires sur les degrés. Malheureusement pour eux, il avait été relevé et lu par Moufflard. Jugez de sa joie! Il pourra peut-être donner à monseigneur une preuve nouvelle de sa reconnaissance et de son dévouement. Il n'a plus de repos. Le jour, la nuit, il est à la porte de l'imprimeur; il a l'oreille au trou de la serrure, et en quarante-huit heures il sait tout ce qu'il lui importe de connaître.

Il court, il arrive à la porte du cabinet de monseigneur. Il prie l'huissier de l'annoncer. L'huissier répond que son excellence a de l'humeur, beaucoup d'humeur, et ne reçoit personne. Moufflard insiste; il a, dit-il, quelque chose d'important à communiquer. L'huissier se rend; il entre, et le reconnaissant, l'officieux Moufflard entend très-distinctement le refus de l'admettre. Il saisit le sens de quelques expressions qui l'auraient vivement blessé dans toute autre circonstance; mais son excellence a de l'humeur; elle se fût exhalée sur un autre comme sur lui. Il ne peut donc raisonnablement se choquer de ce qu'il a entendu.

Il écrit qu'il connaît l'auteur et l'imprimeur de la brochure injurieuse, calomnieuse, qui circule dans le monde. L'huissier refuse de remettre le papier; Moufflard le glisse par-dessous la porte, et la porte s'ouvre quelques secondes après.

Monseigneur regarde l'huissier d'un air sévere. « Pourquoi ne m'avez-vous pas dit que c'est Mouf- « flard qui désire me parler? — Je l'ai dit à son « excellence. — Vous le croyez; il n'en est rien. « Entrez, Moufflard, entrez. »

La porte se referme. Versac invite Moufflard à prendre un siége. S'asseoir en présence de monseigneur! c'est un honneur qui ne s'accorde qu'à très-peu de personnes, et dont Moufflard se croit indigne. Monseigneur le pousse doucement vers un fauteuil; il se place à côté de lui; il lui sourit avec une bienveillance marquée; il l'interroge; il va connaître ses ennemis; le plaisir et la colère brillent à la fois dans ses yeux.

Il est cruel, pour quelqu'un qui ne fait que du bien aux hommes, d'être ainsi calomnié. La philantropie la plus soutenue ne peut cependant laisser cette atrocité impunie : ce serait encourager le reptile à répandre de nouveau son venin. Telles sont les réflexions que monseigneur communique à Moufflard, et Moufflard en admire la justesse et la précision. A quel parti s'arrêtera-t-on? Recourir aux tribunaux serait ajouter à la publicité d'un écrit affreux. Ce serait fournir de l'aliment à la curiosité impertinente, à l'envie, toujours active. Il est des personnes, d'ailleurs, dont la considération peut être altérée par les expressions, souvent plus qu'indiscrètes, que se permettent messieurs les avocats.

Moufflard rend hommage à la sagacité de monseigneur; mais il n'ouvre aucun avis, et monseigneur voudrait avoir l'air de se rendre, et ne rien ordonner. Un joli bambou est appuyé contre son fauteuil; il le pousse légèrement du coude, le bambou tombe et roule à ses pieds. Moufflard se hâte de le relever; il le balance dans sa main. « Je regrette, dit-il, qu'il soit si léger. — Vous « penseriez, Moufflard!... — Que ce devrait être « la propre canne de monseigneur... — Des voies « de fait, Moufflard! — Il faut écraser le reptile, « pour l'empêcher de répandre son venin. — Ce « parti serait le plus sûr, le plus court. Cependant, « mon cher Moufflard... cependant... » Monseigneur fait encore quelques objections; elles sont faibles; le son de sa voix est plus faible encore, et son air est encourageant. Rien de tout cela n'échappe à Moufflard. Il parle, il presse, et persuadé qu'il a pénétré monseigneur, il combat les petits mots qu'on lui oppose encore. On est d'accord sur le fait principal : il ne reste que les détails à régler.

Moufflard ne se pique pas d'être brave, il en convient; mais fût-il un héros, que fera-t-il contre trois? Le *qu'il mourût* est fort bon au théâtre, et n'a pas fait beaucoup d'imitateurs. Versac met une bourse de cinquante louis dans la main de Moufflard; il la lui serre avec affection, et le congédie, en lui disant : « Vous ne reparaîtrez dans « les bureaux que lorsque vous aurez dépensé « cet argent-là avec vos amis. »

A qui Moufflard s'adressera-t-il pour l'exécution du coup de main qu'il doit diriger? Il y a du danger à faire certaines propositions à des gens incapables de les accepter. Moufflard, dans la détresse, n'avait pu être difficile sur le choix de ses liaisons; mais sa mémoire ne lui rappelait personne qui eût les épaules carrées, les membres musculeux, et surtout la probité de Bartholo : tout juste ce qu'il en faut pour n'être pas pendu.

Il fallait encore que ceux qui seraient disposés à le servir, voulussent bien gagner peu en s'exposant beaucoup, car il était clair qu'il lui devait rester au moins vingt-cinq louis sur les cinquante qu'il avait reçus de Versac. Moufflard était vraiment embarrassé. Cependant, quel honneur d'être admis à venger son excellence! quelle satisfaction d'obtenir la préférence sur tant de gens, qui auraient couru au-devant d'une semblable mission! que de faveurs vont pleuvoir sur l'agent, le confident intime de monseigneur!

La mauvaise humeur de son excellence était un peu calmée par la certitude d'être bientôt vengé. Mais l'humeur eût-elle existé encore dans toute sa violence, il n'en eût pas moins fallu recevoir les employés supérieurs, et avoir l'air de se mêler un peu de son administration. Il restait cependant encore assez d'acrimonie, pour que messieurs les chefs de bureaux ne fussent pas accueillis d'une manière bien encourageante.

« Qu'est-ce que ces états, messieurs? sur quel

« papier sont-ils faits? quels sont les brouillons
« qui écrivent ainsi? — Depuis que monseigneur
« a jugé à propos de créer un inspecteur de cette
« partie, nous n'avons pas de meilleur papier, les
« plumes sont détestables, les canifs sont de
« plomb, et saint Omer lui-même ne pourrait
« écrire lisiblement avec de pareils instrumens. »

Monseigneur se pince les lèvres, et prend à l'instant son parti. Moufflard ne doit reparaître qu'après avoir châtié des insolens; il peut n'être pas heureux dans son entreprise, et s'il se fait des affaires avec la justice, il ne doit être qu'un misérable, déja chassé des bureaux pour cause de malversation. « Je me suis laissé aller, dit Versac,
« à un sentiment d'humanité, de compassion, en-
« vers un infortuné qui avait servi long-temps
« dans mes bureaux; j'avais d'ailleurs été volon-
« tairement injuste envers lui, et je me plais à
« réparer mes torts. Mais la bienveillance, la phi-
« lantropie même ont des bornes, et je serais cou-
« pable, si l'amour que je porte aux hommes
« allait jusqu'à nuire au bien du service. D'après
« les pièces que j'ai sous les yeux, il est clair que
« l'inspecteur et le marchand papetier sont deux
« fripons. Je supprime le premier; j'entends qu'on
« change le second, et qu'on réduise ses mémoires
« de moitié. S'il résiste, qu'on le traduise devant
« les tribunaux. »

Monseigneur croit avoir quelque chose de très-particulier à dire à madame Dutour, et il est une époque de la vie où on ne choisit pas ses momens. Il se hâte de congédier ses subordonnés ; il demande sa voiture ; il part.

D'Alaire dînait tranquillement entre madame Bernard et Julie. Il regardait souvent la jeune personne ; il l'interrogeait ; elle lui répondait avec décence et une sorte d'enjouement. Elle paraissait avoir de l'esprit naturel, et le seul défaut que lui trouvât le comte, était de croire à la vertu dé-désintéressée, et de ne reconnaître d'égoïsme que dans les cœurs dépravés. Julie n'avait pas oublié les conseils de madame Bernard, mais elle ne pouvait prendre sur elle de masquer ses sentimens. Elle les trouvait consolateurs, et par conséquent nécessaires ; elle était d'ailleurs incapable de dissimuler, surtout avec son bienfaiteur. Ah ! pensait d'Alaire, elle ne connaît pas encore les hommes ; l'expérience lui apprendra à les juger ; mais on ne peut raisonnablement exiger d'un enfant de cet âge la pénétration et le jugement que donnent les années. Et puis, si nous avions tous trois la même façon de penser, la conversation tomberait à chaque instant. Un peu de contradiction la ranime, l'alimente et la rend piquante et variée.

Pour moi, ajoutait-il, je ne dînerai jamais ici sans avoir sous les yeux les heureux que j'ai faits, sans jouir de ce tableau ; et la satisfaction de l'ame influe singulièrement sur la digestion. Telle est certainement la plus forte des raisons qui m'ont fait admettre à ma table Julie et madame Bernard.

En effet, que me restait-il de ces dîners si chers, si longs, si ennuyeux? Un vide insupportable. Je les donnais par pure ostentation, et ici tout est jouissance. Voilà du moins de l'égoïsme sagement calculé.

Vous savez que madame Bernard est curieuse, et je vous apprends que le suisse de l'hôtel est nouvelliste. Il a entendu parler de la trop célèbre brochure; il s'en est procuré un exemplaire. Madame Bernard est parvenue au plus haut degré de crédit et d'influence; les gens de monsieur le comte doivent saisir les moindres occasions de lui faire leur cour, et le suisse s'était hâté de lui présenter la brochure. Madame Bernard savait que d'Alaire et Versac étaient brouillés; qu'en général l'homme le plus modéré n'est pas fâché d'entendre médire de celui avec qui il est mal, et elle s'empresse de rendre au comte les marques de déférence qu'elle a reçues de son suisse. Pendant que d'Alaire réfléchit, elle tire le pamphlet de son sac, et le place devant lui.

Il sort enfin de sa rêverie, et jette les yeux sur cet écrit. Il le compulse; il rougit, il pâlit, et à chaque instant il s'écrie : Le malheureux! combien il doit souffrir! Julie voit que le comte souffre lui-même. Elle n'ose lui parler; mais l'intérêt le plus touchant se peint dans ses yeux. D'Alaire se lève brusquement; il lui tourne le dos, fait quelques tours dans sa salle à manger, et dit entre ses dents : « Je ne serais pas en paix « avec moi-même, si je n'allais le consoler. » Il sort, il monte dans le premier fiacre qui se présente, et il se fait conduire chez Versac.

Versac n'est pas rentré encore, et d'Alaire se décide à l'attendre chez madame. Il la trouve dans le plus déplorable état. Il ne peut, sans indiscrétion, rester auprès d'elle ; il se retire ; il fait appeler la femme de chambre de confiance ; il l'interroge avec ce ton pénétré, qui exclut tout soupçon de curiosité. Les malheureux aiment à parler de leurs peines, et cette femme était trop attachée à sa maîtresse pour ne pas partager les chagrins qui la consumaient. D'Alaire apprend que Versac joint à l'abandon le plus complet, des procédés durs, humilians, et que, par un raffinement de cruauté, il exige que le calme soit sur le front de sa femme, et le sourire sur ses lèvres, lorsqu'elle reçoit quelqu'un. Victime dévouée, elle dévorait ses larmes, quand elle ne pouvait les répandre dans le sein de celle qui en versait avec elle. La misérable brochure lui a porté le dernier coup ; l'infortunée aime encore l'ingrat, qui fait le tourment de sa vie. Elle a fait acheter, à un très-haut prix, le manuscrit et ce qui restait de l'édition, et l'infâme auteur en fait colporter une seconde.

D'Alaire est furieux. Il s'emporte ; il ne se possède plus. Il maudit les hommes ; il s'écrie que la vertu n'est qu'un mot, ses apparences un masque; que le visage hideux du méchant s'en couvre pour cacher sa difformité, et tromper avec impudence. Il rentre chez madame de Versac. Il lui conseille de quitter son mari, de plaider en séparation; il lui offre sa maison pour asile. Madame de Versac lui répond qu'elle n'ajoutera pas au déshonneur qui commence à peser sur son mari; qu'il ne lui restera qu'elle, si un jour le malheur l'accable, et qu'elle restera à la place que lui assigne son devoir. Le devoir! le devoir, reprend d'Alaire avec exaspération! vous voulez vous montrer plus noble, plus grande que votre mari. Vous avez l'égoïsme de l'orgueil.

Une telle inculpation écrase, désespère madame de Versac; ses pleurs coulent en abondance. D'Alaire tombe à ses genoux; il lui demande pardon; il mêle ses larmes aux siennes. Madame de Versac lui tend la main, le regarde avec douceur, et le prie de se retirer.

D'Alaire se rend. La confidente, l'amie de madame de Versac, juge qu'il ne peut paraître dans l'état où il est, et elle le conduit chez elle. Un secrétaire est ouvert : le comte prend une plume et écrit à Versac une lettre fulminante. Il lui rappelle toutes ses fautes; il les lui reproche avec amertume, avec colère, avec mépris. Il lui déclare que s'il ne change de conduite à l'égard de sa femme, ses procédés odieux ne seront pas couverts plus long-temps du voile d'une fausse philantropie; que lui d'Alaire, qui n'a jamais écrit, fera aussi une brochure, et qu'il y mettra son nom.

Il se lève; il ouvre une croisée; il respire le grand air. Il adresse quelques mots à la femme de chambre, et il n'est pas du tout à ce qu'elle lui répond. « Allons, dit-il, allons chercher un « peu de calme auprès de Julie; il n'en est plus « ici pour moi. »

Une femme de chambre, qui a quelque adresse, ne se charge pas de remettre à monsieur une lettre qui peut exciter son ressentiment. Alexandrine dépose sur la cheminée du salon la mercuriale du comte, et s'il plaît à monsieur de faire une enquête, la main officieuse qui sert madame ne sera pas connue.

Versac rentre : c'est l'heure du dîner. Il demande pourquoi madame ne vient pas recevoir ses convives? On lui répond qu'elle est indisposée. « Qu'elle vienne, dit-il à Alexandrine. — Ma- « dame peut à peine se soutenir. — Qu'elle vienne; « je le veux. » Cette femme est sans doute dans les secrets de sa maîtresse : il est inutile qu'il prenne son masque devant elle.

Il se promenait dans son salon, en pensant à madame Dutour. Elle est jolie, à la bonne heure, pensait-il; mais elle a des caprices, et elle devient exigeante. Elle veut des soins, des assiduités, et presque des égards. Tout cela me fatigue. Une femme ne doit être pour moi qu'un être dépendant et soumis... Que vois-je? l'écriture de d'A-laire! il se repent d'avoir rompu avec moi; il cherche à amener un rapprochement. J'ai reconquis ma liberté; j'y tiens; je ne le verrai plus. Lisons, cependant.

La figure de Versac se décompose; ses passions habituelles se développent; mais bientôt il réfléchit; il sonne : « Faites venir Alexandrine.

« J'étais très-préoccupé quand vous m'avez
« parlé tout à l'heure. Je crois maintenant vous
« avoir entendu dire que madame ne se porte
« pas bien. — Elle a le plus grand besoin de re-
« pos. — Qu'elle en prenne. Je recevrai seul.

« Le maudit homme, avec sa vertu qu'il ap-
« pelle de l'égoïsme! Combien il est fort des fai-
« blesses des autres, celui à qui on n'en peut
« reprocher aucune! Dans un moment d'enthou-
« siasme, d'Alaire peut exécuter ses menaces. Je
« surmonterai ma répugnance; j'irai chez lui, et
« je me conduirai selon les dispositions dans les-
« quelles je le trouverai. »

Le dîner fut triste. Versac, continuellement rêveur et distrait, n'avait, fort heureusement pour lui, aucun de ces personnages qui commandent les procédés, et que, par conséquent, un maître de maison est, en quelque sorte, obligé d'amuser. Il ne traitait, ce jour-là, que des mangeurs, et cette espèce de gens montent toujours leur physionomie sur celle de l'Amphytrion. On parla très-peu, et en revanche on consomma beaucoup. On avait à peine quitté la table, que les convives s'échappèrent les uns après les autres : c'est ce que désirait Versac.

Il arrive chez d'Alaire. « Que me voulez-vous, « monsieur? — Je viens m'expliquer sur certaines « choses... — Je sais tout; ainsi les explications « sont inutiles. Si vous venez ici pour avouer « franchement des fautes qui m'indignent, si vous « voulez sincèrement les réparer, je peux me sou-« venir encore que je fus votre ami. — Je veux « vous prouver que, si un orgueil déplacé m'a « rendu indocile à vos avis; si je me suis éloigné « de vous dans un moment d'humeur que je me « suis reproché, je ne suis pas indigne de votre « indulgence. — C'est la première fois que vous « me tenez ce langage. La crainte, au reste, rend « capable de tout. — Je conviens que je redoute « votre influence sur l'opinion publique. Mais j'ai « résolu de tout faire pour reconquérir votre es-« time. — Je vous préviens que vous ne m'abuse-« rez pas avec des mots. — Quelle preuve voulez-« vous de ma sincérité?

« — Vous avez près de Blois une terre qui « rapporte vingt mille livres de rente. — Hé bien? « — La maison de maître est jolie. — Après ? — « Le site est pittoresque. — Enfin? — Vous aban-« donnerez ce bien à madame de Versac. Elle « pourra s'y retirer. Elle prendra avec elle ceux « de ses gens qui lui conviennent, et, quelque « chose qui arrive, jamais vous n'irez troubler

« son repos. — Est-ce tout? — Consentez-vous à
« ce que je vous demande? — Je m'y engage sur
« ma parole d'honneur. — Une promesse verbale
« ne me suffit pas. — Que voulez-vous de plus?
« — Passons dans mon cabinet. Vous y signerez
« l'abandon de ce bien et une séparation volon-
« taire. — Signer! monsieur, signer! vous donner
« un titre contre moi! — Vous savez que je suis
« incapable d'en abuser. — Je le crois... Je le sais...
« cependant... — Votre signature à l'instant, ou je
« vais commencer ma brochure. — Vous auriez le
« courage de me diffamer! — J'aurai toujours ce-
« lui de défendre l'opprimé contre l'oppresseur,
« quel qu'il soit. »

Versac était bien sûr de la délicatesse, des procédés du comte; mais il lui répugnait de s'engager, et surtout de ployer devant les circonstances.
Cependant il connaît le rigorisme de d'Alaire; il
sait qu'il ne transige jamais avec ce qu'il croit
être son devoir; il est capable de le sacrifier à la
tranquillité de madame de Versac. Une mauvaise
brochure a amusé la malignité, sans la convaincre, peut-être : un écrit du comte fixerait irrévocablement l'opinion, et le perdrait sans retour.
Il suit d'Alaire dans son cabinet.

Ah! pensait celui-ci, en rédigeant un acte assez irrégulier, mais qui n'était pas trop mal conçu
pour un homme de qualité, ah! pensait-il, une
fois au moins tu feras une action philantropique.
Tu ne manqueras pas de t'en vanter, et tu te tai-

ras sur les motifs. N'importe ; le bien sera fait, et c'est tout ce que je désire. Versac signe, bien malgré lui, avec des regrets bien vifs ; mais enfin il a signé.

D'Alaire serre soigneusement le traité qui vient d'être conclu. « Je vous jure, dit-il à Versac, par « tout ce qui peut lier un homme d'honneur, que « cet écrit ne sortira point de là, tant que vous « tiendrez vos engagemens. — Ma femme même « n'en aura pas connaissance ? — Non, si vous « vous conduisez avec douceur à son égard jus- « qu'à ce qu'elle s'éloigne ; si vous employez des « formes et quelque adresse pour l'engager à par- « tir. Vous seriez humilié, si elle connaissait les « droits que je viens de lui donner sur vous, et « je ne mettrai pas dans une position humiliante « celui qui vient de faire un acte de probité. » Versac se jette dans ses bras, le presse contre son sein, et peut-être était-il sincère en ce moment. Il se croyait au moins très-heureux que la discrétion du comte ménageât son orgueil. Il prend congé de lui ; il se retire.

Allons, se dit le comte, j'ai assuré le bien-être, le repos, l'indépendance de madame de Versac, et je suis rentré dans tous mes droits auprès de son mari. Je pourrai encore le voir et le gronder tous les jours ! Que de jouissances je viens de me procurer à la fois !... Je pourrais y ajouter, en faisant connaître à cette femme le service important que je viens de lui rendre... Non, non ; ce serait prétendre à de la reconnaissance, dégrader par conséquent le bienfait, et manquer ouvertement à ce que j'ai promis à Versac. Tout restera concentré dans le fond de mon cœur, et les plaisirs que m'assure cette journée ne seront troublés par aucun nuage. Il faut convenir que l'égoïsme, bien entendu, est vraiment une belle chose!

CHAPITRE VII.

Les voies de fait ont toujours de tristes suites.

C'est une terrible chose qu'un orage à Paris. Des torrens d'eau tombent des toits, et mouillent, jusqu'à la peau; la beauté et la laideur, l'enfance, l'âge mûr et la vieillesse. Les ruisseaux se grossissent, et on ne peut échapper aux gouttières, qu'en se mettant jusqu'à mi-jambes dans une eau noire et infecte. Un parapluie vous prend par une oreille; vous vous retournez, et vous recevez un soufflet de la planche de passage à un sol, que porte sur son épaule l'entrepreneur du moment. Vous tempêtez, vous jurez même; ce qui est fort mal; des *gare, gare*, répétés vous font oublier la planche et le porteur. Vous vous collez contre le mur, et le chien danois, qui court devant le carrosse menaçant, étourdi, et du tonnerre, et des mouvemens rapides et incertains des malheureux piétons, vient passer entre vos jambes, et vous jette le derrière dans un cuveau, que la ménagère a mis à sa porte pour recevoir l'eau de la pluie. L'homme opulent, qui se fait traîner, tremble pour la couverture du siége et pour sa livrée. Il ne s'occupe ni des culbutes, ni des chapeaux de gaze, ni du bonnet surmonté du bouquet de roses, ni du bas blanc à jour, qui sont devenus méconnaissables. La marchande de modes seule rit, de son comptoir, du désastre général. Elle calcule déjà ce qu'il pourra lui rapporter.

Moufflard ne craint ni pour sa livrée, ni pour ses chevaux ; mais il a son habit neuf. Il est dix heures du soir, et l'obscurité ajoute au tumulte et aux embarras. Il se jette dans une allée, et il ferme la porte sur lui : quinze à vingt personnes auraient pu se réfugier là, le presser, et M. Moufflard aime ses aises. Que lui importe que les autres se mouillent, pourvu qu'il soit à couvert ? N'est-ce pas encore là de l'égoïsme ?

Il se promène dans cette allée, en long et non en large, attendant que le ciel voulût bien s'éclaircir. Il pensait à la difficulté de trouver des gens disposés à venger monseigneur. Il récapitulait les démarches indirectes qu'il avait déjà faites pour arriver à son but. Il voulait en faire de plus positives, pourvu cependant qu'elles ne l'exposassent pas au traitement qu'il réservait à l'auteur, à l'imprimeur et à la brocheuse du libelle.

Il est tiré de sa méditation par deux individus

qui descendent du haut de la maison, et qui parlent à voix basse. Moufflard n'est pas brave, vous le savez. Rien n'annonce un danger réel; cependant il retient son haleine et prête une oreille attentive.

« Depuis trois jours, n'avoir *fait* qu'une taba-
« tière de buis! disait l'un. Tâchons de profiter du
« désordre causé par l'orage, disait l'autre. » Moufflard tremble d'être dépouillé dans l'allée même où il s'est si soigneusement enfermé. Il cherche le pêne de la serrure; les ténèbres et son trouble l'empêchent de le trouver. Les deux causeurs s'approchent; l'allée est étroite; Moufflard ne peut les éviter. Tout à coup une main tombe d'à-plomb sur son épaule, et il entend crier: *qui vive?* «Mes-
« sieurs, c'est un pauvre homme qui s'est mis ici
« à l'abri de la pluie. — Sais-tu dans quelle rue tu
« es? — Dans la rue de la Mortellerie. — Connais-
« tu le numéro de la maison? — Non, messieurs.
« — Que tu le connaisses ou non, peu importe;
« nous ne demeurons pas ici. Voyons ce que tu
« as sur toi. — Hé, messieurs, vous exposerez-
« vous à aller aux galères pour un misérable mou-
« choir? — Un soldat s'expose bien à se faire tuer
« pour six sous. — Sa profession est honorable.
« — La nôtre est lucrative: il y a compensation
« partout. Allons, ne fais pas le raisonneur, et vide
« tes poches. — En vérité, messieurs, je n'ai que
« mon mouchoir, et, si vous voulez vous entendre
« avec moi, je vous ferai gagner vingt-cinq louis.

« — Quand? — Peut-être ce soir. — Hé bien, en-
« tendons-nous. Mais pas de subterfuges; tu n'y
« gagnerais rien. — Je suis de bonne foi, mes-
« sieurs. D'ailleurs j'honore l'industrie partout où
« je la trouve, surtout quand elle peut m'être
« utile. »

Moufflard parle alors longuement et complai-
samment de monseigneur, de la protection im-
médiate qu'il lui accorde, et que chaque jour il
s'efforce de justifier. Monseigneur est l'ami des
hommes; c'est le philantrope le plus ardent, le
plus pur de Paris, mais en même temps le plus
équitable. Il ne peut se dispenser de faire périr
sous le bâton des insolens qui tendent, par d'infâmes calomnies, à lui ôter l'estime et la confiance du prince, à priver la France d'un administrateur plein de zèle et de lumières, et qui
consacre tous ses momens au bien de la patrie.
La reconnaissance est une des vertus de monseigneur; et si, en le servant, on était reconnu,
exposé à certains désagrémens, sa haute et puissante protection étoufferait l'affaire.

Tout cela est bien beau, bien séduisant; mais
les coquins sont rusés, et ils doivent l'être : ils ne
peuvent opposer à la force que la prévoyance et
l'adresse. « Nous ferais-tu cette longue histoire
« uniquement pour sauver ton mouchoir? — J'ai
« deux louis dans mon gousset de montre, je vais
« vous les donner pour arrhes du marché. —
« Donne. — Les voici. — Et la montre? — Je ne

« la porte jamais le soir. — Voilà de la prudence.
« Venez chez moi; je vous donnerai dix autres
« louis d'avance, et je vous ferai connaître les
« drôles dont vous aurez l'honneur de venger son
« excellence. — Aller chez toi! tu veux nous faire
« arrêter. — Quand on s'expose à l'être pour une
« tabatière de buis, on peut hasarder quelque
« chose pour avoir cent écus. — Pas mal rai-
« sonné. — D'ailleurs, je ne vous quitterai pas
« d'une seconde. — Et si tu jettes un cri, nous
« t'étranglons. — J'y consens. »

Messieurs les associés bravent la pluie qui tombe encore. *Auri sacra fames!* Moufflard ouvre la marche. Les deux coquins le suivent et l'observent. Il prend son chemin en ligne droite, écartant des coudes les obstacles qui se présentent; il ne cherche qu'à avancer. Il arrive devant le corps-de-garde du Port-au-Blé; ceux qui l'observent redoublent d'attention. Il n'a pas seulement tourné la tête en passant devant le factionnaire. Ce trait inspire de la confiance, et, pendant que l'un suit Moufflard pas à pas, l'autre s'éloigne, revient, s'éloigne encore. Il heurte, il est heurté; il presse, on le presse à son tour, et il n'a pas ses mains dans ses poches.

On est à la porte de la maison qu'habite Moufflard. Nos filous le placent entre eux, et lui enjoignent de garder le plus rigoureux silence. On monte; on gagne le logement de Moufflard. Il ouvre sa porte; il la referme sur lui et ces messieurs ; un briquet phosphorique donne aussitôt de la lumière. Moufflard, fidèle à ses engagemens, tire dix louis de son secrétaire de bois de noyer, et les remet à ces messieurs. Il n'a fait qu'entr'ouvrir le petit tiroir, et l'œil perçant des deux drôles en a mesuré le contenu.

Celui qui, dans la marche, a marqué tant d'activité, lui présente trois montres, et le prie, d'un ton ferme, de lui prêter quinze louis sur ces effets. Moufflard hésite. « Monsieur, lui dit-on très-« poliment, vous honorez l'industrie partout où « vous la trouvez. Cela est très-louable, sans doute, « mais n'est pas suffisant : il faut encore l'encou-« rager. Quinze louis, s'il vous plaît, ou nous nous « retirons avec ce que vous venez de nous don-« ner. — Mais, messieurs... — Mais ce que nous « vous demandons n'est qu'un prêt, et nous vous « laissons des gages. — Et, dans un moment, vous « allez me demander autre chose. — Nous vous « donnons notre parole d'honneur de ne plus « rien exiger, que lorsque notre expédition sera « convenablement terminée. — Oh ! votre parole « d'honneur !... — Chacun a le sien, monsieur. Le « nôtre consiste à ne jamais violer la promesse « faite à ceux avec qui nous avons des rapports « d'intérêt. » Moufflard est toujours incertain ; il ne répond plus ; il réfléchit. On met un terme à ses irrésolutions. On ouvre le petit tiroir; on y prend quinze louis, pas un de plus, mais aussi pas un de moins; on y met les trois montres, on ferme le secrétaire, et on remet la clef à Moufflard, en lui faisant une révérence, accompagnée d'un sourire tout à fait aimable.

On ne s'occupe plus que de l'objet essentiel, dont les incidens que je viens de détailler ne sont que des accessoires. Les exécuteurs des vengeances reçoivent de Moufflard les renseignemens les plus étendus et les plus clairs, et on se décide à agir à l'instant. Il est vraisemblable que les associés d'en haut ont été retenus chez eux par l'orage, et la première chose qu'il y ait à faire est de se procurer les instrumens du supplice qu'on veut infliger; on reconnaîtra ensuite les trois visages. On va acheter, chez la fruitière du coin, deux manches à balai qu'on fait scier à la longueur convenable, et on remonte chez Moufflard.

Il a son rat de cave. On l'allume, et on se présente chez l'imprimeur comme si on venait d'un autre quartier de Paris. On est libraire de province. On a entendu parler avec éloge de la fameuse brochure, et on veut la faire connaître à Lyon et à Bordeaux. On prend, on paye une vingtaine d'exemplaires; on se laisse conduire par la brocheuse, qui déja se disposait à sortir, jusqu'à l'étage au-dessous. On descend dans la rue, pour éloigner toute espèce de soupçon; on éteint le rat de cave; on remonte à tâtons chez Moufflard; on lui demande le remboursement de quarante francs de frais, qui ne doivent pas être pris sur les bénéfices. Moufflard trouve la demande fondée; il paye, et nos drôles vont s'embusquer dans une allée voisine.

Bientôt un bruit effrayant se fait entendre. Des cris aigus semblent partir de tous les côtés. Le tonnerre recommence à gronder; un déluge d'eau semble couvrir la superbe Lutèce. Les plaintes, les clameurs, d'épouvantables juremens, tout concourt à rendre cette nuit horrible.

Moufflard met la tête à la fenêtre. Les boutiques sont fermées, et la triste et pâle lueur des économiques réverbères ne laisse entrevoir qu'un ciel en feu, qui se reflète dans de sales ruisseaux, transformés de nouveau en torrens. Si Moufflard ne distingue pas les objets, il entend les coups qui tombent comme la grêle. La voix paillarde de la brocheuse lui chatouille agréablement le tympan. Il est clair qu'on venge monseigneur.

Oh! quel chapitre que celui de la contrariété! Qu'il est varié, étendu! Quel homme ne ferait pas des in-folios, s'il écrivait tout ce qu'il a éprouvé en ce genre? N'interrompons pas notre récit par des réflexions philosophiques, qui seraient ici de vrais hors-d'œuvre. Le beau n'est beau qu'autant qu'il est à sa place.

Il y a toujours dans les rues de Paris des gens qu'on paye à l'année, pour n'avoir jamais d'affaires personnelles, et se mêler sans cesse de celles d'autrui. Une patrouille était entrée dans cette rue, par un bout, tandis qu'une seconde se glissait par l'autre extrémité. L'ancien guet à pied reculait quelquefois, dit-on, devant les batailleurs et l'orage. Notre ville est gardée maintenant par des gens qui ne craignent rien. Quel malheur pour la petite société, qui est en guerre continuelle avec la grande !

Les deux patrouilles s'avancent au pas de charge, et bientôt les battans et les battus vont se trouver entre deux feux. Comment cette scène finira-t-elle? C'est ce que veulent savoir les commères, les badauds et les polissons du quartier. C'était un lundi : les commères se déchaussent, mettent sagement sous un bras les bas qui doivent faire la semaine, et, leur jupon sur la tête, elles se jettent dans la mêlée. Les hommes, qui ne craignent pas d'ajouter un demi-pouce de crotte à celle qui couvre déja leur pantalon, ne pensent qu'à jouer un rôle, et à seconder la force armée. On est toujours brave, quand on est vingt contre deux, et qu'on est secondé par dix auxiliaires qui arrivent, la baïonnette au bout du fusil et le sabre au côté.

Quel peintre a des pinceaux assez hardis, assez vigoureux pour rendre un pareil tableau? Où êtes-vous, divin Horace, et vous, cygne harmonieux de Mantoue ? Pour moi, humble prosateur, je vais continuer mon récit tout simplement, sans prétentions. L'imagination du lecteur enrichira les faibles images que je vais lui présenter.

Sexe charmant, dont les contours moelleux, les formes enchanteresses, les graces entraînantes devraient désarmer les mains les plus barbares, est-il donc vrai que vous n'êtes rien, et que tant d'avantages précieux disparaissent devant les passions haineuses, et surtout devant la cupidité? La brocheuse, que sa faiblesse même devait rendre respectable, a succombé la première. Elle est étendue dans un large ruisseau, et elle tourne ses yeux, à demi fermés, vers le ciel, qui ne la venge pas. Une vieille hotte défoncée, que roulent les flots, passe, s'arrête dans les jambes de l'infortunée, et une commère lui en fait un oreiller. L'occiput et les omoplates de l'auteur et de l'imprimeur ont résisté quelque temps à la violence des coups; mais enfin ils chancèlent, ils tombent, et on se dispose à les achever, en leur répétant à demi-voix : C'est de la part de monseigneur de Versac.

L'impassible chiffonnier est étranger à tout ce qui se passe. Sa lanterne d'une main, le dos courbé, les yeux fixés à terre, et son crochet en avant, il ramasse vingt, trente, cinquante, soixante brochures dispersées. Il croit avoir fait sa fortune.

Tout à coup on n'entend plus qu'un cri : Arrête! arrête! arrête! Ce cri fatal pour les filous, et même pour les amans qui courent la nuit les aventures, ce cri a frappé nos deux drôles. Ils lâchent leurs victimes, et ne pensent plus qu'à se mettre en sûreté.

La police veut que les allées soient fermées à

onze heures. Mais quelle autorité peut se faire rigoureusement obéir, quand ses ordonnances sont en opposition avec les intérêts particuliers? Tant de gens veulent trouver, à toute heure, leur porte, ou celle de leur voisine ouverte! gens peu amis de l'ordre, peu délicats sans doute; mais ils sont nombreux, et la plupart ne craint pas les commissaires, parce qu'il n'y a dans le grenier qu'un grabat, devant lequel les doigts crochus de la chicane sont forcés de s'allonger. Or, une main allongée ne peut rien saisir. Mais la prison? Pourquoi la redouter, puisqu'on y trouve du pain à meilleur compte que chez le boulanger, et de l'eau comme sur les bords sablonneux de la Seine? On y est d'ailleurs à l'abri des pluies d'orage.

C'est dans une de ces allées que se sont tapis nos deux coquins. On les a vus entrer; on les suit, on se précipite, on croit les tenir. M. le caporal, qui doit donner l'exemple à sa troupe, avance, tête baissée, comme s'il était encore à Austerlitz. Mais la valeur n'est pas toujours heureuse. Ses jambes s'embarrassent dans celles des drôles, qui sont couchés à ses pieds. Il perd l'équilibre, il trébuche, il tombe, l'estomac sur la première marche de l'escalier, et le front sur la seconde. Nos filous se glissent sur les coudes et les genoux; ils tâchent de gagner la porte. Ils prennent, les uns après les autres, et par l'enfourchure, les soldats de l'escouade. D'un tour de reins, ils les jettent derrière eux sur le caporal. Ils se relèvent; ils tombent à grands coups de bâton sur les amateurs qui obstruent l'entrée de la maison, et qui se dispersent devant eux, comme la poussière sous le souffle de Borée. Une autre allée se présente; nos coquins s'élancent; la crainte leur donne des ailes; ils franchissent des escaliers que, dans le calme des passions, ils n'eussent peut-être pas trouvés. Ils sont sur le toit, et on ne sait encore où les chercher.

Un chat et sa compagne, couple modeste, qui avait la louable habitude de se soustraire à tous les regards, jouissait là en paix des droits de la nature. Malheureusement pour eux, ils se trouvaient sur le passage des fuyards. Un vigoureux coup de bâton leur brise les reins à tous deux. Ils roulent sur la pente du toit, et tombent dans la hotte du chiffonnier. Le chiffonnier, qui n'était pas préparé au choc, tombe le nez dans le ruisseau, se relève, regarde dans sa hotte, et bénit le ciel qui y a fait pleuvoir la manne.

Nous sommes tous bien aises de savoir d'où et comment nous est venu un bien inespéré. Le chiffonnier élève sa lanterne, il regarde attentivement, et il croit entrevoir, contre une cheminée nouvellement recrépie, quelque chose de noir, qui a du mouvement. Il fait part à une commère de ce qu'il a remarqué, et en cinq à six secondes, on n'entend plus qu'un cri : Les voilà ! les voilà !

M. le caporal et ses gens, qui auraient défié une compagnie en rase campagne, sont indignés d'être les jouets de deux malheureux. Ils prennent la lanterne du chiffonnier, ils montent, ils sortent par trois ou quatre lucarnes à la fois. Le combat va s'engager sur un terrain plus redoutable encore que l'ennemi.

Le vacarme affreux qui régnait dans toutes les parties de la rue, s'était fait entendre au loin. D'autres patrouilles étaient accourues ; un poste, tout entier, venait de se présenter. On gagne le toit de la maison voisine, et on coupe la retraite à nos fripons.

Là, on charge les armes, aussi bien qu'on peut le faire, quand on n'est pas d'à-plomb sur ses pieds. On leur notifie que s'ils ne se rendent, on va faire feu sur eux. Il ne leur reste plus qu'à choisir entre mourir ou céder. Le choix ne pouvait être douteux.

D'ailleurs, bâtonner les gens n'est pas un crime qui entraîne la peine capitale. Et puis la haute magistrature sera portée à l'indulgence pour ceux qui ont châtié des libellistes, capables d'attaquer, tour à tour, les personnages les plus respectables de l'état. Enfin, il est sans doute dans les principes de monseigneur de ne pas abandonner ceux qui se sont exposés pour lui. Les réflexions sont rapides, quand on est sur les toits, menacé d'en descendre par le chemin qu'ont pris la chatte trop sensible, et son malheureux amant.

Ces idées furent plutôt senties que détaillées, et elles amenèrent la soumission entière, absolue des délinquans.

Ils descendent avec humilité. Ils répondent, par des regards supplians, aux bourrades, qui tombent sur eux dans le premier moment, ce qui est contre les principes : mais

> Qui peut arrêter l'abus de la victoire ?

Moufflard n'a pas quitté sa croisée. Il voit bourrer, prendre, garrotter, entraîner ses agens. Me voilà, se dit-il, dispensé de leur donner dix louis de plus. Or, dix et vingt-cinq que j'ai encore là, me font bien trente-cinq louis de bénéfice, sans que je me sois compromis, et la besogne a été loyalement faite. On les mène en prison; c'est tout simple, et qu'est-ce que cela me fait à moi? Qu'ils s'arrangent. Je vais me coucher, et en me levant, j'irai rendre compte de tout à monseigneur.

On prétend, mais je n'en sais rien, que des prévenus passent quelquefois huit jours et plus en prison, sans être interrogés. Ceux-ci le furent à l'instant même. Ce n'est pas qu'un juge enquêteur se fût levé, par égard pour eux. Mais une affaire d'une toute autre importance avait occupé un magistrat jusqu'à deux heures du matin. Le premier sommeil, si difficile à surmonter, se dissipe à mesure que le lever du soleil approche, et le juge aima mieux faire connaître de suite nos deux fripons que de revenir le lendemain.

Le délit fut prouvé par trente témoins, qui n'avaient suivi les détenus que par curiosité, mais qui furent enchantés d'être comptés pour quelque chose. Un porteur d'eau, admis à parler, n'importe comment, à un juge, se croit fort au-dessus de ses camarades, qui ne vont jamais au-delà de la cuisine. Il les dédaigne; il ne voit plus que lui : l'égoïsme est de tous les états. On a déposé que la brocheuse est moulue de coups. L'auteur a le bras droit cassé, et le juge ne laisse pas échapper l'occasion de faire remarquer à l'auditoire qu'il est une justice cachée, mais sûre, qui, dans mille circonstances, punit le crime sur la partie qui a péché. Il était convaincu, depuis quelques jours, de la vérité de cette assertion : une petite blanchisseuse était l'instrument dont cette justice cachée avait jugé à propos de se servir. L'imprimeur s'est tiré de ce mauvais pas avec trois dents cassées, deux côtes enfoncées et un œil arraché, que le chirurgien de l'arrondissement s'occupe alors à replacer proprement dans son orbite.

Interrogés sur les motifs qui les ont portés à de telles violences, les accusés déclarent ne pas connaître ceux sur qui ils les ont exercées. « Point « d'effet sans cause! s'écrie le magistrat. Si la haine « ou le vol n'ont pas dirigé les coups, une main « secrète a armé vos bras. Quelle est-elle? »

Il n'y a pas de coterie qui n'ait son bel-esprit, et, au besoin, son orateur : celui qui était entré en pourparler avec Moufflard, lorsqu'il marchandait les coups, crut, pour l'intérêt commun, devoir prendre la parole. Il répond au juge qu'il est prêt à tout déclarer; mais qu'il est des noms qu'on ne doit jamais compromettre, et qu'il ne parlera que lorsque la foule sera retirée. Deux motifs avaient dicté cette réponse. Le premier était d'inspirer de la bienveillance au juge, par de la franchise et de la docilité; le second, de se retrancher derrière un grand personnage, dont, très-probablement, on craindrait de faire mention au procès.

Vous savez qu'on s'est assuré des mains de ces messieurs, au moment où on s'est saisi de leurs personnes. Un tête à tête n'a donc rien d'effrayant pour le juge, et il fait retirer les témoins. L'orateur reprend la parole. Il s'étend sur la brochure, sur l'audace de son auteur, sur les calomnies qu'elle renferme, et, après quelques mouvemens oratoires, qui eussent été d'un certain effet à la Halle, il finit en disant que lui et son camarade ont été les agens de monseigneur de Versac.

Le juge réplique : il loue, avec complaisance, la philantropie bien connue de l'excellence; il en cite des traits irrécusables; mais un sourire imperceptible annonce qu'il n'est pas convaincu de ce qu'il a avancé : la vérité perce tôt ou tard; Tartuffe ne trompait qu'Orgon. Le magistrat termine l'éloge, qu'on doit à quiconque est élevé... jusqu'à ce qu'il descende, en demandant à l'accusé la preuve de ce qu'il avance.

L'accusé n'en peut donner aucune. Mais il atteste qu'un petit monsieur, qui demeure dans telle rue et à tel numéro, en donnera sans doute, parce que c'est lui qui a dirigé l'expédition, et qui a payé les coups. L'inculpation n'était pas généreuse; mais, dans cette position critique, le *primo mihi* devait prévaloir. En parlant de nos coquins, Moufflard avait dit : que m'importe? ils répétaient à leur tour ce mot, que pensent tant de prétendus honnêtes gens, qui n'osent encore le proférer tout haut. Cela viendra peut-être.

Le juge ordonne qu'un commissaire de police se rendra de suite au domicile de Moufflard; qu'il l'interrogera; qu'il visitera ses papiers, et qu'il se conduira d'après les circonstances. Il fait mettre nos fripons sous les verroux, et il rentre à son domicile, une heure avant celle où l'ouvrier laborieux sort de chez lui.

Le commissaire désigné s'était marié la veille. Il jouissait des douceurs d'un repos que peut-être il avait mérité. Obligé de céder à un ordre supérieur, il se lève, en murmurant; mais enfin il se lève. Un commissaire, qui a de l'humeur, est doublement redoutable. Celui-ci prend trois ou quatre hommes au premier corps-de-garde. Il va frapper à la maison où repose Moufflard, très-décidé à se venger d'avoir été interrompu dans des fonctions, bien autrement agréables que celles qu'il va remplir en ce moment.

Moufflard, étendu dans un assez bon lit, rêvait protection, faveurs, fortune. Monseigneur lui souriait, lui prenait la main, l'invitait à dîner, lui promettait une division. S'il est vrai que le bonheur est fils de l'imagination, Moufflard était complètement heureux. Il ne l'était qu'en songe, à la vérité; mais c'était l'être au moins pour un moment. Eh! ne rêvons-nous pas, tout éveillés, un bonheur auquel nous savons que nous ne parviendrons jamais? Un importun nous parle; l'illusion se dissipe, et notre imagination nous rend au sentiment des maux auxquels elle venait de nous soustraire. Oh! c'est une belle chose que l'imagination!

Moufflard s'éveille en sursaut, au bruit des coups qui vont faire voler sa porte en éclats. Ce n'est plus le favori de Plutus, qui répond et qui ouvre d'après des sommations réitérées. C'est un pauvre diable, en chemise, qui ne sait encore ce qu'on lui veut, et que terrifie déjà l'air rébarbatif du commissaire.

Le commissaire s'est emparé de la chambre. Il tire, de sa poche, l'écritoire et le papier marqué, qui font pâlir jusqu'à l'innocence; il interroge, il interpelle, il écrit, tout à la fois : il n'a pas de temps à perdre. Moufflard sait bien qu'on ne le condamnera pas sur la simple déposition de deux drôles, qui ne peuvent administrer contre lui aucune espèce de preuve. Il se rassure, prend un ton ingénu, joue l'étonnement, et proteste qu'il ne sait ce qu'on veut lui dire. Le commissaire lui déclare qu'il va visiter ses papiers. Moufflard sait encore qu'on ne trouvera pas une ligne qui puisse être défavorablement interprétée; il livre la clé de son secrétaire.

« Qu'est-ce que ceci ? qu'est-ce que ceci, s'il
« vous plaît ? Trois montres dans ce secrétaire, et
« une quatrième à la cheminée ! Êtes-vous horlo-
« ger ?—Monsieur... monsieur...—Répondez. Êtes-
« vous horloger ? — Monsieur... — Oui, ou non.
« Êtes-vous horloger ? — Non, monsieur. — Pour-
« quoi quatre montres ?—Monsieur... je... j'aime
« les bijoux.—Ah ! vous aimez les bijoux ! où avez-
« vous acheté ceux-ci ?—Monsieur... monsieur...
« —Vous ne pouvez pas dire où vous les avez
« achetés ? Vous êtes un filou ; en prison. — Je
« vous jure, monsieur... »

Le commissaire n'écoute plus rien. Il termine son procès-verbal en quatre lignes; il donne à peine à Moufflard le temps de mettre son argent dans sa poche; il le conduit à la Force; il l'écroue, et rentre chez lui assez tôt pour procurer un réveil agréable à la beauté qui lui a consacré sa vie.

C'est un bon homme que ce commissaire, disait Moufflard, en s'arrangeant sur un grabat, qui doit lui coûter deux francs par nuit. Il s'imagine que je croupirai ici. Au point du jour, j'écris à monseigneur, et deux heures après je suis en liberté.

Le soleil éclaire à peine, non la chambre où Moufflard est enfermé, il ne pénètre jamais là, mais le haut du toit qu'entrevoit le captif de sa lucarne grillée, et déja il a demandé trois fois ce qu'il faut pour écrire. Jaloux de se faire valoir, il entre dans tous les détails qui peuvent faire apprécier sa pénétration, sa prévoyance, son esprit de conduite. Il finit en exprimant le désir le plus vif d'aller, en personne, offrir à monseigneur l'hommage de son respect. Il promet douze francs au porte-clés, si dans une heure on lui rapporte un reçu de sa lettre. Le guichetier répond que là promettre n'est rien ; que tout s'y paie d'avance. Moufflard donne les douze francs, et, selon l'usage, le geôlier en chef est consulté sur ce qu'on doit faire de la lettre. Selon l'usage, le geôlier va consulter le commissaire qui a écroué Moufflard, et, de main en main, l'épître tombe dans celles du juge enquêteur. Un juge enquêteur est revêtu d'un pouvoir discrétionnaire, dont les bornes ne sont pas très-précisément déterminées : celui-ci ouvre la lettre.

Il ne lui paraît pas vraisemblable que Moufflard osât écrire ainsi, s'il ne s'était conduit d'après des instructions positives. Cependant, fidèle observateur de l'axiome : Il faut ménager les gens en place... tant qu'ils y sont, il monte dans un fiacre, et se fait annoncer chez monseigneur.

Monseigneur jouait avec son sapajou, en écoutant un rapport que lui lisait un chef de division; il dit ensuite quelques mots à son maître d'hôtel. Il parcourut l'article *Paris* de deux ou trois journaux, et, ne sachant plus que faire, il fit introduire le magistrat qui, depuis une heure, se promettait bien de faire faire antichambre à son tour, si jamais il devenait chancelier.

Le juge débute par des protestations de dévoûment et de respect : il prouve l'un et l'autre, en présentant à monseigneur une lettre, évidemment remplie de faussetés, qui n'a pu être écrite que dans un moment de délire, et sur laquelle cependant il vient prendre les ordres de son excellence. L'excellence lit la lettre d'un air dédaigneux. « Ce « Moufflard, dit-il au juge, est un fripon que j'ai « chassé, il y a trois jours, de mes bureaux, pour « cause de malversation. — Un commissaire de po-« lice m'a dit, ce matin, l'avoir arrêté, nanti de « quatre montres, dont il n'a pu justifier l'acqui-« sition légitime. — Vous sentez, monsieur, que « les allégations d'un coquin ne sauraient m'at-« teindre. — Non, monseigneur.

« Que peut contre le roc une vague animée ?
« Hercule tomba-t il sous l'effort du Pygmée ?
« L'Olympe voit en paix fumer le mont Etna.

« — Monsieur, vous êtes un homme de mérite. « Faites-moi le plaisir de venir dîner avec moi. »

Allons, allons, se disait le juge, en sortant, il

est clair que Moufflard n'a pu penser à faire bâtonner l'auteur d'une brochure qui ne le regarde en rien. Que lui importe qu'on dise du bien ou du mal du patron? Où aurait-il pris, d'ailleurs, l'argent qu'il a donné aux battans? Monseigneur, au contraire, a un intérêt très-réel à nier les ordres que je crois qu'il a donnés. Son invitation, très-prompte, faite d'un ton très-aimable, à un simple magistrat, ne signifie-t-elle pas qu'il désire, qu'il espère être ménagé dans les débats? Ma foi, je prendrai son dîner, et je le ménagerai : j'ai un neveu, sergent dans la légion de la Loire. Je peux avouer un neveu officier; mais un sergent! Le procès de Moufflard lui vaudra la sous-lieutenance. Ce juge-là n'est pas un égoïste, hem?

Les journaux annoncèrent tous que le protecteur, l'ami, le père de ses employés avait été obligé de renvoyer de ses bureaux le nommé Moufflard, pour cause d'infidélité, et de collusion avec un fournisseur. Le délit et la punition n'étaient rendus publics que pour l'exemple, et pour dispenser l'excellence d'avoir désormais à sévir contre des subordonnés qu'elle porte dans son sein.

Quoi que puisse dire Moufflard à l'audience, il sera clair qu'il n'agit que par esprit de récrimination. Il ne produira aucun effet sur des auditeurs déja prévenus contre lui.

On n'a pas pensé encore à instruire les détenus dans l'art d'employer utilement le temps en prison. Les uns sifflent, les autres chantent, ceux-là s'enivrent, ceux-ci cherchent des moyens plus sûrs de voler les passans, quand ils seront remis en liberté. Moufflard, oisif comme les autres, mais pouvant se procurer quelques adoucissemens, lisait exactement les journaux. L'article dont je viens de parler, le mit en fureur. « Ce n'est pas « assez, s'écria-t-il, de ne pas me faire mettre en « liberté; il m'ôte ma place, au moment même « où il sait que je ne m'occupe qu'à le servir! Les « hommes sont des ingrats, des perfides, des... » Hé, mon ami Moufflard, ne vous échauffez pas. Ouvrez le bon La Fontaine : vous y verrez ce qu'on gagne à tirer les marrons du feu.

Le procès ne fut pas long. Les deux filous rejetèrent constamment sur Moufflard le guet-apens que dame Justice leur reprochait; mais, comme dame Justice n'a pas égard aux mauvaises excuses, qu'elle juge sur les faits; qu'il était constant que l'auteur, l'imprimeur et la brocheuse avaient été fortement bâtonnés, et que les blessures étaient graves, les délinquans furent condamnés à un an de prison.

Moufflard ne cessait de parler de monseigneur, ni monsieur le président de le ramener aux trois montres. Ces montres avaient été réclamées et reconnues par ceux à qui on les avait escamotées. Moufflard avait été trouvé nanti; voleur ou recéleur, il était certainement coupable. Le jury le déclara atteint et convaincu. On lui notifia qu'il expierait, aux galères, le crime qu'il n'avait pas commis; et voilà, quelquefois, comment on rend la justice.

Le juge enquêteur avait cessé d'être quelque chose, du moment où les débats avaient commencé. Il ne pouvait plus être utile à monseigneur, et son neveu resta sergent. Le juge avait ce qu'on appelle des amis. Piqué de la conduite de Versac, il leur parla, à l'oreille, de la part directe que très-vraisemblablement l'excellence avait prise au châtiment infligé à l'auteur et aux colporteurs de la brochure. Ces amis avaient aussi des amis, à qui ils parlèrent à l'oreille; et d'oreille en oreille, la réputation de Versac s'ébranlait, et il ne s'en doutait pas.

CHAPITRE VIII.

Madame de Versac et Julie.

Versac avait rempli, avec exactitude, les conditions du traité, que lui avait dictées son ami : le mot brochure faisait sur lui l'effet que produit l'eau sur un hydrophobe, et une brochure de d'Alaire l'eût en effet perdu sans retour. Madame de Versac ne comprenait rien à son changement de situation; mais elle vivait tranquille auprès de Blois, avec sa fidèle Alexandrine et un vieux domestique, qui était à la fois son cuisinier, son cocher et son jardinier-fleuriste. Les dames de

Blois devaient embellir sa solitude, et lui faire une cour assidue. Madame de Versac avait peu de vanité; elle en avait cependant, et ces hommages, auxquels elle n'était pas accoutumée, la flattaient singulièrement.

Si elle avait eu l'expérience de d'Alaire, elle aurait pensé que c'était la femme d'un homme en place, et non Émilie d'Anglure, qu'on fêtait, qu'on caressait. Émilie d'Anglure ne s'interrogeait pas directement sur le plus ou le moins de mérite qui lui donnait des courtisans, sur les vues particulières, qui pouvaient les diriger. Elle jouissait, sans se demander compte de rien. Alexandrine jouissait, de son côté, des marques de déférence que lui accordaient les femmes de chambre provinciales; les cochers cédaient toujours le pas au maître Jacques de madame de Versac; tout le monde était content.

Mais ce chien d'égoïsme cesse-t-il jamais d'être prévoyant, actif, entreprenant? Parmi les femmes qui composaient le cercle d'Émilie, on aurait vainement cherché celle d'un homme de robe, d'un négociant, d'un financier. C'était celle d'un chevalier de Saint-Louis qui voulait une pension, à laquelle il n'avait que des droits équivoques; c'était la mère d'un jeune gentilhomme, à qui il fallait une sous-lieutenance, et qui ne savait pas encore sur quelle épaule se porte un fusil; c'était l'épouse d'un officier, qui avait perdu une jambe, par suite d'une chute faite à la chasse, et à qui on devait une retraite ; c'était une demoiselle, très-éprise d'un capitaine, à qui ses parens ne la voulaient donner que lorsqu'il serait chef d'escadron ; c'était, c'était... Que sais-je, moi?

Vous sentez bien qu'aux premières visites, ces dames ne s'occupèrent que du soin de paraître aimables : il faut d'abord disposer favorablement ceux qui dispensent les graces, quand on veut leur en demander? Le métier de solliciteur a sa tactique, comme un autre. Bientôt vinrent des insinuations, un peu indirectes, à la vérité. Aux insinuations succédèrent des mots jetés çà et là, mais dont le sens était facile à saisir. Enfin les demandes, directes, positives, furent présentées par écrit, et chaque supplique était recommandée à la bienveillance, à la haute protection de madame.

Alexandrine avait aussi son petit cercle dans sa chambre. On y jouait à différens jeux, et les sirops de groseille et d'orgeat de madame circulaient avec une certaine abondance. On causait quelquefois, et jamais Alexandrine ne manquait de s'emparer de la conversation. On l'écoutait avec un intérêt prononcé ; on se récriait souvent sur sa grande facilité, sur la variété de ses récits, et Alexandrine ne se doutait pas qu'on payait en éloges les sirops de sa maîtresse. Le cœur humain est le même partout et dans toutes les classes. Il est un instinct d'intérêt personnel que l'éducation masque, et que rien ne peut étouffer.

Un beau jour, ou un beau soir, Alexandrine,

exaltée par la louange, céda au désir d'en mériter de plus flatteuses, et voulut s'essayer dans le genre pathétique. Toujours très-réservée sur ce qui avait rapport à sa maîtresse, elle se laissa entraîner. Elle parla de l'attachement romanesque de madame de Versac pour tous ses devoirs; des torts graves de son mari; de leur séparation, ménagée, elle ne savait par qui, mais à laquelle monseigneur n'aurait jamais consenti, s'il n'y eût été forcé : il lui fallait une victime. Les mouchoirs rouges et bleus sortirent des sacs de serge verte et amaranthe. Alexandrine eut le plaisir de voir couler des larmes que son éloquence avait réellement arrachées. Mais plus l'effet en avait été fort, et plus les impressions devaient être durables. Elles n'étaient pas éteintes, lorsqu'on rentra dans les murs de Blois, et les femmes ont, disent-elles, un cœur, une imagination expansive que rien ne peut arrêter : c'est un torrent qui rompt toutes les digues qu'on lui oppose. Le soir même, toutes ces dames surent ce que des soubrettes avaient appris au château, et le lendemain, toute la ville répétait que madame de Versac n'était qu'une femme maltraitée, abandonnée, exilée par son mari. On parut d'abord s'attendrir sur son sort; c'est l'usage. Mais bientôt ce fut Émilie d'Anglure qu'on jugea. On convenait qu'elle avait été jolie; mais elle ne l'était plus. Sa taille était désagréable, et par conséquent elle avait un maintien gauche. Elle n'était pas sans esprit; mais sa conversation avait quelque chose de sec, de froid, qui inspirait de l'éloignement, et on s'éloigna en effet. Émilie se trouva seule avec Alexandrine, et elle en fut étonnée. Elle ignorait qu'on ne se soumet pas, sans motifs, à faire deux lieues tous les jours, et qu'à Blois, comme ailleurs, on n'est mu que par l'intérêt personnel.

Cependant cette Émilie, qu'on jugeait rigoureusement pour n'avoir plus de soins inutiles à lui rendre, était une femme estimable. La solitude, à laquelle on l'abandonnait, lui permit de développer des talens et des qualités. Oubliée du petit grand monde de la ville, elle reçut bientôt les bénédictions des paysans, qui se pressaient sur ses pas. Elle avouait, avec attendrissement, n'avoir jamais connu ces jouissances pures, les seules désirables, les seules dignes d'un être pensant.

D'Alaire lui aurait dit : Vous avez reçu avec ivresse des hommages vides de sens, parce qu'ils flattaient votre vanité. Ennuyée de votre isolement, vous vous êtes tournée vers vos villageois, et vous leur faites du bien, parce qu'il faut faire quelque chose. Cessez de répandre des bienfaits, abandonnez ces paysans, ils vous délaisseront, comme ces dames vous ont quittée, du moment où elles ont été convaincues que vous ne pouvez rien pour elles. Il n'y a que de l'égoïsme dans ce monde.

A propos d'égoïsme et de d'Alaire, retournons à Paris. Que pense, que dit, que fait cet homme, qui ne veut pas entendre le mot vertu, et dont la vie n'est qu'une suite de bonnes actions?

Il regardait comme son ouvrage le repos dont jouissait madame de Versac. Il écoutait le langage égoïste qu'affectait madame Bernard, et il lui souriait de loin en loin. Il donnait toute son attention à Julie, quoiqu'elle eût la sotte manie de voir en lui un homme de bien. La contradiction ne l'irritait plus, quand cette jolie bouche en était l'organe. Quelquefois il sentait sa faiblesse; il rougissait, se levait, faisait deux tours, et venait se rasseoir près de la jeune personne. Il passait avec elle la plus grande partie du jour. Il ne s'apercevait plus des privations auxquelles il s'était soumis pour la sauver. Il était aussi heureux que notre pauvre organisation le comporte.

Ne croyez pas qu'il passât le temps à dire à Julie de ces niaiseries qui plaisent tant aux femmes superficielles. Il s'était d'abord aperçu que madame Mauret avait donné beaucoup plus de soins à la beauté de sa fille qu'à la culture de son jugement et de son esprit. Julie était encore l'enfant de la nature. Elle ne savait rien, et par conséquent elle n'avait pas d'idées fausses à rectifier. Il faut purger un champ des herbes parasites avant de chercher à le fertiliser. Le cœur de Julie était disposé à recevoir les impressions heureuses qu'on voudrait lui communiquer, et d'Alaire se fit son précepteur.

Il n'était pas savant, et il n'aurait cédé à personne le plaisir d'instruire sa pupille. Quand elle était rentrée chez elle, il préparait sa leçon du lendemain. Il croyait la voir, lui parler encore, quand il s'occupait d'elle. Le matin, il attendait, avec impatience, le moment où les convenances permettaient à l'aimable enfant de paraître. Madame Bernard était toujours présente. D'Alaire l'avait ordonné ainsi; il le voulait sincèrement.

On se mettait à une petite table ronde. Les petites tables ont cet avantage qu'on y est près les uns des autres. Un déjeuner, dont la cordialité et une gaieté décente faisaient les honneurs, commençait la journée. L'étude venait ensuite, et on s'occupait d'abord de la grammaire française. Le comte était persuadé que les livres sont faits pour les maîtres, et il ne cherchait pas les plus volumineux. Les plus petits, selon lui, sont les plus clairs, et il faut bien se garder de faire lire à un élève ce qu'il ne peut comprendre. Il lisait, deux fois, trois fois, une règle à Julie. Il lui dictait une phrase, dans laquelle se trouvait l'application de cette règle. Il ne s'attachait qu'au mot qui s'y rapportait, et il se taisait sur les autres fautes : il savait que Julie les corrigerait d'elle-même, à mesure que d'autres règles les lui feraient connaître. Cette méthode fait honneur à l'esprit d'un homme de qualité. Elle en ferait même à un maître de profession.

D'Alaire croyait encore que l'étude de la géographie n'est qu'une nomenclature, difficile à retenir, et tout-à-fait insignifiante, quand on ne l'applique pas à son véritable objet. Une carte, à côté du livre, sur laquelle Julie aurait promené son doigt, ne lui paraissait pas suffisante; il y joignait l'histoire. Il pensait qu'un trait historique a l'avantage d'amuser l'élève en l'instruisant, et grave dans sa mémoire le nom et la situation du lieu où l'événement s'est passé. Ainsi Julie apprenait à la fois la grammaire, la géographie et l'histoire. Étonnée de ses progrès, pleine de reconnaissance envers son bienfaiteur, elle exprimait quelquefois ses sentimens avec une franchise, une candeur, un abandon qui avaient bien quelques dangers pour son instituteur. D'Alaire retirait vivement sa main, que caressait celle de Julie; il se tournait précipitamment, pour ne pas voir ses grands yeux bleus, dont l'expression l'effrayait. Il causait un moment avec madame Bernard, et il revenait s'exposer à de nouveaux périls.

Il n'avait pas négligé les arts agréables; mais il n'était ni peintre, ni musicien, ni danseur. Il avait été obligé de prendre des maîtres; mais lui et madame Bernard assistaient aux leçons. Il avait établi cette règle. Il l'avait rendue obligatoire, invariable.

Dans les intervalles d'un exercice à l'autre, on montait dans un fiacre, on allait au bois de Boulogne ou de Vincennes. D'Alaire avait dans sa poche un volume de botanique ou d'histoire naturelle. Madame Bernard portait son grand sac de taffetas vert. Elle y recevait telle plante que la jeune personne avait cueillie; tel insecte ailé qu'elle avait pris à la course. Tout lui paraissait plaisir dans ces promenades, et elle rentrait à l'hôtel, sachant toujours quelque chose de plus que lorsqu'elle en était sortie.

Quelquefois on faisait mettre le dîner dans le fiacre. Après avoir bien couru, on s'asseyait à l'ombre d'un vieux chêne. Les viandes étaient froides, le vin était chaud; on eût été très-fâché de dîner ainsi tous les jours; mais on sortait de ses habitudes, et la nouveauté a du charme pour tous les âges. D'Alaire trouvait ces petites parties fort agréables.

Quelquefois aussi on se permettait le spectacle. L'instituteur était difficile sur le choix des pièces : *La Femme juge et partie*, *le Mariage de Figaro*, *le petit Chaperon rouge*, etc., etc., étaient rayés de son répertoire. Julie n'entendait sur la scène que ce que le comte aurait pu lui dire lui-même. On n'était pas foulé à ces représentations-là; mais Julie n'en connaissait pas d'autres, et

On ne peut désirer ce qu'on ne connaît pas.

En s'amusant, elle se formait le goût, elle apprenait à connaître le monde, et c'est ce que d'Alaire voulait.

Mais le monde était-il bien connu de lui? avait-

8.

il pu supposer qu'on se tairait en le voyant vendre ses chevaux, mettre son carrosse sous la remise, supprimer ses diners, rompre enfin avec ceux qu'il voyait tous les jours? Un changement aussi prompt qu'extraordinaire, a nécessairement une cause du plus haut intérêt, et pique singulièrement la curiosité.

On avait pour le comte la considération que commandaient ses qualités, et la raison en est simple : l'homme de bien est utile à la société, et la société est intéressée à multiplier de tels êtres; elle les élève à leurs propres yeux; elle les décore de titres imposans. Ce sont des encouragemens propres à faire de nouveaux prosélytes, c'est-à-dire des gens disposés à établir leur bonheur sur celui des autres. Tout cela est très-bon en soi; mais voilà ce que le comte veut à toute force appeler égoïsme, du côté de la société et du sien. Que puis-je faire à cela?

Cependant la considération était tombée dans la proportion de la nullité à laquelle on supposait que d'Alaire s'était réduit. Les gens curieux, et il y en a beaucoup, cherchaient à savoir ce qui se passait dans l'intérieur de son hôtel. Un domestique fait aisément parler un camarade. Ces gens-là sont toujours disposés à se dédommager de leur infériorité, en dénigrant leurs maîtres. On dit bientôt dans tous les cercles que d'Alaire était passionnément amoureux d'une petite fille qu'il avait achetée trente mille francs à sa mère; qu'il l'aimait au point de passer sa vie entière avec elle; qu'il en était jaloux jusqu'à ne pas souffrir qu'elle sortît sans lui de son hôtel; qu'il avait réformé son train pour la couvrir de diamans, dont il ne lui permettait de se parer que pour lui et chez lui. On convenait en riant que le comte était réellement devenu égoïste, et on ne le désigna plus que par cette qualification, qu'il ambitionnait depuis si long-temps. Versac n'osait pas détromper le public; mais il aimait à voir descendre tout ce qui valait mieux que lui.

D'Alaire, fort de sa conscience, de la pureté de ses intentions, du bien qu'il faisait chaque jour, n'avait pas réfléchi un moment à ce qu'on pouvait dire et penser de lui dans le monde. Il se couchait après avoir bien rempli sa journée; il se levait après avoir dormi du sommeil le plus tranquille, et il se disait : Combien je suis heureux du bonheur de cette enfant, de celui que je lui prépare! Je fais plus que lui avoir donné le jour; je la rends respectable, et j'ajoute à sa beauté ce que l'instruction et les talens ont de charmes. Elle n'a pas encore d'expérience; elle nomme ce que je fais pour elle bonté, générosité, vertu. Je ne dispute pas sur l'acception des mots avec une enfant. Mais si elle était tombée en d'autres mains, qu'on la comblât de bienfaits, qu'on l'aimât comme moi, avec le désintéressement le plus absolu, prendrais-je la moindre part à sa félicité? Non, sans doute. Ici, au contraire, le sourire paraît-il sur ses lèvres? c'est moi qui l'y ramène; son cœur sensible s'épanche-t-il dans le mien? j'entends l'expression des sentimens que j'ai fait naître. Je me complais, je m'admire dans mon ouvrage. Donc je suis un égoïste.

Un homme de cinquante ans n'est pas jeune. Mais ces entretiens de toutes les journées, ces épanchemens d'un cœur sensible, ces regards, expression de la vive, de la tendre reconnaissance, ne sont-ils dangereux que pour la jeunesse?

On était dans les beaux jours de l'année. On avait dîné, et le soleil était sur son déclin. On tenait le siècle de Louis XIV. Cet ouvrage où Voltaire a tout peint en grand, jusqu'aux faiblesses du monarque, dont le style séduit, entraîne, jetait Julie dans une sorte d'enchantement. Le jour lui manquait, et elle ne pouvait se détacher du livre. D'Alaire lisait avec elle, et pour lire quelque temps encore, il avait fallu se placer contre une croisée. L'embrasure était étroite, les épaules se touchaient. La tête du comte était immobile; celle de Julie s'en approchait, s'en éloignait, s'approchait de plus près encore; une haleine pure et fraîche se confondait quelquefois avec celle du comte. Julie était calme, d'Alaire était troublé; il ferme le livre. Julie lui arrête la main, et celle de l'aimable enfant est, je ne sais comment, fixée dans celle d'Alaire; son trouble augmente, et peut-être il commence à être partagé.

D'Alaire a encore la force de penser, et même de réfléchir. Il repousse cette main qu'il pressait avec délire; il s'élance, il fuit à l'extrémité de son salon; il s'arrête, accablé, anéanti. J'ai manqué de respect envers l'innocence, se disait-il avec amertume. J'ai eu, un moment, le désir, la volonté même d'en triompher!... Qui, moi! j'abuserais de tous les avantages que me donnent sur Julie ma position et les circonstances! Je la replongerais dans l'abîme dont je l'ai tirée! Je ne serais plus qu'un misérable séducteur! J'ai pu avouer hautement tous les actes d'égoïsme que j'ai faits; mais celui-ci!...

Madame Bernard travaillait à quelques pas des acteurs de cette scène. Elle n'avait rien vu. Elle ne se doutait pas de la violence des sensations qui agitaient le comte; elle ne remarquait pas Julie, rêveuse et pensive, tenant machinalement ce livre dont elle avait cessé de s'occuper. Julie n'était pas dans son état ordinaire. Elle s'interrogeait sur ce qu'elle éprouvait; elle ne pouvait s'en rendre compte.

Madame Bernard fait venir des bougies, qu'elle aurait pu demander plus tôt. L'éclair précède le domestique qui les porte. Le tonnerre gronde; la violence du coup effraie madame Bernard et Julie. La bonne dame ferme les yeux, et les couvre de son mouchoir. Julie cherche un asile auprès d'elle, et l'être dont elle sollicite l'appui a besoin lui-même d'être encouragé. Un second coup, plus fort que le premier, ajoute à la frayeur, trouble toutes les idées, égare le jugement. Julie est dans les bras du comte; sa tête repose mollement sur son épaule; sa joue touche la sienne; elle ne sent, elle ne voit plus rien. « O vertu! « s'écrie le comte, ne m'abandonnez pas! » Cette exclamation rend Julie à elle-même. « Vous re« connaissez donc enfin qu'elle existe cette vertu, « dont vous êtes la touchante image. » Julie est heureuse, pendant quelques secondes, du retour que d'Alaire vient de faire sur lui-même; mais elle ne soupçonne pas ce qui a pu porter le comte à proférer ce mot, qu'il a constamment rejeté. Le ciel est en feu; les coups de tonnerre se succèdent avec une rapidité qui ébranle d'Alaire luimême. Julie n'est plus dans ses bras; c'est elle qui l'enlace, qui le presse dans les siens. D'Alaire va succomber; un coup épouvantable arrache un nouveau cri à Julie : « O mon père, secourez« moi! — Ton père! ton père!... ce mot nous « sauve l'un et l'autre... Votre père... Oui, Julie, « je le suis, je veux l'être, je le serai. » Il prend sa fille; il la porte sur un divan; il l'y dépose; il la laisse; il fuit dans son appartement; il s'y enferme; il tombe dans un fauteuil, tourmenté, accablé de remords.

La confusion, la violence de ses idées ne lui permettent de s'arrêter à aucune. Il est coupable; voilà tout ce qu'il sent, tout ce qu'il peut juger. La lumière argentine de la lune pénètre à travers

ses rideaux. « Le ciel est pur, dit-il ; Julie a cessé de souffrir, et moi... moi...! » Les premiers rayons du soleil frappent ses yeux, et il est encore dans son fauteuil. La fraîcheur du matin calme ses sens et sa tête. Il peut réfléchir avec un certain calme aux périls passés et aux dangers à venir. « Il faut
« fuir, dit-il, il le faut ; il faut m'éloigner d'elle...
« m'en éloigner !... »

Il combat et le penchant qui l'entraîne, et le seul moyen de le surmonter. A peine a-t-il pris une résolution, qu'elle est détruite par une autre. « Tout pour Julie, tout pour elle ! s'écria-t-il enfin. « Elle restera pure, et moi je souffrirai.

« Ces souffrances mêmes seront-elles sans dou-
« ceurs ? Ne serai-je pas fier de ma victoire ? Ne
« me réconciliera-t-elle pas avec moi ? Dans cette
« circonstance encore, mon égoïsme obtiendra
« les éloges de quiconque pourra l'apprécier. »

Il va éveiller son valet de chambre ; il le fait lever. Il lui ordonne de faire une malle à la hâte, et de l'attacher derrière sa chaise de poste. Pendant que ces dispositions s'exécutent, il écrit à madame Bernard qu'une affaire importante, inattendue, l'appelle dans ses terres de Basse-Bretagne. Il lui laisse tous ses pouvoirs pour diriger sa maison. Il finit en lui disant que son absence ne sera pas longue, et en lui recommandant Julie avec le plus vif, le plus tendre intérêt.

Il ne peut se refuser au plaisir de parler encore à l'aimable enfant dont il va s'éloigner. Il écrit, il déchire ; il écrit encore... Cette seconde lettre est en morceaux. « Ce n'est pas ainsi, dit-il, « que doit s'exprimer un père. Julie ne lira que « ce que j'ai écrit à madame Bernard. Cela suffira « pour lui prouver qu'elle est toujours présente « à ma pensée. » Il envoie chercher des chevaux ; il monte en voiture ; il part ; et tout repose encore dans l'hôtel.

L'émotion que Julie avait éprouvée la veille n'avait été que passagère, et ne pouvait troubler son repos. Elle dormait du sommeil de l'innocence : ce sommeil-là ajoute un charme de plus à la beauté. Madame Bernard avait l'habitude de se lever de bonne heure. Elle donnait à tout un coup d'œil rapide et sûr. Elle rassemblait les domestiques ; elle prescrivait à chacun ce qu'il ferait dans la journée ; elle donnait une heure à ses petites affaires personnelles, et elle se présentait au déjeuner.

L'ordre devait être un peu interverti ce jour-là. Elle est à peine sortie de chez elle, qu'on lui remet la lettre du comte. Elle ne conçoit pas qu'il ait quelque chose à lui écrire. Une crainte vague l'agite ; elle regarde, elle tourne, elle retourne cette lettre ; elle rompt le cachet. Il est entraîné, se dit-elle, par une affaire importante, inattendue, dont il ne m'a pas parlé hier soir, et qu'il n'a pu connaître cette nuit. Il y a là-dessous quelque chose d'extraordinaire. Vous savez que madame Bernard aime à causer.

Elle rentre chez elle; elle passe dans la chambre de Julie. Elle se livre un moment au plaisir de contempler ce mélange heureux de lis et de roses, ce calme parfait de l'ame, qui se peint dans chaque trait. Après avoir rendu un hommage sincère à ce petit chef-d'œuvre de la nature, elle cède à l'habitude dominante; elle éveille Julie, s'assied sur le pied de son lit, lui remet la lettre du comte, et ne lui dit qu'un mot : il est parti. Mais de quels développemens ce mot est susceptible! à combien de conjectures il donnera lieu! quelle source intarissable de caquetage va naître de ce mot-là!

Julie lisait en se frottant les yeux. Elle s'arrêtait à la fin de chaque phrase. Elle marquait son étonnement; elle demandait à madame Bernard l'explication de ce qu'elle ne comprenait pas, et madame Bernard parlait, parlait... pour ne rien dire du tout. Julie arriva enfin à ces recommandations, si fortes et si douces, si tendres et si paternelles à la fois. Ses grands yeux bleus se remplirent de larmes d'attendrissement et de reconnaissance. Elle étudiait toutes les expressions qui se rapportaient à elle; elle les méditait; elle n'entendait plus madame Bernard.

Elle relut cette lettre tout entière. « Oui, dit« elle, il y a quelque chose d'extraordinaire. — « D'incompréhensible. — Monsieur le comte se « fût expliqué sur la nature de cette affaire, si « elle lui était avantageuse. — Il sait quelle part

« nous prenons à ce qu'il lui arrive d'heureux. —
« Il se tait : donc il est affligé. — Ma chère ma-
« dame Bernard, il faut lui écrire. — Sans doute.
« — Lui offrir nos consolations. — Nos soins,
« mon enfant. Je n'aime pas la campagne, mais je
« serais bien aise de voir sa terre de Basse-Bre-
« tagne. Vous écrirez, Julie. J'ai quelques talens ;
« mais j'ai toujours négligé le style épistolaire. —
« Hé, madame ! n'est-ce pas avec son cœur qu'on
« écrit à ceux qu'on aime ? — A la bonne heure ;
« mais à votre âge, les idées sont plus abondan-
« tes, plus fraîches, plus aimables. Vous écrirez,
« vous écrirez, et pour que vous ne vous en-
« nuyiez pas, je vous conterai une histoire pen-
« dant que vous laisserez courir votre plume. »

Madame Bernard va demander le déjeuner :
certains chagrins, de convention peut-être, ne
font pas négliger les choses essentielles. Julie
s'habille lentement. Elle s'arrête à chaque instant ;
à chaque instant elle relit les dernières lignes
de la lettre du comte, et de nouvelles larmes s'é-
chappent de ses yeux. Elle passe dans cet appartement où chaque jour d'Alaire l'attendait, qu'il
vivifiait par sa présence. Elle en fait tristement
le tour. « Il n'y est plus, dit-elle, en soupirant. »
Elle retrouve ce livre qu'ils tenaient ensemble la
veille. Elle le prend, l'ouvre et soupire encore.
Elle le remet sur la table en disant : « Ne le lirai-
« je plus avec lui ? »

Julie mange peu et garde le silence. Madame

Bernard mange bien, quoiqu'elle parle beaucoup : il est des gens qui savent tout concilier. Julie regardait autour d'elle; elle semblait dire : Où est-il? Les yeux de madame Bernard se portaient de son assiette aux plats, et des plats à son assiette. De temps en temps elle revenait sur le départ précipité du comte; sur les raisons qui avaient pu le déterminer; sur le besoin qu'il devait éprouver d'épancher son cœur dans celui de quelqu'un qui pût l'entendre et lui répondre; sur le désir qu'elle avait de visiter la terre de Basse-Bretagne. Elle ajoutait que l'air de la campagne leur ferait le plus grand bien à toutes deux. N'y a-t-il pas dans tout cela une petite teinte d'égoïsme?

Julie était très-attentive, quand madame Bernard parlait du comte. Elle croyait aussi que l'air de la campagne, de la Basse-Bretagne surtout, lui serait bon. Mais elle ne répondait que par ces mots, pleins de sens : Si monsieur le comte voulait nous avoir près de lui, sa lettre vous le dirait.

Tout finit, et madame Bernard se décida à quitter la table. Le comte n'avait pas défendu qu'on lui écrivît, et Julie se mit à son secrétaire. N'est-ce pas avec son cœur, a-t-elle dit, qu'on écrit à ceux qu'on aime? Son cœur seul parla dans une lettre de quatre grandes pages, qui furent remplies d'un seul jet. Ce que l'attachement a de plus sincère et de plus vif; ce que la reconnaissance a de plus touchant; des plaintes tendres et douces du secret qu'avait gardé le comte sur son départ, animaient cette feuille de papier, une heure avant inerte et sans vie, maintenant riche d'expressions et de sentimens.

Pendant que Julie écrivait, madame Bernard, toujours fidèle à sa parole, contait des histoires. L'être fortement préoccupé est tout à ce qu'il fait. Julie n'a pas eu de distractions; sa lettre est charmante. Quel bien et quel mal à la fois elle doit faire au bon, au généreux, au trop sensible d'Alaire !

Julie errait dans cet appartement, où elle semblait chercher ce qu'elle n'y pouvait plus rencontrer. Elle regardait tous les meubles; elle s'arrêtait devant ceux dont s'était servi le comte. Elle s'en approchait; elle les touchait; elle croyait y trouver encore quelque chose du protecteur chéri à qui elle devait tout. Fatiguée de sa situation, elle essayait de s'y soustraire; elle voulait travailler; son aiguille s'arrêtait malgré elle. Elle jetait son ouvrage; elle allait, elle venait, irrésolue, et toujours péniblement affectée. Un de ces cahiers sur lesquels d'Alaire écrivait les leçons qu'il préparait de la veille, se rencontre sous sa main. Elle s'en saisit; elle le porte sur son cœur, sur ses lèvres : elle a reconquis quelque chose de son ami. Elle se jette dans un fauteuil; elle pose le cahier sur ses genoux; elle l'ouvre; elle le lit, elle le relit. Sa mémoire fidèle lui rappelle les propres termes dont d'Alaire s'est servi, en lui développant tel ou tel précepte; elle entend les inflexions de sa voix; ses traits se présentent à son imagination exaltée; elle tressaille de plaisir.

L'amitié, la reconnaissance amènent-elles de semblables sensations, ou celles-ci sont-elles nées d'un sentiment plus tendre? D'Alaire a cinquante ans, et Julie est encore aux portes de la vie. Mais quand elle est entrée chez le comte, elle n'avait pas senti battre son cœur, et il était le seul homme avec qui elle fût en relation de travaux, de jeux, de plaisirs. D'Alaire avait toujours été sage, et il n'avait rien perdu encore de sa santé, ni même de sa vigueur. Sa figure, noble et belle, était animée par la vivacité de son esprit; la bonté, active et prévenante, s'y peignait sans cesse, surtout quand il était auprès de Julie. Est-il impossible de plaire et d'être aimé, quand on réunit tout ce qui flatte et attire un bon cœur? L'abandon de Julie pendant l'orage, celui qui règne dans la lettre qu'elle vient d'écrire, semblent prouver qu'elle ne s'est pas interrogée sur ses véritables sentimens. Peut-être aussi n'éprouve-t-elle que cette affection qui tient de près à l'amour, mais à cet amour calme, pur, innocent, auquel une jeune fille se laisse aller, parce qu'il ne fait naître ni scrupules, ni crainte. Attendons encore avant de prononcer. Quelque incident nouveau éclairera Julie. Elle ne sait pas dissimuler, et nous lirons dans le fond de son cœur.

CHAPITRE IX.

D'Alaire.

On doit se calmer à cinquante ans, puisqu'on se calme à vingt-cinq. D'Alaire était parti, assailli de réflexions, plus ou moins poignantes. Bercé sur les ressorts de sa voiture, il céda bientôt au besoin qu'il n'avait pu satisfaire la nuit précédente. Il dormit d'un sommeil profond, et il s'éveilla à Orléans.

A son réveil, il se trouva bien, très-bien. Il retrouvait au fond de son cœur l'image de sa trop dangereuse pupille; mais le prestige, que les sens ajoutent aux charmes de la jeunesse et de la beauté, était entièrement dissipé. Il jugea, avec la présomption naturelle à tous les hommes, que quinze jours de séparation suffiraient pour le rendre maître de lui. Il pensa que la dissipation accélérerait sa victoire. Il décida en conséquence qu'il s'arrêterait à Blois, et qu'il passerait un jour ou deux chez madame de Versac. Il prévoyait que ce qu'il verrait, ce qu'il entendrait serait absolument étranger à Julie, et que les occupations qu'il se créerait en Basse-Bretagne, achèveraient le grand ouvrage que déja commençait sa raison.

Émilie le reçut, non comme quelqu'un à qui on a de grandes obligations : elle ignorait ce qu'elle lui devait. Elle l'accueillit avec cordialité, parce qu'il lui avait donné des marques du plus haut intérêt. Elle n'était pas fâchée, d'ailleurs, qu'il rompît, pour quelques momens, l'uniformité de la vie qu'elle menait dans sa terre.

Elle possédait quelques talens aimables, je vous l'ai dit; d'Alaire avait des lumières et de l'érudition. Elle avait quelques livres choisis, et d'Alaire aimait les arts et la lecture. Ces deux êtres-là se convenaient à merveille. Cependant les heures ne fuyaient pas pour lui, comme celles qu'il avait si bien, ou si dangereusement employées à Paris. Ces paysans, qui allaient et venaient, dont les yeux, les gestes, les moindres mouvemens exprimaient l'attachement et la reconnaissance, ne le tiraient pas toujours de ses fatigantes rêveries, parce qu'il ne voyait que le sec égoïsme dans la bienfaitrice et dans les obligés. Une comète parut très à propos pour le détacher de la terre. Elle l'enleva dans l'espace; elle réveilla cette soif de s'instruire, qui presque toujours annonce du génie. Il court à Blois; il y trouve un opticien et un télescope passables. Il revient lire, avec Émilie, un traité d'astronomie, et ils passent une partie de la nuit à voir, d'un peu plus près, ce corps, en apparence, vagabond dans l'espace, sur lequel son livre ne lui apprend rien de positif, et par conséquent rien de satisfaisant. Il remarque que l'auteur est un égoïste, qui a voulu, qui a cru se faire un nom aux dépens de qui il appartiendrait, en donnant des conjectures pour des vérités. Il croit gagner beaucoup dans l'opinion d'Émilie, en attaquant, en renversant un système qui, comme tous les autres, a son côté faible. Émilie lui faisait remarquer qu'il substituait des hypothèses à des doutes, et des raisonnemens à des probabilités. Il se frappait le front, et il s'écriait de la meilleure foi du monde qu'il était tout aussi égoïste que l'auteur qu'il combattait. L'exclamation faisait rire Émilie. D'Alaire finissait par rire avec elle. On laissait le livre pour parler de la comète d'après soi. Émilie voulait avoir aussi son petit système, et assez souvent ils parlaient tous les deux à la fois. C'était le moyen de ne pas s'entendre, et pendant ces discussions très-animées, la comète suivait paisiblement sa route elliptique.

D'Alaire n'avait qu'un moment pénible dans toute la journée : c'était celui du coucher. Dès qu'il était renfermé dans sa chambre, il oubliait l'astronomie; il redescendait sur la terre. Un soupir s'échappait, et vous prévoyez facilement qui l'arrachait, à qui il était adressé. Ces songes heureux, qui ajoutent à la douceur du sommeil, s'éloignaient de son lit. Il rêvait Julie; il s'élançait vers elle; l'inexorable vertu l'arrêtait.

Au bout de deux jours, la comète avait perdu le mérite de la nouveauté, si puissant sur tous les hommes. On l'avait lorgnée, jusqu'à se fatiguer la vue; on en avait parlé jusqu'à satiété, et à mesure que le comte s'éloignait du ciel, il se rapprochait de Julie. L'absence la rendait plus belle, plus séduisante; les souvenirs se réveillaient avec force; d'Alaire est trop près d'elle encore. Il croit qu'un intervalle de quelques lieues de plus affaiblira l'image qui le poursuit. Il prend congé d'Émilie; il remonte dans sa chaise; il est parti.

La nuit le surprend à Angers. Il s'arrête; il descend dans une auberge, où logeait l'état-major de la légion qui était en garnison dans cette ville. Les chambres les plus logeables étaient occupées. D'Alaire pensait à se faire conduire ailleurs; mais son valet de chambre l'a nommé, et le colonel avait dîné chez le comte, lorsqu'il se conformait aux usages, et que le sacrifice de trente mille francs ne l'avait pas forcé à réduire sa dépense.

Le colonel s'estima heureux de revoir un homme pour qui il avait la plus sincère estime. Il alla le recevoir au bas de l'escalier; il le conduisit dans son appartement, et le pria de le partager avec lui. Le comte n'était pas insensible aux témoignages de considération dont il se sentait digne, et il ne manquait pas d'attribuer à l'égoïsme la satisfaction intérieure qu'il éprouvait. Il accepta franchement la proposition du colonel.

Il n'avait pas dîné. Il se fit servir, et comme on ne soupe plus, le colonel n'eut rien de mieux à faire que de lui parler de ce qu'il croyait pouvoir l'intéresser: tout le monde aujourd'hui se mêle de politique. C'est un champ vaste où on trouve toujours à glaner. D'Alaire interrompit le colonel dès les premiers mots. « Ces sortes de « conversations, lui dit-il, sont toujours dange-« reuses. Elles échauffent les têtes, quand on est « du même avis; elles fomentent des haines quand « on pense diversement. L'homme sage peut dé-« sirer telle ou telle loi. En l'attendant, il se sou-« met à celles qui existent, et il s'occupe de ses « affaires. Vouloir régler celles de l'état, c'est pres-« que toujours déranger les siennes; c'est au moins « s'agiter sans résultat. Parlons de votre régiment. « Est-il discipliné? Vos soldats se mêlent-ils d'au-« tre chose que d'obéir? »

Parler de plaire à une coquette, de plaisirs clandestins à une prude, d'éloquence à un avocat, d'or à un avare, de détails militaires à un colonel, est le moyen le plus infaillible d'amener des dissertations interminables. M. de Verneuil passait rapidement d'un objet à un autre. Cependant il commençait seulement à parler d'une tactique nouvelle, dont il était l'auteur, lorsque d'Alaire se leva de table. Il était tout simple que cet ouvrage devînt un jour le livre classique de l'armée française. Encore un égoïste, pensait d'Alaire. Il ne doit pas être plus savant que ses devanciers, qui ont épuisé cette matière. Mais on a dit : Les mémoires du chevalier Folard, la tactique de Guibert, et il faut absolument qu'on dise : La tactique de Verneuil, qui ne vaudra pas mieux que les autres.

Verneuil convient que pour exécuter ses manœuvres, il faudra une extrême agilité. Mais on semble l'avoir prévu : sa légion est habillée d'un petit drap léger, clair comme de la dentelle. Il convient encore que ce drap a bien quelque inconvénient pour l'hiver; mais tout est changé : on ne fera certainement plus la guerre dans cette saison, et le soldat a de bons poêles dans les casernes.

Ce drap léger, clair comme de la dentelle, a fixé l'attention du comte. Jusqu'ici, il s'est borné à écouter. Il prend la parole, il interroge; il entre dans les moindres détails. Chaque réponse de Verneuil ajoute à son anxiété. Il veut voir ce drap : le colonel en envoie chercher une pièce.

D'Alaire ne conçoit pas qu'on ait pu recevoir une semblable fourniture, et il ne peut s'empêcher d'en marquer son étonnement. Verneuil lui dit à l'oreille, qu'il compte être incessamment maréchal des camps, et qu'il n'a pu s'exposer à déplaire à M. de Versac. « Déplaît-on à un homme « en place en l'éclairant? — Vous ne savez donc « pas que le fournisseur a une femme très-jolie, « et qu'elle a tout arrangé avec son excellence? « Le soldat n'est-il pas toujours dupe par un mo- « tif, ou par un autre? — Mais votre devoir, mon- « sieur le colonel?... — Mais mon avancement, mon- « sieur le comte? »

D'Alaire ne réplique pas un mot. Il prend son chapeau; il appelle son valet de chambre; il sort.

Hé bien, j'ai tort aux yeux de certaines gens, pensait-il, quand je dis, quand je répète, quand je soutiens que l'égoïsme est le levier qui remue le monde. « Félix, je vais m'asseoir sur ce banc « de pierre. Allez me chercher une auberge; vous « m'y conduirez, et vous irez prendre mes effets « dans celle d'où nous sortons. Je n'y veux pas « remettre le pied. »

Quel homme bizarre que ce comte! disait le colonel; il n'a aucun usage du monde. Je ne m'étonne plus qu'on ne le porte à aucune place.

Quel homme que Versac! disait le comte, pendant que Félix courait. Je n'ai pas voulu l'accuser devant l'ambitieux et léger colonel : plus il s'approche du précipice, et plus je dois le ménager; assez d'autres l'accableront, quand il s'y sera précipité.

D'Alaire, établi dans sa nouvelle auberge, se fait donner ce qu'il faut pour écrire, et il passe le reste de la nuit la plume à la main. Ce n'est plus cet homme ardent, qui s'enflamme pour des fautes qui ne se commettent que trop fréquemment dans un certain monde; c'est un être sensible, qui tremble pour quelqu'un qu'il a sincèrement aimé et qu'il rougit d'aimer encore. «Le « colonel Verneuil s'est tû, disait-il à Versac, parce « qu'il a besoin de vous. Mais tous les colonels de « France n'espèrent pas devenir maréchaux de « camp à la première promotion. Ils voudront « mériter de l'être, en remplissant leurs devoirs

« dans toute leur étendue. L'égoïsme leur soufflera « que contribuer à vous perdre, c'est plaire à « votre successeur. Un orage affreux gronde sur « votre tête; tâchez de le détourner, et sachez « que lorsque l'honneur est perdu, la vie n'est « plus qu'un fardeau. »

Pour gagner quelques heures sur la malle, d'Alaire donne son paquet à Félix. Il le renvoie à Paris; il lui ordonne de courir, à crever les chevaux, et de ne s'arrêter qu'à la porte de Versac. Le jour commençait à poindre. Il se jette dans sa chaise de poste; il part, avec un postillon en courrier.

Je me suis modéré, pensait-il, en écrivant à ce malheureux; je me suis servi d'expressions qui ne peuvent pas le blesser; je suis content de moi. Combien je serai heureux, s'il ne succombe pas dans cette circonstance, s'il veut sincèrement devenir homme de bien, et si, désormais, il suit mes conseils! Je pourrai me dire : Sa conservation, son existence publique sont mon ouvrage. Quelles nuits douces je devrai encore à l'égoïsme! En se livrant à cette suite de réflexions, d'Alaire s'endort d'un sommeil paisible, et il ne s'éveille que lorsque sa chaise s'arrête devant la grille de son château.

Que fera-t-il, dans une maison immense, seul, sans avoir un domestique pour le servir? Telle fut sa première idée, quand il descendit de sa voiture. Une trentaine de coups de fusil partent de la cour d'honneur, et en font naître une foule d'autres. Les villageois, rangés en haie, ont leurs chapeaux en l'air, et crient : Vive monsieur le comte! vive notre père! De jolies paysannes, vêtues de blanc, parées de rubans de toutes les couleurs, portent des corbeilles de fleurs et viennent les offrir avec de petites révérences bien gauches, mais si expressives ! Le régisseur de la terre a fait un compliment en prose rimée, qu'il débite avec emphase; sa grosse femme est auprès de lui, le papier à la main, disposée à secourir sa mémoire infidèle. D'Alaire ne voit que le côté touchant du tableau. Une larme s'échappe, malgré lui, et vient mouiller sa paupière. Il répéta bas, bien bas, ce vers si connu :

> Ces tributs sont bien doux, quand ils sont mérités.

En effet, on ne connaissait dans le village ni la paresse, ni la misère. Le régisseur avait reçu, depuis des années, l'ordre de ne rien donner à l'homme en état de travailler; mais de trouver de l'occupation pour celui qui en manquait, et qui voulait soutenir sa famille par un travail que son objet rend toujours honorable. De petites avances étaient faites au cultivateur intelligent, à qui il ne manquait qu'un peu d'argent pour tirer un parti avantageux d'une terre ingrate. Dans les mauvaises années, et la très-sainte Providence nous en donne trop, les fermiers du château obtenaient du temps pour payer, et on distribuait aux petits ménages du blé et des légumes secs.

Les jeunes gens se mariaient, parce qu'ils étaient sans inquiétude sur l'avenir. Ils justifiaient l'axiome de Jean-Jacques : Partout où un homme et une femme peuvent vivre commodément, il se fait un mariage. On apprend que monsieur le comte est arrivé sans domestique, et chacun s'empresse de s'offrir; chacun sollicite l'honneur d'être préféré. Ceux qu'il choisit sont dans une espèce d'enchantement; les autres se consolent en pensant qu'ils méritaient cet honneur, comme ceux que le comte n'a pu prendre qu'au hasard.

En arrivant, il avait donné beaucoup à la sensibilité : on avait surpris, subjugué son cœur. Il revint bientôt à son triste système. J'ai fait du bien à ces gens-là, se disait-il; ils espèrent que je leur en ferai encore : voilà la source de l'attachement qu'ils me marquent, et ils ne s'en doutent pas. Ils croient vraiment m'aimer; ne détruisons pas leur illusion : elle me procurera encore des jouissances.

Mais comment a-t-on su qu'il arrivait dans sa terre? Il est parti de Paris inopinément, et il n'a pas écrit de Blois à son régisseur. Il fait venir cet homme; il l'interroge. Le régisseur lui remet une lettre de Paris. « Il est clair, dit-il, que cette lettre « n'a été adressée ici que parce qu'on a su que « monsieur le comte y venait. Nous ignorions le « moment de son arrivée; mais chaque jour la « moitié des habitans se tenait prête à le recevoir. »

D'Alaire porte les yeux sur l'adresse, et son

cœur a tressailli; il passe dans une chambre voisine; il s'y enferme; il brise le cachet. « C'est en
« vain que j'ai voulu lui échapper, s'écria-t-il; elle
« me poursuit jusqu'ici. » Il lit, il soupire, il pose
la lettre, il la reprend. Il continue de lire, il distingue à peine les caractères; il n'est plus maître
de lui. « C'est l'innocence, c'est la candeur qui
« s'expriment avec le charme qui leur est propre;
« mais quel abandon, quel sentiment se peignent
« à chaque mot! Quel trouble ils portent dans
« mon sein! Je ne peux m'abuser plus long-temps :
« ce ne sont pas mes sens seuls que j'ai combattus
« à Paris. J'aime, j'idolâtre Julie; il faut la possé-
« der, ou souffrir sans relâche. Elle est sans ex-
« périence : elle aura cédé sans avoir prévu sa dé-
« faite... Infâme, qu'as-tu pensé, qu'as-tu dit? Elle
« croit à ta vertu, elle est sans défiance, et tu
« veux t'armer de sa faiblesse! Lâche, tu n'oses
« résister à ton cœur. Tu veux que du moment où
« tu auras immolé ta victime, tous tes jours soient
« empoisonnés par les remords! Vil égoïste, tu
« aurais peut-être repoussé la laideur; mais quand
« Julie s'est présentée chez toi, sa jeunesse, sa
« beauté, ses graces t'ont frappé. Tu formais déja,
« sans t'en rendre compte, le coupable projet au-
« quel tu viens de t'arrêter... Et tu as osé adresser
« à Versac des reproches cruels au sujet de cette
« enfant! Avait-il contracté envers elle les obliga-
« tions de la sainte hospitalité? Avait-il surpris sa
« confiance par des soins qu'elle dût croire désin-

« téressés? Se l'était-il attachée par la force des
« bienfaits? Attaquée ouvertement, elle a pu se
« défendre; mais toi, tu as employé contre elle
« ce que la séduction a de plus puissant, de plus
« délié. Relis sa lettre, malheureux; pèses-en les
« expressions, et frissonne. L'amour s'est aussi in-
« sinué dans ce cœur pur, et ses tourmens à venir
« seront ton ouvrage...

« Mais quoi! n'est-il pas un moyen légitime
« d'être heureux? L'offre de ma main ne comble-
« rait-elle pas tous les vœux de Julie?... Ah! l'hor-
« rible conduite de sa mère ne rejaillirait-elle pas
« sur moi? Me résignerai-je à partager son oppro-
« bre?... Julie a toujours été sage, et l'infamie de
« sa mère ne saurait l'atteindre... Mais le monde?...
« Est-il juste?... Hé, qu'importe? serai-je arrêté
« par la crainte du blâme, moi qui ne m'occupe
« que de mes jouissances personnelles? Non, je
« serai heureux, autant qu'il est donné à l'homme
« de l'être, et Julie partagera mon bonheur.

« Ton bonheur? Insensé! Elle est à son aurore,
« et tu es sur ton déclin. Ne te flatte point : elle
« ne connaît que toi, et tu as réuni toutes ses af-
« fections; mais elle ne peut tenir à toi que par
« les sentimens qui subjuguent les belles ames.
« Elle se trompe elle-même sur ce qu'elle croit
« éprouver. Ses yeux, son cœur s'ouvriront un
« jour; elle te jugera et elle connaîtra un vain-
« queur. Si elle succombe, tu périras de douleur.
« Si elle résiste, elle sera malheureuse. Le spec-

« tacle de ses combats, de ses tourmens, la froi-
« deur involontaire qu'elle te marquera, te ren-
« dront la vie insupportable.

« Hé bien! ne démens pas cinquante ans d'une
« conduite irréprochable, et conserve ta propre
« estime. Non, Julie, jamais tu ne m'appartiendras,
« mais tu seras respectée; j'en fais le serment, et
« si je ne peux me vaincre, je me mettrai dans
« l'impossibilité de le violer.

« Un suicide, parce qu'une fille est charmante,
« parce que j'ai un cœur; arme-toi contre lui; ne lui
« pardonne rien; oppose-lui sans cesse ta raison;
« présente-lui le miroir de l'austère, de l'inexora-
« ble vérité, et tu le réduiras au silence. Combien
« tu seras fier de ta victoire! combien tu t'applau-
« diras d'avoir surmonté le plus puissant, le plus
« doux des penchans, d'avoir conservé Julie digne
« encore des vœux d'un honnête homme! L'effort
« est sublime, sans doute; et c'est alors que l'é-
« goïsme peut se confondre avec la vertu. »

D'Alaire, vous le voyez, était en proie à ce que
les remords, l'espérance ont de plus cruel et de
plus doux. Faible, irrésolu, il revient toujours
avec fermeté aux principes dictés par l'honneur.
Il tombe enfin dans cet accablement profond,
qui succède toujours à des sensations violentes
et prolongées. Cet accablement même est pour
lui une espèce de repos.

Il en est tiré par le son des musettes et d'un
aigre violon. Il se lève péniblement; il se traîne

à une croisée... Une table est dressée dans la cour. Elle est surmontée d'un dais formé de guirlandes de fleurs. Un grand fauteuil, fraîchement rempaillé, est placé sur une estrade que le charron a préparée sans bruit. Tous les habitans du village sont rassemblés. Ils attendent le moment d'offrir au comte leur pain, leur vin et ce qu'ils ont trouvé de plus délicat.

Une sensation nouvelle dissipe, pour un moment du moins, celles qui affectaient si douloureusement d'Alaire. La gaieté franche qui anime ces bonnes gens lui arrache un sourire. Il sent que se placer au milieu d'eux, est le prix le plus flatteur qu'il puisse accorder à leurs soins. Il sort, il se présente, et à l'instant la table est servie. Il remarque qu'il n'y a qu'un couvert, et il fait un signe à son régisseur. Il passe dans les rangs; il présente avec bienveillance la main à quelques vieillards; il les invite à partager avec lui le banquet offert par l'amitié. Il demande, il prie, il ordonne qu'on enlève l'estrade. «Vous m'avez nommé « votre père, leur dit-il; un père ne se distingue « de ses enfans que par l'affection qu'il leur porte. » A ces mots des acclamations générales frappent les airs. Le comte s'abandonne sans réserve à sa sensibilité. Il oublie tout-à-fait l'égoïsme.

Des femmes âgées, ravies de l'honneur que reçoivent leurs maris, s'approchent d'eux peu à peu, s'appuient sur le dos de leur chaise, et comblent d'Alaire de bénédictions. Il se hâte de réparer un oubli involontaire, et les bonnes femmes ont le plaisir de choquer de leurs verres celui de l'homme bienfaisant, à qui elles doivent le repos de leurs vieux jours.

La jeunesse se pressait autour de la table d'un peu trop près quelquefois. Un signe impératif des vieillards l'éloignait. « Laissez-les, laissez-les s'ap-« procher, disait d'Alaire avec Henri IV ; ils sont « affamés de me voir. »

Au repas le plus touchant et le plus gai succéda un bal champêtre. D'Alaire rentra chez lui calme et heureux. « Ah ! dit-il, Julie n'est plus à crain-« dre, quand je suis au milieu de ces braves gens. « C'est un asile que je chercherai souvent. » Cependant il n'osa pas relire la lettre dangereuse ; il osa moins encore y répondre. Il ordonna à son régisseur d'écrire à madame Bernard qu'il était arrivé sans accident.

On servait le comte autant par attachement que par devoir. Félix ne s'était pas arrêté un moment. Il était arrivé à la porte de Versac, brisé, moulu. Après avoir remis son paquet, il avait envoyé chercher un fiacre, s'était fait porter dans la voiture et conduire à l'hôtel d'Alaire.

Son cocher et le suisse suffisent à peine pour le descendre du carrosse, pour lui aider à monter l'escalier. Julien rentrait. Il s'arrête, il s'étonne ; les apparences l'égarent. « M. Félix est à « moitié mort ! s'écrie-t-il en courant, et il re-« vient seul ! monsieur le comte n'est plus ! » Ce cri passe de l'antichambre au salon. Julie s'élance ; elle vole ; elle est dans la chambre de Félix. Madame Bernard la suit lentement, prudemment ; elle arrive enfin. Félix est accablé de questions, auxquelles il n'a ni le temps ni la force de répondre. Madame Bernard prononce qu'il faut d'abord le mettre au lit ; lui préparer en toute hâte une rôtie au vin, et qu'ensuite on pourra se parler et s'entendre. Elle emmène Julie, tourmentée, anéantie par l'horreur des tableaux que son imagination lui présente. La chaise de poste du comte renversée, traînée, brisée par les chevaux ; l'être le meilleur, le plus aimable, sanglant, défiguré, expirant peut-être !... des voleurs lui arrachant, pour un peu d'or, la vie la plus utile, la plus précieuse !... elle ne sait à quelle idée s'arrêter ; toutes sont cruelles, épouvantables. Elle sonne, elle sort en même temps ; elle appelle Julien, qui ne peut lui répondre ; elle retourne à la porte de la chambre de Félix ; les bienséances disparaissent ; le comte est tout pour elle ; elle ne voit plus que lui dans l'univers. Elle a la main sur le loquet ; ses genoux ploient sous elle ; elle tombe devant cette porte qu'elle n'a pu ouvrir. Madame Bernard, haletant, affaiblie, la relève, la soutient, la ramène une seconde fois, et se laisse aller sur une ottomane, où elles restent fixées par l'épuisement, l'inquiétude et la douleur.

Le comte n'avait pensé qu'à Versac, lorsqu'il avait envoyé Félix à Paris. Il n'avait pu prévoir, d'ailleurs, ce qui se passait alors à l'hôtel. En admettant que Félix arrivât excédé de fatigue, il aurait au moins conservé la faculté de se faire entendre ; et cela aurait paru suffisant à d'Alaire pour que ces dames ne conçussent aucune espèce d'alarmes. Mais le cœur est si prompt, si habile à se créer des chimères analogues à ses sensations du moment ! il croit si facilement ce qu'il redoute ! il se livre avec tant de charme aux séductions de l'espérance ! Qui de nous n'a pas éprouvé ces transitions subites et les moins raisonnées de l'espoir à la crainte, et de la crainte à l'espoir ?

Félix ne peut se tourner dans son lit ; mais la rôtie au vin l'a ranimé. Julien vient annoncer que monsieur le courrier est en état de répondre aux questions qu'on voudra lui faire. A l'instant Julie retrouve ses forces qu'elle croyait anéanties. C'est elle qui soutient à son tour, qui conduit madame Bernard. On s'assied près du lit de Félix ; on l'accable de nouveau d'une foule de questions. Un valet de chambre est presque un homme du monde ; et Félix connaît son Grétry. « Mesdames, « dit-il, avec un sourire qui aurait rassuré des « êtres moins prévenus :

En Huronie
Chacun parle à son tour.

Madame Bernard trouva la citation déplacée, impertinente. « Qu'a de commun, dit-elle, la Hu-« ronie avec monsieur le comte ? Au fait, s'il vous

« plaît, monsieur Félix. Où l'avez-vous laissé ? s'é-
« crie Julie ; dans quel état était-il ? que vous a-t-il
« chargé de nous dire ? — Mademoiselle, j'ai laissé
« monsieur le comte à Angers. Il paraissait très-
« préoccupé ; mais il jouissait d'une santé parfaite,
« et il ne m'a chargé d'aucune mission pour vous. »

La dernière partie de cette réponse n'avait rien de flatteur pour Julie. Mais il n'était rien arrivé de fâcheux à d'Alaire ; Félix l'assurait avec cette tranquillité, ce ton de bonne foi si propres à persuader. Quand le cœur sera tout-à-fait rassuré, l'amour-propre reprendra ses droits. Toute femme en a, sans doute, et quelque chose disait intérieurement à Julie que le sien n'était pas mal fondé.

La conversation se régularise enfin, et, comme en Huronie, chacun parle à son tour. Félix entra dans certains détails que vous connaissez. Le vrai motif de la fuite de d'Alaire, les justes inquiétudes que lui cause Versac sont ignorés de monsieur le courrier. Après s'être fait répéter dix fois les mêmes choses, ces dames se retirent, et vont, dans un petit cabinet bien reculé, commenter les réponses de Félix.

Il demeure constant qu'une affaire de la plus haute importance a forcé le comte à partir inopinément. On répète à ce sujet ce qu'on a dit au moment de son départ, sur la nature de cette affaire. Elle doit être d'un genre affligeant, puisqu'il l'a cachée aux deux personnes qu'il admettait seules dans son intimité, et à qui il craint de faire partager sa peine. Il a reçu, à Angers, des nouvelles fâcheuses, puisqu'il a passé la nuit à écrire, et qu'il a fait partir Félix en toute hâte. Enfin cette affaire est effrayante pour ceux qui s'intéressent sincèrement au comte, puisqu'elle lui a fait oublier les procédés que prescrivent les plus simples bienséances. Sans son extrême préoccupation, aurait-il oublié d'écrire, ou de faire dire un mot à madame Bernard, qui a toute sa confiance; à Julie, à qui il porte la tendresse d'un père? Cette dernière réflexion est dictée par l'amour-propre blessé, qui cherche toujours à cicatriser ses blessures. Mais on tire de cette préoccupation des conséquences qu'on croit très-naturelles. Une forte tension d'esprit affecte à la fin le moral, et on sait quelle influence le moral exerce sur le physique. D'après cela, il est clair que le comte est malade, et on lui doit des soins et des consolations. Vous n'avez pas oublié que madame Bernard a une envie démesurée de voir la terre de Basse-Bretagne. Vous pressentez que Julie cherche à échapper au vide insupportable qui l'environne. La Normandie, la Bretagne, la Provence lui sont indifférentes; mais elle brûle de se réunir à son ami.

Les prétextes les plus plausibles de départ sont trouvés : le résultat de la conférence n'est plus douteux pour vous. Madame Bernard veut attendre au lendemain, parce qu'elle entend composer deux malles de ce qu'elle a de plus beau : on aime à briller partout, même au village. Julie, parée de sa jeunesse et de ses graces, ne répond aux observations de madame Bernard, qu'en entassant dans un sac de nuit ce qui se trouve sous sa main; elle ne sait ce qu'elle y a mis, n'importe. Il est plein; elle a serré et noué les cordons. Assise sur ce sac, ses bras rondelets croisés sur sa poitrine, elle demande flegmatiquement à madame Bernard si elle est prête. Madame Bernard lui répond par un éclat de rire. Julie insiste; madame Bernard se fâche. « J'ai cent louis, madame ; « il y a une calèche sous les remises, et je pars « avec Félix. — Avec Félix, Julie! — Oui, madame. « Je le mettrai dans la voiture : c'est une attention « que je dois à monsieur le comte. Il est malade, « et il ne peut se passer de son valet de cham- « bre. — Mais, Julie, Félix est un jeune homme. « — Jeune ou vieux, qu'importe ? — Les conve- « nances... — Les convenances sont très-respecta- « bles, sans doute. Mais monsieur le comte est « malade, et tout disparaît devant cette idée-là. « — Cruel enfant, donnez-moi du moins trois « heures. — Trois heures, madame, pour faire vos « malles seules, n'est-il pas vrai? Je vais appeler « Marguerite; nous vous aiderons toutes les deux, « et voilà deux heures de gagnées. Ne perdons pas « un moment. Ouvrez vos armoires... Marguerite... « Marguerite... Julien, André... Ma bonne Mar- « guerite, travaillons fort, et prestement. Julien, « vous fermerez ces malles; vous les attacherez, « avec André, derrière et devant la calèche... —

« Devant, mademoiselle! Cela ne se peut pas. —
« Vous en mettrez une dans la voiture, s'il le faut.
« Allez dire à Félix de s'habiller, nous le prenons
« avec nous. — Mais, mademoiselle, vous ne tien-
« drez pas trois dans la calèche, si vous y mettez
« une malle. — Je m'asseoirai dessus. Plus d'obser-
« vations, Julien, elles seraient inutiles... Ah! des
« chevaux de poste, de suite, à l'instant, à la mi-
« nute.

« Prenez donc garde, Marguerite! criait madame
« Bernard; vous froissez ma robe de crêpe... Ju-
« lie, vous écrasez les plumes de mon chapeau. »
Julie n'entend rien; elle bourre malles et cartons.
Une enfant, douce et timide, prend tout à coup
un ascendant irrésistible sur tout ce qui l'entoure;
elle dirige tout; elle communique à tout la vie et
le mouvement. Madame Bernard gronde; mais
elle cède. Marguerite, Julien, André ont une activité qu'ils ne s'étaient pas encore connue. Félix
comptait sur vingt-quatre heures de repos. Il se
lève en murmurant, et pourtant il se lève. Y a-
t-il, en effet, des êtres qui soient nés pour commander aux autres, ou l'empire de la beauté est-
il tel que rien n'y puisse résister?

Les deux malles sont placées derrière la calèche; les cartons sont fixés sur l'impériale. On entend le hennissement des chevaux, le fouet des
postillons. Julie entraîne, porte madame Bernard.
On est en voiture; la porte cochère crie sur ses
gonds; on est parti; on brûle le pavé.

CHAPITRE X.

Le Procès.

Tous les colonels de France ne prétendent pas à être faits maréchaux de camp à la première promotion, a écrit le comte à Versac. Vingt de ces messieurs avaient ouvert les ballots de drap, et n'avaient eu besoin que d'un coup d'œil pour en juger la qualité. La fourniture avait été renvoyée directement à l'excellence, avec des observations, plus ou moins justes, plus ou moins véhémentes. Le philantrope Versac n'avait pas eu besoin des conseils du comte pour prendre un parti. Il était las de la femme ; il ne devait plus de ménagemens au mari. Il manda le fournisseur, et pour éviter les explications particulières, il rassembla les membres du conseil, au moment où Dutour allait se présenter.

Dutour entra avec cet air aisé qui annonce une sécurité parfaite. La sévérité, qui régnait sur la figure de monseigneur, formait un contraste plaisant, pour qui était au courant de cette intrigue, et messieurs les membres du conseil savaient à peu près à quoi s'en tenir là-dessus. Ils s'attendaient à une scène, dont ils se promettaient de rire avec leurs amis, puisque l'usage veut qu'on ne rie point quand on traite d'affaires d'état.

Versac fait déployer les échantillons et les pièces. Il invite Dutour à les comparer. Dutour ne daigne pas y regarder. Il répond, assez cavalièrement, qu'il sait fort bien que la conformité n'est pas de la plus grande exactitude. « J'aime les « hommes, lui dit Versac, on le sait ; mais on sait « aussi que les intérêts de l'état font taire en moi « les affections du cœur. Vous ferez, monsieur, « une nouvelle fourniture, ou vous rendrez ce que « vous avez reçu sur celle-ci, et vous paierez une « indemnité pour le retard que vous avez causé « à l'équipement des troupes. » Dutour prend familièrement la main de monseigneur, et le tire à l'écart. « Je ne paierai rien, lui dit-il, parce que « je vous ai prêté ma femme, et que je ne prête « jamais qu'à de hauts intérêts. —Vous dites, mon- « sieur... — Je dis que je me défendrai, si vous « m'attaquez, et les tribunaux et le public pro- « nonceront. — Vous oseriez, monsieur ?... — Il « s'agit d'un million et demi, et j'ose tout en pa- « reille circonstance. » Dutour prend son chapeau, salue légèrement, et se retire.

Versac avait toujours cru que l'extrême impudence ne convient pas à de simples particuliers, et celle de Dutour l'étonna. Cependant le gant était jeté, il l'avait été en plein conseil : comment rétrograder ? Toujours maître de lui, Versac discuta l'affaire avec un sang-froid apparent, et il consulta ces messieurs sur le parti qu'il convenait de prendre. Ces messieurs n'avaient rien entendu ; mais ils avaient étudié les mouvemens et le jeu de physionomie des deux interlocuteurs. Les procédés, très-lestes, de Dutour, et ce qu'ils avaient remarqué, les avaient confirmés dans l'opinion qu'ils s'étaient faite des relations, un peu trop intimes de la séduisante petite femme avec monseigneur. Il est des subordonnés qui se font un malin plaisir d'embarrasser leur chef, de lui susciter des tracasseries, quand ils peuvent le faire impunément. Ils se dédommagent ainsi des marques de déférence que leur position les oblige à prodiguer. Le conseil prononça donc à l'unanimité que Dutour serait attaqué juridiquement, s'il refusait d'obtempérer à ce que venait de lui prescrire monseigneur, et qu'on ne lui accorderait que vingt-quatre heures pour se déterminer.

Versac, resté seul, réfléchit profondément à la position critique où son inconsidération l'avait jeté. D'Alaire a raison, pensait-il; je n'en conviendrai jamais, mais je suis un égoïste. Cette petite femme m'a plu, et je n'ai cherché que ma satisfaction personnelle dans une affaire qui peut avoir des suites très-sérieuses... Mais est-il bien sûr que Dutour ait l'impudence... Hé, ne venons-nous pas de voir un marchand, qui, sans motif d'intérêt pécuniaire, a publié en pleine audience, à la face de tout Paris, ce que tant de maris cachent soigneusement ? Il s'agit ici de quinze cent mille francs, et pour les sauver, Dutour pourra très-bien faire ce que le marchand a fait pour rien... J'aurais dû lui parler en tête à tête, le voir venir, et me conduire d'après ses dispositions. Je l'ai fait comparaître devant le conseil, et je ne peux me dispenser de suivre la décision que j'ai été forcé de provoquer. Maudite imprudence !

« Madame, dit Dutour à sa femme, M. de Ver-
« sac est un ingrat. Croiriez-vous qu'oubliant ce
« que vous avez fait pour lui, il veut me faire
« perdre une somme énorme, me ruiner, m'écra-
« ser ? Je me défendrai, parbleu, et vous m'ai-
« derez à le réduire au silence. Ouvrez votre se-
« crétaire, s'il vous plaît ? — Mon secrétaire, mon-
« sieur ! — Oui, j'y trouverai, sans doute, quelques
« billets, bien clairs, bien positifs. — Hé, pour-
« quoi aurais-je gardé cela ? Vous savez que je
« n'ai eu en vue que votre fortune. — Madame,
« on garde, par amour-propre, ce dont le cœur
« ne fait aucun cas. Ouvrez votre secrétaire, vous
« dis-je. — Mais, monsieur... — Aimez-vous mieux
« que je fasse sauter la serrure ? »

La petite femme disait la vérité, en protestant qu'elle n'avait jamais aimé Versac. Mais elle s'était quelquefois permis, pour elle-même, ce qu'elle avait accordé à l'excellence, pour une paire de girandoles, que son mari lui avait promise, et qu'il lui avait religieusement donnée. Les billets de Versac n'étaient pas les seuls que recélât le secrétaire. Mais placée dans l'alternative de l'ouvrir, ou de le voir forcé, elle se décida pour le parti le plus doux.

Dutour savait vivre. Il ne donna pas la plus

légère attention à ce qui ne venait pas de Versac; mais il mit de côté tous ses billets, et sans dire un mot à sa femme, il les lut, les médita, et nota les phrases dont on pouvait tirer des conséquences positives. Versac n'avait rien prévu de ce qui arrivait. Mais il n'avait jamais eu d'amour pour la petite femme, et il ne s'était pas amusé à lui faire des phrases. Aucun de ces billets n'était signé; cependant ils étaient tous de sa main. On n'y trouvait pas un mot qui eût un rapport direct à la chose principale; mais l'excellence se permettait le tutoiement, et bien des gens croient cette liberté très-significative.

Dutour copie littéralement ceux de ces billets qu'il juge devoir produire l'impression la plus forte. Il en adresse le duplicata à Versac, avec ces mots seulement : Votre philantropie, qui s'étend sur tout ce que vous approchez, n'est pas encore assez connue. Je la ferai paraître dans le jour le plus avantageux.

« Il faut avouer, s'écria Versac, après avoir ou-
« vert le paquet, que ce drôle-là est opiniâtre. La
« réputation de sa femme; le ridicule dont il va
« se couvrir, rien ne l'arrête. Il ne voit que lui, et
« il ne se voit que dans sa caisse. C'est un égoïste...
« Réfléchissons encore, et voyons jusqu'à quel
« point étaient fondées les inquiétudes auxquelles
« je me suis livré, après avoir rompu le conseil.
« Que signifient définitivement ces billets? On en
« conclura que j'ai été bien avec madame Dutour?

« Un homme en place peut-il avoir des distrac-
« tions ; et l'activité de mes poursuites contre le
« mari, ne prouvera-t-elle pas évidemment que
« cette liaison était sans conséquence? Enfin si
« ces billets suffisent pour éclairer le public, je
« n'y vois pas un mot qui autorise les juges à pro-
« noncer contre moi... Ah! le tutoiement!... Bah!
« la convention n'a-t-elle pas décrété qu'un ne
« fait pas deux? C'est le seul de ses décrets qui
« m'ait paru raisonnable, et je m'y suis toujours
« conformé. N'est-il pas ridicule de parler au plu-
« riel, quand on s'adresse à un seul individu? Le
« tutoiement n'est pas généralement reçu, j'en
« conviens. Mais chacun a ses habitudes, et voilà
« la mienne. Que répondra-t-on à cela? »

Dès le lendemain les assignations se croisent.
Versac est sommé de finir le paiement de la fourniture; Dutour est sommé de reprendre son drap
et d'en livrer qui soit conforme à ses échantillons.
L'un occupe une grande place et l'autre est riche;
l'attention générale va se fixer sur eux. Les avocats les plus célèbres publieront des mémoires
qu'on s'arrachera. Les gens du peuple se feront
froisser les côtes, pour savourer l'énergie, la
clarté, la douceur qui découleront de ces bouches éloquentes. On cherchera à lire, dans les
yeux des juges, de quel côté penchera la balance
de Thémis; et comme l'égalité règne dans son
temple, les belles dames, les messieurs d'un
certain rang, se glisseront dans le parquet,

s'y asseoiront commodément, et souriront avec finesse à des traits qu'ils n'entendront pas toujours.

Le rédacteur des causes célèbres est dans son coin ; le sténographe est dans le sien. L'imprimeur attend, à la porte, le bulletin du jour ; les crieurs de rues assiégent la sienne, impatiens d'entendre gémir la presse, et de vendre deux sols ce qui leur coûte deux liards. Peu leur importe qui gagne son procès, ou le perd : ils vivent de scandale et de bruit ; il leur en faut. Ce sont des égoïstes.

Dutour avait réfléchi de son côté sur l'interprétation qu'un tribunal donnerait aux billets que Versac avait adressés à madame. Il n'y trouvait, définitivement, de significatif que le tutoiement, et des juges veulent des preuves positives, comme l'avait fort bien senti Versac. Le fournisseur n'avait donc voulu qu'effrayer l'excellence, et l'amener à payer elle-même ce qu'elle était si fondée à lui demander.

L'avocat pensait tout différemment, et il avait ses raisons. Les amateurs n'accourent pas pour entendre plaider sur une question de droit. Mais un épisode galant, adroitement, éloquemment traité, attire la foule et fait la réputation de l'orateur. La femme est perdue ; le mari est bafoué ; mais les causes abondent chez l'avocat ; et voilà ce qu'il veut. C'est un égoïste.

Celui-ci représenta à Dutour qu'il perdrait inévitablement le fond de l'affaire ; qu'un homme raisonnable ne perd pas quinze cent mille francs, qu'il peut conserver ; que le seul moyen à prendre pour cela était d'attaquer Versac en séduction ; que le tutoiement, appuyé d'expressions tendres, telles que *ma tendre amie, mon petit ange*, lui paraissait une preuve sans réplique ; que les dédommagemens accordés sont toujours dans la proportion de la fortune des parties, et que la femme d'un fournisseur doit valoir deux millions.

Dutour tremblait à la seule idée de perdre ce qu'on lui demandait. Il pouvait, en suivant les conseils de son avocat, gagner cinq cent mille francs nets sur cette affaire. Il hésitait cependant : il reste toujours au fond du cœur un sentiment de pudeur que la cupidité éteint difficilement. « Hé « bien, lui dit l'avocat, qu'est-ce au fond que le « scandale que vous redoutez ? Tout Paris ne sait-il « pas que messieurs tels, tels, tels, tels, tels, et « tels sont dans le même cas que vous ? Oh ! il y « en a beaucoup cette année. On en parle dans « les salons, aux spectacles, dans les promenades. « Que vous importe, après tout, qu'on dise, dans « une salle du palais, ce qu'on a dit, sans doute, « mille fois dans tous nos cercles ? Gagnez votre « procès, donnez à dîner, et vous serez encore « un homme charmant. »

Dutour, homme assez superficiel, finit par trouver ces argumens sans réplique, et il fut arrêté qu'on publierait qu'ainsi que messieurs tels, tels et tels, il était...

Versac ne fut point étonné de se voir attaqué en dédommagemens, pour avoir été au mieux avec une jolie dame : il y était préparé par ce que lui avait dit le mari dans un coin de la salle du conseil. Mais la somme demandée lui parut si ridiculement forte, qu'il commença par en rire aux éclats. Cependant les jugemens des hommes sont tellement incertains, qu'il crut nécessaire de se préparer à une vigoureuse et utile défense. Il eut une longue conférence avec son avocat, qui aimait le scandale, tout autant que celui de Dutour. « La demande de votre adversaire, lui dit-il,
« est révoltante. Si vous êtes condamné, ce qui
« me paraît plus qu'invraisemblable, il faut l'être
« à payer peu, et surtout il est essentiel de mettre
« les rieurs de notre côté. Nous remonterons à la
« naissance du fournisseur et de sa femme. Nous
« saurons par quels moyens ils sont parvenus à
« une fortune aussi scandaleuse. Un mémoire,
« imprimé avec profusion, bien mordant et bien
« gai, fera de cette affaire un amusement de salon,
« et le lecteur se range toujours du parti de celui
« qui le fait rire. »

La seule difficulté qui se présentât alors était de trouver des agens propres à obtenir les renseignemens désirés. L'avocat ne connaissait personne qui pût convenir, et Moufflard était aux galères. Mais le besoin stimule singulièrement l'imagination, et Versac conçut un projet qui lui parut le plus heureux et le plus beau de tous ceux qu'il avait formés jusqu'alors.

Il fait venir son valet de chambre. « Milon, « j'aime les hommes, vous le savez. Vous me ser- « vez depuis long-temps, et je me reproche de « ne m'être pas plus tôt occupé de votre fortune. « — Monseigneur est bien bon. — Vous connaissez « Claudine ? — La femme de chambre de madame « Dutour ? — Fille sage, jolie, active, intelligente. » Versac n'a fait que l'entrevoir. « Vous entendez « très-bien l'office : vous serez un bon limonadier. « Je vous marie à Claudine, et je vous donne « vingt mille francs pour vous établir. — Ah ! « monseigneur !... — Mais j'attache deux condi- « tions à cet acte de ma munificence. — Ordon- « nez, monseigneur. — Vous remplirez person- « nellement la première. Pour cela, vous vous « lierez avec le valet de chambre de Dutour, avec « les gens de ceux qui fréquentent sa maison ; « vous découvrirez d'anciennes connaissances que « peut-être il dédaigne de voir à présent. Vous « saurez ce qu'étaient son père et sa mère, et ce « que lui-même a fait jusqu'à l'âge de trente ans. « — Cela ne sera pas difficile à savoir : je suis « adroit. — Je le sais. Voici ma seconde condition : « Claudine trouvera la clé du secrétaire de sa « maîtresse. Elle y prendra toutes les lettres, tous « les billets qui s'y trouveront, et elle les appor- « tera ici. Elle ne pourra rentrer chez son maître,

« après s'être permis ce tour d'escamotage ; mais
« je lui donnerai aussitôt, à l'instant même, la
« somme que je vous promets. Vous la conduirez
« où vous voudrez, et vous vous marierez, quand
« vous le pourrez. Allez, Milon, et surtout ne
« perdez pas de temps. »

Milon ne croyait pas trop à la sagesse d'une fille que vantait monseigneur. Mais il pensait que tous les jours on épouse des veuves dont on n'a pas connu les maris, et que celle-ci, avec un bon café, était un parti très-sortable. Il se mit aussitôt en mesure de s'assurer l'une et l'autre.

On ne pense pas à tout. Versac n'avait pas réfléchi que les copies de ses billets, transcrits par Dutour, annonçaient que les originaux n'étaient plus à la disposition de sa femme. Tranquille sur l'avenir et sur la discrétion de son valet de chambre, qu'il venait d'acheter, il fut se délasser de ses travaux importans auprès d'une jeune dame, dont l'amant *aimé* allait avoir un régiment qui appartenait de droit à vingt concurrens plus anciens que lui.

Sous un certain rapport, Claudine n'était pas plus scrupuleuse que Milon. Elle avait ébauché cinq à six mariages, et elle ne comprenait pas qu'avec une figure comme la sienne, on ne fît que des ingrats. Elle conçut une certaine estime pour Milon, qui s'annonçait d'une manière morale, rassurante et agréable à la fois. C'est lui qui, par anticipation, faisait déjà résonner à son oreille l'harmonieux cliquetis des vingt mille francs; c'est à lui qu'elle allait devoir le retour de son indépendance et la satisfaction de commander à son tour. Ces avantages rendaient le valet de chambre fort intéressant; et, en le dépouillant de l'auréole dorée, dont il se montrait environné, il serait resté encore très-joli garçon.

Cependant la sensible, l'ambitieuse Claudine n'avait pas étendu ses habitudes ou ses faiblesses jusqu'à ouvrir furtivement des secrétaires qui ne lui appartenaient pas. Son ame timorée s'effrayait de l'idée d'abuser à ce point des facilités que lui donnait la négligence de sa maîtresse. La tendre éloquence de Milon l'entraînait quelquefois et ne la persuadait point. Elle prenait la clé; elle allait au secrétaire; elle s'arrêtait, elle reculait; elle remettait la clé où elle venait de la prendre. Claudine était, à certains égards, une fort honnête fille.

Milon avait employé en recherches, sur l'origine de Dutour et les causes premières de sa fortune, tous les momens qu'il ne passait pas auprès de Claudine. En peu de jours il avait acquis des renseignemens aussi positifs que satisfaisans. En 1792, Dutour était garçon perruquier. Un employé à la suite des armées, très-satisfait de la légèreté de sa main et de son coup de peigne, lui proposa de faire une campagne avec lui. Dutour accepta la proposition, et en voyant des gens, qui ne valaient pas mieux que lui, faire des fortunes rapides, il crut pouvoir, sans témérité, s'occuper aussi de la sienne. Il commença de très-bas, selon l'usage. Mais chaque jour il montait d'un degré. On lui reconnut de l'activité et de l'intelligence, et bientôt il fut admis à faire des soumissions pour son compte.

Ah! mon petit monsieur, pensait Versac, vous avez couru les rues de Paris, le sac à poudre sous le bras, et aujourd'hui vous faites l'important! Vous mettez à deux millions les bontés de votre petite femme? Oh! combien il en faudra déduire, quand nous serons en présence des juges!

Vous sentez que Milon était un homme précieux, charmant. Cependant les billets doux ne venaient pas, et le jour où on devait appeler la cause n'était pas éloigné.

L'avocat brochait un mémoire qui devait écraser Dutour. Il employait en homme habile les matériaux que Milon lui fournissait; il n'avait plus à parler que des billets, et fatigué de les attendre, n'espérant plus qu'on parvînt à les soustraire, il traita cette matière sur les copies que lui communiquait monseigneur. L'ouvrage s'imprimait secrètement, et on ne devait le faire circuler qu'à la première audience, pour ne pas donner à l'avocat adverse le temps et les moyens de préparer sa réplique.

Milon se consumait en vains efforts pour mettre un terme aux irrésolutions de Claudine. La veille du jour critique, il était à ses genoux; il lui montrait sa fortune perdue, la nécessité de vieillir dans l'état de domesticité. Il se levait, faisait quelques tours dans la chambre, se donnait des graces, et semblait dire : Voyez à quel homme vous renoncez. Pensez à l'étendue du sacrifice que vous faites à une fausse délicatesse: Réfléchissez bien, Claudine, vous m'aimez et je pars; vous ne me verrez plus. Il peignait ensuite l'aisance et les douceurs de la vie qu'elle pouvait mener avec lui. Les plaisirs dispendieux ne seraient pas fréquens, sans doute; mais on pourrait les goûter quelquefois; et quelle satisfaction pour elle, de se trouver en loge à côté de sa maîtresse; de l'éclipser, malgré l'éclat de ses diamans; de ramener sur elle seule toute l'attention de cet essaim d'adorateurs que madame Dutour semble avoir irrévocablement attachés à son char, et de se venger ainsi de ses tracasseries et de ses dédains! Claudine était attentive; elle souriait à la variété de ses tableaux. Son amour-propre jouissait de l'abaissement de sa maîtresse, du dépit qu'elle en éprouverait. L'adroit Milon frappe le grand coup : il lui montre le portrait de madame Dutour, embellie de ce que la toilette la plus recherchée a ajouté à la nature. « Voilà, lui dit-il, « comme vous serez mise quand vous irez à l'O- « péra. » Claudine ne peut plus résister. La clé est appliquée à la serrure; Claudine détourne la tête; mais le secrétaire s'ouvre; Milon se saisit de tous les papiers qu'il renferme; il en fait un paquet, le met sous un bras, prend Claudine sous l'autre, saute avec elle dans un cabriolet de place qui l'attendait à la porte et la conduit dans le cabinet de monseigneur.

A l'aspect de ces papiers, monseigneur pousse un cri de joie... O instabilité des choses humaines ! dans cette quantité de billets, Versac n'en trouve pas un des siens. Il crie, il s'emporte; il déclare que Milon n'ayant pas rempli ses engagemens, il est dispensé de tenir les siens. Claudine rougit, pâlit, chancelle. Comment ne pas se trouver mal quand on fait une mauvaise action, qu'on en voit le prix échapper de ses mains, surtout quand on perd l'espérance d'effacer sa maîtresse à l'Opéra? Milon ne se démonte pas. Il prend quelques-uns de ces billets; il les examine. « Hé, « monseigneur, s'écria-t-il, ceux-ci valent les vô- « tres ! En voilà de dix personnes différentes ; « plusieurs sont signés; tous portent l'adresse de « madame Dutour, et prouvent qu'elle est l'amie « de tout le monde; c'est mettre son mari dans « l'impossibilité de vous demander au-delà de la « mince rétribution qu'on accorde à ces beautés « faciles qui se rencontrent partout. » Versac cède à la solidité de ce raisonnement; il paie le prix convenu. Milon emporte les billets de banque et Claudine; ils sortent à l'instant de Paris, et vont se cacher... je ne sais où.

Le jour qui doit porter la lumière sur ces

grands intérêts, vient de jaillir du sein de l'éternité. Ce que les hommes ont de plus redoutable et de plus utile à la fois, les ministres de Thémis sont rassemblés. Les cliens de ceux qui invoquent leur justice inondent le péristyle, le parvis et jusqu'au sanctuaire du temple. En langue vulgaire enfin, l'audience va commencer.

Le mémoire de Versac est distribué à *Messieurs* d'abord, ensuite à l'auditoire impatient. On a eu soin d'en couper les feuillets pour la facilité et l'agrément des amateurs. Un rire silencieux, mais malin, commençait à se communiquer de proche en proche, lorsque la cause fut appelée.

Les échantillons du soumissionnaire et une pièce du drap fourni sont développés sous les yeux de monsieur le président. L'avocat de Versac prouve en quatre phrases, que la fourniture est défectueuse, et qu'elle doit être faite en drap de bonne qualité; qu'à la vérité Dutour perdra quinze cent mille francs, mais qu'il les perdra par sa faute; et que, tout considéré, un garçon perruquier, à qui il restera un million, n'aura pas à se plaindre de la fortune. A ce trait inattendu, *Messieurs* se pincent les lèvres, pour ne pas rire, et l'auditoire éclate; ce qui est très-inconvenant.

Le défenseur de Dutour se voit complètement battu sur cette partie de l'affaire, et il faut lui rendre justice, il l'avait prévu. Il plaida cepen-

dant... comme on plaide une mauvaise cause, et il eut le mérite d'être court. Il fut condamné, c'est tout simple; mais il se prépara à prendre une revanche éclatante. Il se jeta avec énergie, avec de longs développemens, dans la question incidente, et c'est ici qu'il fit admirer son prodigieux talent. Il discuta, il commenta chaque mot des billets de Versac. Il prouva que le décret de la convention, sur le tutoiement, décret dont on arguait dans le mémoire de l'excellence, n'était qu'un moyen ridicule et puéril. Il soutenait qu'un homme bien né, qu'un homme qui occupe une grande place ne tutoie que sa maîtresse et ses valets. Il protesta au tribunal que jamais monseigneur n'avait tutoyé en public madame Dutour, ni aucune femme; ce qu'il offrait de prouver par témoins. Donc, ce langage intime, employé seulement dans une correspondance, qui ne devait point paraître au grand jour; ces mots: *Ma tendre amie*, *mon petit ange*, qu'on n'adresse qu'à une femme avec qui on est au mieux, démontraient, d'une part, on en convient en gémissant, la faiblesse de madame Dutour, mais, de l'autre, prouvaient aussi la séduction d'une femme, jusqu'alors irréprochable. « Qu'importe,
« s'écria l'avocat, que ma partie ait manié le pei-
« gne et le rasoir? C'est un époux, un époux
« malheureux, outragé dans ce qu'il avait de plus
« cher, que je défends ici, et tout le monde sait
« que les grands seigneurs doivent payer leurs

« plaisirs dans la proportion de leur rang et de
« leur fortune. Je crois donc ne pas sortir des
« bornes de la modération, en concluant contre
« monseigneur en deux millions de dommages-
« intérêts. »

L'avocat de Versac ne s'attacha pas plus à prouver l'innocence du style de son client, que son adversaire n'avait cherché à défendre la qualité du drap fourni par Dutour. « Mais en admettant,
« s'écria-t-il d'une voix de stentor, que vos billets
« signifient quelque chose de positif, en voici
« d'autres qui réduiront les dommages et intérêts
« à une pièce de vingt francs. »

A une pièce de vingt francs ! répétaient mentalement les juges; à une pièce de vingt francs ! murmuraient les spectateurs. L'étonnement, la stupéfaction sont inexprimables. L'avocat de Dutour ouvre la bouche d'une grandeur démesurée et se démet la mâchoire. Il perd la parole, au moment où il va demander le mot de l'énigme.

Trois jeunes gens de qualité, qui ne joignaient pas encore la prudence au goût du plaisir, avaient signé des lettres de quatre pages, où la chaleur de la reconnaissance n'est égalée que par la force du sentiment. L'avocat de Versac les lit à haute voix. Il en lit d'autres, sans signatures, mais auxquelles les premières donnent une sorte d'authenticité. Un charitable confrère de l'avocat de Dutour lui remet la mâchoire, en lui appliquant un vigoureux coup de poing sous le menton, et dès que celui-ci peut articuler, il nie que les signatures soient véritables. Le tribunal ordonne que monsieur le marquis, monsieur le comte et monsieur le baron seront assignés aux fins de déclarer s'ils sont, ou non, les auteurs des lettres qu'on vient de lire. L'avocat de Versac finit en déclarant que l'époux d'une femme irréprochable, l'époux malheureux, outragé dans ce qu'il avait de plus cher, doit cependant être débouté de sa demande, puisqu'il est démontré que monseigneur n'a joui que

.... De l'honneur singulier
D'être le successeur de l'univers entier.

La suite de cette affaire est remise à la huitaine.

Versac fait imprimer un mémoire supplémentaire, et le scandale est au comble. On ne parle plus que de madame Dutour, et de ses quinze à vingt amans. Elle est réduite à se cacher, et son mari est au désespoir... au sujet de ses quinze cent mille francs. Il court chez monsieur le marquis, chez monsieur le comte, et chez monsieur le baron. Il leur représente qu'ils peuvent sauver la réputation de sa femme, en niant leurs signatures, et qu'alors il attaquera Versac comme faussaire et calomniateur.

Monsieur le marquis, monsieur le comte et monsieur le baron ont acquis beaucoup d'usage du monde. Ils savent à merveille qu'on ne doit rien à une femme qu'on n'aime plus, et que la publicité de ses lettres donne à un joli homme une vogue prodigieuse. Ces messieurs pensaient fermement que les femmes veulent être trompées et qu'un scélérat aimable obtient la préférence sur le mérite modeste. Quand on débute dans la carrière de la galanterie par certaines liaisons, on marche d'erreur en erreur, et de faute en faute, parce qu'on suit une route si battue et si facile, qu'on ne daigne pas même s'informer s'il en existe une autre.

Nos jeunes gens ne virent donc, dans la reconnaissance de leurs signatures, qu'un moyen de s'assurer de nouveaux succès, et ils protestèrent à Dutour qu'ils avoueraient leurs lettres, et tout ce que le président jugerait à propos de leur demander. J'espère que le lecteur ne me contestera pas l'égoïsme de ces messieurs.

Le pauvre mari, atterré, écrasé de toutes les manières, fut réduit à porter au greffe son désistement de l'action intentée pour fait de séduction. Qu'avait-il de mieux à faire? Condamné déja à renouveler sa fourniture, se fera-t-il condamner encore aux frais de l'affaire incidente, que monsieur le marquis, monsieur le comte et monsieur le baron lui feront perdre indubitablement? Dutour, d'ailleurs, évite soigneusement le scandale, qui ne doit rien lui rapporter. Il se décide donc à s'abaisser devant l'adversaire, que la veille il bravait avec audace. Il demande du temps à l'excellence, et l'excellence répond en lui faisant signifier le jugement relatif à l'affaire du drap.

Dutour a contracté, pour sa première fourniture, des engagemens qui ne sont pas remplis encore; on le sait; il ne trouve pas de crédit pour la seconde, et on ne réalise pas pour quinze cent mille francs de valeurs en un jour. L'ami des hommes gémit de la nécessité d'envoyer Dutour à Sainte-Pélagie; mais son attachement à ses devoirs l'emporte, cette fois encore, sur sa sensibilité, et Dutour est sous les verroux. Excellente leçon à méditer par ceux qui aiment à piller l'État, par les maris trop commodes, et par les femmes trop faciles.

Ainsi que le malheur, les succès ont leur terme.

Nous avons vu, jusqu'ici, la fortune favoriser Versac, et la force des circonstances lui assurer des succès, que la prudence n'avait pas préparés. Cependant on n'avait pas oublié la brochure scandaleuse. L'épisode de madame Dutour venait d'être vérifié en pleine audience, et si ce fait était vrai, pourquoi les autres ne le seraient-ils pas? On revenait sur ce que le juge instructeur avait répandu partout au sujet des coups de bâton que Moufflard avait fait administrer. Aurait-il eu l'audace d'inculper monseigneur dans cette affaire, s'il n'avait réellement reçu une de ces missions qu'on ne donne jamais par écrit, parce qu'on veut pouvoir désavouer son agent? On se demandait comment la correspondance secrète de madame Dutour était tombée dans les mains de Versac. Sans doute cette femme n'avait pas fourni des armes contre elle, et la perfidie seule avait pu mettre ces lettres à la disposition de l'excellence. Des officiers, éloignés du grade auquel leur ancienneté leur donnait des droits, écoutaient tout, relevaient tout, aggravaient tout. Ils publiaient une liste des jeunes gens qu'on leur avait préférés, et, à côté de chaque nom, paraissait celui d'une jolie femme qui avait payé le brevet de son amant.

Le public est un vieil enfant, toujours adoptant les extrêmes, et brisant aujourd'hui le joujou qui faisait hier ses délices. Tous les yeux étaient tournés sur Versac, et partout on le déchirait avec acharnement. Les choses étaient portées au point que ses obligés même n'osaient plus le défendre.

Il est un lieu élevé, inaccessible au commun des mortels, où la vérité pénètre difficilement, mais où elle arrive enfin. Là, un accueil bienveillant et gracieux est la récompense du zèle, de l'intelligence, de l'intégrité. Un air froid, un regard sévère y annoncent toujours une disgrace. Versac, obligé de s'y présenter fréquemment, y parut après le méprisable succès qu'il venait d'obtenir au Palais, et il en sortit accablé, anéanti.

CHAPITRE XI.

Où l'amour s'arrêtera-t-il ?

Nous avons laissé d'Alaire dans son vaste et triste château. Il ne tenait réellement à ses villageois, que par le bien qu'il leur faisait, et on ne peut en faire tous les jours, à toutes les heures. Il avait un genre d'esprit trop élevé, pour que la conversation de ces bonnes gens pût l'intéresser. Son régisseur entendait fort bien sa partie; mais il ne savait que cela. D'ailleurs il était toujours occupé. Sa grosse femme, très-experte dans tout ce qui est éducation de basse-cour, passait les soirées à conter des histoires de sorciers et de revenans, à sa servante, que souvent la peur empêchait de dormir. D'Alaire avait laissé sa bibliothèque à Paris. Il était donc seul, absolument seul avec le souvenir et l'image de Julie.

Il s'était accoutumé à regarder la lettre dangereuse, ensuite à la tenir dans ses mains. Il avait fini par la relire ; il la relisait tous les jours, et le trait cruel s'enfonçait plus avant dans son cœur. Céder quelque chose à l'amour, c'est se mettre dans la nécessité d'accorder davantage. D'Alaire écrivait à madame Bernard : il n'aurait pas osé écrire à Julie. Il ne s'apercevait pas que ses lettres étaient des volumes, et que tout se rapportait à sa trop aimable pupille. Il ne s'apercevait pas davantage qu'il écrivait tous les jours. Ces lettres allaient à Paris, et madame Bernard et Julie n'y étaient plus.

Un homme du mérite de d'Alaire n'est pas long-temps ignoré. Ses idées d'égoïsme jetaient sur son caractère une teinte d'originalité. Il inspirait un vif intérêt, et il piquait en même temps la curiosité. A une lieue de son château, était une très-modeste habitation, dont le propriétaire, officier retiré depuis trente ans, vivant avec un fils, dont il s'était séparé avec douleur, et que les événemens déplorables qui ont affligé la France avaient ramené dans ses bras. Le jeune Duval avait vingt-cinq ans. Grand, bien fait, d'une figure entraînante, officier d'artillerie d'un mérite distingué, réduit, comme tant d'autres, à la demi-solde, il attendait, auprès de son vieux père, le moment où on lui permettrait de servir encore son pays.

L'arrivée du comte était un événement dans le canton. Duval avait déja entendu parler des qualités et de la manie de d'Alaire. Il désirait le voir, se lier avec lui, et se soustraire à l'uniformité de la vie qu'il menait. Il fallait un prétexte pour se présenter au château. Duval le chercha pendant deux ou trois jours. Il finit par une chose toute simple, et qu'il aurait pu trouver plus tôt. Il emplit une petite caisse de livres bien choisis. Il y joignit une lettre obligeante et respectueuse à la fois. Il chargea du tout la vieille gouvernante et l'âne de la maison.

On peut juger de la tournure d'esprit et du caractère d'un homme, par les ouvrages qui composent sa bibliothèque. Les livres qu'envoyait Duval donnèrent de lui une idée avantageuse. Sa lettre n'avait rien de recherché. Le style en était facile et agréable. D'Alaire pensa que ce jeune homme devait parler comme il écrivait, et il répondit à sa lettre en l'invitant à dîner. Pouvait-il faire moins? Duval lui disait qu'étant parti de Paris sans ses équipages, il était très-probablement sans livres; que la lecture est le délassement d'un homme raisonnable, et qu'il croyait remplir un devoir de voisin, en le priant de se servir de ce qu'il avait trouvé de mieux sur ses tablettes. Le jeune homme ne demandait pas la permission de se présenter : c'eût été mettre un prix au service qu'il rendait. Le comte avait apprécié sa discrétion, et il l'avait récompensée.

L'extérieur de l'officier ajouta à l'opinion que d'Alaire avait conçue de lui. Le premier moment fut donné aux complimens d'usage. La conversation s'engagea ensuite. Duval souriait quelquefois des idées systématiques du comte; mais il se garda bien de les combattre : il voulait plaire; d'ailleurs, faire du bien avec la manie de répéter, à chaque instant, qu'on ne fait rien que pour soi, lui paraissait une chose louable, puisqu'au ridicule près, elle était toujours utile. Il répondait avec réserve; mais sa modestie n'ôtait rien à la justesse, à la force, ou à la fraîcheur de ses pensées. On se mit à table, très-content l'un de l'autre ; on la quitta en éprouvant le besoin de se revoir.

Le comte voulut reconduire son jeune hôte. Il désirait faire connaissance avec monsieur son père. Il se reprochait de n'avoir pas été le saluer plus tôt ; mais il ignorait qu'il fût son voisin. Duval était flatté qu'on honorât son père. Cependant la politesse exigeait qu'il opposât quelque résistance à l'empressement que marquait d'Alaire. « Vous « m'impatientez, lui dit notre égoïste. Vous voyez « que je suis seul ; vous devez en conclure que je « m'ennuie souvent. Souvent je suis tourmenté « d'idées affligeantes, d'un mal auquel il n'y a pas « de remède. Vous m'arracherez à moi-même ; je « vous devrai des distractions agréables et néces- « saires. Vous voyez bien que je ne m'occupe que « de moi. Ainsi pas de remercîmens, plus de ré- « sistance, et partons. »

Le vieux Duval travaillait à son jardin. Son front chauve et élevé ; ses yeux, qui avaient encore de la vivacité, et dans lesquels se peignait la paix de l'ame ; une coupe de figure régulière et noble ; une vieillesse exempte d'infirmités ; tout en lui contribuait à inspirer de la vénération. Il s'appuya sur sa bêche, à l'aspect de l'étranger qui accompagnait son fils. L'air de bonté et de franchise du comte lui arracha un souris. Il s'avança vers lui, et lui présenta cordialement la main avant de le connaître. C'est ainsi que les anciens pratiquaient l'hospitalité. La soirée fut agréable pour tous, et on se promit de se réunir le lendemain.

C'était toujours à l'heure du coucher que d'Alaire retrouvait son cœur. Il croyait s'examiner sévèrement, et il prononçait qu'à l'expiration de la quinzaine, il pourrait retourner à Paris sans danger. D'Alaire de bonne foi eût dit : Je me suis promis de vivre quinze jours loin d'elle; je tiendrai cet engagement; mais il m'est impossible de prolonger mon séjour ici. Il faut que je la revoie.

Le lendemain, le comte accepta le modeste dîner de messieurs Duval. Ils n'eurent pas la pitoyable vanité de dissiper, en un jour, la subsistance d'une semaine. Le repas, conforme à leurs moyens, dut tout son prix à la cordialité, qui en fit les honneurs, et à la gaieté décente qui le releva. D'Alaire était piqué de ne pas trouver encore d'égoïsme dans ses hôtes; il se consolait en pensant que le vice inhérent à l'humanité ne tarderait pas à percer, et surtout en jouissant de cette douce égalité dont on parle quelquefois dans les salons, mais qui n'y pénètre jamais.

On était au dessert. Le raisin de la tonnelle du vieux Duval, le laitage apprêté par la vieille gouvernante, étaient fêtés tour à tour, lorsque le régisseur entra, haletant, couvert de sueur et de poussière. Il annonce l'arrivée au château de deux dames, qu'il ne connaît pas, et qui cependant ont fait porter à l'antichambre leurs malles et leurs cartons. « Une femme âgée! s'écrie d'Alaire, « et une jeune demoiselle, répond le régisseur;

« mais jolie! oh, jolie! » A qui devait appartenir le premier moment? Est-ce à la réflexion ou à l'amour? Un soupir d'allégement s'échappa du cœur de d'Alaire; sa figure s'anima; la joie se peignit sur ses lèvres, dans ses yeux, sur son front. Impatient de retourner au château; incapable de donner à ses hôtes le spectacle d'un homme subjugué par un sentiment que son âge semblait proscrire, il se contraignit. Mais il prit son café bouillant, afin de gagner quelques minutes; il débita ensuite quelques phrases vides de sens; ses yeux étaient sans cesse tournés vers le chemin sur lequel s'élançait déja son cœur. Il sentait que les bienséances ne lui permettaient pas de quitter les Duval immédiatement à l'issue du dîner; il leur proposa de les accompagner. Il voulait faire voir au bon père son parc et ses jardins; il voulait lui offrir quelques fleurs rares, dont il ornerait son petit parterre; il voulait... Que ne voulait-il pas? Il était tout simple de dire : Deux dames sont descendues chez moi; permettez que j'aille les recevoir. Mais l'amour est si gauche, quand il veut se cacher!

Le comte avait trouvé, la veille, sa promenade un peu longue, et il était venu dans sa chaise de poste, où il n'y avait de place que pour lui. Mais avant que de se mettre à table, il avait remarqué, sous un hangar, couvert en chaume, un petit char à bancs, dans lequel la famille Duval se promenait probablement le dimanche, tirée par un cheval de fermier. Il dit un mot, et le cheval est mis à la modeste voiture.

Le comte veut, exige que le papa Duval monte dans sa chaise de poste. Il sait, dit-il, ce qu'on doit d'égards et de ménagemens à la vieillesse. Il se place dans le char à bancs, avec le jeune homme et son régisseur. Encore de l'égoïsme! pensait-il; ce n'est point par déférence que j'ai mis le vieillard dans ma voiture. J'ai voulu voir de plus loin mon château, y deviner l'objet enchanteur qu'il recèle. En effet, il s'efforçait de percer l'horizon; il maudissait les arbres qui lui dérobaient encore l'antique demeure de ses pères, ces arbres dont, la veille, il avait béni l'ombrage. Il distingue enfin les cheminées les plus élevées; les toits, dorés des rayons du soleil couchant, lui fatiguent les yeux, et il ne les en détache que lorsqu'il peut voir les croisées; il les observe toutes; il semble les interroger, et leur dire : où est-elle?

On approche; la cour, la grille se développent. Deux femmes sont assises sous le péristyle; elles ont reconnu la chaise du comte; la plus jeune s'élance. C'est l'hirondelle, rasant le sol avec la rapidité de l'éclair. A peine elle a touché le marche-pied, et ses bras ont enlacé le vieux Duval, étonné de se sentir presser sur le cœur d'un petit chef-d'œuvre de la nature. D'Alaire, hors de lui, ne réfléchit plus. Il oublie que pour égaler la légèreté d'Atalante, il faut être au moins jeune comme elle. Il se donne à peine le temps d'arrêter le cheval. Il saute, un pied porte à faux; le meilleur des hommes tombe sur le chemin; un cri s'échappe. Julie reconnaît cette voix et son erreur; elle vole vers son ami. A genoux devant lui, dans la poussière, elle déchausse le pied foulé. Déja le gonflement se manifeste, et Julie jette un cri à son tour. Elle invoque le secours du jeune Duval et du régisseur : le comte ne peut marcher; il faut le porter au château.

L'accident a eu lieu près de la grille. Félix et quelques paysans se présentent aussitôt. Julie ne veut confier à personne la tête de son bienfaiteur. C'est elle qui la soutient de ses mains blanches et fraîches. Elle verse des larmes d'attendrissement et de peine; elles tombent, brûlantes, sur les joues de d'Alaire.

On le transporte dans sa chambre. La triste Julie sent ce qu'exige la bienséance, et elle lui cède à regret. Elle se retire dans un cabinet qui touche à cette chambre. Si elle ne peut voir l'homme qui lui est si cher, du moins elle entendra cette voix qui parle toujours à son cœur. Il est des momens où elle est sincèrement fâchée d'être jeune, où elle envie les prérogatives que l'âge donne à madame Bernard.

En effet, madame Bernard est restée près du comte. Elle et la femme du régisseur disposent tout ce qui est nécessaire au pansement, en attendant le médecin, le chirurgien et l'apothicaire du bourg voisin, qu'on est allé chercher : ce grand homme est tout à la fois. M. Duval et Félix déshabillent le comte et le mettent dans son lit. Les mouvemens de trois personnes ne peuvent être parfaitement d'accord. Le pied malade reçoit des secousses ; il est quelquefois poussé en sens contraires. Le comte a du caractère ; mais il n'a pu étouffer quelques plaintes que lui a arrachées la douleur. Rien ne peut échapper à Julie inquiète et attentive ; elle accourt. Son bienfaiteur est couché ; la décence permet qu'elle reste auprès de lui. Elle traîne un lourd et gothique fauteuil contre le lit de douleurs. Elle s'assied ; elle prend la main du comte, elle la serre entre les siennes. Elle ne lui adresse pas un mot ; mais ses yeux ont une expression ! D'Alaire ne peut la soutenir ; il détourne la tête.

Julie croit qu'il désapprouve son départ de Paris, qu'il n'a point autorisé. Elle lui répète ce que madame Bernard et elle avaient pensé et s'étaient dit à cet égard. Elle craint d'avoir déplu, et elle exprime cette crainte avec une naïveté, une candeur et un charme !... Le son de sa voix est si touchant et si doux !... Le comte ne peut résister plus long-temps à l'enchanteresse qui attaque à la fois son cœur et sa raison. Il reporte ses yeux sur ces yeux charmans, qu'il redoute et qu'il adore. « Me pardonnez-vous, lui dit-elle ? — « Puissé-je me pardonner de même ! »

Messieurs Duval étaient témoins de cette scène,

qu'ils ne comprenaient pas entièrement. D'Alaire sentit la nécessité de leur présenter Julie sous le jour le plus favorable. « Messieurs, leur dit-il, « vous voyez ma fille adoptive. J'ai pour elle les « sentimens du père le plus tendre, et je suis payé « du plus sincère retour. » Julie s'aperçoit enfin qu'elle n'est pas seule avec le comte. « Oui, mes- « sieurs, dit-elle, voilà mon père, un père adoré. « Je vous remercie des soins que vous lui avez « prodigués. Désormais je veillerai sur lui. Ma ten- « dresse, ma reconnaissance, la piété filiale m'en « imposent la loi, et il est des devoirs si doux à « remplir ! » Elle avait cessé de parler et le jeune Duval écoutait encore.

L'homme qui réunit trois professions et qui croit les bien connaître toutes, le docteur par excellence se présente enfin, et il faut que Julie se retire de nouveau. Elle retrouve son cabinet, cette cloison où déja elle a fixé son oreille. Elle entend l'arrêt que prononce avec solennité l'Esculape du canton.

Le pied froissé sera pansé deux fois par jour, ce qui nécessitera deux visites, et les visites se payent, cela est juste. Les chaleurs sont excessives et le lit est échauffant. En conséquence, monsieur le comte prendra des boissons rafraîchissantes, qui seront variées, pour prévenir le dégoût. Monsieur le docteur fournira les objets convenables à la confection des tisanes, et cela est encore de toute justice : on est apothicaire pour quelque chose.

L'oracle, interrogé sur le temps qui doit probablement s'écouler, du moment de la chute à celui de la guérison radicale, répond qu'une entorse bien traitée peut être résolue en trois semaines; mais que pour ne pas se flatter, il est sage de compter sur quarante jours. Madame Bernard prononce que monsieur le comte manquant de beaucoup de choses nécessaires ou agréables, il convient qu'il fasse venir sa maison. D'Alaire ne peut plus éviter Julie : « Le sort en est jeté, dit-« il à madame Bernard. Faites ce que vous juge-« rez à propos. »

Le malade peut être vu, et Julie rentre dans sa chambre. Elle a marqué sa place auprès de son lit, et d'Alaire n'a pas la force de l'en éloigner. Madame Bernard règle, arrange tout. Un démon, ennemi du repos de Félix, le condamne à remonter à cheval. Pendant qu'il s'y dispose, le jeune Duval écrit sous la dictée de madame Bernard, l'état des choses qui seront immédiatement transportées de Paris au château. « Et vous, mademoi-« selle, dit la bonne dame à Julie, ne demandez-« vous rien? — J'ai un sac de nuit. — Un sac de « nuit, un sac de nuit! et qu'y a-t-il dans ce sac? « — Je l'ignore, madame. — Quel enfant! » Madame Bernard fait apporter le sac. On en tire deux chemises, la dernière robe que le comte a donnée à Julie, un petit nécessaire qu'il lui a offert le jour de sa fête, le volume du siècle de Louis XIV, et les cahiers de leçons. Julie croyait avoir pris tout cela au hasard : sa main avait été servie par son cœur.

Madame Bernard rit à l'aspect du contenu du sac, et elle lève les épaules. « Julie, dit le comte, « vous manquez de tout.—Je ne manque de rien, « répond-elle, en lui serrant la main. » Ils se taisent tous les deux. Madame Bernard connaît le mobilier de la jeune personne comme elle connaît le sien. Le jeune Duval reprend la plume ; il écrit encore, et il disait bien bas : Elle n'a pas besoin de parure.

Il était tard. MM. Duval s'étaient retirés, et madame Bernard pensa à distribuer les logemens. Julie s'écria qu'elle prenait le cabinet voisin. « Non, mademoiselle, dit madame Bernard. Mon« sieur le comte peut avoir besoin de quelque « chose pendant la nuit, et vous êtes délicate. — « Je suis très-forte, madame. — D'ailleurs il n'est « pas dans les convenances... — Quoi? que je « rende à mon père amour pour amour? » Amour pour amour ! Ce mot a retenti jusqu'au fond du cœur de d'Alaire. Il adresse à Julie un regard suppliant. « Ah ! lui dit-il à demi-voix, laissez-moi « du moins le repos de la nuit. » Julie le regarde à son tour ; elle semble lui demander l'explication de ce qu'il vient de dire. Le comte l'attire doucement à lui. « Julie, je vous adore : tremblez « et pour vous et pour moi. » Julie se tait ; elle se recueille. « Je viens d'interroger mon cœur, dit-« elle à l'oreille du comte. Je ne peux m'abuser

« plus long-temps : ce ne sont pas l'amitié et la
« reconnaissance qui y règnent. — Julie, qu'allez-
« vous ajouter? — Rien, vous m'avez entendue.
« Mais pourquoi tremblerais-je, mon ami?

« Allons, mademoiselle, allons, il est temps
« qu'un malade repose. Ce que vous dites à mon-
« sieur le comte doit être fort intéressant, mais le
« sommeil lui vaudra mieux encore. » En parlant
ainsi, madame Bernard a pris une bougie, et Julie se laisse conduire. Vous prévoyez que la bonne
dame Bernard s'est logée dans le cabinet. Elle dépose la sensible pupille dans la chambre la plus
voisine; elle en prend la clé, revient souhaiter le
bonsoir au comte, et va se remettre de la fatigue
du voyage et de celle de la soirée.

Mais pourquoi a-t-elle enfermé Julie? Elle n'a
rien entendu de ce que se sont dit ces êtres si intéressans; ses yeux ne sont pas ouverts encore
sur la nature de leurs sentimens. Elle est peureuse; le château est vaste, et il est presque désert. Madame Bernard n'a donc pris qu'une précaution qu'elle a crue nécessaire à la sûreté de
Julie.

Julie était préoccupée au point de ne s'être pas
aperçue de ce qu'avait fait madame Bernard. Laissez-moi du moins le repos de la nuit, lui avait
dit le comte. Voilà ce qui l'enchaînait dans cette
chambre. La porte fût restée ouverte, que la docile et aimable enfant n'eût pas pensé à en franchir le seuil. Elle ne pensait pas non plus à repo-

ser. Elle venait de lire dans son cœur, de se livrer à l'amour, d'en faire le timide aveu. La vierge pudique, qui aime pour la première fois, trouve difficilement le sommeil; mais le doux sentiment qui l'agite, qui fait palpiter son sein, est pour elle le premier des biens.

Elle répétait sans cesse : Julie, je vous adore; tremblez et pour vous et pour moi. Je vous adore! Que ce mot était doux à son oreille! avec quelles délices elle l'entendait résonner au fond de son jeune cœur! Mais pourquoi mon ami veut-il que je tremble pour lui et pour moi? J'ai dû trembler sans doute, quand M. de Versac a dévoilé ses odieux projets. Mais si la vertu n'est pas un vain mot, si elle existe quelque part, le cœur de mon ami doit être son sanctuaire. Non, je ne le craindrai jamais.

Il m'adore!... Quelle suite de biens ce sentiment m'annonce et me promet!... Julie, Julie, oublies-tu ce que tu es et ce que tu dois à ton bienfaiteur? Le voir, lui parler, être avec lui à tous les instans du jour; lui répéter sans cesse que tu l'aimes; l'entendre te répondre que tu es payée du plus tendre retour, n'est-ce pas le bonheur suprême? Désirerais-tu quelque chose de plus, si le comte était ton époux? Il ne le sera pas; il ne le sera jamais, n'est-il pas vrai, Julie? Tu te le promets à toi-même.

Le sommeil fuyait aussi les yeux de d'Alaire. Madame Bernard seule reposait dans ce château.

Amour pour amour! répétait-il de son côté... Ah! ce n'est pas de l'amour filial qu'elle a entendu parler : elle a, dit-elle, interrogé son cœur, et la reconnaissance n'y occupe que la seconde place... Ah ! j'avais lu dans ce cœur trop sensible avant que de m'éloigner de Paris. Qu'ai-je gagné en la fuyant ? Ce que l'honneur, la prudence m'avaient dicté vient de tourner contre moi. Elle est ici, et je ne peux m'éloigner d'elle. L'aveu de mes sentimens m'est échappé ; elle sera forte de ma faiblesse ; je n'aurai plus un moment de repos, et je finirai par succomber.

Succomber! Elle m'aime, elle me l'a déclaré. Cet amour mutuel peut être la source d'un bonheur inaltérable. Cet amour!... L'amour de Julie!... tu l'as déja jugé. Pourquoi revenir sur ce qu'a prononcé ta raison? Elle ne connaît que toi encore. La nature, l'impérieuse nature imprime dans tous les cœurs le besoin d'aimer, et celui de Julie ne pouvait être qu'à toi. Mais sois juste, tu ne peux le conserver. La jeunesse, l'amabilité te disputeront ce cœur, d'où dépend désormais le bonheur de ta vie. Pour qui se prononcera enfin un enfant incapable de dissimuler, et qui, à chaque instant, te laissera pressentir la plus cruelle des infortunes? Quels reproches seras-tu fondé à lui faire, toi qui devais être sage et pour elle et pour toi? Quel changement apporteront à ton sort de tendres plaintes, qui deviendront importunes, quand tu cesseras d'être aimé, et qui feront succéder l'éloignement à l'indifférence? Voilà ce que tu t'es dit cent fois, et ce que tu dois te répéter sans cesse. Qui sait encore si Julie s'est rendu un compte fidèle de ce qu'elle éprouve? N'a-t-elle pu s'abuser sur ses propres sentimens? L'éclat d'un nom, une grande fortune, la considération qu'on attache à ces choses-là, ce qu'on appelle les agrémens de la vie, l'égoïsme enfin n'est-il pas la source de ces sensations, qu'elle couvre, de bonne foi, du voile respectable d'un amour pur et désintéressé? Non, Julie, non, nous ne pouvons être l'un à l'autre. Son amour passera; le mien durera autant que ma vie. Je serai malheureux; mais du moins je n'aurai pas à rougir des égaremens d'une épouse; chaque jour n'ajoutera pas à mes maux.

MM. Duval, en retournant chez eux, avaient fait aussi leurs réflexions. Au premier coup d'œil, disait le père, j'ai jugé monsieur le comte. Les égards, les respects qu'on lui marque ont confirmé ce jugement. « Et comme il est aimé, mon « père! Tous les cœurs semblent voler au-devant « du sien. — Veut-on connaître, mon fils, l'usage « que l'homme opulent fait de sa fortune? qu'on « observe ceux qui sont dans sa dépendance. — « Ah! mon père, il n'est pas un être dans ce vil- « lage qui ne soit disposé à tout faire pour le « comte. Cette jeune demoiselle surtout... l'avez- « vous remarquée? Sans doute. On n'aime plus « à mon âge; mais l'aspect d'une jolie femme est

« encore agréable. — Jolie, mon père ! elle est
« charmante. Avez-vous rencontré dans le monde
« une figure aussi séduisante et aussi modeste à la
« fois ? Et quelle taille ! quelle grace ! quel attrait
« dans tous ses mouvemens ! A peine est-elle ha-
« billée ; ce qu'elle porte a été froissé dans la voi-
« ture qui l'a amenée, et il me semble que la toi-
« lette la plus brillante ne l'embellirait pas. —
« Charles ! — Mon père ! — Je t'entends ; mais
« réfléchis. Cette jeune personne est la fille adop-
« tive du comte. Il n'est pas marié ; elle sera peut-
« être son unique héritière ; elle sera riche au
« moins. Qu'as-tu à lui offrir ? — De la jeunesse,
« une conduite irréprochable, et, j'ose le dire,
« une valeur qui n'est pas contestée. — Mon ami,
« tu ne connais pas encore les hommes. — Je les
« connais, mon père, et je suis sûr que le comte
« ne leur ressemble pas. »

Le vieux Duval est effrayé de l'effet que l'aimable enfant a produit sur son fils. Il réfléchissait, et le jeune homme gardait le silence : vous
savez ce qui occupait sa tête et son cœur. « Mon
« fils, mon ami, lui dit son père, une première
« impression se dissipe facilement. Tu te perdrais
« en multipliant tes visites au château. Charles,
« n'afflige pas ton vieux père. Qu'il n'ait pas, en
« fermant les yeux, le spectacle de ta peine. Pro-
« mets - moi, mon ami, de ne pas retourner au
« château. — Le comte nous a accueillis ; il nous
« a même marqué de l'amitié. Il est souffrant ;

« nous lui devons des soins. Comment nous dis-
« penser de ce qu'exige une amitié naissante,
« le voisinage et même la simple politesse? J'i-
« rai au château, mon fils, j'irai tous les jours.—
« Ah! mon père, votre affection ne me suffit plus.
« Par grace, ne m'imposez pas un douloureux sa-
« crifice. »

Le lendemain, à la pointe du jour, Charles était à la grille du château. Julie ne s'était pas couchée, et elle attendait avec impatience que madame Bernard vînt lui rendre la liberté. Elle avait ouvert ses croisées; et elle allait de l'une à l'autre, respirant l'air pur du matin, et hâtant de ses vœux la marche du soleil, que lui dérobaient encore les collines qui bornaient l'horizon. Elle aperçoit Charles. Bon jeune homme, se disait-elle; il aime déja mon ami comme... Ah! comme l'aiment tous ceux qui le connaissent.

Un garçon jardinier traversait la cour, sa bêche sur l'épaule, sa gourde pendante à son côté, et la chansonnette à la bouche. Julie l'appelle. « Mon
« ami, sonnez à la porte du régisseur. Je présume
« qu'il a les clés de la grille et du château. Vous
« le prierez d'ouvrir, et d'introduire monsieur. »
Le son de la voix argentine ne s'est pas arrêté à l'oreille de Charles. Un doux frémissement a agité tout son être. Il ne trouve pas un mot. Il répond par une profonde révérence.

Le régisseur gronde, murmure : « Faut-il, parce
« que monsieur le comte s'est donné une entorse,

« que ses gens ne dorment pas ? » En murmurant, il s'habille, et il va ouvrir à Charles, qui compte les pas qui le rapprochent de la dangereuse Julie. Il entre au château, il ouvre la chambre du comte, et déja madame Bernard est auprès de lui. « Ne me blâmez pas, mon jeune voisin, dit
« d'Alaire, je n'ai rien exigé. Je désirais, au con-
« traire, que madame se reposât pendant quel-
« ques heures de plus. Elle veut qu'on dise dans
« le village qu'elle me sacrifie tout, jusqu'au som-
« meil; et vous arrivez fort à propos pour répan-
« dre la chose. — Oui, monsieur, oui, elle se
« répandra, et cela me fera beaucoup d'honneur
« dans l'esprit de nos villageois. — Et vous, mon
« jeune ami, qui vous oblige à vous lever si ma-
« tin? — Je me trouve bien auprès de vous, mon-
« sieur le comte, et votre indisposition m'autorise
« à devancer l'heure où l'usage permet qu'on se
« présente.   Ah! c'est pour vous que vous êtes
« ici? Vous êtes égoïste, j'en étais sûr; vous en
« convenez franchement, et c'est une qualité de
« plus. » Charles n'est pas maladroit. Il a caressé l'idée favorite du comte. Il veut s'insinuer dans son esprit, et lui plaire sous tous les rapports.

« Quel bruit entends-je là-haut? demande ma-
« dame Bernard. — Sans doute, répond Charles,
« mademoiselle Julie est impatiente de savoir com-
« ment monsieur le comte a passé la nuit. — Ou-
« vrez-lui donc, madame, ouvrez-lui donc, re-
« prend d'Alaire. »

Madame Bernard trotte, autant qu'elle peut trotter. Elle ouvre, elle entre. « Que vois-je, ma-
« demoiselle? Ce lit est dans l'état où je l'ai laissé
« hier. N'est-ce pas assez que monsieur le comte
« soit malade? Voulez-vous le devenir aussi? Puis-
« je vous soigner tous les deux? » Julie n'a pas entendu un mot de ce qu'on vient de lui dire. Madame Bernard parlait encore, et l'aimable enfant était déja dans son grand fauteuil à roulettes; elle tenait la main du comte; elle la pressait de ses lèvres. Elle ne voyait pas Charles; et que lui importait ce qu'il pouvait penser? Il n'était pour elle qu'un homme dans le monde, et elle était auprès de lui.

« Grondez-la bien, dit madame Bernard, en
« rentrant. Croiriez-vous, si je ne vous l'assurais,
« qu'elle ne s'est pas couchée? » D'Alaire paya le dévouement de Julie d'un de ces regards où l'amour se peint si bien, et que l'amour seul sait bien entendre. Il ne chercha pas d'égoïsme dans la conduite présente de l'adorable enfant : il était si heureux de la trouver parfaite! Il était si loin de pouvoir réfléchir!... Le malheureux reviendra à son système. Il ne faut qu'un mot pour l'y rappeler.

Duval, invité à partager le déjeuner, ne laissa pas échapper l'occasion qui s'offrait de faire sa cour au comte. Le vin du régisseur n'était pas bon; madame Bernard en avait fait la remarque, et d'Alaire n'en avait pas d'autre. La table était à peine éloignée de son lit, et Charles était disparu. Madame Bernard avait de la prévoyance. Une entorse n'exige pas de régime, et un bon déjeuner n'empêche pas qu'on dîne bien. La bonne dame était allée dans le village. Elle ne comptait pas y trouver rien de recherché, mais il y a de la volatille partout, et madame Bernard aimait beaucoup le chapon au gros sel.

D'Alaire était donc seul avec Julie : c'est ce qu'il désirait et ce qu'il craignait à la fois. Il avait pris ce ton réservé qui semble repousser certaines idées. Julie ne s'attachait pas au ton ; c'est le cœur qu'elle cherchait. Sans art, sans finesse, elle sentait que celui de d'Alaire était à elle tout entier. D'ailleurs, il le lui avait dit, et doutons-nous jamais de ce qui fait notre bonheur? Julie jouissait du sien avec l'ivresse que fait toujours naître une première inclination. Ses caresses étaient pures comme son ame ; mais ces innocentes caresses se succédaient sans interruption. La froideur apparente du comte disparaissait malgré lui. Tous les feux de l'amour circulaient dans ses veines ; il ne savait plus où il s'arrêterait, et il n'avait pas la force d'éloigner Julie. Raison, prudence, délicatesse, tout cédait à un sentiment insurmontable, victorieux, inhérent à sa vie... qui était sa vie elle-même.

Le fauteuil de Julie était passé du pied à la tête du lit. Un de ses bras enlace le cou du comte ; une de ses mains presse la sienne. Les haleines

se confondent; des soupirs de feu s'exhalent d'un cœur pour se perdre dans l'autre. Des mots entrecoupés et vides de sens peignent le délire et l'abandon. Les lèvres vont se toucher; l'innocence sera flétrie... « Je triompherai une seconde fois !
« s'écrie le comte. Ce sacrifice est le plus fort
« que l'humanité puisse faire; je suis plus qu'un
« homme en ce moment; je le sens et n'en suis
« pas fier : c'est à vous seule, Julie, que je m'im-
« mole. Sortez de cette chambre. L'air qu'on y
« respire est empoisonné. Sortez à l'instant, ou
« c'en est fait de vous. »

Julie interdite, frappée de ces derniers mots, se lève, et, debout devant le lit du comte, elle en attend l'explication. « Julie, nous nous aimons de
« l'amour le plus tendre, et nous ne pouvons être
« époux. — C'est ce que j'ai pensé, mon ami.
« — Ne croyez pas que de vains préjugés m'arrê-
« tent. — Oh ! je vous rends justice : la morale
« n'est pas un préjugé. — Non, Julie, non, vous
« ne me pénétrez pas. Les fautes sont personnel-
« les : vous ne devez pas être punie de celles de
« votre mère. — Je croyais, mon ami, qu'il est des
« taches qui s'étendent au loin, qui ne s'effacent
« jamais. — Pensez aux égards, au respect que je
« vous ai toujours marqués, et vous reconnaîtrez
« votre erreur. Julie, il fallait que vous fussiez la
« plus estimable, comme la plus séduisante des
« créatures, pour subjuguer, asservir ce cœur qui
« n'existe plus que pour vous. — Je vous en-

« tends, mon ami. Un mariage disproportionné,
« la crainte du blâme... — Ah! Julie, je ne crains
« que vous. — Par grace, expliquez-vous, mon
« ami. — Je vais parler. Je vous affligerai, Julie;
« mais entre deux êtres tels que nous, il ne peut
« exister de secret, ni même de réserve... Éloi-
« gnez-vous un peu, je vous en supplie... encore,
« Julie... encore. Ah! j'ai besoin de rappeler toute
« ma raison.

« Julie, j'atteste l'honneur que, lorsque je vous
« ai reçue chez moi, je n'ai cédé qu'à l'intérêt
« que m'a toujours inspiré le malheur. Je n'ai rien
« prévu, par conséquent, je n'ai rien redouté. Plus
« tard, l'orgueil, fils de l'égoïsme, m'a persuadé
« que jamais vous ne seriez dangereuse pour moi,
« et, pendant des mois entiers, l'amour s'est caché
« sous le voile de l'amitié. La main de l'inexora-
« ble vérité l'a déchiré enfin. Vous lisez comme
« moi dans mon cœur, et, à cet égard, je n'ai
« rien à ajouter.

« Mais, Julie, avez-vous bien lu dans le vôtre?
« Je suis l'homme que vous préférez; je n'en sau-
« rais douter sans vous faire outrage, sans vous
« ôter vos droits à mon estime. Mais regardez-
« moi. Dans quelques années, les rides sillonne-
« ront mon front; ces yeux qui vous disent amour
« aujourd'hui s'éteindront; ce cœur lui-même se
« glacera, et vous serez encore au printemps de
« la vie. — Mon ami, la vertu vieillit-elle jamais?
« — Je ne suis pas vertueux, Julie; gardez-vous

« de le croire. Je ne combats mon amour que
« parce que je sens qu'il ferait plus tard le mal-
« heur de ma vie. — Ah! si votre félicité dépend
« de moi... — Vous allez me faire des sermens, et
« vous les ferez de bonne foi. Votre âge est celui
« des illusions, et le temps les dissipe toutes. Que
« deviendrez-vous, que deviendrai-je, quand votre
« amour sera éteint? — Cela est impossible. —
« Vous combattrez sans doute; mais la nature
« sera plus forte que vous. Vous gémirez de votre
« défaite, et vous ne serez pas moins vaincue. —
« Mon ami, mon digne, mon inappréciable ami,
« vos préventions vous égarent. Vous supposez
« d'ailleurs que nous soyons époux, et je jure
« que je renonce à votre main; que je borne tous
« mes vœux à vous aimer, à vous plaire, à n'être
« pour vous que ce que j'ai été jusqu'ici. — Quoi,
« Julie! votre imagination ne s'est pas lancée dans
« l'avenir! Un nom, de l'opulence, de la consi-
« dération... — Moi! monsieur le comte, je me
« serais arrêtée un instant à ces choses-là! Ne
« dégradez pas Julie dans votre propre opinion.
« Je me suis dit souvent : Si je tenais à une famille
« illustre, si la fortune m'avait comblée de ses
« dons, et qu'il ne fût rien, avec quel plaisir,
« quelle ivresse je l'élèverais jusqu'à moi! — Julie,
« pensez-vous à ce que vous dites, à ce que vous
« semblez m'indiquer, me prescrire? — Je n'in-
« dique, je ne prescris rien, puisque j'ai juré de
« n'être jamais à vous. — Hé bien, Julie, si vous

« vous respectez comme je vous respecte; si vous
« voulez conserver votre vertu; si vous ne voulez
« pas que je sois tourmenté de remords, il faut...
« il faut... — Que faut-il, monsieur le comte? —
« Oh! que ce mot est cruel à prononcer... Il
« faut... — Achevez. — Il faut nous séparer.

« Vous pleurez, Julie!... Ah! cachez-moi vos
« larmes... cachez-les-moi, Julie. Elles m'ôtent
« toute ma fermeté; je vais être faible comme
« vous. » Madame Bernard rentra : il était temps.
Mais ce soir, demain, après demain?...

« Que vois-je? dit-elle; Julie pleure; monsieur
« le comte est accablé. — Madame Bernard, un
« mot m'est échappé, un mot bien dur... — Pro-
« noncé sans intention? — Vous vous trompez.
« J'étais sûr de l'effet qu'il produirait, et je l'ai
« proféré. » Vingt questions se présentèrent à
l'imagination de madame Bernard. Elle aurait
donné le chapon qu'elle rapportait pour connaître ce mot. Le respect l'arrêta. Mais elle se promit
bien de joindre la jeune personne pendant la
journée, et elle compta sur la facilité naturelle
à son âge.

Cependant il fallait qu'elle dît, ou qu'elle fît
quelque chose. Elle prit un feston et fut s'établir
dans le fauteuil à roulettes, d'où Julie n'osait plus
s'approcher. « Monsieur le comte, dit tout bas la
« vieille dame, j'ai une bonne nouvelle à vous
« apprendre. — Je ne peux rien apprendre de
« satisfaisant. — Pardonnez-moi, pardonnez-moi.

« Vous aimez Julie. — Oh! beaucoup. — Et vous
« n'avez pas observé le jeune Duval? — Qu'avez-
« vous remarqué? — A chaque instant il trouve
« un prétexte nouveau pour venir ici, et ce n'est
« pas vous qu'il y cherche. — Quoi, madame!
« vous pensez?... — C'est un égoïste, monsieur le
« comte. — Je le crois comme vous. — Julie a
« produit sur le beau jeune homme la plus forte
« impression. Je ne l'ai pas perdu de vue une
« minute; son amour naissant se décèle jusque
« dans la moindre chose. Il paraît très-aimable;
« Julie est charmante : le joli couple que ce se-
« rait! Une modique dot assurerait ce mariage. »

Madame Bernard eût pu parler un quart d'heure encore, sans que d'Alaire pensât à l'interrompre. Assailli par une foule de réflexions, il cherchait en vain à classer ses idées. La jalousie s'était d'abord insinuée dans son cœur, et l'avait cruellement froissé. Il s'était applaudi ensuite de la résolution qu'il avait prise de n'être jamais à Julie. Je serais désespéré, pensait-il, qu'elle aimât ce jeune homme; mais si elle était ma femme, je mourrais de douleur. Il se rappelait ensuite les qualités, les agrémens extérieurs de Charles. Elle l'aimera, elle l'aimera, se disait-il, et elle nous rendra justice à tous deux. Tantôt il ne suivait que l'impulsion de son cœur; il voulait fuir avec Julie et la dérober à tous les yeux. Il ne voyait ensuite, dans une telle démarche, qu'une injustice criante, qu'un acte d'autorité et d'égoïsme.

L'attacher exclusivement à mon sort et refuser d'assurer le sien; me cacher avec elle, et armer la calomnie contre l'innocence; perdre sa réputation, uniquement pour l'empêcher d'aimer un homme qu'elle doit me préférer sous tous les rapports, puisqu'elle n'a pas d'ambition, ce serait une indignité, une infamie! je resterai. Je verrai l'amour de Charles, le tendre retour, dont il sera payé tôt ou tard, et je me tairai. C'est moi qui dois faire le sacrifice de mon cœur; seul je dois être puni de mon imprudence. « Madame Ber- « nard, attachez ce miroir au pied de mon lit. » Quand mon cœur se soulèvera contre ma raison, je me regarderai, et je sentirai combien il est ridicule d'aimer à mon âge.

Charles parut, et s'annonça avec timidité : il venait de déposer un panier de vin vieux à l'office, et il ne savait comment son petit présent serait reçu. Il balbutia quelques mots, que le comte entendit à peine : il observait Julie. Les yeux de l'aimable enfant s'étaient reportés sur le parquet, d'où elle les avait levés machinalement lorsque Charles était entré. Absorbée aussi dans ses réflexions, elle ne voyait rien de ce qui se passait autour d'elle. Madame Bernard aimait les bonnes choses; d'Alaire n'avait rien répondu au projet de mariage qu'elle lui avait communiqué. Elle avait pris son silence pour un acquiescement à ses vues. Elle se chargea des remercîmens d'usage, et elle mêla aux choses qu'elle adressa à

Charles de ces mots encourageans qui ne disent rien de positif, mais que saisit toujours, et qu'interprète à son avantage un jeune homme qui aime tendrement, et qui a besoin d'espérances.

Le dîner ne fut pas gai. Charles ne savait comment concilier ce que lui avait dit madame Bernard avec l'air plus que réservé du comte, et les distractions continuelles de Julie. Il devint rêveur à son tour. Madame Bernard mangeait et parlait pour tous.

Cet état d'anxiété et de contrainte ne pouvait durer. Il fallait nécessairement que quelqu'un rompît le silence, et quand on sort d'une situation pénible et forcée, on ne raisonne pas ce qu'on dit. Le secret de trois cœurs est prêt à s'échapper avec énergie, avec franchise, et cet aveu ajoutera à ce que chacun souffre en particulier... Le régisseur apporte un énorme paquet; il est timbré de la ville capitale d'un état voisin, et il est adressé au comte. D'Alaire se félicite de pouvoir dire quelque chose qui soit étranger à son amour et à Julie, et qui tire trois êtres souffrans de la position gauche où ils se trouvent. Il s'empresse de rompre le cachet.

Il lit, et des exclamations de mépris et de colère interrompent à chaque instant sa lecture. « Cet égoïsme est épouvantable ! s'écrie-t-il enfin ; « ce crime ne se consommera pas : je pars ce soir « pour Paris. Mon ami, et votre pied ?—Julie, « il s'agit de la vie de cent mille hommes : je dois

« compter la mienne pour rien. — Mais, mon
« ami... — Vos réflexions, votre résistance sont
« inutiles. Qu'on m'habille et qu'on m'aille cher-
« cher des chevaux de poste, je le veux. — Mon-
« sieur le comte laisse-t-il ici mademoiselle Mau-
« ret? — Oui, monsieur, et vous sentez que les
« bienséances exigent que vous suspendiez vos
« visites pendant mon absence. — Sera-t-elle lon-
« gue, mon ami? — Je ne m'arrêterai que deux
« heures à Paris. — Et vous voulez partir seul,
« dans l'état où vous êtes? Si j'osais vous pro-
« poser... — De m'accompagner? Julie, cela ne se
« peut pas, parce que cela ne doit pas être. — Si
« du moins madame Bernard... — Il n'y a pas de
« place dans ma chaise. D'ailleurs, je ne vous
« laisserai pas seule ici. — Monsieur le comte? —
« Monsieur? — Permettez-moi de courir devant
« votre voiture, et de vous donner les secours
« dont vous aurez besoin. — Monsieur, j'accepte
« votre offre avec reconnaissance. Allez vous pré-
« parer. » Pour la première fois, Julie regarde
Charles; elle le regarde avec bienveillance; elle lui
sourit; elle le remercie avec cette effusion d'ame
que produit le sentiment d'un service signalé.

CHAPITRE XII.

La catastrophe.

D'Alaire avait dit : Je le veux. Il ne prononçait ce mot que dans les plus graves circonstances; on le savait, et alors personne n'osait le contredire. Les dames se retirèrent donc, et le régisseur et le jardinier entreprirent de faire sa toilette. La douleur du pied était toujours très-vive, et les deux valets de chambre n'étaient pas très-adroits. Le docteur entra pendant qu'on chaussait le comte, et les grimaces que faisait le malade amenèrent un discours très-méthodique sur l'indocilité qu'on oppose tous les jours aux talens des médecins les plus distingués.

Mais quand celui-ci sut que d'Alaire partait pour Paris, il laissa ses périodes, il perdit l'aplomb et la gravité qui constituaient la plus grande partie de son mérite, et il s'écria que monsieur le comte s'exposait à perdre la jambe. « Hé bien, « monsieur, je la perdrai.—J'espère, au moins, « monsieur le comte, que vous déclarerez haute- « ment que je vous avais consigné chez vous pour « six semaines.—Je vous en donnerai un certificat « authentique.—Ce n'est pas le tout, monsieur le « comte. Je n'abandonne jamais mes malades. J'ai « une carriole dont les roues sont toutes neuves. « Je vous accompagnerai; je vous panserai quand

« vous en aurez besoin. — Vous n'abandonnez ja-
« mais vos malades, dites-vous, et vous allez dé-
« laisser tous ceux que vous avez dans le canton,
« et dont plusieurs, peut-être, ont besoin des se-
« cours les plus pressans? — Oh! je leur ordon-
« nerai de m'attendre. — Il n'est pas difficile de
« deviner le motif qui vous détermine : vous êtes
« un égoïste. »

D'Alaire ordonna à son régisseur de payer les visites que le docteur lui avait faites, et il pria l'égoïste de se retirer. « Le vilain homme! s'écria-
« t-il. Il abandonnerait des malheureux dépourvus
« de moyens pécuniaires, pour courir, sur la route
« de Paris, après cent louis que je lui aurais don-
« nés! Et je ne connais pas les hommes, et je les
« juge trop rigoureusement! *Primo mihi*, *primo*
« *mihi*; voilà la devise du genre humain!

« Qu'on s'informe s'il y a des malades dans le
« village; qu'on leur donne du bouillon et du vin.
« Cela leur fera plus de bien que les drogues que
« leur vend, à tort et à travers, le docteur-méde-
« cin, chirurgien et apothicaire. »

Madame Bernard et Julie étaient dans le jardin. La bonne dame n'avait pas oublié les larmes que la jeune personne avait répandues devant elle. Elle grillait d'en connaître la cause. Elle aurait bien voulu savoir aussi comment on comptait mettre cent mille hommes à mort, et comment monsieur le comte leur sauverait la vie. Julie savait très-bien, malgré son innocence et sa can-

deur, qu'il est au moins inutile de se confier à ceux qui ne peuvent nous soulager, surtout quand ils sont causeurs. Pour se rendre impénétrable, elle répondait aux questions multipliées de madame Bernard, par d'autres questions tout-à-fait étrangères à ce qu'elle voulait savoir. Madame Bernard se dépitait, et répétait : « Vous pleuriez, « Julie, et on ne pleure pas sans sujet.—Croyez- « vous, madame, que monsieur le comte puisse « faire ce voyage sans danger?—Ce n'est pas de « cela que je vous parle, mademoiselle. Vous cher- « chez à détourner mon attention. Vous n'avez « pas toujours été si réservée.—J'ai pu vous par- « ler de ce qui me concernait personnellement. « Aujourd'hui je suis dépositaire du secret de mon- « sieur le comte, et je dois le renfermer dans mon « sein.—Le secret du comte! Le comte a un se- « cret, et je l'ignore! Et vous le savez, et il vous « a coûté des larmes!—Madame, remplir ses de- « voirs, aimer ses bienfaiteurs, leur être utile « quand on le peut et qu'ils le désirent, voilà à « quoi on doit borner son ambition et ses jouis- « sances.—Borner son ambition et ses jouissan- « ces! Mademoiselle prétend me faire la leçon!— « Non, en vérité, ma chère madame Bernard. Mais « vous me pressez; il faut que je vous réponde « quelque chose, et ce que je viens de vous dire « est ce que j'ai trouvé de mieux. »

Charles est prêt à monter à cheval, et il vient avertir ces dames que le comte les attend. « Je

« m'éloignerais de vous avec les plus vifs regrets,
« mademoiselle, dit-il à Julie, si je n'étais assez
« heureux pour prouver à monsieur le comte mon
« affection et mon dévouement. — Je suis persua-
« dée, monsieur, que sa reconnaissance est égale
« à la mienne. — Pardonnez, mademoiselle, si
« j'ose me flatter de quelque espoir : madame m'a
« adressé des mots, dont peut-être elle n'a pas
« raisonné l'importance, et qui, cependant, m'ont
« rendu heureux un moment.—Sachez, monsieur,
« que je ne parle jamais au hasard, et que j'ai
« toujours l'intention de me faire entendre. —
« Alors, madame, mes espérances m'ôtent tout le
« mérite du service que je vais rendre à monsieur
« le comte. Je ne vous entends plus, monsieur,
« reprend Julie incertaine et inquiète. Permet-
« tez, mademoiselle, qu'après mon départ, ma-
« dame soit mon interprète auprès de vous.—Ma-
« dame Bernard, que signifie ce que monsieur
« vient de dire?—Mon enfant, vous avez votre
« secret ; j'ai le mien. Nous les échangerons, ou
« je garderai le silence. »

Tout était prêt. On porte le comte dans sa voiture. Julie l'embrasse tendrement. « N'oubliez pas,
« lui dit-elle tout bas, que ma vie est attachée à
« la vôtre. » Il s'éloigne, précédé de Charles, qui
a adressé à Julie un dernier adieu et un dernier
regard. Elle ne l'a pas entendu; elle ne l'a pas
vu. Que pouvait-elle voir qui ne fût pas d'Alaire?
Elle prend le bras de madame Bernard : elle avait

besoin d'un appui. Elle s'enferme avec elle, et elle veut en vain retenir ses pleurs. « Ils partent, « lui dit-elle, que pourrais-je vous cacher ? Ma-« dame, bannissons toute espèce de défiance. Vous « avez quelque chose à m'apprendre, et je sens « mon cœur prêt à s'ouvrir à l'amitié. — Enfin, « vous devenez traitable, ma jeune amie. Allons, « parlons, parlons. »

On se passe aisément de confident, lorsqu'on est près de ce qu'on aime. Si quelque importun arrête ces doux épanchemens, qui sont toujours les mêmes, et qui paraissent toujours nouveaux, on se voit au moins; il reste encore, ce langage de tous les temps et de tous les lieux, ce langage moins étendu que l'autre, mais bien autrement expressif : quand les yeux disent amour, dans quel idiome le dirait-on comme eux ?

Toujours un jeune cœur s'abandonne aux plus délicieuses sensations; il s'y livre avec sécurité; il ne voit dans l'avenir qu'une suite de jouissances sans cesse variées. Mais qu'un événement inattendu le sépare inopinément de cet autre cœur, qui est la moitié de sa vie, ce pauvre petit cœur, qui ne vivait que hors de lui, est forcé de se replier sur lui-même. Il est comprimé; il souffre; il cherche à reprendre sa première expansion, et ne trouvant plus l'amour, il invoque les consolations de l'amitié. Julie était déja affligée, quand le comte annonça son départ pour Paris. Ce mot terrible *il faut nous séparer*, était toujours présent à sa pensée et à son oreille. Quelquefois elle croyait que le comte avait pressé l'exécution de l'arrêt fatal; quelquefois elle le jugeait incapable d'employer un détour, dont il n'avait pas besoin, et qui ne pouvait s'accorder avec la franchise et la noblesse de son caractère.

Il était parti : la douleur oppressait sa poitrine; ses larmes tombaient sur son cœur. Il fallait leur rendre un libre cours; les verser dans un sein compatissant : parler de ce qu'on souffre, c'est déjà se soulager. Madame Bernard était la seule qui pût entendre Julie et lui répondre. Il n'y avait pas ici de préférence qui dût flatter l'amour-propre de la bonne dame; mais elle allait causer, se mêler des affaires des autres, avancer peut-être le mariage qu'elle avait projeté. Quelle journée pour elle!

Rien ne peut rendre son étonnement, sa stupéfaction, quand elle sut que Julie et le comte s'aimaient. Le comte amoureux à son âge! Julie partageant cet amour! Voilà de ces choses qu'on ne devine jamais, et qu'on a peine à croire, lors même qu'elles sont constatées. Combattre l'inclination de Julie, est le moyen le plus sûr de lui déplaire. Laisser entrevoir un dénoûment désiré, et qui, après tout, n'est pas impossible, c'est captiver sa bienveillance. Un mari âgé est toujours faible, et Julie, devenue comtesse, aura nécessairement la haute-main dans la maison. Le bienêtre de madame Bernard dépendra uniquement d'elle. Il est donc d'une nécessité absolue de paraître voir, sentir comme Julie, et de contribuer à la rendre heureuse. Encore de l'égoïsme.

Vous pensez bien que la délicatesse seule éloignait de l'imagination de Julie l'idée d'un mariage qu'elle souhaitait si vivement. Madame Bernard n'eut pas de peine à lui persuader que s'il était dans les convenances qu'elle résistât aux instances que le comte lui adresserait tôt ou tard, il était naturel qu'elle ne s'opposât formellement à rien de ce qu'il voudrait, de ce qu'il ordonnerait enfin. « Mais, ma chère amie, il y aurait de « la ruse dans la conduite que vous me conseillez « de tenir, et je ne sais pas feindre. D'ailleurs, le « comte veut que nous nous séparions... que nous « nous séparions!—Mademoiselle, il n'en aura pas « la force.—Vous le croyez.—Je vous en réponds. » Mademoiselle, a dit madame Bernard. Elle a quitté le langage familier; déjà elle marque des égards à Julie; elle veut la gagner de toutes les manières; elle commence l'exécution d'un plan conçu à la minute, et qui n'en est pas moins adroit.

« Vous me devez, reprend Julie, une confidence « en retour de la mienne. — Mademoiselle, je ne « l'ai pas oublié. Il s'agit du beau jeune homme... « —Qui donc?—M. Charles.—Ah! je n'y pen-« sais plus. —Qu'en ferons-nous, à présent? — « Vous vous êtes, en effet, servie avec lui d'expres-« sions que je n'ai pas comprises.—Mais que vous « expliquez maintenant. Il vous aime avec une

« extrême tendresse. — J'en suis fâchée, et je ne
« peux rien pour lui. — Je comptais amener mon-
« sieur le comte à vous doter, à faire ce mariage.
« Mais les considérations qui me déterminaient s'é-
« vanouissent devant un amour d'une tout autre
« importance. »

Madame Bernard était trop fine pour apprendre à Julie que d'Alaire connaissait les sentimens de Charles. C'eût été l'inquiéter inutilement : il était hors de toute vraisemblance que le comte fût assez maître de son cœur pour se sacrifier volontairement, et la bonne dame comptait bien développer en lui cette confiance en Julie que combattaient encore sa raison et son jugement. Des insinuations présentées avec simplicité; des éloges indirects de la demoiselle; des réflexions sur ses rares qualités, sur son aversion pour les plaisirs bruyans, sur son goût pour la retraite, devaient finir par persuader un homme, qui sans doute ne demandait qu'à l'être.

Madame Bernard ne confiait pas à Julie les petits détours qu'elle se proposait de prendre pour arriver au succès. A chaque instant elle gagnait quelque chose sur sa confiance. Elle écoutait la jeune personne avec une complaisance qui n'avait plus de bornes. Elle faisait valoir le désintéressement, l'austère probité, l'amabilité du comte. Elle louait les agrémens extérieurs dont la nature ne l'avait pas dépouillé encore. Julie l'écoutait avec ivresse; elle regrettait de ne l'avoir bien connue que si tard; elle se félicitait de lui avoir dévoilé son cœur. Errantes dans les jardins, dans le parc, elles ne parlaient qu'amour et avenir. Les heures s'écoulaient avec rapidité... pour Julie.

Le sang de madame Bernard était singulièrement refroidi. Les belles choses que lui disait Julie ne l'empêchaient pas de voir les objets devant lesquels elle passait. Elle s'arrêta auprès de la calèche qui les avait amenées, et elle la fit remarquer à la jeune personne. Elle avait encore un but : elle connaissait tous les recoins du château, et le dernier arbre des jardins. Elle s'ennuyait dans ce magnifique désert. Elle désirait revoir Paris, y reprendre ses habitudes, et paraître, aux yeux du comte, n'avoir cédé qu'aux désirs de mademoiselle Mauret.

A l'aspect de la calèche, Julie parut sortir d'un songe. « Ah, mon Dieu! s'écria-t-elle, nous au-
« rions pu partir avec lui!—Mais dans ce moment
« de surprise, de trouble, de désordre, était-il
« possible de penser à tout?—Oui, nous pouvions
« partir avec lui. Peut-être est-il temps encore de
« le suivre, de le joindre.—Sans doute, made-
« moiselle... Mais monsieur le comte ne doit rester
« que deux heures à Paris.—Et si la fatigue ajoute
« au mal qu'il avait déja.—Cela est présumable.
« —Oh! elle y ajoutera, ma bonne amie. Des che-
« vaux, des chevaux.—Mais si nous rencontrons
« Félix et ses fourgons?—Nous les ferons rétro-
« grader.—Mais si monsieur le comte trouve mau-

« vais... — Oh! je prends tout sur moi. Des che-
« vaux, des chevaux. »

Le mouvement de la voiture avait en effet singulièrement fatigué le pied de d'Alaire, qui n'avait pas plus pensé à la calèche que Julie et madame Bernard. Il avait été obligé de s'arrêter à Amboise, et d'y prendre une berline, dans laquelle il pût être à peu près couché. Le beau, l'intéressant, le sensible Charles l'avait pressé de s'y arrêter. Le comte avait répondu à ses instances qu'il fallait sauver cent mille hommes, et qu'il voulait continuer sa route. Le bon jeune homme avait cédé, et il s'était placé sur le siége du cocher, pour être, à chaque instant, aux ordres du comte.

Ils rencontrèrent, à une lieue d'Orléans, Félix et une file de voitures chargées de manière à meubler six maisons et autant de caves. « Il faut
« renvoyer tout cela à Paris, dit le comte à Char-
« les. Je pressens que de long-temps je ne pour-
« rai retourner à ma terre. Nous arrêterons une
« heure à Orléans. Vous voudrez bien écrire à
« madame Bernard de partir à l'instant avec ma-
« demoiselle Mauret, et de venir me retrouver. »

Charles était d'un empressement, d'une exactitude qui auraient singulièrement plu à d'Alaire, sans la confidence que lui avait faite madame Bernard. Semblable aux publicistes du jour, il ramenait tout à son système; il trouvait le moyen d'y tout attacher. Charles, pensait-il, était prévenu qu'il ne verrait pas Julie pendant mon absence. En m'accompagnant, son motif essentiel est de se mettre mieux à chaque instant dans mon esprit, de tirer ainsi le parti le plus avantageux de sa séparation forcée d'avec l'objet de son amour. Le *primo mihi* le dirige. Mais du moins, dans cette circonstance, ce mot ne fait de mal à personne, et tout être tend au bonheur par une impulsion irrésistible.

Ah! sans mon fol amour, sans l'inconcevable retour dont il est payé, je ne sais ce que j'aurais fait en faveur de ce jeune homme... Il est constant que je ne peux épouser cette fille adorée; je ne le dois pas; je ne le veux pas. Mais l'avoir sans cesse auprès de moi; entendre à chaque instant du jour les expressions naïves de sa tendresse; recevoir des caresses, aussi dangereuses qu'innocentes, c'est ce que la vertu idéale même ne pourrait soutenir. Je me séparerai de Julie, je l'ai dit et je le ferai. Mais quel asile lui donnerai-je? J'ai épuisé avec madame Bernard tous les raisonnemens, toutes les conjectures à ce sujet... La marier est le seul parti qu'il convienne de prendre. Le mariage est un lien respectable; ce sera une barrière de plus que j'aurais élevée entre elle et moi... La marier!... Cette idée est cruelle!... Égoïste, tu balances, tu veux la voir, continuer de l'aimer, de lui plaire, et la perdre sans retour. Peut-être même auras-tu la lâcheté de t'applaudir de ton infâme triomphe...

D'Alaire, n'étouffe pas en un instant la voix de ta conscience, de cette conscience qui jusqu'à présent a applaudi à toutes tes actions. Sois encore en paix avec elle... Ah! cette pensée m'ennoblit à mes propres yeux; elle m'élève au-dessus de moi. Charles épousera Julie.... Mais y consentira-t-elle?... Je lui rappellerai mon âge. Je lui ferai remarquer les qualités, les agrémens de ce jeune homme, à qui elle n'a encore accordé qu'une attention fugitive... je... je...

On cite, on vante la continence de Scipion. Scipion n'était pas amoureux de sa captive; il n'en était pas aimé, et pour posséder l'objet de son amour, d'Alaire n'a qu'à le vouloir.

Mais quel est ce paquet, dont la lecture l'a si vivement agité? Que va-t-il faire à Paris?

Le marquis d'Arancourt, jeune, ardent, impétueux et brave, était entré au service à l'âge où on ne doute de rien. Disposé à se faire tuer à la première occasion, il n'avait pas cru qu'il fût nécessaire d'être tacticien pour braver un coup de canon. Versac l'avait trouvé colonel, entendant assez mal les manœuvres, mais ayant ces qualités brillantes et chevaleresques qui plaisent généralement, et particulièrement aux femmes. Aucune n'avait eu à se plaindre de lui, parce qu'il portait la probité jusqu'au rigorisme. Il s'était prononcé à cet égard en entrant dans le monde, et il avait soutenu le caractère qu'il s'était donné.

La voix publique, qui n'est pas toujours juste, le portait aux plus hauts emplois, et l'opinion finit par tout entraîner. Versac, qui ne faisait rien qui ne fût calculé, l'avait fait maréchal de camp, puis lieutenant-général, pour se populariser. Une ambassade importante et difficile était vacante. La probité et la noble franchise de d'Arancourt furent ses seuls protecteurs : on le nomma.

Vous n'avez pas oublié, peut-être, que les fautes, les erreurs, les écarts multipliés de Versac étaient connus enfin dans ce palais où la vérité pénètre si difficilement; qu'il en était sorti, menacé d'une disgrace éclatante, accablé, anéanti. Il avait prévu ce moment fâcheux, et il avait embrouillé les affaires de son administration de manière à ce que personne n'osât le remplacer. Il pouvait être renvoyé cependant, et il sentit qu'une violente crise politique pouvait seule le maintenir, en le rendant nécessaire. Il regardait d'Arancourt comme son ouvrage, et il lui écrivit avec la confiance qu'on a ordinairement dans sa créature.

La cour où résidait le marquis, élevait des prétentions qu'un esprit conciliateur et sage pouvait seul modérer; et Versac enjoignait à son protégé de leur opposer la roideur et même l'insolence; d'amener une rupture ouverte et prompte, et pour prix de sa docilité, il lui promettait le commandement de l'armée française.

Une proposition de cette nature devait blesser d'Arancourt : elle le révolta. Il envoya à d'Alaire la lettre de Versac. Elle était en chiffres, selon l'usage, et le marquis y avait joint une clé propre à en rendre l'intelligence facile. Il disait, dans une lettre particulière, adressée au comte, qu'il ne se sentait nullement propre au commandement d'une armée; mais qu'eût-il les talens du général le plus distingué, il étoufferait les brandons de la guerre au lieu de les allumer. Il ajoutait qu'il s'adressait à d'Alaire, parce qu'il ne connaissait pas un plus honnête homme; qu'il le laissait le maître de faire de la lettre de Versac l'usage qu'il jugerait le plus utile au bien public, et qu'il ne le désavouerait dans aucune circonstance.

Il n'était plus question ici de ces actions hasardées, folles et scandaleuses qui ne nuisent qu'à celui qui se les permet, ni de ces actes arbitraires qui ne portent que sur quelques individus, et qui ne troublent pas l'ordre public, parce que les lois peuvent les réprimer. Il s'agissait d'étouffer l'étincelle qui pourrait embraser l'Europe. C'est l'imminence du danger, le désir d'y soustraire sa patrie qui avaient allumé le sang du comte, et qui lui avaient fait oublier le soin de sa conservation.

Il pensait cependant, en courant la poste, que peut-être d'Arancourt ne refusait le commandement d'une armée, que parce qu'il sentait son incapacité, et que l'égoïsme ne lui permettait pas de s'exposer à être battu. Au surplus, disait-il, c'est un égoïste comme moi, et en rapportant tout à lui, il vient de faire une bonne action.

En réfléchissant, en se parlant à lui-même, en causant avec Charles, d'Alaire s'étourdissait sur des douleurs qui augmentaient sensiblement. Il les sentit enfin, sans interruption et dans toute leur force. Il jugea, en entrant à Paris, qu'il devait descendre chez Versac, et qu'après la grande explication, il prendrait le parti qui lui paraîtrait le plus prudent et le plus facile à exécuter.

Il donne ses ordres, et Charles dirige les postillons. On arrête à la porte de monseigneur. D'Alaire essaie de faire quelques mouvemens; des douleurs aiguës l'arrêtent. « Faites venir, dit-il « à Charles, quelques domestiques de M. de Ver- « sac. Qu'on m'enlève de cette berline et qu'on « me porte dans son cabinet. »

Le nom du comte met tout en mouvement. Versac, lui-même, va au-devant de lui, jusqu'à son antichambre. Il ne conçoit rien à ce qu'il voit; mais d'Alaire est toujours redoutable pour lui, et il lui fait un accueil qui peut paraître affectueux à qui ne connaît pas le cœur sec et froid de l'excellence.

« Point de vaines démonstrations, lui dit le « comte. Passons dans votre cabinet. » On y arrive lentement, péniblement. Charles ne sait pas ce qui amène d'Alaire à Paris. Il n'a pas jugé à propos de l'en instruire; il ne doit donc rien entendre de la conférence qui va avoir lieu, et il s'arrête dans la pièce qui touche au cabinet.

Le comte prend la parole. « Les conseils d'une « amitié, qui n'existe plus, n'ont produit sur vous « aucun effet. Les réflexions, les raisonnemens, « les prières, les menaces mêmes que m'a sou-« vent dictés un reste d'attachement, ont été inu-« tiles. Je ne répéterai rien de ce que j'ai pensé « et dit jusqu'à présent. Je viens à l'objet de mon « voyage.

« Vous tenez à une grande place que vous ne « savez pas remplir, et pour la conserver, vous « êtes prêt à tout sacrifier. La voix de la patrie, « le cri du devoir, rien ne peut vous contenir. Le « monde s'écroulerait, vous ne vous en apperce-« vriez pas, si vous restiez debout. Ce que l'é-« goïste a de plus abject et de plus atroce à la « fois, est ce qui vous distingue, et ce qui vous « marquerait du sceau d'une éternelle réproba-« tion, si je n'étais là pour vous arrêter. — Vous « m'aviez promis de me faire grace de toute es-« pèce de préambule, et de venir de suite au fait. « — M'y voici.

« Vous êtes probablement menacé d'une dis-« grace que vous voulez prévenir, en suscitant « des dissensions que vous présumez devoir vous « rendre nécessaire. Vous avez chargé le marquis « d'Arancourt de souffler le feu de la discorde, et « vous lui avez promis, pour prix de ce service,

« le droit affreux, quand il n'est pas utile, de
« faire couler des flots de sang. — En vérité, mon-
« sieur le comte, je ne sais ce que vous voulez
« me dire. — Ne niez pas ; repentez-vous, si vous
« en êtes capable, et faites ce que je vais vous
« prescrire. — Je crois, monsieur le comte, que
« la douleur, l'excès de la fatigue... — Ont altéré
« mes facultés morales? N'est-ce pas là ce que
« vous voulez dire ? Vous me faites pitié. Appre-
« nez, monsieur, que le marquis m'a envoyé vos
« chiffres et la clé qui les rend intelligibles. —
« Vous avez ma lettre ! — Elle est là, dans mon
« porte-feuille — Rendez-la-moi. — Le dois-je ? —
« Rendez-la-moi, vous dis-je. »

Versac se voit à la discrétion d'un homme qui ne souffrira pas l'exécution d'un crime qu'il peut prévenir. Sa tête se monte, s'enflamme. Des mouvemens convulsifs, la contraction de tous ses nerfs annoncent un dessein violent. D'Alaire le pénètre, et il appelle Charles à haute voix. L'altération de son organe alarme le jeune homme; il se précipite dans le cabinet.

« Charles, placez-vous entre monsieur et moi,
« et jurez sur l'honneur de ne pas révéler un mot
« de ce que vous allez entendre. — Je le jure,
« monsieur le comte. — Versac, je voulais vous
« épargner la honte d'avoir un témoin de cette
« explication orageuse. C'est vous qui m'avez forcé
« à faire entrer monsieur. Revenons.

« Cette lettre est timbrée de votre cabinet par-

« ticulier, et elle porte votre signature; la recon-
« naissez-vous? — Je la reconnais. — Je la déchi-
« rerais, si tous les ambassadeurs pensaient comme
« M. d'Arancourt, et votre coupable projet s'a-
« néantirait avec elle. Mais si je la supprime,
« vous resterez ce que vous êtes, et l'homme puis-
« sant trouve toujours des complices. Écrivez vo-
« tre démission à l'instant, à la minute. — Ma
« démission! Jamais. — Écrivez-la dans les formes
« que je vais vous dicter : elle sera positive, et
« c'est tout ce que je demande. »

Versac veut s'élancer sur cette lettre qui va lui
être fatale; Charles l'arrête d'un bras vigoureux.
Versac lève la main sur le jeune homme; il le
menace d'un affront que l'honneur ne pardonne
jamais. « Charles, dit d'Alaire avec calme, aidez-
« moi à éloigner de votre pays les fléaux de la
« guerre : vous vous occuperez de vous après.
« M. de Versac, passez à votre bureau et écrivez.
« — Je n'y consentirai pas; je n'y peux consentir.
« J'ai dérangé ma fortune; mon rang soutient
« mon crédit, et les émolumens de ma place me
« sont nécessaires. — Écrivez; je vous l'ordonne
« pour la dernière fois... Vous résistez encore?
« Je vais me faire conduire au château; je deman-
« derai une audience; je l'obtiendrai, et je mettrai
« cette lettre sous les yeux du prince. Pensez-y
« bien, monsieur, cette démarche peut vous con-
« duire à l'échafaud. »

Versac, exalté par les passions violentes et haineuses, tombe tout à coup dans un accablement absolu. Ce n'est plus qu'un faible enfant, qui cède à toutes les impressions qu'on veut lui communiquer. Il se traîne à son secrétaire ; il écrit sous la dictée du comte ; il signe, et il reste anéanti dans son fauteuil.

« Quand votre démission sera acceptée, lui dit
« le comte, je vous remettrai les pièces que j'ai
« reçues de M. d'Arancourt : je vous en donne
« ma parole d'honneur, et vous savez que je suis
« incapable d'y manquer. Charles, prenez ce porte-
« feuille, dont vous me répondez. Il est ici plus
« en sûreté dans vos mains que dans les miennes.
« faites-moi enlever de ce cabinet, et retirons-
« nous. »

D'Alaire n'était plus soutenu par l'idée de servir son pays. Son imagination était calmée, et ses yeux se portèrent enfin sur ce pied dont il ne s'était pas occupé encore. Il vit, il sentit que les secours les plus prompts étaient indispensables. Cependant, en rentrant chez lui, il écrivit au capitaine des gardes de service. Il mit sous enveloppe la démission de Versac et sa lettre. Il pria Charles d'aller de suite porter le paquet au château, et de faire tout ce qu'il serait en lui pour le mettre dans les mains de l'officier-général à qui il était adressé.

Charles vole à la voix du comte. Il arrive sous le péristyle ; il veut monter ; on l'arrête ; il insiste, il nomme d'Alaire, il croit que les portes vont s'ouvrir. Les factionnaires sont des Suisses qui n'entendent pas le français. Un garde-du-corps passe par hasard. Charles lui parle, et le prie de le conduire à son capitaine. « De la part du comte « d'Alaire, lui dit le garde? N'est-ce pas cet ori- « ginal qui a la manie de passer pour égoïste, et « que la voix publique a surnommé le plus hon- « nête homme de France? — Et qui l'est en effet, « monsieur. » Le garde remonte ; le maréchal des logis de service descend, et il introduit Charles dans les premiers appartemens. Le capitaine se présente ; Charles lui remet le paquet. Monsieur le duc l'ouvre et le lit. « Assurez l'honnête homme, « dit-il à Charles, que je me fais un devoir de le « seconder. Dans un moment, la démission de « M. de Versac sera présentée au prince, et je « crois qu'elle sera acceptée. »

Charles revient, enchanté du succès de sa démarche. Il croit n'avoir que des félicitations à adresser au comte... Des chirurgiens, des instrumens, des domestiques affligés, d'Alaire tranquille et résigné, tel est le spectacle qui frappe le jeune homme. Une opération cruelle est devenue nécessaire, et la main la plus adroite ne peut que l'abréger. Charles, tourmenté, hors de lui, tombe à genoux devant le lit de douleurs ; il couvre de larmes sincères une main qu'il presse tendrement entre les siennes : il ne sait pas encore que c'est celle d'un rival aimé.

Pas un cri, pas une plainte n'échappe au comte.

Les appareils placés, il dit à Charles : « J'ai beau-
« coup souffert; mais la cause de mes douleurs
« m'honore et me les fait oublier. On m'appelle
« l'honnête homme, dites-vous? Ce titre est le
« premier de tous pour un égoïste tel que moi. »

Charles ne croyait pas que l'opération que venait de subir d'Alaire pût avoir d'autres suites que de le retenir au lit. Tranquille à cet égard, il se reporta sur le passé et se lança dans l'avenir. Julie, ses charmes, sa candeur, sa modestie se peignaient à son imagination enchantée. Il se laissa aller à l'espoir que madame Bernard semblait avoir voulu faire naître dans son cœur. Vingt fois il retint l'aveu de ses sentimens. Il pensa que solliciter la main de Julie, au moment même où il avait fait beaucoup pour le comte, ce serait rappeler ses services, et y mettre le plus haut prix. Cependant l'image de la fille adorée ranimait ce cœur que d'autres soins avaient rempli. Un souvenir déchirant anéantit à son tour l'ivresse à laquelle notre jeune homme venait de s'abandonner : le geste menaçant de Versac se retraça à sa mémoire. Charles était assis; sa tête était appuyée sur ses deux mains; il la soulevait de temps en temps, et regardait son épée, jetée dans un coin de la chambre de d'Alaire. Il se levait; il marchait à grands pas; il venait reprendre sa position, pour se lever et se rasseoir encore. Le comte suivait tous ses mouvemens.

« Charles, lui dit-il, un point d'honneur bizarre

« et cruel vous occupe en ce moment. Je sais ce
« que vous croyez devoir à un préjugé barbare,
« et je discuterais avec vous, si l'écart de M. de
« Versac avait eu d'autre témoin que moi. Il sera
« couvert d'un secret inviolable. — M. de Versac
« s'en souviendra. Il va rentrer dans la classe des
« simples citoyens; je le rencontrerai peut-être
« dans le monde. Voulez-vous, monsieur le comte,
« que je sois obligé de baisser les yeux devant lui,
« que je supporte le mépris d'un homme que
« vous avez cessé d'estimer? — Charles, je suis
« content de la conduite que vous avez tenue de-
« puis que je vous connais. Ne perdez rien de
« l'estime que vous m'avez inspirée. — Je ne ferai
« rien que pour la conserver. — Renoncez donc
« à votre projet. — Monsieur le comte, je suis
« attaché à un corps respectable, et chacun de
« mes camarades a le droit de me demander
« compte de ma conduite. — On ne saurait parler
« de ce dont on n'a pas d'idée, et je vous répète
« que l'affront que vous a fait Versac restera caché.
« Un affront! Il est des hommes qui ne peuvent
« offenser personne : ce sont ceux que poursui-
« vent la haine et le mépris publics. Versac, d'ail-
« leurs, attaqué par moi dans son ambition, dans
« sa fortune, exaspéré au point de vouloir arra-
« cher de mes mains la lettre de M. d'Arancourt,
« n'avait plus sa tête à lui, et n'a pas conservé le
« souvenir de ce qu'il a fait et dit dans ce mo-
« ment critique. — Je sens, monsieur le comte,

« que je ne peux vous gagner par des raisonne-
« mens. Je n'ai à vous opposer qu'un usage, que
« la raison condamne, mais auquel un officier de
« vingt-cinq ans ne se soustrait jamais avec im-
« punité. — Étrange aveuglement! Thémistocle,
« outragé, dit au furieux qui a levé la main sur
« lui : Frappe, mais écoute, et Thémistocle vous
« valait bien, monsieur. — Thémistocle, de nos
« jours, ne répondrait qu'avec son épée. — Hé
« bien, monsieur, si quelqu'un ici doit s'exposer,
« c'est celui seul qui a amené sur vous la menace
« dont vous voulez vous venger. C'est moi qui
« vous ai appelé dans ce cabinet, dont la discré-
« tion vous avait éloigné. C'est moi qui provo-
« querai Versac. Écrivez un cartel, monsieur; je le
« signerai. Que Versac se rende ici. Je me ferai
« porter dans un fauteuil, et le pistolet terminera
« l'affaire. — Vous, monsieur le comte, vous bat-
« tre pour moi, qui vous sacrifierais mille vies, si
« je les avais! Pensez-vous à ce que vous me pro-
« posez? — Charles, mon jeune ami, vous êtes
« brave, et peut-être êtes-vous adroit. Cependant
« vous pouvez succomber, et vous êtes fils uni-
« que. Vous êtes l'appui et le charme de la vieil-
« lesse de votre père. Vous exposerez-vous à em-
« poisonner ses dernières années, ou à l'entraîner
« au tombeau avec vous? — Monsieur le comte,
« par grace, ménagez mon cœur; n'ajoutez pas à
« l'horreur de ma situation, et laissez-moi faire
« ce que la société exige de moi, ce qu'elle con-

« sidère comme un devoir. — Je n'ai plus qu'un
« moyen pour vous arrêter, et je vais l'employer.
« Charles, vous aimez Julie, et peut-être un jour
« parviendrez-vous à lui plaire. Renoncez à votre
« projet, et je consens que vous sollicitiez sa main,
« que vous cherchiez à l'obtenir d'elle-même. Je
« suis le dernier rejeton d'une famille qui occupe
« des pages dans l'histoire. Une femme accomplie,
« la fortune des d'Alaire peuvent être à vous. Vous
« n'avez qu'un mot à dire : me le refuserez-vous?
« — Julie!... Julie!... Mon père!... Julie!... Ah!
« monsieur, vous m'attaquez avec trop d'avanta-
« ges. Comment résister à tant de moyens de sé-
« duction! — Vous vous rendez? — Monsieur le
« comte!... Monsieur le comte!... Julie!... Mon
« père!... Julie!... — Vous vous rendez?... —... Je
« ne le puis, je ne le puis. »

On entend le bruit d'une voiture qui entre dans la cour. C'est madame Bernard, c'est Julie qu'on annonce. D'Alaire est tout entier au plaisir de revoir l'aimable enfant. Il oublie Charles et Versac.

Julie n'avait pu recevoir la lettre de rappel que le comte lui avait fait écrire en route. Elle n'était pas sans inquiétude sur la manière dont elle serait reçue : elle ignorait encore que l'amour pardonne toujours, les fautes surtout qui prouvent sa vivacité. Mais tout s'efface devant les intérêts d'une haute importance. Elle apprend, en descendant de voiture, que le comte a subi une opération longue et douloureuse. Elle s'oublie, pour ne s'occuper que de lui. Elle est dans ses bras, et d'Alaire, rendu par sa présence à toute la force d'un sentiment victorieux, se repent déja des promesses qu'il a faites à Charles.

Mais où est ce jeune homme? Le comte le cherche des yeux, et ne le trouve plus. Son épée a disparu avec lui. D'Alaire voudrait voler sur ses pas : il est réduit à envoyer après lui des domestiques, qui vraisemblablement ne pourront le trouver, ou qui n'auront pas assez d'ascendant sur lui pour le ramener à l'hôtel. Il a fait tout ce qu'il était en lui pour prévenir un malheur. Cette pensée le satisfait, et ne le console pas.

Ah! pensait-il, cet homme que je croyais un sage, ne balance pas à se dégrader jusqu'à n'être qu'un spadassin! Les regrets cuisans et prolongés qu'il sait que j'éprouverai s'il est malheureux, l'image d'un père affligé, désespéré; celle du bien le plus précieux pour son cœur, rien n'a pu vaincre son orgueil blessé; il lui sacrifie tout, jusqu'à sa vie : c'est un égoïste.

CHAPITRE XIII.

Suite du précédent.

Ainsi que l'avait prévu le capitaine des gardes, la démission de Versac avait eté acceptée à l'instant. Il paraît qu'enfin sa conduite avait été rigoureusement examinée; qu'on pensait à se défaire de lui, et que déja on avait choisi son successeur. Ce qui rend cette opinion vraisemblable, c'est que, dans la journée même, le porte-feuille fut donné au marquis d'Aranville, officier instruit, ami de l'ordre, équitable autant que sévère.

La chute inopinée d'un grand ressemble à un de ces orages d'été, qui éclate au moment où on y pense le moins, et qui, dans un instant, frappe tous les yeux et toutes les oreilles. Le bruit de la retraite de Versac se répandit dans la capitale, avec la rapidité de l'éclair. Un mouvement de joie se manifesta partout. Ceux mêmes qui étaient étrangers à l'administration de la ci-devant excellence se félicitaient mutuellement. Ses flatteurs l'avaient abandonné, et, pour détourner d'eux l'attention publique, et cacher ce que leur conduite avait eu de répréhensible et de bas, ils étaient les premiers à dénigrer le malheureux. On entendait, aux coins des rues, dans les carrefours, sur les places, ces gens qui tirent parti de tout, et qui criaient *la grande nouvelle* jusque sous les croisées de Versac. Dans cette feuille, l'ironie se joignait à la vérité. L'ami des hommes, y disait-on, a fait enfin un acte de philantropie qui n'est pas équivoque : il vient de quitter, par attachement au bien général, une place qu'il a trop long-temps occupée.

Déja le marquis d'Aranville était établi à l'hôtel. Versac en était sorti, chargé des imprécations d'un peuple qui ne connaît que les partis extrêmes. Il était allé se cacher dans une petite maison écartée, où certaines femmes allaient payer les emplois qu'elles obtenaient de monseigneur. Il s'y croyait en sûreté. Des officiers mécontens l'avaient suivi, et se disputaient le prétendu avantage de se mesurer le premier avec lui, lorsque Charles parut.

Les créanciers, aussi actifs au moins que les duellistes, assiégeaient la porte de leur côté. Versac n'avait, pour les éloigner de lui, que quelques domestiques, qui n'attendaient que le paiement de leurs gages, pour le quitter à leur tour. Cette disposition des esprits était loin du dévouement dont ces gens s'étaient parés, dans la proportion de l'or que l'excellence laissait tomber sur eux. En se voyant ainsi méprisé, attaqué, et seul contre tous, il se rappela le mot d'un courtisan de Louis XIV (1), et il permit que les portes s'ouvrissent.

Un capitaine lui reprocha d'avoir fait monter au grade de chef de bataillon des officiers moins anciens que lui, parce que sa femme avait refusé certaines conditions, auxquelles tant d'autres s'étaient soumises. L'officier demandait réparation de l'injustice qu'il avait éprouvée, et de la proposition insolente faite à son épouse. Il réclamait la

---

(1) Il faut tenir le pot d. c. à un m^{tre}. tant qu'il est en place, et le lui vider sur la tête quand il n'y est plus.

primauté sur ceux qui avaient, comme lui, des affronts à venger, parce qu'il était le plus ancien capitaine de l'armée, et qu'il avait été offensé peu de jours après la nomination de Versac. Ses concurrens s'efforçaient de faire valoir leurs droits, et tous briguaient l'honneur de verser un sang dont ils étaient également altérés.

« Messieurs, leur dit un créancier, c'est sans
« doute une très-belle chose que le point d'hon-
« neur; mais des mémoires à arrêter sont bien
« aussi de quelque importance. Je vous déclare,
« au nom de ces messieurs, qui ont fourni comme
« moi, et qui ne sont pas payés, parce que mon-
« sieur ne payait personne, quand il était en
« place; je vous déclare, dis-je, que vous ne vous
« battrez que quand nous aurons fini avec notre
« débiteur. Vous le tuerez après, si vous le jugez
« convenable, et nous n'y mettrons aucun empê-
« chement, parce que les immeubles du défunt
« assureront nos créances. »

Nos officiers répondaient à cette harangue, que des opérations mercantiles sont nécessairement subordonnées au motif respectable qui leur mettait les armes à la main. Cependant les mémoires paraissent au grand jour, et les écritoires de poche sont tirées. Chacun presse Versac de signer; le plus ancien capitaine de l'armée a mis flamberge au vent, et interpelle son ennemi de se défendre. Versac ne sait à qui entendre; il sait moins encore ce qu'il fait. Quelle tête conserverait ses facultés dans une pareille circonstance?

Les duellistes et les fournisseurs parlaient tous à la fois, et soutenaient, avec vivacité, ce qu'ils appellent la légitimité de leurs titres. Or, trente personnes, animées par un intérêt pressant, se font entendre à une certaine distance. Le poste, qui veillait, deux jours auparavant, à la sûreté des beautés fragiles qui venaient s'immoler aux goûts de monseigneur, arriva en toute hâte, et pénétra, sans formalités, dans cette maison, sur les murs de laquelle il n'osait lever les yeux.

Le sergent, à qui son bout de galon donnait une certaine vanité, déclara cependant que la complication de cette affaire ne lui permettait pas de prononcer, et il envoya chercher le commissaire de police. Le commissaire décida qu'on ne peut forcer un homme à arrêter des mémoires, qu'on ne lui donne pas le temps d'examiner; et que le faire battre dix à douze fois de suite est plutôt un guet-apens qu'une affaire vidée selon les règles établies. Il termina en disant que pour mettre M. de Versac à l'abri de la rapacité des uns et des violences des autres, il allait le conduire à la préfecture de police.

Versac se récria sur l'indécence de la proposition. « Certainement, lui dit le commissaire, je ne « vous l'eusse pas faite hier. Aujourd'hui vous êtes « un homme déchu, l'objet de l'animosité géné- « rale, et vous devez vous estimer trop heureux « que je mette en sûreté votre fortune et votre

« personne. Ne m'obligez pas à employer la force, « et suivez-moi. »

Il est des gens avides des plaisirs qui ne coûtent rien, et qui, par conséquent, ne laissent échapper aucune occasion de s'amuser. A peine Versac fut-il sorti de sa petite maison, que les amateurs, qui s'étaient rassemblés dans la rue, brisèrent toutes les vitres. La garde escortait la ci-devant, excellence, et personne ne s'opposant à ce genre de divertissement, ils pénétrèrent dans l'intérieur, et jetèrent les meubles par les fenêtres. Les domestiques, qui connaissaient le secrétaire où Versac avait déposé son or, firent sauter la serrure pour se payer. Versac, malgré son trouble extrême, avait mis sa bourse dans sa poche, et il avait eu raison : on n'est pas bien, dit-on, à la préfecture de police quand on a de l'argent ; on y est fort mal quand on n'en a pas.

On insinua à Versac que ce qu'il avait de mieux à faire était de prendre un passe-port, sous un nom supposé, de partir de nuit, et de sortir de France. Versac était un mauvais sujet, dans toute l'acception du mot ; mais ce n'était pas un lâche. Il fut blessé de l'idée de fuir les ennemis qu'il s'était faits. On lui représenta encore qu'en supposant qu'il tuât monsieur le plus ancien capitaine de l'armée, douze à quinze autres étaient là, prêts à le remplacer, et qu'on ne gagne pas douze à quinze parties de suite. Versac répondit qu'il voulait que sa mort lui fît plus d'honneur que sa vie, et que certainement il ne reculerait pas. On fit pour lui ce qu'il refusait de faire. On lui expédia un passe-port sous le nom de M. Julien ; on lui trouva une chaise de poste ; on envoya chercher des chevaux, et, au moment où, de gré ou de force, on allait le mettre dans sa voiture, on se souvint qu'il avait des créanciers, probablement un peu fripons, mais qui ne devaient pas perdre ce qu'il leur était légitimement dû. On envoya chercher le plus honnête des notaires, à qui Versac signa une procuration générale. Le notaire devait débrouiller ses affaires, et lui adresser des fonds en Angleterre, si toutefois il pouvait lui rester quelque chose quand ses dettes seraient payées.

Qui donc portait un dépositaire de l'autorité à s'intéresser aussi fortement en faveur de Versac ? On ne l'estimait, on ne le regrettait pas en qualité d'administrateur ; comme particulier, il n'inspirait aucune bienveillance. Mais il avait occupé une grande place, et on ne voulait pas que les Français s'habituassent à demander raison de leur conduite à ceux qui les avaient foulés, lorsqu'ils étaient puissants. L'égoïsme se couvre ici des apparences de la sensibilité.

Monsieur le plus ancien capitaine de l'armée était opiniâtre. Il avait entendu dire au commissaire de police qu'il allait conduire Versac à la préfecture. Il savait qu'on n'avait aucune raison de l'y garder, et il présuma qu'on chercherait à assurer sa fuite. En conséquence de ce calcul, il

s'était planté à la porte de la préfecture, décidé
à attendre son homme pendant vingt-quatre heures, s'il le fallait. Mais comme il faut nourrir le
corps, pour soutenir ce qu'on appelle l'énergie de
l'ame, il allait, de quatre heures en quatre heures, se restaurer au cabaret très-voisin, dont la
porte et les croisées sont disposées de manière à
ce que rien de ce qui sort de la préfecture puisse
échapper à un œil actif et persévérant.

La voiture avait frappé monsieur le capitaine.
Il pénétra tout-à-fait alors le plan qu'on avait
adopté, et il alla à la poste, demander un bidet,
pour courir devant la chaise qui allait partir de
la préfecture. On n'entendit pas d'abord ce qu'il
voulait dire, et sa longue épée, ses grandes mous-
taches, et ses guêtres de drap noir, parurent assez
extraordinaires pour la circonstance. Un agent
subalterne vint aussi demander des chevaux, d'un
air mystérieux, et on commença à s'entendre. La
femme du maître de poste revenait de l'Opéra,
dont le tapage vaut mieux que celui des écuries.
Sa curiosité fut piquée de ce qu'elle voyait, de ce
qu'elle entendait, et de ce qu'on ne lui disait pas.
Elle fit quelques questions, et monsieur le capitaine la tira à l'écart. « Vous savez, madame, ce
« qui est arrivé à M. de Versac. — Hé, qui ne le
« sait pas? — Le peuple veut le mettre en pièces.
« — En vérité? — On cherche à pourvoir à sa sû-
« reté. — J'en suis bien aise. — Moi, j'ai juré de
« ne pas le quitter, et je partirai avec lui. — Mon-

« sieur, voilà un beau dévouement; mais je ne
« souffrirai pas que vous couriez la poste en guê-
« tres de drap. Nicolas, donnez des bottes fortes
« à monsieur. Il faut absolument sauver M. de Ver-
« sac. Ce qu'on lui reproche le plus amèrement
« est d'avoir trop aimé les femmes, et ce péché-là
« est si excusable! — Ces bottes me vont à mer-
« veille. Si Nicolas voulait troquer mon habit uni-
« forme et mes épaulettes contre une vieille veste
« de postillon, il me ferait plaisir. — Très-volon-
« tiers, monsieur l'officier. Je troquerai même, si
« vous le voulez, mon fouet contre votre épée.—
« Non pas, non pas, Nicolas. J'ai pris cette épée
« pour protéger M. de Versac jusqu'au lieu de sa
« destination, et là, je verrai à quoi elle me ser-
« vira. »

Voilà monsieur le capitaine travesti en postillon. Il n'a plus rien à craindre de ceux qui sont placés, de loin en loin, pour demander les passeports des voyageurs, et qu'on paie comme s'ils étaient utiles. Versac, voulant lui échapper, devait naturellement payer ses frais de poste, et la modique fortune du capitaine lui rendait cette manière de voyager aussi nécessaire que commode.

Pauvre capitaine! que de peines il s'est données! combien il s'en donnera encore, parce qu'on a fait à sa femme une proposition, dont les maris ne savent jamais rien, quand elle est agréable à la beauté à qui on l'adresse! Cette dame s'était bien gardée de parler de celle que lui avait faite un jeune et beau sous-lieutenant de la légion.

Encore un départ! encore un voyage. On ne trouve que cela dans ce petit livre-ci. Est-ce ma faute à moi si mes personnages ont un esprit inquiet et remuant? Ne sait-on pas que ces gens-là ne peuvent rester en place?

Monsieur le capitaine a enfourché son bidet, et il trotte en avant des chevaux qui vont prendre la voiture et l'excellence éclipsée. A minuit, on fait descendre Versac, on le met en chaise, on lui souhaite un bon voyage; on lui serre affectueusement la main, et on est enchanté d'être débarrassé de lui.

Le mot d'ordre est donné : c'est la route de Calais qu'on va suivre, et monsieur le capitaine sait qu'il doit passer par Saint-Denis. Il essaie de faire galoper son cheval; il croit lui enfoncer ses éperons dans le ventre, et le bidet continue à trottiller modestement. Le capitaine, étonné de l'impassibilité de l'animal, porte la main au bas de ses bottes. Il reconnaît que l'une est désarmée, et que l'éperon de l'autre a perdu sa molette : il paraît que Nicolas n'a pas donné ce qu'il avait de meilleur. Mais le capitaine a l'esprit inventif, et son épée lui sert à tout. Il en piquote les flancs de son bidet, qui part comme le vent, et il arrive à Saint-Denis avant que Versac soit à la Chapelle. Le cheval, animal d'habitude, porte son capitaine au milieu des écuries, et, à la lueur faible et vacillante d'une lanterne à vitraux de corne, ses camarades les postillons l'entourent, le pressent, étonnés de sa figure hétéroclite, inquiets du mouvement de rotation de son épée flamboyante! Des chevaux! des chevaux! criait monsieur le capitaine. A ces mots, l'attention générale se porta sur le sien, qui perdait son sang de tous les côtés. Au lieu d'obéir à monsieur le courrier, on trouve à propos d'aller éveiller le maître de poste.

Le maître de poste arrive, en sabots, en chemise volante, et en bonnet de coton, fixé sur sa tête vénérable par un large ruban citron. Il interroge le capitaine, qui ne répond qu'en criant : des chevaux! des chevaux! Le maître de poste fait un signe; on profite d'un moment où la redoutable épée est immobile; on saisit le capitaine par les jambes, et on le met à terre. Ce procédé lui remue le sang, et il va donner tête baissée sur les mauvais plaisans qui lui rient au nez. Il ne conçoit rien à la roideur de ses membres, qui lui permet à peine de marcher : c'est la première fois de sa vie qu'il est monté à cheval. Il pressent qu'à la seconde poste il lui sera impossible de faire un mouvement, et il faut être agile et souple pour parer la quarte et la tierce, riposter d'un coup de seconde, et tuer son homme avec grace. Il s'aperçoit, d'ailleurs, que sa culotte de drap blanc est déchirée à l'enfourchure. Quelques lieues faites encore de la même manière, et il ne lui en restera rien. Or, il serait fort désagréable pour lui de faire son entrée à Calais dans l'équipage d'un soldat écossais.

Sa redoutable épée tient à une distance respectueuse l'homme au ruban citron. Mais son bidet, victime d'une hémorragie, vient de tomber sur la litière, et il faut que quelqu'un le paie. On demande de l'argent au capitaine; il en refuse, et les postillons se disposent à arranger cette affaire la fourche à la main.

Le capitaine connaissait la fameuse retraite de Moreau, qui depuis... et il jugea qu'il était temps d'en faire une, qui fixât pour jamais sa réputation. Des harnais, des traits, des longes étaient accrochés près de lui. Il s'en saisit; il les jette à ses adversaires. Leurs jambes s'embarrassent; l'un tombe sur le nez, l'autre sur la partie opposée, et pendant qu'ils sont occupés à se dépétrer de leurs entraves, le capitaine file; il est sur le grand chemin; il se tapit dans un fossé.

La chaise de poste arrive. On notifie à Versac qu'il doit cent écus pour un bidet que son courrier a crevé. Il ne savait pas qu'il eût un courrier, et il n'entendait pas être responsable de ses sottises. Les commissaires de police sont d'une grande ressource, la nuit comme le jour. Celui de l'endroit, à moitié endormi, entendant à peine ce qu'on lui disait, prononça contre l'étranger, en faveur de son concitoyen au ruban citron, et cela devait être : il voyait le concitoyen tous les jours; il dînait souvent chez lui, et il était vraisemblable qu'il ne reverrait jamais un passant qui ne voulait que continuer son chemin. Encore un égoïste.

J'ai fait souvent de ces actes arbitraires-là, pensait Versac. J'aimais beaucoup le despotisme, quand je pouvais l'exercer. Je le hais maintenant qu'il pèse sur moi. Mais je suis dans une position à ployer à mon tour. Ployons, payons, et il paya.

Le maître de poste, qui gagnait quarante pour cent sur son bidet, combla le voyageur de politesses : c'est encore l'usage. Il ordonna à haute voix qu'on mît à sa chaise les meilleurs chevaux de ses écuries, et tout le monde sait que cet ordre-là ne signifie rien du tout. Les chevaux, comme les postillons, marchent à leur tour. Mais quand on a pillé un homme, il faut le dédommager par quelque chose : c'est encore un calcul de l'égoïsme.

Le capitaine épiait, du fond de son fossé, le moment où la chaise de poste passerait. Le bruit du fouet, des roues, des pieds de chevaux frappe enfin son oreille attentive. Il se lève, il se traîne, il saisit, au passage, les ressorts de derrière de la voiture; il grimpe et il se place dos à dos de celui qu'il brûle de voir en face. Le point d'honneur l'avait fait aller fort au-delà de ses forces, et le besoin de repos se faisait vivement sentir. Mais s'il s'endort derrière une chaise de poste, il peut tomber le nez en avant, et pendant qu'il s'éveillera, qu'il se relèvera, qu'il se frottera, Versac lui échappera, et cœtera, et cœtera.

Un homme, qui est revenu de Moscou, ne doit être embarrassé de rien. Celui-ci met son épée sous sa veste de postillon, qu'il boutonne soigneusement, et avec le ceinturon, il s'attache aux ressorts de la chaise. Certain, à présent, que Versac n'avancera pas sans lui, il se laisse aller aux douceurs d'un sommeil, souvent interrompu par les cahots et l'incommodité de la position. Ce dernier désagrément devient plus sensible à chaque minute. La planche sur laquelle le capitaine est assis achève les macérations commencées par la selle du bidet de poste de Paris. Notre héros s'éveille tout-à-fait, et il réfléchit sur ce qu'il doit faire dans la conjoncture pénible où il se trouve.

Il convient d'abord, avec lui-même, qu'il était fort inutile qu'il allât jusqu'à Calais, parce qu'on peut tuer un homme partout. Il jugea avec sagacité qu'il trouverait moins d'importuns ou de curieux à la première poste de village que dans une ville de guerre, et il arrêta dans son conseil, très-privé, qu'au prochain relai, il inviterait M. de de Versac à descendre.

Ce plan arrêté, il porta ses yeux vers le ciel, qui déja commençait à prendre une légère teinte d'azur. Les étoiles disparaissaient les unes après les autres. Le côté du levant était en feu, et annonçait un jour brillant : ils étaient tous tels pour le capitaine, quand ils éclairaient sa valeur; mais il ne pouvait plus décemment voyager en très-humble serviteur d'un homme quel qu'il fût, et surtout de celui que la fortune avait enfin rendu son égal.

La chaise arrête, et il descend. Il se présente à la portière, le nez au vent, l'œil enflammé, la moustache allant et venant, selon les diverses impressions que lui communiquaient les muscles agités de son visage. Versac, très-profondément affecté, ne put s'empêcher de rire en voyant cette figure. « Je sens à merveille, lui dit le capitaine, « que je dois avoir l'air très-plaisant, fagoté « comme je le suis; mais ce n'est pas de cela dont « il est question. Reconnaissez en moi le plus an- « cien capitaine de l'armée, qui déja vous a de- « mandé raison à Paris des offenses et des torts « que vous lui avez faits; qui vous a suivi jus- « qu'ici, et qui vous suivrait au bout du monde « pour obtenir la satisfaction que vous lui devez. « Descendez, s'il vous plaît, et allons nous aligner « derrière cette meule de blé. »

Versac payait ses postillons à trois francs par poste. En conséquence, celui qui l'avait amené et celui qui allait le reprendre, trouvèrent très-impertinente et très-déplacée la proposition du plus ancien capitaine de l'armée, dont le costume, d'ailleurs, ne commandait pas le respect. Ils regardèrent Versac d'un air qui voulait dire :

Faut-il vous débarrasser de cet homme-là, et deux fouets de poste, maniés par des mains exercées, rendraient inutile la meilleure épée de France. Pour six francs, ils les auraient tournés contre Versac : chacun est égoïste à sa manière.

« Respectez ce brave homme », leur dit Versac, en mettant le pied à terre. Il prend le capitaine sous le bras et le tire à l'écart. « Vous me suivez
« depuis Paris, m'avez-vous dit, monsieur, et je
« ne vous en avais pas prié. Il vous a plu de crever
« un cheval qu'on m'a fait payer, et vous battre
« avec moi, avant de m'avoir rendu mon argent,
« c'est vouloir tuer son homme pour se dispenser
« d'acquitter une dette. — Combien avez-vous
« payé le cheval? — Cent écus. — Je n'ai que dix
« louis dans ma poche, mais voilà une montre,
« qui m'en a coûté quinze : faites-moi le plaisir
« de la prendre, et marchons. — Gardez votre
« montre, monsieur. Votre procédé me fait con-
« naître à quel point les passions nous égarent,
« et le malheur seul pouvait me l'apprendre. J'ai
« été injuste envers vous et envers beaucoup d'au-
« tres. Je m'en repens sincèrement, mais trop
« tard. — Point d'excuse; je n'en reçois pas. —
« Je ne prétends pas vous en faire; mais je veux
« que vous me connaissiez, et si je succombe,
« vous me rendrez la justice que je mérite de
« vous aujourd'hui. Il n'y a plus qu'une difficulté
« à lever : vous me proposez l'épée et je n'en ai
« pas; mais on a mis des pistolets dans ma voi-

« ture, et si cette arme vous est agréable... — « Toutes les armes me sont égales. »

Versac va prendre les siennes; il rejoint le capitaine; ils gagnent un petit bois. « Je suis l'of-« fensé, dit l'officier, et j'ai le droit de tirer le « premier. — Monsieur, usez-en. — Mais je rou-« girais que tout ne fût pas égal entre nous. Le « hasard va décider. » Versac s'en défend; le capitaine insiste; une pièce d'or est jetée en l'air. Versac tire et manque son adversaire. Le capitaine riposte, Versac tombe.

Son ennemi n'est plus cet homme altéré de vengeance et de sang. Son honneur est satisfait; c'est un vainqueur sensible et généreux. Il se précipite sur le vaincu; il cherche à étancher le sang qui coule de la plaie. Il a perdu son mouchoir en courant la poste; il jette au loin sa méchante veste; il déchire sa chemise; il met le premier appareil.

L'explosion a attiré tous ceux qui étaient dans la maison de poste. Le capitaine leur dispute la satisfaction de secourir le malheureux blessé. Il rompt, il arrache des branches de jeunes arbres; il en fait une espèce de brancard; il y fait placer doucement celui à qui peut-être il a donné la mort. On le porte à la maison; on le dépose sur un lit. La course de la nuit a inspiré au capitaine un véritable éloignement pour le cheval; mais il ne veut s'en rapporter à personne du soin de chercher un chirurgien habile. Il monte le premier bidet qui se présente et il court à Chantilly.

Il souffre horriblement; il fait des grimaces épouvantables; cela peut-il être autrement? Les macérations dont je vous ai parlé, sont devenues des écorchures profondes. Il n'a plus de chemise, et la précipitation avec laquelle il s'est dégagé de sa veste, en a fait sauter plusieurs boutons. Ce reste de vêtement voltige au gré de l'air, et c'est un homme à peu près nu de la tête à la ceinture, qui court la poste, et qui entre à Chantilly au milieu des huées et des ricanemens des polissons du faubourg.

La gendarmerie, qui a, ou qui s'arroge le droit de se mêler de tout, veut savoir quel est l'original qui voyage dans un tel équipage. On lui crie d'arrêter, et cependant on se range, parce qu'il galope toujours. Il cherche des yeux, à droite et à gauche, un tableau qui lui indique un chirurgien, et il n'en voit pas. *A bon vin point d'enseigne*, dit un vieux proverbe : par orgueil, j'allais dire par égoïsme, les chirurgiens n'en ont plus. Il est pourtant des circonstances, comme celle-ci, par exemple, où il serait très-utile de savoir où les trouver.

Le bidet arrive à la poste et ne veut pas aller plus loin. Le capitaine bataille avec lui; l'opiniâtre animal paraît cloué sur le pavé. Là, son cavalier est accosté par messieurs les gendarmes, qui lui demandent qui il est, d'un ton qui serait déplacé même à l'égard d'un vagabond. « Ventre-

« bleu, je suis le plus ancien capitaine de l'armée.
« Je viens de blesser grièvement M. de Versac, et
« je veux enlever un bon chirurgien, si toutefois
« il y en a un ici. »

Un gendarme croit reconnaître cette voix. Il s'approche et regarde le capitaine sous le nez. Il ôte son chapeau, prend un air, un ton de respect, et s'écrie : « Comment, mon brave capi-
« taine, c'est vous ! c'est vous qui êtes dans ce
« dénûment absolu ! Tout ce que je possède est
« à votre service. — Je ne demande qu'un chi-
« rurgien. — Je vais en amener un. »

Aussitôt le bruit se répand dans la ville que celui qu'on a si mal jugé, est un de nos meilleurs officiers, et qu'à deux lieues de là, il a donné un très-joli coup de pistolet à M. de Versac. Où Versac ne s'était-il pas fait des ennemis ? et dans une ville comme Chantilly, cinq à six mécontens sont parens ou amis de tous les habitans. On se groupe, on se parle dans les rues ; la rumeur devient générale. Dans un moment, la chambre où le capitaine s'est retiré, pendant que son gendarme court pour lui, s'emplit de gens qui le nomment le vengeur de leur fils, de leur neveu, de leur cousin. Dans toute autre circonstance, l'égoïsme ne l'eût envisagé que pour le berner : ici, l'un lui offre des chemises, l'autre un habit ; celui-ci de l'argent, celui-là quelques bouteilles de vin vieux. Il ne sait auquel entendre, ou plutôt il n'écoute personne. Il crie qu'il ne peut plus tenir assis ni debout, et qu'il lui faut une voiture, dans laquelle il se couchera sur le chirurgien qu'on va lui amener. Un gros fermier, qui a apporté du blé au marché, lui propose de mettre sur son chariot des cerceaux et une toile, et dedans cinq à six bottes de paille fraîche.

Le capitaine prend le fermier au mot : il est décidé que cet homme-là voyagera toujours d'une façon extraordinaire. Le chirurgien, le linge, les vêtemens, le chariot arrivent tout à la fois. Le capitaine y fait mettre quatre chevaux de poste, et le blessé ayant le plus pressant besoin de secours, il ne s'occupe plus de rien de ce qui se passe autour de lui. Il se fait porter sur la paille fraîche, toujours dans sa veste sans boutons, et il invite le chirurgien à s'asseoir ou à se coucher près de lui.

Bien qu'il fût expéditif, ses dispositions avaient pris un certain temps, et quelques jeunes gens, plus souples et plus agiles que lui, avaient pris des bidets, et allaient, ventre à terre, voir cet homme, naguère si redoutable pour eux, aujourd'hui exemple frappant des vicissitudes humaines.

En arrivant près de Versac, le capitaine le trouve assailli par cette jeunesse turbulente et irréfléchie. On accablait le malheureux de reproches mérités, mais cruels. Le capitaine retrouve des forces et toute son énergie. « Je n'ai jamais
« connu d'ennemi, dit-il, que lorsqu'il était de-
« bout et les armes à la main. Retirez-vous, mes-

« sieurs, je vous y invite; et si vous résistez, je
« me déclare le défenseur de celui que vous ou-
« tragez. »

La mauvaise humeur de ces messieurs était exhalée; la raison pouvait se faire entendre, et Versac dut à son vainqueur la retraite de ceux qui avaient ajouté à ses maux. « Mon ami, mon
« seul ami, lui dit-il, je sens, depuis deux jours,
« qu'un grand n'est qu'un homme, et un homme
« bien misérable, quand le souvenir de toute sa
« vie ne lui donne que des regrets. J'ai eu des
« places, des honneurs, une grande fortune, j'ai
« épuisé toutes les jouissances, et jamais je n'ai
« connu le bonheur. J'ai eu la folle vanité de
« vouloir passer pour philantrope, et l'égoïsme
« seul a été le seul mobile de toutes mes actions.
« Je réparerai, autant que cela me sera possible,
« le mal que j'ai fait aux autres : il ne me reste
« que ce moyen de me réconcilier avec moi. »

Le chirurgien s'approche; il l'examine, il sonde la blessure; il la panse. Il tire à part le capitaine, et lui déclare que le malade n'a pas deux jours à vivre. « Un homme qui s'est battu comme lui,
« dit le capitaine, ne craint pas la mort. Pour-
« suivi, d'ailleurs, par une multitude mécontente
« ou offensée, finir est un bien pour lui. Il a vécu
« comme un sot; j'espère qu'il mourra comme
« un sage. »

Il revient au lit de Versac. Il lui parle de la vie avec cette indifférence habituelle à celui qui a cent fois exposé la sienne sur le champ de bataille. Il lui fait voir, dans notre dernier moment, la fin des maux qui, plus ou moins, nous accablent tous. Il lui annonce enfin, avec des marques d'une sensibilité prononcée, qu'il va cesser de souffrir, et que le repos éternel commencera pour lui.

Nous avons une aversion insurmontable pour notre destruction. L'ame la plus forte s'ébranle à l'aspect de la mort. Versac frémit, et le capitaine, qui l'avait blessé mortellement, qui venait de parler en philosophe, lui donna des consolations. Mélange inconcevable de férocité et de bonté! Le cœur humain réunit donc tous les extrêmes? et en cinq minutes le même individu offre à l'observateur deux êtres différens. Que peut-on en conclure? Que l'homme passionné cesse d'être lui, et qu'une secousse étrangère à ce qui l'affecte fortement peut le ramener aux sentimens de la nature. Vouloir remonter plus haut, c'est se jeter dans la métaphysique, science systématique, conjecturale, et par conséquent absurde.

Versac, revenu de sa première terreur, récapitula les principales actions de sa vie. « Ah! dit-il
« au capitaine, parmi les personnes qui ont à se
« plaindre de moi, celle que j'ai le plus maltraitée
« est une épouse qui m'aimait, et dont j'ai mé-
« connu les qualités. J'ai fait peser sur elle un
« joug insupportable, et cette idée empoisonne

« mes derniers momens. Je lui ai assuré par va-
« nité un douaire considérable; ainsi elle vivra
« dans l'aisance. Mais cela ne me suffit pas : je
« veux lui demander pardon. Je la connais; elle
« l'accordera à ma mémoire. Capitaine, faites-vous
« donner ce qu'il faut pour écrire. Je vais vous
« dicter. »

Toutes les illusions étaient dissipées; le repentir seul restait. La lettre de Versac était déchirante. Elle tira des larmes au capitaine. Bien! bien! disait-il de temps en temps, réparer ainsi ses torts, c'est s'élever au-dessus d'eux.

« Le comte d'Alaire était mon ami, et j'ai mé-
« prisé ses conseils. Des fautes, plus ou moins
« graves, l'ont éloigné de moi, et il m'a ôté son
« estime. Qu'il sache au moins le cas que j'en fais
« aujourd'hui, et qu'un souvenir de bienveillance
« soit le prix de mes regrets. — Quel est ce d'A-
« laire? N'est-ce pas lui qu'on nomme le plus
« honnête homme de France? — C'est lui-même.
« — Vous avez eu tort de vous brouiller avec lui.
« — Ah! si je l'avais écouté, je n'aurais perdu
« ni mon rang ni la vie. — Pardonnez-moi de
« vous l'avoir ôtée. » Le bon capitaine s'approche du lit, prend la main de Versac, et la baise avec affection. « Vous avez rempli, lui dit l'infortuné,
« le devoir d'un homme de cœur : pardonnez-
« vous, comme je vous pardonne, et écrivez à
« d'Alaire. »

Cette lettre, moins poignante que la première,

était faite pour émouvoir, pour toucher l'homme dont le cœur s'ouvrait si facilement aux sentimens doux. « Corbleu! dit le capitaine, qu'il est « fâcheux que vous n'ayez pas pensé tout cela il « y a trente ans! Mais reposez-vous. Votre chi- « rurgien vous a défendu de parler, et il y a une « heure que nous causons. »

Versac sommeilla pendant quelques instans, et le capitaine s'aperçut enfin que son costume était plus qu'incomplet. Il fut chercher ce qu'on avait mis dans le chariot. Il y trouva de bonnes chemises, un habit trop court et trop étroit, et une redingote du gendarme devenu si traitable et si officieux à la voix de son capitaine. La redingote, qui avait quelque chose de militaire, devait avoir la préférence, et l'obtint. Si le brave homme ne put se vêtir décemment, il se couvrit au moins, et c'était quelque chose.

La nuit approchait. Le capitaine, excédé de fatigue, déclara qu'il la passerait auprès de Versac. Le maître de poste-aubergiste lui adjoignit une fille de soixante ans, couturière, sage-femme et repasseuse : c'est ce qu'on avait trouvé de mieux dans le village. Le chirurgien se retira dans une chambre voisine, après avoir prié le capitaine de l'éveiller, si sa présence devenait nécessaire.

Vers le matin, le blessé parut s'affaiblir beaucoup, et le chirurgien déclara que le moment critique approchait. Versac tendit la main au ca-

pitaine et lui dit : « J'ai mille louis environ dans
« un tiroir de cette commode. C'est tout ce qu'il
« me reste de ma splendeur passée. Mon ami,
« vous paierez tout ce qu'il sera dû, et je vous
« prie d'accepter ce qui demeurera entre vos
« mains. — Monsieur, avant notre combat, j'ai pu
« trouver plaisant de courir la poste à vos frais ;
« mais certainement je ne recevrai pas le prix
« des services que je vous ai rendus depuis ce
« moment : j'en perdrais le mérite et la satisfac-
« tion. — Hé bien, mon ami, vous compterez
« avec madame de Versac. Prenez au moins cette
« montre. — Elle est trop riche, monsieur. —
« Gardez-la par amitié pour moi, et les brillans
« qui l'environnent ne seront pour vous d'aucune
« valeur. — Je l'accepte, et je vous jure que dans
« quelque position que je me trouve, je ne m'en
« séparerai jamais. »

Les approches de la mort se manifestèrent,
pendant la matinée, d'une manière effrayante.
Vers midi, Versac expira avec fermeté, et il obtint l'estime du capitaine.

Ainsi cet homme si puissant, si redouté, que
ses flatteurs environnaient d'encens, au-devant
duquel volaient tous les plaisirs, périt misérablement dans une maison de poste de village, as-
sisté et plaint seulement de celui qu'il a forcé,
par ses injustices, à lui ôter la vie. Quelle leçon
pour les grands, qui abusent de leur puissance !

Le capitaine pensait que les morts n'ont besoin de rien; mais que la dernière marque d'attachement qu'on peut leur donner est de leur rendre des honneurs funèbres, proportionnés au rang qu'ils ont tenu dans le monde. Tout-à-fait étranger à ce genre de cérémonies, il manda le maître de poste, le pria de lui donner des conseils, et surtout de se charger des détails, parce qu'il n'était pas encore en état de marcher. On arrêta que les autorités du lieu seraient invitées : elles se composaient du maire et du garde-champêtre. On devait demander au curé ses plus beaux ornemens, et la convocation de trois ou quatre paysans, qui, le dimanche, mettaient un surplis sale sur leur veste grise, pour aller chanter au lutrin. M. de Versac n'ayant pas jugé à propos de se décorer d'un cordon rouge, pour voyager incognito, le capitaine prononça que son épée, qui valait tous les cordons du monde, parerait le cercueil. Le cortége devait être terminé par la garde nationale du lieu, et comme on faisait la moisson, on publia au son de la caisse, dont une des peaux était crevée, que chaque garde présent recevrait un écu de cent sous. Le capitaine pensait qu'il est inutile de casser la tête aux vivans pour honorer les morts : cependant, d'après les représentations du maître de poste, il consentit que la cloche fêlée du village sonnât à toute volée.

Tout cela n'avait rien de bien brillant. Mais les ordonnateurs de la pompe funèbre, malgré leur bonne volonté, ne pouvaient faire mieux.

Le chirurgien et la sage-femme avaient été présens aux dernières dispositions de Versac, ainsi le capitaine disposa, sans opposition, de ce qu'il laissait. Il paya noblement l'artiste qui n'avait pas guéri le blessé, la sage-femme qui lui avait présenté quelques bouillons, et le maître de poste-aubergiste. Tout semblait aller à merveille, lorsqu'une petite difficulté, que le capitaine n'avait pas prévue, l'arrêta pendant quelques momens.

Monsieur le curé se présenta avec l'air doux et modeste qui convient à sa profession. Il débuta par des révérences, qui ennuyèrent le capitaine, et il finit par lui déclarer que le défunt, n'ayant pas invoqué les secours de l'église, ne pouvait être considéré comme catholique romain, et qu'en conséquence il n'était pas possible de l'inhumer en terre sainte. « Les secours de l'église ! « En terre sainte ! Ne savez-vous pas, monsieur le « curé, qu'il est écrit : Confessez-vous les uns aux « autres ? Hé bien, M. de Versac s'est confessé à « moi. — Cela ne suffit pas, monsieur. — Non, « monsieur ? Ah ! vous croyez peut-être que je « vais criailler, donner du scandale ? Vous n'aurez « pas ce petit plaisir-là. Finissons. Voulez-vous « enterrer M. de Versac ? — Je ne le puis, mon-« sieur. — Hé bien, monsieur, moi, je l'enter-« rerai. »

Le capitaine fait rentrer le maître de poste, et lui demande un coin de terre. Le maître de poste, qui trouve l'occasion de passer pour un esprit

fort, en désigne un sous des arbres attenans à sa maison. Il croit qu'il sera bon de donner deux cents francs, pour les pauvres, au maire du village, afin de n'éprouver aucune opposition; il parle ensuite d'une pierre qui sert de table dans son jardin, et qu'on peut transformer en tombe. Le capitaine acquiesce à tout, et saisit vivement cette dernière idée. Il convient de prix pour les deux objets; il prend son écritoire et se traîne dans le jardin. Il écrit sur la pierre : *Ci gît qui a connu trop tard le néant des grandeurs.* Le maître de poste lui fait observer que son épitaphe ne durera pas. « Les villes les plus célèbres ont disparu
« de la surface de la terre, lui dit le capitaine; les
« tombeaux doivent disparaître aussi, et, ma foi,
« celui-ci durera tant qu'il pourra. »

Le curé n'ignorait rien des préparatifs qui se faisaient à la poste. Il eut un moment l'envie d'intriguer. Mais il pensa que des hommes à qui on a promis, pour une heure de présence, cinq francs par tête, voudraient les gagner; que des pauvres, qui attendent deux cents francs, ne consentiraient pas à les perdre, et que l'argent étant le plus puissant des moyens de séduction, ce qu'il avait de mieux à faire, c'était de se tenir tranquille.

La cérémonie se passa donc paisiblement, assez solennellement, et se termina par quarante à cinquante coups de fusils rouillés.

Le capitaine ne pensa plus qu'à reprendre le

chemin de la capitale. Il traita d'une carriole avec le maître de poste, toujours très-obligeant, quand on le payait bien, et il se mit en route, ayant le sac d'or de Versac entre les jambes, et sa longue épée dessus. Elle semblait dire aux passans : Ne touchez pas là, ou morbleu !...

On m'a assuré que le lendemain, la tombe était en éclats, et que le mort avait quitté son domicile. Les vieilles femmes ne manquèrent pas de dire que le diable avait emporté le huguenot. Les jeunes gens leur rirent au nez, et un malin du village disait à l'oreille de tout le monde, que le bedeau, les chantres et le sonneur n'avaient pas reçu cinq francs pour boire, et qu'il ne faut pas encourager les profanes à enterrer leurs morts eux-mêmes, quand ils ont affaire à un curé récalcitrant.

CHAPITRE XIV.

L'Amour et la Raison.

Charles avait fait tout ce qu'il avait pu pour avoir satisfaction de l'offense qu'il avait reçue de Versac. Convaincu qu'il n'avait rien à se reprocher à cet égard, il était rentré chez d'Alaire. Le comte ne lui dissimula pas le mécontentement que lui avait causé sa démarche. « J'avais attaché, « lui dit-il, le prix le plus doux à votre docilité. « Vous avez repoussé les vœux de votre cœur

« pour vous livrer à cet instinct de férocité que
« l'erreur a décoré d'un nom qui n'abuse pas les
« hommes raisonnables : je ne vous dois plus rien ;
« je retire ma parole. Mais, dites-moi, monsieur,
« êtes-vous vengé? Cet homme, déja si malheu-
« reux, est-il tombé sous vos coups? — L'autorité
« l'a soustrait aux poursuites de ceux qui voulaient
« s'armer contre lui. — L'autorité s'est conduite
« avec sagesse. »

Ne semble-t-il pas que le comte n'ait cherché qu'un prétexte pour revenir sur la résolution d'élever entre Julie et lui une barrière insurmontable? L'accusera-t-on de versatilité dans sa manière de voir et de sentir? Ses opinions, ses principes sont les mêmes ; mais tout disparaît devant ces regards si pénétrans et si doux ; rien ne résiste à cet organe enchanteur que l'expansion d'une ame pure rend plus séduisant encore. Quel homme aurait alors le courage de repousser des caresses d'autant plus entraînantes que c'est l'innocence qui les prodigue? Est-ce, au moins, dans de semblables momens qu'on peut vouloir sincèrement s'arracher à ce qu'on aime? Or, ces scènes ravissantes et pénibles à la fois pour le comte, s'étaient renouvelées pendant l'absence de Charles. Madame Bernard avait, en s'éloignant à dessein, favorisé ce délire du cœur, qui nous laisse sans force et sans jugement. Elle comptait profiter d'une heure de faiblesse, pour anéantir les préventions, les craintes de d'Alaire, et en obtenir la promesse positive de son bonheur et de celui de Julie.

Mais Julie est incapable de feindre, elle l'a déclaré. Sa vertu naïve ne peut rien souffrir de ce qui lui est étranger. C'est Julie, à son tour, qui s'éloigne du comte, qui fuit à l'extrémité de l'appartement, qui se reconnaît indigne de celui qu'elle aime plus que sa vie. « Une amie indis-
« crète m'a séduite un moment, et comment pou-
« vais-je lui résister, lorsqu'elle me montrait,
« dans l'éloignement, le dernier terme de la fé-
« licité? Mais j'ai senti, je sens plus que jamais
« que je me suis dégradée, quand j'ai approuvé,
« par mon silence, un plan qui tendait à vous
« surprendre, à vous faire agir directement contre
« une résolution que vous avez prise dans votre
« sagesse, et que même j'ai, pendant un temps,
« adoptée comme vous. J'y reviens, mon ami.
« Souffrons l'un et l'autre, puisque vous jugez
« que cela doit être ainsi. »

Julie rappela alors, avec confusion, l'entretien qu'elle avait eu avec madame Bernard dans les jardins du château de Basse-Bretagne. Elle s'accusa encore d'avoir prêté l'oreille aux insinuations de son amie. Elle supplia le comte de leur pardonner à toutes deux. « Ah! s'écrie d'Alaire, si
« cet aveu n'est pas une suite du plan dont vous
« me parlez; s'il est possible que l'égoïsme ne vous
« dirige pas en ce moment, vous êtes la femme la
« plus étonnante, la plus accomplie qui ait jamais

« existé !... Que faire? que résoudre?... Amour!
« invincible amour, est-ce toi seul qu'il faut
« écouter? »

Madame Bernard rentre. Elle fixe le comte et Julie; elle croit la circonstance favorable. Elle vient de lier quelques idées philosophiques pour combattre ce qu'on appelle l'inégalité des conditions; pour prouver que l'amour se cache encore sous les rides naissantes; que lui seul fait le bonheur de la vie, et que la raison même veut que nous lui cédions. Elle comptait faire preuve d'érudition, en citant Anacréon et ses cheveux blancs cachés sous les couronnes de roses dont la beauté chargeait son front: le comte ne lui donna pas le temps de faire briller son élocution.

« Madame, lui dit-il, vous avez fait une grande
« faute, en persuadant à mademoiselle de s'unir
« à vous contre moi. Je vous la reprocherais avec
« amertume, si elle n'avait ajouté à mon admira-
« tion pour cette créature céleste. Oui, madame,
« vous m'avez fait connaître que, si la vertu existe
« réellement, Julie est sa vivante image. »

Cette manière de voir mettait madame Bernard tout-à-fait à son aise, et elle fut loin de trouver mauvais que la jeune personne ait révélé leur secret. Obligée de renoncer au discours qu'elle avait préparé, elle dit beaucoup de choses qui manquaient de liaison, mais que le comte écoutait avec complaisance, parce qu'elles s'accordaient avec ses sentimens. Elle se résuma enfin, et elle conclut en déclarant que d'Alaire ne pouvait faire mieux que de donner sa main à Julie.

« Madame, reprit le comte, vous n'êtes plus
« dans l'âge de la candeur. Vous êtes depuis long-
« temps dans celui des calculs, et l'égoïsme est
« calculateur, convenez-en. Mademoiselle, vous
« devant son rang, sa fortune, sera reconnais-
« sante. Elle vous fera jouir du sort le plus
« agréable. — J'avoue, monsieur le comte, que
« j'ai pensé à cela; mais je me suis arrêtée parti-
« culièrement à l'idée de vous voir heureux, d'être
« fière un jour d'avoir contribué à votre bonheur.
« Ce genre d'égoïsme, au moins, n'est pas indigne
« de vous. »

Julie était tremblante; ses yeux étaient baissés, elle désirait, et elle craignait que le comte parlât. Telle était la position des trois personnages, lorsque Charles reparut. Julie fut surprise et blessée de ce que d'Alaire venait de dire au beau jeune homme. Madame Bernard lui avait fait connaître le sentiment qu'elle avait inspiré à Charles, et il était clair que le comte avait cru pouvoir disposer d'elle sans sa participation. « Je vous dois tout,
« lui dit-elle, monsieur, et ma reconnaissance est
« sans bornes. Disposez de ma vie, elle vous ap-
« partient; mais ne l'empoisonnez pas, en me con-
« traignant à former des nœuds que mon cœur
« repousse. Il est à vous tout entier, et quand on
« aime une fois, n'est-ce pas pour toujours ?

« Qu'entends-je! s'écria Charles; quoi, made-

« moiselle, vous aimez monsieur le comte? — Et
« je suis payée du plus tendre retour. — Quoi,
« madame Bernard, vous m'avez trompé! — Pas
« du tout, monsieur. J'ignorais que monsieur le
« comte et Julie s'aimassent, et votre union avec
« mademoiselle me paraissait convenable et facile.

« C'est à vous, M. Charles, reprit Julie, que se
« rapportait ce mot cruel : Il faut nous séparer.
« Sans cesse il a résonné à mon oreille; sans cesse
« il a déchiré mon cœur. Au nom de Dieu, mon-
« sieur, ne soyez pas mon persécuteur. Je peux
« vous accorder mon amitié; je vous l'offre; ne
« faites pas naître en moi un sentiment opposé.

« Monsieur le comte, dit le jeune homme avec
« hauteur, vous me permettiez d'espérer, et vous
« me cachiez un amour qui détruit toutes mes es-
« pérances! Cette conduite est-elle à l'abri de re-
« proches? Je vous respecte trop pour vous en
« adresser. Descendez en vous-même et jugez-
« vous... Ah, mon père! mon père! je vous ai dé-
« laissé pour ne suivre que l'impulsion d'un aveu-
« gle amour. Je ne vous ai pas donné un moment
« depuis que je me suis éloigné de vous! Ah! vous
« êtes trop vengé!»

Il est facile de sentir quels efforts Charles avait
faits pour se servir d'expressions convenables. Il
était exaspéré, et pourtant il se possédait encore.
Il craignit de perdre l'empire qu'il avait conservé
sur lui, il se disposa à se retirer.

« Jeune homme, arrêtez, lui dit d'Alaire, et en-

« tendez ma justification. Vous prendrez ensuite
« le parti que vous jugerez convenable. Avez-vous
« pu croire que j'aie pensé à vous tromper, à me
« jouer de votre crédulité? Comment Julie, qui
« doit me connaître mieux que vous, m'a-t-elle
« supposé l'intention de vouloir forcer son choix?

« Monsieur, j'ai fait ce que j'ai pu pour vous
« empêcher de céder au despotisme d'une opinion
« fondée sur l'erreur. J'ai peu raisonné, parce que
« vous ne vouliez pas m'entendre; et j'ai parlé à
« votre cœur. Le souvenir de votre père vous a
« ému sans vous persuader. J'ai appelé l'amour à
« mon aide. Je vous ai promis ma fortune et la
« main de mademoiselle, si vous parveniez à l'ob-
« tenir d'elle, à vous obtenir de vous, vous enten-
« dez, Julie. Y a-t-il rien de tyrannique dans mon
« procédé?

« Je pensais, et je crois encore, quand je con-
« sulte ma raison, que ce mariage est convenable.
« Si cette idée m'effraie quelquefois, elle prend
« des forces nouvelles lorsque le délire du cœur
« est calmé.

« Vous me reprochez, monsieur, de vous avoir
« caché mon amour? Il existait avant que je vous
« connusse. Tout ce que je pouvais faire pour vous
« était de le combattre. Je l'ai fait, je le ferai en-
« core. Mais il n'est pas en ma puissance de l'é-
« teindre.

« Vous en parler, quand j'ai conditionnellement
« permis que vous déclarassiez le vôtre à made-

« moiselle, c'eût été vous tourmenter sans néces-
« sité; vous faire connaître la violence, l'étendue
« du sacrifice que je faisais au désir aussi ardent
« que sincère de vous conserver; vous imposer le
« fardeau de la reconnaissance, et jamais je n'ai
« cherché à l'inspirer, parce que je ne fais rien
« que pour moi.

« Julie, Charles, je viens de vous développer
« mes sentimens avec la plus scrupuleuse exacti-
« tude; condamnez-moi maintenant, si vous le
« pouvez. »

Charles ne répondit que par une profonde inclination. Julie, qui voulait l'éloigner d'elle, répéta l'aveu de sa vive tendresse pour le comte, ses protestations de n'aimer jamais que lui, et de n'être à personne, puisqu'elle ne pouvait lui appartenir. Cependant elle regardait le jeune homme en dessous, et quelque chose lui disait qu'il devait plaire à toute femme dont le cœur ne serait pas prévenu pour un autre.

Comment madame Bernard a-t-elle pu garder le silence aussi long-temps? Est-ce discrétion, ou absence d'idées? Ce n'est ni l'un ni l'autre. Elle a voulu entendre tout le monde, afin de pouvoir prendre ses avantages.

Elle sent que Charles, dont elle a encouragé la tendresse, ne lui reproche rien, parce qu'elle n'est qu'un personnage secondaire, et, dans cette circonstance, comme dans toutes les autres, elle cherche à jouer un rôle marquant.

Elle protesta au jeune homme qu'elle avait cru le cœur de mademoiselle Mauret parfaitement libre, et que lui réunissant tout ce qui intéresse, tout ce qui peut plaire, il était naturel qu'elle pensât qu'il ne lui serait pas difficile de se faire aimer, n'y d'amener un homme du caractère de monsieur le comte à assurer le bonheur de sa fille adoptive. Elle voulut ensuite achever la justification du comte, et lui faire oublier ce qu'elle avait dit de flatteur à Charles : personne n'aime à entendre louer son rival, heureux ou non. La bonne dame savait cela à merveille.

Elle prononça que d'Alaire ne pouvait donner de preuves plus positives de la pureté, du désintéressement de son amour qu'en désirant que Julie s'unît à un homme qu'il croyait lui convenir. Mais elle ajoutait que lorsqu'on a été au-delà des forces ordinaires, et du dévouement possible; lorsque les plus nobles efforts ont été sans succès, il est naturel de faire un retour sur soi-même, de céder à son cœur, et aux vœux ardens de l'objet aimé.

Toutes ces belles choses-là n'étaient propres qu'à détruire les plus chères espérances de Charles; à le confirmer dans la persuasion que son malheur était sans remède. Ce qui venait de se passer le mettait dans une position gauche, et son air était aussi gauche que sa position. Il le sentit bientôt, et il pensait sérieusement au parti qu'il avait à prendre, lorsque le chirurgien se présenta.

Depuis quelques jours, en pansant le pied du comte, il avait un air incertain, inquiet, qui sans doute eût frappé Julie, si elle eût été présente aux pansemens. Ce jour-là, d'Alaire fut tiré de sa sécurité habituelle par une exclamation qui échappa à son chirurgien. Il en demanda l'explication; on lui en donna une évasive. Ce n'est pas un homme tel que lui qu'on pouvait abuser. « Si « vous persistez à vous taire, monsieur, je me « croirai menacé de perdre la jambe. — Éloignez « cette idée, monsieur le comte; elle n'a aucun « fondement. Mais puisque vous exigez que je « m'explique clairement, j'ai lieu de craindre que « les mouvemens de ce pied ne soient jamais bien « libres. — C'est-à-dire que je serai boiteux. — « Mais... monsieur... — Parlez, je vous en prie. « — Si monsieur veut consulter quelques-uns de « mes confrères... — Votre talent est reconnu. Je « vous ai donné ma confiance; je n'appellerai per- « sonne, et je suis résigné. Allons, je serai boi- « teux. Oh! combien on aurait coupé de jambes, « si j'avais voulu ménager ce pied-là ! »

« Julie, dit le comte à la jeune personne qui « rentrait, je vous ai sérieusement parlé de mon « âge, des infirmités de la vieillesse, des désagré- « mens qui les accompagnent, pour une femme « jeune, sensible, et attachée à ses devoirs. Ma « charmante amie, vous ne savez pas tout encore : « il est décidé que je serai boiteux. » Si le comte avait parlé d'un autre que lui avec cette liberté d'esprit, sans laquelle il n'est pas de véritable gaieté, il aurait pu ajouter que Vulcain était boiteux aussi, et rappeler certaine aventure écrite en si beaux vers que tout le monde les sait par cœur.

« Julie, continua d'Alaire, cessons de nous flat-
« ter. Je me rends justice ; rendez-la-moi aussi.
« Voyez M. Duval, examinez-le avec quelque at-
« tention, et vous conviendrez peut-être qu'il est
« l'époux qu'il vous faut. »

Charles était sensible aux procédés du comte. Il ne doutait pas de sa sincérité, lorsque, pour me servir de l'expression de d'Alaire, le délire du cœur était calmé. Il sentait en même temps qu'il ne fallait qu'un mot, un regard, un sourire de Julie pour le faire renaître, et il pressentait qu'à la première occasion, sans la chercher, sans intention prononcée, Julie reprendrait tout son empire.

La jeune personne répondit au comte d'une manière réservée, mais ferme. En rendant justice au mérite de Charles, elle prononça que rien ne la ferait changer de résolution. « Que m'importe,
« après tout, dit-elle, que vous marchiez diffici-
« lement? je vous soutiendrai, mon ami, je vous
« serai utile, et ce sera pour moi une jouissance
« de plus. »

D'Alaire pensa qu'il serait inconvenant d'insister davantage, parce que les refus répétés de Julie ne pouvaient être que très-pénibles pour

Charles : voilà le prétexte du silence qu'il résolut de garder à l'avenir sur le mariage des deux jeunes gens. Mais il se disait bien bas qu'il avait fait tout ce que la probité, la délicatesse même lui avaient prescrit; qu'il éprouvait à chaque instant que se séparer de Julie était un effort au-delà de ses forces. Il s'étourdissait sur les dangers qu'il avait prévus, et il répétait avec un charme, une complaisance inexprimables ces derniers mots : je vous soutiendrai, mon ami, et ce sera pour moi une jouissance de plus.

Charles, incertain, irrésolu, se trouvait déplacé chez le comte. Il n'avait pas le courage de s'éloigner, et il sentait qu'il ne pouvait rester plus long-temps : ce qu'il peut arriver de pis à un homme qui ne sait pas plaire, c'est de se rendre importun. De l'indifférence à l'éloignement, à une sorte d'aversion même, il n'y a qu'un pas à franchir. Un domestique qui annonça M. Duval père, changea la position du jeune homme, et mit un terme à l'embarras qui gagnait les autres personnages.

Les impressions différentes qui avaient dominé Charles jusqu'alors, se dissipèrent tout à coup. Il revint à l'idée d'un père affligé de l'éloignement de son fils, et disposé sans doute à en marquer son mécontentement. Il se précipita au-devant de lui, l'embrassa tendrement, avant qu'il ait pu dire un mot, lui demanda pardon et l'entraîna dans la chambre du comte : il s'attendait à une explosion, et il croyait que la présence de personnes dignes d'égards en modérerait la violence.

Quelle fut sa surprise, lorsque son père s'exprima avec cette douce candeur qui tient aux mœurs patriarcales; qu'il peignit avec vérité, mais sans exagération, ce que les inquiétudes les plus fondées lui avaient fait souffrir! Pas un mot de reproche ne sortit de la bouche du vieillard. Il ne parlait que de ses peines, et il n'en accusait personne. Charles était confondu.

Le vieux Duval parla ensuite de l'amour de son fils. Il avait pressenti que cette inclination ferait son malheur. Il pria le comte d'excuser, dans un jeune homme, des espérances auxquelles l'inexpérience avait pu s'abandonner. Il finit en proposant avec ménagement à Charles de retourner avec lui dans son humble demeure, et d'y chercher un bonheur relatif à leur position.

D'Alaire céda à la nécessité de remplir, jusqu'au dernier moment, le devoir qu'il s'était ouvertement imposé. Il assura le vieillard que les prétentions de son fils ne lui avaient point paru déplacées; qu'il avait fait au contraire tout ce qu'il avait dépendu de lui pour assurer son bonheur; qu'il voudrait encore y contribuer; mais que mademoiselle Mauret ayant opposé à ses vues une résistance invincible, il ne fallait plus penser à ce mariage-là.

Cet effort de la raison de d'Alaire sera-t-il le dernier? s'abandonnera-t-il sans réserve à un amour que peut-être il n'a déja plus la volonté sincère de combattre?

De quel fardeau la jeune personne et lui se sentirent dégagés, lorsque le vieux Duval emmena son fils, affligé, mais docile et repentant! « Est-il bien vrai, dit le comte à Julie, vous me « soutiendrez, ma jeune amie, et ce sera pour « vous une jouissance de plus? »

Fallait-il en dire plus pour ramener une de ces scènes, jusqu'alors si redoutées par le comte, et qui à la fin doivent imposer silence au jugement, et anéantir pour jamais les résolutions les plus sages et le plus fortement prononcées? La réponse de Julie fut entraînante et pouvait être décisive, lorsqu'on annonça monsieur le plus ancien capitaine de l'armée, qui, disait-on, avait des choses de la plus haute importance à communiquer à monsieur le comte.

Monsieur le capitaine, malgré son originalité, ne manquait pas d'usage du monde. Il savait que ce n'est pas dans une vieille redingote de gendarme qu'on doit se présenter, quand on veut être accueilli, même par le plus honnête homme de France, qui probablement paie, comme un autre, son tribut à la mode et à l'usage. En conséquence, monsieur le capitaine avait passé à son logement, et s'était mis de manière à pouvoir entrer partout.

« Que me voulez-vous? lui dit le comte d'un « ton affable. — J'ai saisi avec empressement,

« monsieur, l'occasion qui s'est offerte à moi de
« vous voir et de vous saluer. Il semble qu'en
« s'approchant de vous, on doive devenir meil-
« leur. » D'Alaire ne put s'empêcher de sourire.
Mais il reprit aussitôt son air sérieux, en pensant
que ce sourire était un effet involontaire de la
vanité satisfaite, qui tient de si près à l'égoïsme.
Il répéta la question qu'il avait faite au capitaine.
« Je vous apporte, monsieur, répondit le brave
« homme, une lettre et de l'or. — Une lettre? de
« qui? — De quelqu'un qui n'en écrira plus. —
« Ah, ah! Et cet or? — C'est le reste d'une opu-
« lence peu méritée et pour jamais anéantie. —
« Lisons cette lettre.

« Ah, mon Dieu! Versac mourant! — Il est
« mort. — Il est mort, dites-vous! En êtes-vous
« bien sûr? — Oh! très-sûr : c'est moi qui l'ai tué.
« — Vous, monsieur, vous, qui lui avez rendu,
« à ses derniers momens, des services essentiels?
« Vous, qu'il nomme le seul ami qui lui reste? —
« J'ai dû le combattre : vaincu, je lui devais tout.
« — Et il est mort repentant! Et il a regretté d'a-
« voir perdu mon amitié et mon estime! — Vous
« lui rendriez l'une et l'autre, si vous l'aviez vu
« mourir. — J'ai été forcé de l'abandonner; je ne
« l'ai jamais haï. La haine, d'ailleurs, ne doit pas
« suivre un infortuné jusque dans son tombeau.
« Je le plains d'avoir mal vécu. Mais puisqu'il a
« réparé, autant qu'il l'a pu, les erreurs de sa vie,
« je le regrette sincèrement, et je lui rends les

« sentimens qui m'avaient attaché à lui... Il est
« mort! et c'est vous, monsieur... — Oui, c'est
« moi, et vingt autres se fussent présentés, si
« j'avais été le malheureux. Ainsi vous voyez que
« tout est pour le mieux. »

D'Alaire donna quelques larmes à la mémoire de l'infortuné. Julie n'entendait jamais prononcer le nom de Versac sans frissonner. Cependant l'aspect de l'homme qui s'était couvert de son sang, la glaça, et elle sortit, en chancelant, d'une chambre d'où la repoussait un sentiment d'horreur.

« Et cet or, monsieur? — Il était à moi, M. de
« Versac me l'avait donné. J'ai su qu'il laisse une
« veuve, intéressante par de longues infortunes :
« ceci lui appartient. Chargez-vous, monsieur, de
« le lui faire parvenir. Joignez-y cette lettre, et
« espérons que madame de Versac pardonnera
« comme vous. — Homme cruel, et respectable
« cependant... Je ne suis venu ici ni pour re-
« cevoir des éloges, ni pour justifier ma conduite.
« Chargé d'une mission, que l'honneur rendait
« sacrée pour moi, je l'ai remplie, et je me re-
« tire. — Un moment, par grace, monsieur... —
« Il ne suffit pas de penser aux morts; il faut
« aussi s'occuper de soi. Je suis le plus ancien ca-
« pitaine de l'armée, et je vais demander au suc-
« cesseur de M. de Versac une justice que votre
« ami m'a constamment refusée. Adieu, mon-
« sieur. »

La lettre adressée à madame de Versac n'était pas cachetée : d'Alaire crut pouvoir la lire. « Oh ! « oui, s'écria-t-il, elle pardonnera, elle pardon- « nera. Mais son mari devait, dit-il, des sommes « considérables, et mon état ne me permet pas « de me mettre à la tête de ses affaires ! pauvre « femme !... Mais quel homme que ce capitaine ! « oh ! je le recommanderai à M. d'Aranville.

« Madame Bernard, ouvrez mon secrétaire. Ap- « portez-moi les papiers qui sont dans le tiroir « d'en-haut, à gauche... à gauche, vous dis-je... « en haut... bien, c'est cela. »

Il trouve la lettre en chiffres, adressée à M. d'Arancourt ; la lettre que le marquis lui écrivait en lui envoyant la première. « Qu'il ne reste « plus de traces, dit-il, de cette coupable intrigue. « Sauvons l'honneur, du moins, puisque tout le « reste est perdu sans retour. » Et il met les deux lettres en morceaux.

Il fait appeler Julie. « Revenez, mon aimable « amie, et aidez-moi à être utile à madame de « Versac. Écrivez-lui tout ce que vous avez en- « tendu de la bouche du capitaine. Exprimez-vous « avec ces ménagemens qu'un cœur sensible con- « naît si bien. Donnez-lui des consolations, et « assurez-la que je lui suis tout dévoué, et qu'elle « peut compter sur moi. Son mari lui a écrit de « la manière la plus touchante. Je la connais : « cette lettre lui fera oublier bien des choses.

« Nous ne la lui enverrons cependant que lorsque
« la secousse inévitable sera calmée, et qu'elle
« pourra la lire avec quelque attention. »

Julie laissa courir sa plume. Elle écrivait avec son cœur : avait-elle besoin de réfléchir? D'Alaire lut et relut sa lettre. Il jouissait, il admirait. L'art n'est pour rien ici, pensait-il, et cette lettre est parfaite. L'éducation développe l'esprit; elle n'en donne pas.

Quelques jours avant, quelques semaines peut-être, il n'eût pas manqué de dire à Julie : Votre plume a été guidée par la vanité, par le désir de faire mieux qu'un autre. Vous êtes égoïste jusque dans les momens les plus fâcheux. Il ne cherche plus, dans celle qu'il aime, que des qualités et des talens.

Cette lettre, les réflexions qu'elle a produites, l'auraient ramené à l'amour dans toute autre circonstance. Mais il avait aimé Versac. Sa mort déplorable avait ranimé un sentiment mal éteint. Son cœur était froissé; Julie s'affligeait de sa peine; on ne parla que de Versac et de sa malheureuse épouse.

L'esprit, rendu à toute sa liberté, agit avec une action soutenue. Une idée succédait à une autre pour se lier avec elle; un plan de conduite fut arrêté entre le comte et son amie. Félix reçut l'ordre de courir le monde, de savoir ce que devait Versac, et à qui il devait : il suffisait de connaître quelques-uns des principaux créanciers, pour découvrir promptement les autres.

Le notaire du comte était celui de Versac : il devait être dépositaire des titres de propriété. Il se présenta sur un billet que Félix avait été chargé de lui remettre. Voilà de l'occupation pour le reste de la journée. Elle se termina heureusement. Le chirurgien donna au malade la permission de se lever le lendemain.

Le capitaine logeait dans une chambre garnie, selon l'usage de ces messieurs. Il avait encore beaucoup de peine à s'asseoir, et ses grimaces frappèrent un habitant de Blois, qu'il avait pour voisin, qui venait de terminer ses affaires, et qui allait monter en voiture pour retourner chez lui. Des grimaces ont une cause, et les curieux veulent tout savoir. Le capitaine n'avait pas de motifs pour se taire, et une heure après l'arrivée du bon bourgeois, toute la ville savait ce que je viens de vous raconter.

La fermière de madame de Versac était allée au marché. Elle apprit bientôt la nouvelle qui circulait de bouche en bouche. Elle se hâta, en rentrant chez elle, de l'apprendre à son mari. Le mari, homme prudent, crut n'en devoir parler qu'au domestique de madame. Celui-ci glissa le mot à l'oreille d'Alexandrine, la femme de chambre de confiance.

Alexandrine croyait que le veuvage doit paraître

très-doux, quand on n'a perdu qu'un mari exigeant, hautain, dur et quelquefois brutal. Elle voulut avoir le mérite d'annoncer la première à madame qu'elle avait recouvré sa liberté.

Alexandrine avait de la pénétration : madame de Versac éprouva un sentiment pénible en apprenant le triste événement; une femme sage n'oublie jamais entièrement le seul homme à qui, de bonne foi, elle a donné son cœur. Mais celui d'Émilie avait beaucoup souffert; elle n'avait pas reçu encore la lettre de son époux mourant, et sa douleur ne l'empêcha pas de s'occuper de son avenir.

Elle se décida à partir aussitôt pour Paris. Elle rendait justice à d'Alaire avant que les assurances de son dévouement lui fussent parvenues, et c'est lui qu'elle voulait voir et consulter.

Si quelque chose peut flatter un homme de bien, c'est l'impulsion irrésistible qui pousse vers lui ceux que poursuit l'infortune; c'est la confiance absolue que commande sa réputation.

Félix avait rempli, sans peine, la mission dont il avait été chargé. Il lui avait suffi d'entrer dans un café, pour savoir que Versac devait un million à un homme, qui n'était ni banquier, ni marchand, mais qui lui prêtait, à de gros intérêts, vingt, trente, quarante mille francs, quand il en avait besoin, et ce besoin-là se renouvelle souvent lorsqu'on a cinquante ans, et qu'on ne veut pas trouver de cruelles.

Le valet de chambre apprit, au foyer des Variétés, le nom d'un joaillier à qui il était dû cinq cent mille francs. On sait que les dames aiment beaucoup les bijoux... quand ils ne sont pas chers.

M. Félix, qui aimait à se donner des airs, alla prendre un sorbet au café de la Rotonde. Là, il trouva la dernière classe des créanciers, ceux qui voulaient que leurs mémoires fussent arrêtés avant que monsieur le premier capitaine de l'armée ait la satisfaction de passer son épée au travers du corps de leur débiteur. Ces messieurs parlaient de leurs affaires avec chaleur, et la bouche se dessèche enfin. Ils avaient soin de l'humecter de ce que la limonadière pouvait leur faire servir de plus délicat : il est permis de faire banqueroute ; il ne l'est pas de se refuser les aisances de la vie.

Félix jugea à propos de parler du plus honnête homme de France, et de l'intérêt qu'il portait à la mémoire de Versac. Aussitôt vingt adresses sont tirées, lui sont présentées, et on le prie de donner en échange celle du plus honnête homme de France : on est persuadé qu'un homme de ce caractère-là doit être d'avis qu'il faut payer ses dettes.

Fier des découvertes qu'il doit un peu au hasard, et qu'il ne manque pas d'attribuer à son intelligence, Félix rentre triomphant à l'hôtel. Où l'orgueil va-t-il se placer ? et, vous le savez, l'orgueil est fils de l'égoïsme. Le notaire avait évalué à deux millions la fortune de Versac. D'après le rapport du valet de chambre, les dettes allaient au-delà. On sentait qu'on pourrait obtenir quelque réduction; mais il était clair que Versac ne se soutenait plus qu'avec les émolumens de sa place, lorsqu'il fut obligé de donner sa démission.

Il n'avait pas été possible de donner un moment à l'amour. Julie en soupirait; le comte croyait s'en applaudir. Madame Bernard s'était endormie, à force d'entendre parler d'affaires. On se sépara enfin avec la volonté, un peu forcée peut-être, de s'occuper sérieusement le lendemain des choses qu'on n'avait pu que préparer dans la journée.

Le lendemain, le cœur si sensible de Julie fut réduit encore à se replier sur lui-même : Madame de Versac se fit annoncer de grand matin, et on ne se soucie pas de confier son secret à tout le monde. Le maintien de l'intéressante veuve, l'expression de sa figure étaient ceux d'une femme décente, mais qui ne peut éprouver de regrets bien cuisans. Le comte pensa qu'il pouvait, sans imprudence, lui remettre la dernière lettre de son mari.

En la lisant, elle oublia les justes sujets de plainte qu'elle avait reçus de lui. Elle ne vit plus qu'un homme humilié, malheureux, repentant, qui la suppliait de cesser de le haïr. Sa sensibilité, qu'elle avait crue éteinte pendant des années, reprit toute son expansion. Elle donna des larmes sincères à la mort tragique de son mari. Telle est donc la puissance du repentir! Il fait tout oublier, même à ses victimes. Le comte ne disait pas un mot à madame de Versac. Il tenait sa main; il la pressait avec affection; il était content d'elle.

Le jour suivant, les visites se succédèrent sans interruption. C'étaient des personnes qui aimaient le comte, qui avaient pour lui une sorte de vénération, et qui venaient le féliciter de ce qu'enfin il pouvait quitter son lit; c'était le notaire qui allait de chez lui à son hôtel, et de l'hôtel à son étude; c'étaient les créanciers convoqués en assemblée générale.

On commença par ne pas s'entendre, parce que les mémoires parurent exorbitans au comte, et que les créanciers ne voulaient rien rabattre de leurs prétentions. « Messieurs, leur dit le comte, « il est fort aisé de produire des mémoires; il ne « l'est pas autant de prouver la légitimité des « créances. — Monsieur, voilà nos livres. Vous « savez qu'ils sont reconnus par le tribunal, jus- « qu'à inscription en faux. — Prenez garde, mes- « sieurs, que l'avidité, que l'égoïsme ne vous en- « traînent trop loin. Quinze mille francs à un « marchand parfumeur! C'est plus que m'a coûté « le mien pendant toute ma vie. — Les intérêts, « monsieur? et les intérêts des intérêts? — Calcul « usuraire, monsieur. J'ai d'ailleurs un moyen cer- « tain de vous arrêter : le contrat de mariage de

« madame lui assure un douaire de trente mille
« francs de revenu.

« — C'est déja trop qu'on reproche à mon mari
« des injustices, que rien ne peut réparer. Je dois,
« je veux faire tout ce qui est en ma puissance
« pour rétablir sa réputation. Je renonce à mes
« avantages. — Hé! comment vivrez-vous, ma-
« dame? — Je vivrai mal, monsieur le comte;
« mais je serai en paix avec ma conscience.

« Ah! s'écria d'Alaire, est-ce là un genre d'é-
« goïsme, est-ce de la vertu? Monsieur le comte,
« répondit doucement madame de Versac, la triste
« conviction que l'égoïsme régit le monde, rétrécit
« le cœur et le dessèche. La vertu ne fût-elle
« qu'une chimère, il est utile, il est consolant
« d'y croire. » Julie se leva, et fut embrasser
Émilie.

« Allons, allons, reprit le comte, un peu dé-
« concerté, chacun a son opinion, et je ne pré-
« tends contraindre celle de personne. Si la vertu
« existe, il est constant, madame, que vous vous
« proposez de faire ce qu'elle prescrit de plus
« rigoureux. Vous allez donc vous dépouiller en-
« tièrement? — Je dois ce sacrifice à la dernière
« lettre de mon mari. Je serai pauvre, mais igno-
« rée, et le malheur peut être supportable, quand
« l'humiliation ne vient pas l'aggraver. — Voilà la
« femme qu'il a méconnue! qu'il n'a pas craint de
« rendre malheureuse! Le misérable! — Monsieur
« le comte, il est mort repentant, et vous parlez

« devant sa veuve. — Non, madame, vous ne
« sentirez pas les atteintes de la misère. Je l'éloi-
« gnerai de vous. Il m'a aussi demandé pardon;
« et si quelque chose de nous survit à notre des-
« truction, il saura que j'ai reporté sur sa veuve
« l'amitié que j'avais pour lui. Vous pleurez, Julie!
« — Ah! monsieur le comte, laissez couler ces lar-
« mes : elles sont d'admiration et d'attendrisse-
« ment. Celles-là ne font jamais de mal. »

Les sensations fortes se communiquent rapidement. Ces créanciers, si avides, furent étonnés
de se sentir émus. Ils se regardaient; ils semblaient s'interroger. « Je réduis mon mémoire à
« moitié, s'écria le parfumeur. » Et ce mot passa
de bouche en bouche. « Ah! monsieur le comte,
« dit Julie, ce n'est pas là de l'égoïsme; c'est un
« retour à la vertu, et c'est la vôtre qui l'a pro-
« duit. »

Le notaire profita de ce moment en homme
habile. Tout fut réglé en moins de deux heures,
et la terre de Blois resta libre de tout engagement à madame de Versac. Ce que tous les pro-
cureurs de France n'eussent pu obtenir, fut accordé spontanément au dévouement d'une veuve,
à la grandeur d'ame de d'Alaire, aux larmes d'une
petite fille.

CHAPITRE XV.

Un mariage.

Madame de Versac devait passer quelques jours encore auprès du comte. Le comte écrivait souvent et toujours avec l'intention d'être utile. Il faisait valoir les longs services de monsieur le plus ancien capitaine de l'armée, et il en demandait le prix. Il louait le mérite modeste de Charles; il parlait de ses talens, de sa bravoure, de sa conduite militaire et privée. Il exprimait le désir de le voir rentrer dans les cadres de l'armée. Madame de Versac et Julie travaillaient et causaient. Leurs cœurs étaient faits pour s'entendre, et une douce intimité s'établit promptement entre elles.

Cependant Émilie n'était pas toujours au salon; madame Bernard était souvent occupée dans l'intérieur de l'hôtel; la contention d'esprit que donnent des affaires graves était dissipée, et le besoin d'aimer se faisait sentir avec une force nouvelle. On ne raisonnait, on ne calculait rien; mais on ne pensait pas à se défendre. On s'approchait, les siéges se touchaient, sans qu'on s'en soit, pour ainsi dire, aperçu; le mot d'amour n'était pas prononcé encore, mais les yeux le disaient, et depuis long-temps le comte et Julie entendaient parfaitement ce langage. Le comte était toujours réservé; Julie, toujours franche et naïve, devait se livrer la première à ces doux épanchemens, dont elle avait été privée pendant quelques jours, et qui faisaient le charme de sa vie. Elle parlait, et le comte se sentait entraîné.

Était-il possible qu'ils s'arrêtassent au point qu'avait marqué la raison du comte, et au-delà duquel Julie ne devinait rien? L'expérience ne lui avait pas appris que l'amour avance dans la proportion de ce qu'on lui accorde, sans jamais perdre de ses avantages, sans jamais rétrograder. Ce délire, cette ivresse des sens, auxquels ils avaient plusieurs fois échappé, se reproduisit avec violence; un baiser fut donné et reçu.

Le comte s'effraya, se repentit pour la troisième fois. Julie comprit alors ce que lui avait dit et répété son ami. Une nouvelle existence commença pour elle; mais la boîte de Pandore s'ouvrit, et la présence du danger frappa fortement son imagination. Il lui fallait cette épreuve pour qu'elle eût une idée positive de la pudeur, et des combats qui seuls peuvent la conserver.

Plus d'abandon, plus de ces traits de candeur qui ravissaient le comte et le désolaient à la fois. Julie, triste et pensive, éloignait, évitait ces entretiens particuliers que jusqu'alors elle avait cherchés avec tant d'empressement. D'Alaire avait espéré de jouir d'un peu de repos: le sien était anéanti pour jamais. Il n'en est pas pour qui aime comme lui, et qui, comme lui, a des reproches à se faire. Il s'affligeait d'une faiblesse impardonnable à un homme de son âge, d'une faiblesse qui lui avait fait perdre de l'estime de Julie, et qui avait produit cette réserve, accablante pour lui, et sans doute pénible pour elle.

Cet état d'alarmes continuelles, de défiance réciproque, était insoutenable, et le comte résolut d'en sortir. Il s'ouvrit à madame de Versac, il lui dévoila son cœur. Il lui peignit la position cruelle où son imprudence avait mis Julie; la gêne, la contrainte qui altéreraient la pureté des jours qui allaient succéder à des jours si long-temps heureux, et il la pria de l'aider de ses conseils.

Madame de Versac réfléchit long-temps. Elle répondit et par un seul mot : « Elle est bien jeune. « — Hé, je le sais, madame; mais elle est accom- « plie. — Vous le croyez? — Des épreuves multi- « pliées m'en ont convaincu. — Monsieur le comte, « j'ai remarqué que souvent on demande des con- « seils quand déja on est déterminé. — Je ne le « suis pas, madame, j'ai même déclaré à Julie « qu'il fallait nous séparer, et je le voulais de « bonne foi. — Mais vous ne le voulez plus, vous « ne le pouvez plus. — J'avoue que les efforts « les plus violens pourront à peine amener une « séparation que je crains plus que la mort. — « Monsieur le comte, je vous plains. — Est-ce là « tout ce que vous avez à me dire?

« — Mon digne ami, si je flattais votre pen- « chant, nous serions bientôt d'accord. Je le com- « bats, au contraire, et déja votre ton n'est plus

« celui que vous aviez avec moi hier, ce matin, il « y a une heure. — Quoi, madame, vous pour- « riez croire... — J'ai blessé votre cœur, monsieur « le comte, et cela ne se pardonne point. Mais « souvenez-vous que vous m'avez imposé un de- « voir pénible, et que je devais le remplir : je l'ai « fait. »

Madame Bernard, au contraire, suivait avec persévérance le plan qu'elle s'était tracé. C'est elle que le comte cherchait, avec qui il se plaisait à s'entretenir, quand l'amour l'emportait sur la raison. A chaque instant elle était mieux dans son esprit, parce quelle ne lui disait rien qui ne tendît à l'attacher plus fortement à Julie. Madame de Versac était négligée. Elle sentit qu'elle gênait, et elle se disposa à retourner à Blois.

Tout se sait enfin, et les circonstances qui avaient amené la démission de M. de Versac, percèrent et se répandirent dans le public. Quel champ pour certains journalistes ! De grandes fautes d'un côté ! De l'autre, une suite d'actions plus ou moins louables ! mais il faut des ombres au tableau ; d'Alaire est homme de qualité et son éloge ne peut être complet. On rappelle, avec beaucoup de ménagemens, une petite demoiselle sauvée, par le comte, de la corruption du siècle, mais vivant avec lui sous le même toit : on sait qu'un journal doit tribut au malin, et il faut être juste, cette dette-là est toujours fidèlement acquittée. Les insinuations étaient tournées de manière à ce qu'on ne pût être attaqué en calomnie. On terminait l'article en reproduisant une vérité, devenue triviale à force d'être répétée : il est fâcheux que la nature ne produise rien de parfait. Mais heureux l'homme qui, dans le cours d'une longue vie, n'a qu'une imprudence à se reprocher !

On ne peut vivre, à présent, sans être abonné à un journal au moins, et d'Alaire avait le sien. L'article dont je viens de parler, lui causa la plus vive émotion, l'indigna, le révolta. « On n'attaque « pas directement la vertu ! s'écria-t-il ; mais l'ima- « gination du lecteur ajoutera aux traits piquants « du journaliste. Julie est perdue de réputation, « si je n'adopte le seul moyen qui peut rappeler « sur elle la considération des honnêtes gens... « Julie perdue... et perdue par moi !... Madame de « Versac, ne jugez-vous pas que je dois réparer « le tort, bien involontaire, que j'ai fait à cet être « angélique ? — Au moins, monsieur le comte, « vous aurez une excuse.

« — Une excuse ! une excuse ! je n'en cherche « pas ; je n'en ai pas besoin. Ne suis-je pas le « maître de mes actions ? — Sans doute, monsieur « le comte ; mais un homme, comme vous, est en « évidence. Le public le juge, et le jugement est « sans appel. — La partie saine du public dira que « j'ai rempli un devoir sacré, un devoir auquel « nulle considération ne pouvait me soustraire. « — Cette partie saine du public ne verra ici qu'une

« affaire d'amour, ou plutôt une faiblesse. —
« Vous m'impatientez, madame! que m'importe,
« après tout, qu'on me blâme ou qu'on me loue?
« Je serai content de moi, et c'est tout ce que je
« veux : je suis égoïste. — Je croyais que Julie
« vous avait détaché de cette chimère. — Elle
« seule peut être exempte de ce vice-là. — C'est
« bien flatteur pour elle. — Mais vous-même,
« madame, à quelle impulsion cédez-vous en ce
« moment? A la vanité d'opposer à l'amour l'im-
« puissante raison, et de la faire triompher. »

Madame de Versac se tut; d'Alaire s'éloigna
d'elle en répétant: Julie perdue et perdue par
moi! il rencontre madame Bernard. Il lui lit l'article du journal; il lui fait part du projet qu'il a fait naître et des objections de madame de Versac.
« Madame de Versac attaque, monsieur le comte,
« un sentiment que bientôt elle ne pourra plus in-
« spirer. Elle le blâme, parce qu'elle voudrait ne
« trouver que des cœurs froids comme le sien.
« C'est une égoïste. — Je le lui ai dit, madame
« Bernard. — Mademoiselle Mauret est charmante.
« — Elle est pleine de qualités et de talens. —
« Elle a pour vous la plus extrême tendresse;
« vous l'adorez : sacrifierez-vous le bonheur de
« l'un et de l'autre à de vaines considérations? On
« vous peint le public comme quelque chose de
« bien redoutable! Quand on a la certitude d'avoir
« fait une action louable, d'avoir rempli un de-
« voir, on laisse dire la critique; on la réduit au

« silence, en lui opposant une longue suite de
« jours heureux; on lui échappe même, en ne
« vivant que pour soi, et en se renfermant dans
« l'intérieur de sa maison. — Je ne vous connais-
« sais pas encore, ma chère madame Bernard;
« mais je vous apprécie maintenant: ce que vous
« venez de dire est dicté par la raison et le juge-
« ment. Je croyais que madame de Versac avait
« de l'affection pour Julie; je me suis trompé :
« c'est vous qui l'aimez véritablement. »

Julie plaisait beaucoup à madame de Versac. Mais cette sensation du moment ne pouvait balancer ce qu'elle devait au comte. Elle craignait de le voir livré à de tardifs et inutiles regrets; elle pensait enfin ce qu'il avait dit et répété lui-même, quand il avait encore la force de raisonner. Elle s'était exprimée avec la plus grande modération. Cependant elle avait déplu, et le comte s'était éloigné d'elle. Elle ne chercha plus à le revoir, que pour lui faire entendre les derniers accens de sa reconnaissance. Elle partit, sans que d'Alaire ait fait, pour la retenir, ces instances que l'usage commande, quand elles ne sont pas dictées par l'amitié.

Il est évident que d'Alaire aimait au point de ne plus chercher qu'un prétexte qui l'autorisât à franchir les bornes qu'il s'était prescrites. La seule personne qui pût le ramener à l'idée d'un mariage disproportionné venait de s'éloigner. Il restait avec son cœur, Julie et madame Bernard. Il n'est pas difficile de prévoir comment ceci finira.

Le comte perdra-t-il dans l'esprit du lecteur, parce qu'il n'est pas maître de lui auprès d'une fille charmante dont il est aimé, et qu'il voit à tous les momens du jour? Cette faiblesse effacera-t-elle le souvenir de mille bonnes actions dont il a embelli son existence? Qui de nous, dans la position où il se trouve, répondrait d'être plus fort que lui? Supposons-le insensible, et voyons, d'après son caractère connu, ce qu'il ferait dans la circonstance actuelle.

Il verrait nécessairement dans Julie une femme devenue malheureusement célèbre, et il n'imputerait qu'à lui cette triste célébrité. Il ne pourrait plus proposer à un homme estimable la main de la jeune personne. Il ne s'est pas borné à éviter le mal; il a toujours cherché l'occasion de faire le bien. Aurait-il balancé à proposer à Julie une réparation nécessaire, et la seule qu'il pût lui offrir? Je l'ignore. Mais j'invite ceux qui le connaissent mieux que moi à réfléchir et à prononcer.

Fort du départ de madame de Versac, et de l'assentiment de Madame Bernard, il avait cherché Julie, qui ne savait rien encore. « Notre sort « est décidé, lui dit-il, et c'est un journal qui l'a « fixé. On vous accuse, on me condamne. On ne « nous tient aucun compte des combats multipliés « que nous avons soutenus; on ne croit pas que

« vous ayez pu conserver votre vertu ; on insinue
« enfin que vous êtes ma maîtresse. Le trait est
« lancé ; il est public ; vous n'avez plus de répu-
« tation. Le mariage seul peut vous faire remon-
« ter au rang des femmes considérées ; je vous
« offre ma main, et tout vous fait une loi de l'ac-
« cepter.

« Il y a quelques mois, vous m'avez opposé
« des scrupules dictés par la délicatesse. Votre
« façon de penser était louable alors ; elle doit
« changer avec les circonstances. Julie, soyez à
« moi. »

Julie écoutait le comte, en lisant cet article, qui réellement changeait sa situation. L'intimité dans laquelle elle vivait avec d'Alaire, avait fait enfin disparaître les distances ; elle sentait son cœur disposé à céder sans efforts à une douce nécessité. Mais la possession de l'homme qu'elle préférait à tout, un grand nom, des richesses, de la considération, ce passage rapide d'une existence précaire à tout ce qui peut embellir la vie, à ce qui la rend précieuse, se réunissait pour étourdir une jeune fille, qui croyait à peine ce qu'elle venait d'entendre. Julie n'était plus à elle ; des sentimens tumultueux l'agitaient. « Mon ami,
« laissez-moi respirer et me reconnaître. Je ne
« pourrai lier deux idées, tant que vous serez
« près de moi. Laissez-moi, je vous en supplie.
« Dans un quart d'heure j'irai vous retrouver. »

Restée seule, elle se calma par degrés. Elle

avait senti l'excès de son bonheur : elle put l'envisager dans toute son étendue, l'examiner dans les moindres détails. Elle regretta alors que le comte fît tout pour elle. Elle aurait voulu avoir un trône à partager avec lui, non qu'elle fût humiliée de ses bienfaits, l'amour ennoblit tout; mais pour qu'il ne pût douter de la force, de la sincérité des sentimens qui la dirigeaient en sa faveur. « Julie, soyez à moi, répétait-elle par in-
« tervalles. Ah ! j'étais à vous; je ne pouvais être
« qu'à vous; je vais vous appartenir sans réserve
« et pour jamais. »

Elle retourne auprès du comte. « Mon ami,
« madame Bernard a prévu ce qui arrive. Elle
« m'a tracé un plan de conduite que je n'ai pas
« approuvé, et que je ne suivrai pas. Non, je
« n'opposerai pas une résistance stimulée à des
« offres qui comblent tous mes vœux. J'accepte
« votre main avec les transports de l'amour et de
« la reconnaissance. Puissiez-vous me voir toujours
« telle que vous me voyez aujourd'hui ! Puissé-je
« répandre sur vous le bonheur dont vos vertus
« vous rendent si digne ! — Ah ! Julie, ma vertu !
« — Mon ami, mon cher, mon respectable ami,
« je veux honorer mon époux, et l'égoïsme a tou-
« jours excité mon mépris. Permettez-moi de met-
« tre une seule condition au consentement que
« je vous donne avec une joie si pure : c'est que
« ce mot affligeant ne sera plus prononcé ici. On
« vous nomme le plus honnête homme de France.

« Ah! mon ami, que je sois fière, que je jouisse « d'un titre que vous méritez si bien. Me le pro- « mettez-vous? — Hé, dépend-il de moi de vous « rien refuser? »

Ainsi cette jeune fille, qui a puissamment contribué à ramener à l'équité des créanciers fripons, corrige un homme respectable d'une manie qui n'est que ridicule, mais qui nuit au développement du plus noble caractère. Ah! si la beauté savait jusqu'où peut aller son empire! Si elle avait l'ambition de ne l'exercer que pour rendre meilleurs ceux qui s'y soumettent si facilement!... Mais... mais...

A l'instant tout changea de face dans l'hôtel. Un bonheur calme, une douce sécurité succédèrent aux anxiétés, aux combats que la raison livrait sans cesse à l'amour. On ne s'occupa plus que des dispositions convenables pour amener ce jour tant désiré, et qu'on aurait voulu pouvoir avancer.

La fortune de d'Alaire était augmentée de ses économies. La somme qu'il avait en caisse était beaucoup plus forte que celle qu'avait exigée madame Mauret, et il est si doux de combler de biens l'objet qu'on adore! Le comte donna ses ordres pour que sa maison fût mise sur un pied plus brillant que jamais. Des ouvrières de tout genre furent appelées autour de Julie, et se chargèrent de l'embellir... si cela était possible.

Chaque jour on lui présentait quelque chose

de nouveau. « Ah! dit-elle au comte, vous m'avez
« trouvée bien, en Basse-Bretagne, dans mes ha-
« bits de voyage; et certes, ils n'étaient pas re-
« cherchés. — Ma tendre amie, je ne prétends pas
« vous parer, vous n'en avez pas besoin. Mais vous
« allez tenir un rang dans le monde; il faut vous
« mettre comme celles dont vous serez l'égale. —
« Quoi! mon ami, cesserons-nous de vivre pour
« nous? Sacrifierons-nous à l'usage des momens qui
« pourraient être si doux? — Julie, croyez-vous
« que l'amour n'ait jamais besoin de repos? Après
« un intervalle de quelques heures, on se retrouve
« heureux d'être ensemble, plus empressés, plus
« tendres que jamais. — Mon ami, quand j'allais
« avec vous étudier la nature dans les bois; quand
« je recevais ici vos leçons; quand nous faisions
« ensemble des lectures agréables ou utiles; quand
« l'amour naissant se couvrait encore chez vous
« des apparences de la simple amitié, les jours cou-
« laient avec rapidité. Heureuse de voir, de vous
« parler, de vous entendre, je ne désirais rien. Et
« maintenant que les transports les plus doux, les
« épanchemens les plus vifs vont embellir notre
« vie, nous nous occuperions d'un monde qui
« nous est étranger, à qui nous sommes indiffé-
« rens! Ah! mon ami, l'amour, toujours l'amour,
« rien que l'amour! — Hé bien, ma charmante
« amie, ayez ce qu'il vous faut pour être comme
« toutes les femmes, et faites-en l'usage qu'il vous
« plaira. »

L'amour désintéressé de Julie ne la rendait pas absolument insensible au fini, à l'éclat de certaines choses. Une robe richement brodée, un élégant voile d'Angleterre avaient attiré ses regards. Elle avait daigné les examiner, leur sourire, et les ranger elle-même dans ses cartons. Elle avait serré dans son secrétaire un fort joli écrin; et quand elle était seule, ce qui arrivait rarement, elle essayait ses boucles d'oreilles, son collier; elle convenait avec elle-même que l'art ne dépare pas la nature.

Elle accompagnait, sans trop de résistance, son amant au spectacle, et il n'y allait que pour lui procurer une soirée agréable. Elle lui disait, de la meilleure foi du monde : Mon ami, j'aime ces scènes d'amour, quoiqu'il n'y ait dans tout cela que de l'esprit, et peu de sentiment. Mais cet amour, fait à froid, me porte à me replier sur moi-même, et j'ajoute, à ce qu'a dit l'auteur, ce qu'il n'a pu dire, parce qu'il ne l'a pas senti.

Le comte trouvait sa charmante future disposée à devenir une femme comme une autre... estimable sans doute; et il s'en félicitait, parce qu'il savait bien qu'aucun genre d'ivresse n'est durable, et qu'il ne pouvait, à son âge, occuper exclusivement Julie : combien de jeunes maris, convaincus de toute l'étendue de leur mérite, ont été dupes de l'opinion opposée! D'Alaire sentait donc qu'il faudrait à sa divine petite femme des plaisirs honnêtes, et il cherchait à lui en donner le goût.

La boîte grillée de la municipalité voisine offrait aux regards des amateurs oisifs l'affiche qui portait le nom du comte et de Julie. La nouvelle de son mariage ne se répandit pas aussi promptement que s'il eût été affiché à la Chaussée-d'Antin; le comte tenait à ce qu'il avait reçu de ses pères, et il continuait d'habiter ce faubourg Saint-Germain, jadis si brillant, aujourd'hui si modeste. Mais il y a dans le faubourg Saint-Germain des gens qui passent quelquefois la rivière; des jeunes femmes surtout, dédaignant le jardin pittoresque du Luxembourg, aimant à humer la poussière de l'allée à la mode des magnifiques et uniformes Tuileries. Il faut que des femmes causent, et si on ne forme pas là de liaisons, on y fait *des connaissances de chaises*, avec qui on parle de choses indifférentes.

La première qui, sans manquer de donner un coup d'œil à chacun des hommes qui passaient devant elle, annonça le mariage du comte, fixa l'attention des dames placées à sa droite et à sa gauche. Celles-ci avaient aussi leurs voisines, et la nouvelle courut le long des deux lignes. On parlait de l'âge du comte, de l'extrême jeunesse de Julie; on citait l'article du journal. On voulait deviner le motif qui avait pu déterminer un homme tel que d'Alaire; et comme il n'y a pas de sorciers depuis qu'on n'y croit plus, on attribuait cette union à des causes imaginaires. Les jeunes gens prononçaient hautement que Julie ne pouvait être mue que par des raisons d'intérêt. Les hommes âgés décidaient que mademoiselle Mauret n'était pas de ces filles superficielles qui ne s'attachent qu'aux agrémens extérieurs, et que les qualités bien connues du comte justifiaient son choix. Les femmes se disaient à l'oreille qu'une jeune personne fait bien de se marier, quand elle trouve un parti avantageux, quel que soit, d'ailleurs, l'homme qu'elle épouse, parce que plus tard...

D'Alaire était très-connu, et, d'après ces dispositions opposées, on les regardait différemment, Julie et lui, quand on les rencontrait dans des lieux ouverts au public. Un étourdi heurta légèrement la jeune demoiselle, uniquement pour dire au comte : « Ah! monsieur, je vous demande par-
« don; je crains d'avoir fait mal à mademoiselle
« votre fille. Monsieur n'est pas mon père, lui ré-
« pondit sèchement Julie. C'est l'homme le plus
« respectable que je connaisse, et une plaisanterie
« déplacée ne lui fera rien perdre dans mon opi-
« nion. Allons, murmurait le jeune homme en s'é-
« loignant, cette fille a un goût décidé pour les
« vieillards boîteux. »

Personne n'eût osé se permettre d'insulter directement d'Alaire : il eût trouvé autant de vengeurs que de témoins. Mais la raillerie est née en France, et quelques scènes du même genre le firent revenir sur le projet de produire Julie dans le grand monde. Julie, de son côté, ne concevait point qu'on n'approuvât pas hautement son choix.

Mais quand le comte lui proposait de sortir, seulement pour ne pas se mettre en contradiction avec lui-même, elle lui répondait d'une voix angélique : Mon ami, nous sommes si bien ici! Ah! se disait tout bas le comte, puisse-t-elle toujours penser ainsi!

La presse avait gémi. Une multitude de billets annonçant le mariage était distribuée à tout ce qu'il y avait de grand et de recommandable à Paris. En échange du sien, M. d'Aranville adressa celui-ci à d'Alaire :

« Je vous félicite sur votre mariage, que sans doute vous avez réfléchi. Permettez-moi de vous faire mon présent de noces : c'est celui que j'ai jugé le plus digne de vous. J'ai nommé chef de bureau le frère de la future comtesse. C'est un excellent sujet, dont peut-être vous ne vous êtes pas assez occupé; mais l'amour fait oublier bien des choses. Monsieur le plus ancien capitaine de l'armée est chef de bataillon, et M. Duval est remis en activité dans un régiment d'artillerie légère, qui est en garnison à Vincennes. »

Non, non, disait le comte, l'amour ne fait pas tout oublier. Mais Mauret, élevé par sa mère, pouvait en avoir adopté les penchans. C'est un bon sujet? La maison de sa sœur sera la sienne. Je n'ai pas oublié Charles et le capitaine. Ils sont placés; j'en suis fort aise. Certainement ce n'est pas à mon égoïsme réel ou supposé que M. d'Aranville a entendu accorder quelque chose, Julie a raison : la vertu existe, et il est encore des hommes qui se plaisent à l'honorer.

Le jour si long-temps désiré, si impatiemment attendu, parut enfin. Julie avait demandé que la cérémonie se fît de grand matin et sans éclat. Inébranlable dans sa manière de juger, comme dans ses sentimens, elle ne craignait pas les plaisanteries qui auraient porté sur elle. Mais elle voulait épargner à son ami des saillies dont il eût été difficile qu'il ne se fît pas l'application : il est une sorte d'instinct intérieur qui ne nous trompe jamais, auquel l'amour-propre peut imposer silence, et que Julie redoutait. Cette journée devait être tout entière au bonheur pour son époux, comme pour elle.

Madame Bernard fut tirée de l'espèce d'oubli où elle languissait depuis quelque temps. Chargée de représenter une mère déchue de tous ses droits, elle était parée, à six heures du matin, de ce qu'elle avait de plus riche. Julie se présenta en simple robe blanche, et n'étant distinguée des autres que par le bouquet virginal, auquel elle avait conservé tant de droits. Les roses du plaisir coloraient ses joues, et la pudeur tempérait l'éclat de ses yeux charmans. Elle n'a qu'une idée vague des droits que son ami va acquérir sur elle ; elle frémit, elle ne sait pourquoi, et cependant elle est heureuse : c'est l'innocence aimante qui se dévoue sur l'autel de l'hymen.

Qu'ils sont beaux les premiers jours qui suivent

une union que deux cœurs avaient formée d'avance! On n'est plus soi; on s'est identifié avec l'objet qu'on adore; on ne pense, on ne respire, on ne vit qu'en lui et par lui. Tout est sensation, ivresse, délire. Le sommeil ne ferme des yeux humides de volupté, que pour préparer le réveil de l'amour. État délicieux, divin, pourquoi n'êtes-vous pas éternel?

CHAPITRE XVI.

On n'avait pas reçu de visites, parce qu'on voulait être tout-à-fait chez soi. On n'en avait pas rendu, parce qu'on craignait de perdre des heures qu'embellissait l'amour. Cette singularité avait été remarquée, blâmée, et le public, qui juge toujours d'après les apparences, avait prononcé que d'Alaire était jaloux: comment ne pas l'être à cinquante ans? On ignorait cela à l'hôtel. Un mois s'était écoulé, et les jours étaient encore les mêmes. Madame Bernard et Mauret avaient seuls le droit de rompre des tête à tête qui ne semblaient jamais assez longs, et dont on ne cessait d'invoquer le retour. Après le second mois, on n'était pas très-fâché que des tiers se présentassent. A la fin du troisième, on les désirait quelquefois. On n'en convenait pas, même avec son cœur; mais les prétextes, bien innocens sans doute, paraissaient naître d'eux-mêmes, et on ne croyait pas les avoir cherchés.

Plus tard, Mauret parut sérieux, et madame Bernard fatigante. Julie commença à ouvrir ses tiroirs. La robe brodée et son écrin fixèrent de nouveau son attention. Le comte allait passer une heure dans son cabinet.

Un jour Julie appela sa femme de chambre. « Thérèse, monsieur le comte m'a comblée de « présens, et j'ai négligé de m'en parer. Il ne « m'en a pas fait de reproches ; mais peut-être « est-il mécontent que j'attache aussi peu d'impor- « tance à toutes ces jolies choses. Thérèse, habil- « lez-moi. »

L'heure du dîner a sonné. La comtesse paraît dans la plus éclatante parure. D'Alaire s'enivre du plaisir de la contempler. « La nature est bien belle « sans doute, dit-il à sa femme ; mais il est con- « stant que l'art la relève. Je n'ai pu le croire, « Julie, qu'en vous voyant parée de ce qu'il a « produit de plus élégant, de plus recherché. — « Ah ! mon ami, ce n'est que pour vous que je « veux être belle. »

Un journal parlait avec éloge de *Jeanne d'Arc*, et de son auteur. « Les plaisirs du théâtre sont « bien superficiels, dit le comte. — Sans doute. « Cependant ce sujet est national, la versification « est harmonieuse et brillante. Cette tragédie peut « intéresser un homme raisonnable. Vous aimez « beaucoup Racine, convenez-en, mon ami ; mais « vous le savez par cœur, et il faut varier ses « jouissances. Et puis si on veut n'être pas remar-

« qué, il y a des loges grillées. A propos, mon
« cher comte, vous ne connaissez pas encore votre
« nouveau carrosse; vous n'avez pas essayé vos
« chevaux. » La femme la plus sage se pare-t-elle
pour n'être vue de personne? Je vous le demande :
soyez de bonne foi.

Le comte donne ses ordres. Madame Bernard
s'habille, et le cocher se félicite d'entrer enfin en
fonctions. Julie ne dissimule pas le plaisir qu'elle
aura à voir une pièce patriotique. Le comte convient que de tels sujets peuvent être utiles, pourvu
qu'ils ne causent pas d'exaltation.

Vous n'avez pas oublié que le comte avait, il
y a un an, une loge à tous les spectacles; qu'il y
conduisait quelquefois Julie, dans les premiers
temps où il l'avait reçue chez lui. Les plaisanteries
dont je vous ai parlé, lui avaient inspiré un éloignement assez prononcé pour tous les lieux publics. Mais Julie avait parlé, et ses moindres désirs étaient des lois. Et puis, répétait-il, il y a
des loges grillées pour ceux qui ne veulent pas
être remarqués.

Cacher, derrière une grille, une toilette recherchée, une figure qu'on sait être séduisante, est
au-dessus, peut-être, de ce que peut une femme.
Julie, sans doute, ne voulait être belle que pour
son mari; mais n'est-il pas doux d'entendre, autour de soi, un murmure d'admiration. En jouir,
n'est-il pas un plaisir innocent? Je ne sais comment la chose arriva; mais le store partit, la grille

tomba, et le public reconnut le comte, baisant tendrement la main de sa femme. Il est constant que, pendant qu'on baise une main, il est difficile de voir ce que fait l'autre.

Le genre de la loge; la chute de la grille, qu'on croyait être un effet du hasard, étaient bien propres à confirmer le jugement qu'on avait déja porté sur la jalousie prétendue du comte. Non, d'Alaire n'est pas jaloux : il est convaincu que sa femme ne vit que pour lui. Mais qui peut échapper à des interprétations, plus ou moins malignes? On jasait dans toutes les loges, d'où on pouvait voir les nouveaux époux. Les femmes cherchaient des imperfections à Julie, et il était difficile d'en trouver. Les hommes enviaient le bonheur du comte, et décidaient qu'il ne pouvait être durable. Le tout était décoché avec cette réserve d'expression, cette aimable ambiguité qui distinguent la bonne compagnie.

Charles était au spectacle, et il avait tout ce qui fait remarquer un jeune homme. De fort jolis yeux se portaient sur lui à la dérobée, et y revenaient avec un plaisir nouveau, jusqu'au moment où la comtesse fixa l'attention générale. Oh! alors Charles fut oublié. Serait-il vrai que l'esprit de critique soit naturel aux femmes; qu'il devient leur penchant habituel, dominant, et qu'il impose quelquefois silence à des sensations auxquelles il est si doux de se livrer? Ou bien les femmes rapportent-elles tout à l'amour, et ne cherchent-elles des défauts dans les autres femmes, que pour se rassurer contre la légèreté qu'elles croient si naturelle aux hommes, et qu'elles redoutent toujours dans un amant aimé?

Les murmures que Charles entendit autour de lui, le fixèrent sur cette loge où était celle qu'il avait si tendrement aimée, et qu'il aimait encore, autant qu'on peut le faire, quand on n'a plus d'espérance. Il fut frappé de l'éclat de Julie, de l'air de bonheur répandu dans toute la personne du comte. Il laissa tomber sa tête sur sa poitrine, et il soupira.

Il n'ignorait point la part qu'avait eue d'Alaire à son rappel au service. Il avait eu l'idée de l'aller saluer en arrivant à Paris; mais il avait pensé à ce qu'il souffrirait en revoyant un rival trop heureux. Il s'était décidé à écrire une lettre de remercîmens : il avait prévu qu'il recevrait une réponse, peut-être une invitation de revenir à l'hôtel. Une correspondance de ce genre aurait ranimé des souvenirs cruels, que sa raison ne pouvait éteindre, mais que le temps devait affaiblir. Revoir Julie, c'était se perdre volontairement et sans retour. Il était allé cacher à Vincennes des sentimens auxquels il ne se dérobait que par une application soutenue à l'étude de sa profession, et l'accomplissement rigoureux de ses moindres devoirs.

Son colonel distinguait les hommes de mérite, et Charles était de toutes ses fêtes. Il avait donné un dîner splendide, et Charles se dérobant à la joie bruyante, au jeu, aux conversations oiseuses, était venu s'enfermer dans une loge, d'où, pendant long-temps, il n'avait rien vu de ce qui l'entourait.

Sa tête se releva. Ses yeux se fixèrent enfin sur la loge du comte; il ne pouvait plus les en détacher. Le comte le reconnut, et le salua de la main, avec cet air de bienveillance qui lui conciliait tous les cœurs. Charles, honteux de s'être laissé prévenir, se lève, traverse rapidement le corridor, arrive, et ne trouve pas un mot quand il est auprès de Julie. Le comte voit son embarras, et y ajoute d'abord, en voulant le faire cesser. « Vous « avez lu, monsieur, l'article du journal qui a dé- « cidé mon mariage? — Oui, monsieur, et vous « avez fait ce que vous prescrivaient à la fois la « délicatesse et votre cœur. »

D'Alaire, après avoir justifié sa conduite, trouva encore quelques phrases qui ne signifiaient pas grand'chose, mais qui marquaient un intérêt assez réel en faveur de Charles, pour le mettre tout-à-fait à son aise : le comte du moins le croyait ainsi. Julie pensa que les convenances exigeaient qu'elle fît une sorte d'accueil à celui qui l'estimait assez pour lui avoir offert sa main. On ne parle pas à un homme, sans le regarder au moins quelquefois. Julie convint avec elle-même que celui-ci était fort bien, et que si elle n'avait pas été toute au comte, elle aurait pu être à lui.

Charles n'était plus qu'à ce que lui disait Julie. Cependant il lui répondait de travers; il ne savait ce qu'il disait, parce que le seul sujet dont il aurait voulu parler, lui était interdit désormais.

Son trouble n'échappa point à d'Alaire. Le comte avait pensé d'abord à l'engager à revenir à l'hôtel. Il réfléchit modestement que le spectacle de sa félicité ajouterait aux peines de son malheureux rival, et l'invitation expira sur ses lèvres. Charles, fatigué de la situation pénible où il était, sortit de la loge, et se retira dans la sienne. On joua les trois actes des *Fausses Confidences*, sans qu'il en entendît un mot.

Profondément recueilli, il jugea, avec beaucoup de raison, que la comtesse était sacrée pour lui; et que d'ailleurs des hommages adressés à un cœur fortement prévenu pour un autre seraient nécessairement rejetés. Il prit la ferme résolution d'éviter Julie, et de retourner le lendemain de bonne heure à Vincennes. Cependant, sans intention, par hasard, par instinct peut-être, il se trouva sous le péristyle lorsqu'on appela les gens de madame la comtesse. Il ne put se refuser au plaisir de lui offrir la main quand la portière du carrosse s'ouvrit : c'était, d'ailleurs, la dernière jouissance qu'il dût se permettre.

C'est toujours dans la solitude, la nuit surtout, que l'amour agit avec tout son empire. Charles, rentré chez lui, sentit le poison circuler dans ses veines avec une nouvelle activité. Il se rappela le passé; il s'occupa du présent; il souleva d'une main timide un coin du voile qui couvre l'avenir. Le public a raison, pensait-il, le comte est jaloux, puisqu'il ne m'a pas engagé à le voir, moi, à qui il marquait, il y a quelques mois, tant de bienveillance, et qui, peut être, l'ai méritée... Cependant il m'a encouragé de la manière la plus aimable à me présenter dans sa loge. Cette démarche ne dit-elle pas tout, et ne suis-je pas autorisé, obligé même à y répondre par une marque de déférence et de politesse? Non, non, je n'irai pas à l'hôtel, et qu'y ferais-je? J'y verrais une femme qui ne m'aime pas, qui ne m'aimera jamais, que j'adore, et dont la présence ajouterait à mes maux... Non, je n'irai pas à l'hôtel. Je n'irais pas, dût Julie m'écouter favorablement. Je n'entreprendrai pas de ruiner son bonheur et celui de son époux. On voit que Charles n'était pas de ces hommes qui se font de l'amour un jeu, et de la séduction un plaisir. C'était un fort honnête homme que Charles.

Cependant, le lendemain, sans s'en apercevoir, il s'habilla avec plus de soin qu'à l'ordinaire. Il avait décidé qu'il retournerait à Vincennes; mais les bienséances lui permettaient-elles de partir sans prendre congé de son colonel? Or, on ne se présente chez un officier supérieur qu'en grande tenue. Le colonel demeurait à la Chaussée d'Antin; Charles logeait rue Montmartre; il prit le boulevard : c'était tout simple. Il s'arrêta au passage du Panorama pour lire les affiches. quoiqu' ne dût pas aller au spectacle le soir : on n'est pas fâché de préjuger à quel théâtre se portera la foule. Hélas! l'affiche à laquelle il a dû le bonheur ou le malheur de revoir Julie, est déja remplacée par une autre. Ainsi passe, disait-il, le plaisir fugitif. Le mal reste, aggravé par de cruels souvenirs. Le mal lui-même s'use enfin, mais trop tard. Qu'est-ce donc que la vie?

Quand on fait des réflexions philosophiques et qu'on rêve profondément, on est distrait de tout ce qui n'est pas l'objet qui nous occupe. Charles avait traversé le passage du Panorama, du théâtre Feydeau, la rue Vivienne; il était au Palais-Royal. Toujours rêvassant, il laissa derrière lui le Pont-Royal, il entra dans la rue Saint-Dominique. Il faut avouer qu'il n'avait pas pris le chemin le plus court pour aller à la Chaussée-d'Antin.

Sans idée positive, sans volonté déterminée, sa main s'est portée sur le marteau d'une porte cochère. Le cordon est tiré, et il s'aperçoit qu'il a frappé à la porte du comte. Que faire, quand on a frappé à une porte, et qu'elle s'est ouverte? Il n'y a qu'un parti à prendre : c'est d'entrer, et c'est ce que fit Charles.

Il demande d'une voix douce et timide si monsieur le comte est visible. Il désire presque qu'on lui réponde que non. On lui répond qu'oui. Que faire encore? monter.

Le premier délire qui suit un mariage d'inclination réciproque était un peu calmé; mais nos époux étaient encore inséparables. Les momens de vide, dirai-je d'ennui, faisaient désirer un peu de dissipation. Mais les plaisirs intérieurs, extérieurs étaient toujours un bien de communauté. D'après cela, qui était reçu de monsieur était sûr de l'être de madame.

L'amour peut faire un sot d'un homme d'esprit : nous en avons eu la preuve hier à la Comédie française; mais cet état ne dure pas. Charles, après une révérence assez gauche, quelques phrases un peu décousues, se remit par degrés, monta la conversation sur un ton qui devait convenir au comte, et traita les objets dont on s'entretenait avec une supériorité marquée. Cherchait-il sérieusement à plaire à la comtesse? Voulait-il simplement lui faire regretter de n'avoir pas été juste à son égard? C'est ce que je ne peux vous dire. Je vous assure seulement que Charles s'était volontairement monté la tête; qu'il était décidé à briller, et que le succès couronnait ses efforts. Cependant des distractions assez fréquentes le ramenaient à une femme trop dangereuse; mais ces écarts étaient courts. Il revenait, par un détour, par une heureuse transition, au sujet qu'on traitait, et il fixait de nouveau l'attention.

Depuis trois ou quatre mois, d'Alaire ne parlait qu'amour. La comtesse possédait tout le charme de cette langue; mais le vocabulaire n'en est pas très-étendu, et on revient toujours à ceci : Je vous aime, je vous adore; je ne peux aimer que vous. Ces répétitions pouvaient paraître fastidieuses à un homme de cinquante ans, d'un esprit droit, d'un jugement sain et d'une raison exercée. Julie ne savait que ce que le comte lui avait appris : rien de nouveau, pour l'un et l'autre, ne pouvait varier la conversation. Le comte s'abandonnait à l'agrément d'un entretien qui rompait l'uniformité d'une vie très-heureuse sans doute. Mais diversité est la devise de la nature. Tout change, parce que tout doit changer, et rien ne peut nous soustraire à la rigueur d'une loi malheureusement générale.

En se laissant aller au plaisir d'entendre Charles, d'Alaire se souvenait quelquefois que l'homme qui l'intéressait était amoureux de sa femme. Mais Charles est un homme d'honneur, et le cœur de Julie est invariablement à son époux. Un homme d'honneur! Charles en a sans doute. Mais il aime; il est aimable, beau et bien fait. Le cœur de la comtesse est tout à son mari : cela est incontestable. Cependant elle applaudissait à un trait heureux, à une idée piquante ou aimable. Elle trouva enfin que l'uniforme de M. Duval était avantageux, et qu'il le portait à merveille. Observation fort innocente, je vous le jure; mais qui ne plaît pas à tous les maris. Le comte se pinça les lèvres, et fit un tour ou deux dans le salon.

On avertit madame qu'elle était servie. Les

domestiques sont si gauches! Ils ne savent rien deviner. Il fallait engager Charles à rester, ou le laisser sortir, ce qui eût été contre les règles de la plus simple politesse. C'était rompre brusquement avec lui, et il n'était pas dans les principes du comte de rien précipiter. L'invitation fut faite sans empressement, comme sans froideur. L'usage permettait à Charles d'accepter ou de refuser. Son cœur lui disait de rester, et il écouta son cœur.

La comtesse fit les honneurs du dîner avec une amabilité, une gaieté, une grace qu'elle n'attachait pas à toutes ses actions. Le comte s'en aperçut, et des réflexions sérieuses commencèrent à naître. La conversation devint languissante. Charles regarda la pendule : il y avait quatre heures qu'il était chez d'Alaire. Il crut qu'il était temps de le laisser libre. Il se retira à regret; mais enfin il sortit.

Julie n'avait plus d'objet de comparaison. L'aimable distraction que Charles lui avait procurée n'existait plus que dans sa mémoire, et il y a un intervalle immense entre la jouissance et le souvenir. Elle se disait, bien bas, à la vérité, que le beau jeune homme devrait les venir voir quelquefois. Mais sans réflexion, sans efforts, elle redevint cette femme aimante, toujours sûre de charmer son mari. Le comte se reprocha alors de s'être livré à des idées qui n'avaient aucune espèce de fondement, et qui n'étaient propres qu'à troubler son repos.

Le grand air avait rafraîchi la tête et le cœur de Charles. Il se souvint qu'il devait être rendu à Vincennes de très-bonne heure. Il conçut des inquiétudes sur les suites que pouvait avoir une absence beaucoup trop prolongée, et il se jeta dans la première voiture qui se présenta à lui.

En arrivant à Vincennes, il apprit qu'on avait fait le matin l'exercice du canon. C'était la première fois qu'il manquait à son devoir, et il avait sept ans de service. Il s'en fut droit chez le major; il s'accusa, et demanda quelle peine lui était infligée. « Si tous les officiers vous ressemblaient, « lui dit le major, je me bornerais à de simples « remontrances. Mais je dois un exemple au main- « tien de la discipline, et vous garderez les arrêts « pendant quinze jours. »

On n'a rien à faire quand on est aux arrêts, et Charles écrivit au comte le récit de sa mésaventure. Il n'eût osé écrire à madame : c'eût été violer toutes les bienséances. Mais pourquoi écrit-il, quand rien ne l'y oblige? Il sait, et je vous l'ai dit, que la comtesse ne quitte jamais son mari, et que sa lettre sera lue en commun. Elle est tournée de manière à ajouter à l'intérêt qu'il inspire, et qui ne lui est pas échappé. Prenez garde, monsieur l'homme d'honneur, vous commencez à vous écarter du sentier, difficile à la vérité, que vous a tracé la sagesse.

« Ne trouvez-vous pas, mon ami, que M. Duval « écrit comme un ange? — Il écrit très-bien. Mais

« je ne vois pas à quel propos il m'adresse cette
« longue lettre. — Vous l'avez accueilli ; il vous
« devait des remercîmens. Il n'a pu vous les faire
« de vive voix, puisqu'il est aux arrêts : il était
« tout simple qu'il écrivît. » Le comte n'avait rien
à répondre à cela ; mais il trouva que madame
pouvait s'occuper moins de Charles. Un sourire,
une caresse de la femme charmante ramenaient
la confiance et la sécurité.

« Nous sommes des ingrats, dit la comtesse,
« quelques jours après. — Comment cela, ma
« chère amie ? — Vous souvenez-vous de ce temps
« où vous me cachiez dans un fiacre, enveloppée
« dans une petite robe blanche ; où vous teniez
« sous le bras un volume de botanique, d'histoire
« naturelle ; où nous courions après l'insecte ailé
« que recevait le grand sac vert de madame Ber-
« nard ? Nous nous reposions sous ce gros chêne,
« dont le pied est couvert de mousse. Un repas
« frugal, que l'appétit nous faisait trouver déli-
« cieux, réparait nos forces épuisées. Votre main
« effleurait la mienne et portait déja dans mon
« cœur le trouble et le plaisir. — Hé bien, ma
« chère amie ? — Hé bien, nous n'avons pas pensé
« à aller voir ce bois où ont commencé pour nous
« l'amour et le bonheur. Mon ami, allons-y faire
« un pèlerinage. Répétons-y ces scènes dont le
« souvenir m'est si précieux. Faisons des libations
« aux driades de Vincennes. — Allons en faire à
« celles de Boulogne. — Oh ! mon ami, le bois de

« Boulogne est aride, dépouillé. — J'en conviens,
« Julie; mais là, du moins, nous ne serons ex-
« posés à aucun inconvénient. — Hé, mon ami,
« qu'aurions-nous à craindre à Vincennes? —
« Vous ne le sentez pas. — Éclairez-moi, je vous
« en supplie. — Charles est en garnison à Vin-
« cennes. — Il est aux arrêts. — Mais, en allant,
« en revenant, nous pouvons le voir à sa croisée.
« — Je n'en serais pas fâchée.—Réfléchissez donc,
« Julie. Sans doute vous n'avez pas de raisons pour
« éviter Charles; vous n'en avez pas non plus pour
« le chercher. — Mais, mon ami, je ne le cherche
« pas. — Il pourrait le croire, parce qu'il aime
« encore, et que l'espérance n'abandonne jamais
« l'amour. Ne sentez-vous pas, Julie, quel tort
« vous ferait, dans l'esprit de Charles lui-même,
« une démarche qui pourtant n'aurait rien de ré-
« préhensible, mais qu'il ne manquerait pas de
« rapporter à lui? — Il aurait grand tort, mon
« ami.— Peut-être, Julie. Pourquoi revenir, après
« quatre mois de mariage, à des jeux qui sans
« doute avaient des charmes alors, mais qui au-
« jourd'hui seraient insignifians? Pourquoi d'ail-
« leurs préférer le bois de Vincennes à ceux de
« Boulogne et de Romainville, où nous avons
« aussi fait des libations? Voilà des questions qui
« se présenteront naturellement à l'imagination
« de Charles, et auxquelles répondront son cœur
« et sa vanité. Et moi, Julie, moi, dont vous ne
« vous occupez pas en ce moment, quel rôle

« jouerais-je dans ceci ? Un ridicule, que s'est
« donné volontairement un mari, ne s'efface ja-
« mais. Il en est même qu'il ne peut s'attribuer,
« et qui s'oublient très-difficilement. — Mais, mon
« ami, vous prenez ma proposition d'une manière
« bien sérieuse. — Ma chère amie, il est des choses
« que votre inexpérience ne vous permet pas de
« prévoir. Le public n'est pas rigoriste sur les
« mœurs. Cependant une démarche inconsidérée
« fixe son attention, et il ne revient jamais sur ce
« qu'il a prononcé. Ma Julie, si douce, si belle,
« si aimante, mais si jeune, ne se laissera-t-elle
« pas guider par son ami? »

Julie réfléchit un moment. Elle jeta ses bras
au cou du comte, et elle lui dit de ce ton qui
pénétrait toujours son cœur : Mon ami, allons
dîner au bois de Boulogne.

D'Alaire fut touché de ce prompt retour à la
raison. Il combla sa jeune épouse de marques
de bonté et de tendresse. Son extrême docilité
l'avait rassuré sur l'avenir, cependant il crut devoir écrire à Charles :

« Vous avez aimé tendrement la comtesse, monsieur, et vraisemblablement votre amour n'est
pas éteint. Vous avez oublié chez moi les heures
et votre devoir; cela suffit pour me faire juger
l'état de votre cœur. Je ne vous suppose pas
d'intentions, parce que je veux continuer à vous
estimer et à vous aimer. Mais j'attends de votre
délicatesse la cessation absolue de vos visites. Les

continuer, serait compromettre la comtesse, et je ne pourrais vous voir chez moi qu'avec un déplaisir très-prononcé.

« Cependant je ne suis pas injuste : je sais que nos sentimens, comme nos opinions, sont indépendans de notre volonté; et si jamais je peux vous être utile, attendez tout de mon amitié. »

Ah! disait Charles, après avoir lu cette lettre, c'est chez le comte que mon amour a pris naissance; c'est lui-même qui l'a encouragé. Il m'a promis la main de Julie à une condition que je n'ai pas remplie volontairement, je l'avoue. Mais enfin je ne me suis pas mesuré avec M. de Versac. Le comte a reçu de moi des services, qu'un ami vrai pouvait seul lui rendre, et aujourd'hui il me bannit de sa maison. Les hommes sont ingrats, perfides!

Quatre lignes, insérées dans un journal, lui servent de prétexte pour anéantir des raisons de prévoyance et de sagesse, pour céder à l'impulsion de son cœur, et il n'a pas daigné penser au coup mortel qu'il me portait! Il s'est bien jugé : c'est un égoïste.

Il m'éloigne de chez lui... Hé! puis-je l'en blâmer? Ne sent-il pas que l'amour que lui porte Julie est tout entier dans une tête exaltée par l'admiration et la reconnaissance; qu'un jeune cœur peut seul en attirer, en fixer un autre, et que mes assiduités auprès de sa femme feraient trois malheureux?

« Je serai assez grand, assez généreux pour m'imposer un sacrifice qu'il était inutile de me prescrire. Non, je ne verrai plus la comtesse.

Il est aisé de faire des projets. Mais l'exécution... Ce pauvre Charles !

Quinze jours passent comme autre chose. C'était dimanche, et la grosse gaieté se disposait à célébrer la fête de Saint-Cloud. Julie ne connaissait point ce parc charmant. Elle n'avait pas vu jouer les eaux de Versailles : celles de Saint-Cloud devaient lui paraître admirables. Elle en avait dit un mot, et le bon d'Alaire s'empressait de satisfaire ses moindres désirs, je vous l'ai déja dit.

Ils arrivent sous cette grande et magnifique allée que borde la rivière. La foule des amateurs, leur activité, les plaisirs un peu enfantins, mais variés, qui s'offrent de toutes parts, étonnent Julie, et piquent sa curiosité. Elle veut tout voir, tout entendre depuis ce chanteur qu'accompagne l'orgue de Barbarie, jusqu'au buffet surchargé des restaurateurs. Polichinelle et le danseur de corde ne lui paraissent pas indignes d'elle. Le raisonnable, le grave d'Alaire est entraîné jusque dans les sentiers sinueux que l'art a tracés le long du flanc de la montagne. Julie ne peut être jalouse d'aucune femme. Elle ne les voit que pour les éviter et suivre son chemin.

Cependant, au détour d'une allée solitaire et étroite, une femme jeune, jolie et élégante, appuyée nonchalamment sur le bras d'un jeune homme très-remarquable, oblige Julie et le comte à se ranger. Un obstacle, quel qu'il soit, impatiente toujours un peu, et par conséquent fixe l'attention. La dame est inconnue; mais celui qui l'accompagne?... Vous ne devinez pas? Oh! que si; oh! que si.

Julie devient rouge et belle comme la pêche que couvre encore son duvet. Un léger frémissement court de veine en veine. Il est senti par le comte, qui tenait le bras de sa femme et qui caressait sa main. Charles rougit de son côté, fait une profonde révérence, et passe.

A quelques pas de là, un autre jeune homme se présente. « N'avez-vous pas vu, demanda-t-il à « d'Alaire, une jeune dame que promène un offi- « cier? — M. Duval? — Vous le connaissez? C'est « un homme plein de mérite. Il me paraît, mon- « sieur, reprend Julie, que vous le connaissez « aussi. — Je suis son colonel. — Et c'est madame « votre épouse qu'il conduit? — Précisément, ma- « demoiselle. — Vous les trouverez à trente pas, « derrière ces marronniers. »

Ah! pensait Julie, c'est la femme de son colonel! qu'importe? N'a-t-elle pas des yeux et un cœur? Julie ne disait plus : Quand on aime une fois, n'est-ce pas pour la vie? Elle ne peut le voir sans éprouver un trouble marqué, se disait le comte. Combien étaient sages les réflexions qui, pendant quelque temps, m'ont empêché de m'unir à elle! Combien étaient justes les observations de madame de Versac! Pourquoi ne m'y suis-je pas rendu!

Un mari et une femme qui se promènent avec de telles dispositions d'esprit, ne s'amusent pas beaucoup. Cependant on ne peut rompre brusquement à midi une partie faite pour toute la journée. Mais comment usera-t-on le temps?

On reste une heure à table, et c'est toujours cela de passé. Et puis, on est dispensé de parler, quand on mange, et c'est encore un avantage, quand on veut être à ses pensées. Le comte propose de déjeuner. Julie accepte avec empressement, et elle veut conduire son mari chez le brillant restaurateur qui est au bas de la grande avenue : la femme d'un colonel déjeune aussi, et ce doit être à la meilleure auberge. Le comte dit, avec une certaine fermeté, que le restaurateur du coin ne sait à qui entendre, et qu'il veut aller à Sèvres. Julie soupire et se laisse mener.

Charles était de bien bonne foi, quand il s'était promis de ne plus paraître chez la comtesse. Mais il venait de la revoir. Sa rougeur avait rendu de nouvelles forces à l'amour; elle avait ranimé, peut-être, des espérances auxquelles il est si facile et si doux de se livrer. Sur un prétexte, bon ou mauvais, Charles a remis la jeune dame à son colonel. Il se jette hors des routes battues; il suit celle que tiennent d'Alaire et Julie, caché par le taillis ou des rochers. Il ne voit pas; mais il écoute, et il entend. Il sait qu'on va déjeuner à Sèvres.

Il retourne sur ses pas; il rejoint le colonel, et il a, dit-il, un appétit dévorant. Le colonel et sa femme se trouvent disposés à le seconder. Mais qu'y aura-t-il de passable à Saint-Cloud? On n'y fait bien que les matelotes; mais elles seront d'hier, et

> Un ragoût réchauffé ne valut jamais rien.

Il n'y a personne à Sèvres, et il sera facile de faire la matelote sous ses yeux.

> Toute Française, à ce que j'imagine,
> Sait bien ou mal faire un peu de cuisine.

La jeune dame assure que personne ne fait une matelote comme elle. Le colonel et Charles protestent qu'un mets, apprêté par une jolie main, doit en avoir la délicatesse. On prend le chemin de Sèvres, et Charles règle la marche : il faut qu'il observe le comte et Julie, pour n'arriver ni trop tôt, ni trop tard, et les suivre dans l'auberge où ils sont entrés. La meilleure des matelotes, mangée où ils ne seraient pas, n'aurait aucun prix à ses yeux.

« Connaissez-vous le comte d'Alaire? dit Charles « au colonel. — J'en ai beaucoup entendu parler, et « toujours d'une manière avantageuse. — Le voilà « devant nous. Il entre dans cette auberge avec

« sa femme. — Sa femme! je l'ai prise pour sa
« fille. Je l'ai appelée mademoiselle. Le comte
« n'aura pas été flatté de ma méprise. Mais pou-
« vais-je deviner le mari d'un enfant dans un
« homme de son âge? Au reste, je serai bien aise
« de le voir, de l'entendre. Entrons à son auberge. »
C'est ce que voulait Charles.

Il était bien difficile, qu'en allant et venant,
les domestiques ne laissassent pas quelque porte
ouverte, et un coup d'œil furtif est un larcin bien
innocent. Ainsi raisonnait Charles. Les choses s'arrangèrent mieux qu'il ne l'espérait.

Le colonel avait trente ans, de la naissance,
de la fortune, et avec ces avantages-là on se permet bien des choses. Il entre; il va de chambre
en chambre. Il trouve la comtesse seule dans un
petit salon, où il y avait deux tables. Il salue
respectueusement la jeune dame, et se met à la
table qu'elle n'occupe pas. Sa femme et Charles
montent. Des révérences sont prodiguées de part
et d'autre. Des révérences veulent dire quelque
chose, et dispensent de parler ceux qui sont embarrassés : Julie et Charles ne proférèrent pas un
mot. Ils se regardaient, et ce langage en vaut un
autre.

Que faisait le comte, pendant qu'on s'emparait
de la moitié de sa chambre? Il donnait ses ordres
au chef de cuisine. Il remonte, suivi d'une fille
qui porte le premier plat qu'il a choisi. A l'aspect,
très-imprévu, de Charles, il est frappé d'étonne-

ment et presque de stupeur. A quoi va-t-il se résoudre? Faire porter son déjeuner dans une autre chambre, serait se couvrir d'un ridicule ineffaçable. Il le sent et se résigne.

Charles sent, de son côté, combien il serait inconvenant de paraître braver le comte. Il parle du hasard qui les a réunis au même endroit. Il rappelle le projet de matelote; il invite le colonel et sa femme à descendre.

D'Alaire et Julie se mettent à table. Ils mangent, ou font semblant de manger : c'est ce qu'ils pouvaient faire de mieux.

On trouve très-peu de choses à Sèvres le jour de la fête de Saint-Cloud. Il n'y avait pas un goujon en bas, et le comte avait arrêté ce qu'il avait trouvé de mieux. Le colonel est à son aise avec tout le monde. Il propose à d'Alaire de partager son déjeuner et la dépense. Il lui dit, du ton le plus honnête, qu'il se félicite de pouvoir faire connaissance avec un homme dont l'éloge est dans toutes les bouches. Au fond, il était assez égal au comte que Charles fût à une table ou à l'autre. Il se rendit de bonne grace à la proposition du colonel.

Charles eut la discrétion de se placer aussi loin de la comtesse que le permettait une table de six couverts, et je crois qu'intérieurement d'Alaire lui sut gré de cette réserve.

Pendant que les uns déjeunent et causent, que les autres réfléchissent, le temps se brouille. Une pluie fine commence à tomber, et la fille de service prononce qu'elle durera pendant le reste de la journée. Il n'est plus possible de se promener. Que faire?

Le colonel, sa femme et Charles sont venus bourgeoisement par la galiote, et comptent la prendre pour retourner à Paris : madame aime beaucoup le grand air. Mais la galiote est à Saint-Cloud, et il n'y a pas une voiture de place à Sèvres.

Julien avait suivi ses maîtres à une distance respectueuse. Il crut ne pouvoir mieux faire que d'aller chercher le carrosse du comte, et l'élégant équipage parut sous les croisées pendant qu'on se consultait. Comment laisser dans l'embarras des personnes avec qui on a déjeuné? Il faut paraître au moins vouloir les en tirer. D'Alaire propose, assez faiblement, au colonel de le reconduire, et le colonel le prend au mot.

D'Alaire avait beaucoup marché, et pendant qu'il était à table, sa jambe malade s'était roidie au point qu'il put à peine traverser le salon. «Ah! « mon ami, lui dit Julie, j'ai abusé de votre com- « plaisance. Vous êtes excessivement fatigué, et « vous boitez beaucoup.» Ah! pensa le comte, avec amertume, elle s'aperçoit que je suis boiteux! Elle ne m'aime plus.

On monte en voiture. Charles se trouve placé vis-à-vis de la comtesse. Leurs genoux se touchent; leur trouble ne peut être égalé que par celui du comte. Il souffre horriblement. La nuit étend ses voiles; Charles, hors de lui, ose chercher une main, qu'on retire précipitamment; mais les genoux restent immobiles. D'Alaire ne voit rien; mais il craint tout, il suppose tout, et son supplice augmente à chaque instant.

Il rentre à l'hôtel, et le sommeil fuit loin de lui. Que le hasard, se dit-il, ou des conventions secrètes aient disposé les événemens de cette journée, il est temps de prévenir des désordres que j'ai prévus, et dont l'idée n'a pu m'arrêter. Malheureuse faiblesse! les jours d'illusion sont écoulés; une épouvantable réalité leur succède.

Il sonne, il fait venir Félix; il fait éveiller les femmes de Julie. Il donne des ordres précis, positifs. Il entend, il veut qu'on les exécute à l'instant.

Il a recommandé qu'on ne troublât pas le repos de la comtesse. Quand Julie s'éveille, elle apprend que tous ses effets sont emballés, à l'exception de ce qui se trouve dans sa chambre à coucher. Elle voit, dans la cour, une berline attelée. Elle passe dans l'appartement du comte. Elle est timide, embarrassée, et cependant elle lui demande ce que signifient ces dispositions. « Ma-
« dame, je m'aperçois, depuis quelques jours, que
« l'air de Paris et de ses environs ne vous convient
« plus. Il est temps, d'ailleurs, de finir votre édu-
« cation : nous allons voyager. — Voyager, mon-
« sieur le comte! Où me conduisez-vous? — Sous

« le plus beau ciel de l'univers. Nous commence-
« rons par visiter l'Italie. Soyez prête à monter en
« voiture dans une heure. » Malheureux d'Alaire,
il y a des Charles partout.

Julie ne répond pas un mot, et que peut-elle
dire? Elle n'est pas coupable; mais elle n'est plus
en paix avec elle-même.

MORALITÉ.

Grands de la terre, écrivez en lettres d'un pied dans votre cabinet :

Plus on est élevé, plus la chute est terrible.

Jeunes filles, sachez que vous n'aimerez véritablement que ce qui est jeune comme vous.

Vieillards, apprenez à vous rendre justice.

FIN DE L'ÉGOISME.

LE BEAU-PÈRE
ET LE GENDRE,

ou

PIGAULT-LEBRUN
ET VICTOR AUGIER.

AVERTISSEMENT.

Les Muses sont très-sensibles ; elles sont même très-communicatives. Elles vont au-devant de l'adolescent, qui mérite leurs faveurs, de quelque nation qu'il soit, et quelque partie du globe qu'il habite.

Un poète charmant, mais qui avait quelquefois des idées bizarres, a dit :

> Et ce n'est qu'à Paris que se font les bons vers.

Il est constant qu'on en fait plus de bons à Paris qu'ailleurs, et la raison en est simple : le jeune néophyte, qui se voue au culte d'Apollon, est poussé, par une force irrésistible, vers la capitale, où l'attendent la renommée, l'académie, et où il croit trouver la fortune... Mais, hélas!... pourquoi les Muses sont-elles restées filles? c'est parce qu'elles sont pauvres.

Quoi qu'il en soit, on fait en province de jolis vers, de très-jolis vers. Ce sont les délassemens des travaux utiles, auxquels se livrent des hommes qui raisonnent, et qui sont persuadés que la fumée n'a rien de bien substantiel.

Au mois de septembre dernier (1821), mon gendre, M. Victor Augier, avocat à Valence, est venu à Paris.

Il avait, en porte-feuille, des pièces, dont je ne dois pas dire ce que je pense. J'en avais aussi quelques-unes. Nous avons cédé au désir d'ajouter une alliance nouvelle à celle du sang et d'une amitié sincère. Nous avons uni, confondu nos œuvres, et c'est ce recueil que nous offrons au public.

NOTE DE L'ÉDITEUR — Les morceaux de prose contenus dans ce Recueil sont de M. Pigault-le-Brun. Les pièces de vers sont de M. Victor Augier.

LE BEAU-PÈRE
ET
LE GENDRE.

PREMIÈRE PARTIE.

LA GUERRE AUX MOTS.

L'homme isolé s'aperçut promptement qu'il était moins fort qu'un loup. Il chercha un second, pour se défendre contre l'animal carnassier. Voilà l'origine des sociétés.

L'homme solitaire était réduit à l'instinct. Deux hommes réunis ont commencé à avoir des idées, et il leur a fallu des mots pour les rendre. Voilà l'origine des langues.

Les langues, grossières d'abord comme les choses qu'elles exprimaient, se sont étendues et perfectionnées, dans la proportion des progrès de la civilisation. Quand la mollesse et le luxe n'amènent pas la ruine de l'ordre social, la langue, portée au degré de perfection dont elle était susceptible, commence à dégénérer, parce que rien dans la nature, pas même notre moral, ne peut s'arrêter, et que ce qui a crû doit nécessairement décroître. Ainsi le latin du Bas-Empire n'était plus le latin de Cicéron.

Notre langue parut fixée sous la plume élégante de Racine. Mais l'observateur s'aperçut bientôt qu'elle perdait de sa pureté. Elle se corrompit aussi lentement qu'elle s'était perfectionnée. Mais aujourd'hui, il suffit de lire, pendant huit jours, pour se convaincre que si nous entendons encore Racine, nous n'écrivons plus dans sa langue.

Non-seulement nous l'avons gâtée; mais l'acception des mots a changé dans beaucoup de cas. Le peuple dit une sottise, on en rit. Le peuple la répète, on ne rit plus. L'oreille se familiarise avec les fautes, et l'entendement les adopte, vaincu par la force de l'habitude. Ainsi tout se communique, de proche en proche, et toujours par le peuple, dont l'influence occulte finit par tout entraîner.

J'ai noté quelques-uns de ces mots, dont le sens est changé. J'en ai noté d'autres, dont l'application est devenue tellement générale, que souvent elle a besoin d'explication. Il en est qui font naître des réflexions philosophiques; plusieurs ne sont que plaisans; presque tous sont enfans de la vanité. Si j'avais voulu étendre mes recherches, j'aurais de quoi faire un volume.

Je vais essayer de développer et de prouver mon assertion par des exemples.

On écrit aujourd'hui *entouré* de dangers, de privations, de gloire, de plaisirs, d'ignominie. L'écrivain veut dire que telle ou telle personne a beaucoup de tout cela. Mais l'écrivain s'est-il exprimé correctement? On peut être *entouré* de dangers, si on a pénétré au centre d'un bataillon ennemi, sans avoir vu les premiers soldats qui formaient le cercle, et sans avoir été arrêté par eux, ce qui est assez difficile. On peut encore être entouré de dangers, si, en se précipitant au milieu de récifs ou de rochers, on a fait passer sa barque sur le premier, sans en soupçonner l'existence. Mais ces deux cas sont très-rares. Ils doivent être précisés, et ne sont pas susceptibles d'être rendus par une expression générale, et vague par conséquent. Un bon soldat brave le danger, se précipite au-devant des coups. On peut dire, dans certains cas, qu'il a été entouré d'ennemis et non de dangers, car, qu'il dépose son fusil, il n'a rien à craindre, puisqu'il est prisonnier, et qu'on ne court pas de dangers en prison, à moins cependant que le bâtiment croûle, et dans cette circonstance encore, mon soldat ne serait pas *entouré* de dangers. Tout le péril serait dans la pierre qui tomberait perpendiculairement sur sa tête, qui l'écraserait, et qui, très-certainement, ne l'*entourerait* pas.

Les anciens personnifiaient tout ce qui présentait des idées riantes ou voluptueuses, des images riches ou gracieuses. Ainsi on peut dire, en vers surtout, qu'un être fortuné est entouré de plaisirs. Mais de privations, mais d'ignorance? Cet *entourage*-là me paraît un peu forcé. La misère produit les privations; l'indigent les supporte toutes; l'inconduite y expose. Le criminel est chargé d'ignominie; elle l'accable s'il a des remords; mais qu'il en soit entouré! voilà ce que je ne peux entendre.

Et la gloire! la personnifiez-vous? elle entraîne un homme courageux; elle couronne un héros. Elle ne l'*entoure* pas, par la raison qu'un être ne peut en entourer un autre. Il est, de toute nécessité, devant, derrière, ou à côté de lui. Ne personnifiez-vous pas la gloire? Ce n'est plus qu'un être abstrait, incapable d'aucune action.

~~~~~~~~

J'entre dans un salon. Je salue tout le monde, parce que je sais vivre. Pendant le cours de mes révérences, une figure inconnue a fixé mon attention. Je demande, à demi-voix, à quelqu'un, que je connais assez particulièrement : « Quel est « monsieur? — C'est un *artiste*. — Ah! c'est un « peintre, peut-être? — Non. — Un sculpteur? — « Non. — Un comédien? — Non. — Hé, que diable « est-il donc? — C'est un chanteur. — Que ne le « disiez-vous de suite! Tout homme qui exerce un « art, avec succès, est un artiste, sans doute. Mais

« cet art a son nom, et celui qui le cultive doit le
« prendre, du moins pour la clarté du langage. Si
« un huissier, un procureur, un président passent
« devant moi, et que je vous demande qui ils sont,
« me répondrez-vous : ce sont des gens de robe?
« Je serai bien instruit, n'est-il pas vrai? Une mi-
« sérable vanité fait supprimer les noms propres,
« et le simple compositeur de romances veut être
« artiste comme Grétry et Méhul. »

Je ne m'étendrai pas sur le mot *conséquent*,
dont le sens est changé pour les deux tiers des
Français. Une marchande me disait l'autre jour :
« Monsieur, l'économie, l'ordre et l'activité, pro-
« duisent seuls une fortune *conséquente*. — Ma-
« dame, lui répondis-je, votre observation est *con-
« sidérable*. »

Nos aïeux avaient des *magasins*, où ils retiraient
leurs marchandises en tonneaux, ou sous toile et
sous cordes. Ils avaient des boutiques pour leur
vente de détail. Mais, ô faiblesse humaine! bientôt on n'a plus voulu de boutique, et aujourd'hui
on voit le mot *magasin* inscrit, en grosses lettres,
sur la porte d'un réduit, qui a six pieds en carré,
et qui contient pour vingt-cinq louis de valeurs.

Ce n'est pas tout. Les marchands, qui prétendaient n'avoir plus de boutique, ne dédaignaient

pas d'écrire leur nom sur leur porte. Aujourd'hui les noms disparaissent de dessus les *magasins*, dont les propriétaires ont une certaine dose de vanité. Il résulte quelquefois de là des idiotismes assez plaisans. Allez dans la rue Richelieu : arrêtez-vous au n° 95 ; vous lirez : *Magasin de toiles, breveté de S. A. S. monseigneur le duc d'Orléans.* C'est le magasin qui est breveté !

~~~~~~~~~~

Les jeunes seigneurs du siècle de Louis XIV allaient au cabaret. Ce mot désignait alors un endroit, où on faisait bonne chère, et où on trouvait de bon vin. Bientôt la qualification de cabaretier a paru ignoble aux plus riches de ces messieurs, et ils ont pris celle de traiteur. Le mal gagne toujours, de proche en proche, et quand tous ont été traiteurs, on a vu paraître des restaurateurs, et plus tard des *restaurans*. Ce mot, qui est adjectif, ne veut rien dire du tout dans le cas dont il s'agit.

Parcourez tout Paris. Vous trouverez, dans chaque rue, sept à huit cabarets, à l'usage des classes inférieures du peuple, car il faut que tout le monde boive. Mais vous lirez partout : *Marchand de vin, Cave d'un tel, Commerce de vin d'un tel.* Un étranger ne sait d'abord comment classer ce genre de commerce. Mais un chapeau gris sur la tête d'un homme carré ; une hotte sur le dos d'une grosse et courte femme, le mettent bientôt au courant, et il s'écrie, avec le roi Salomon, en levant les épaules : Vanité des vanités! tout est vanité!

~~~~~~~~~~~~

Le suicide est l'action par laquelle un homme s'ôte la vie. Ce mot se compose de deux mots latins *se occidere.* Qui donc a imaginé le premier de faire, du substantif suicide, le verbe *se suicider*, qui ne peut pas exister, parce que le pronom personnel *se* s'y trouverait deux fois répété. C'est comme si l'on disait : homicider un homme. Qu'un ignorant trouve plus beau de dire *un tel s'est suicidé*, que de dire un tel s'est noyé, ou s'est jeté par la fenêtre, je le conçois. Mais que dans un journal, qui distribue à son gré la gloire littéraire, le rédacteur de l'article *Paris* ne manque jamais d'écrire : Guillaume ou Antoine *s'est suicidé* (ce qui ne nous instruit pas du genre de mort qu'il lui a plu de choisir), il me semble qu'on peut trouver dans ce barbarisme de quoi se fâcher, ou de quoi rire. Rions plutôt : le rire est toujours bon à quelque chose. Rions de celui qui s'érige en juge suprême de tout, et qui ne sait ce qu'il dit.

~~~~~~~~~~~~

Du temps de Racine, on disait : Faire connaissance avec quelqu'un; on s'applaudissait d'avoir fait connaissance avec un homme estimable. A présent, presque tout le monde dit : Je suis enchanté d'avoir fait votre connaissance. Je passe le mot *enchanté*, à une époque où on a la manie des superlatifs. Mais que veut dire *votre connaissance?* Isolons ces deux mots, et ils seront vides de sens. Donc la locution est vicieuse.

⁓⁓⁓⁓⁓

Je me promène dans la rue de Tournon, et j'arrive à la principale entrée du Luxembourg. Je trouve écrit, en lettres d'or, sur le fronton : *Palais de la chambre des Pairs*. Qui donc a pu faire ce pléonasme doré? Palais de la chambre! Il est certain que la chambre est dans le palais. Mais écrirai-je sur ma porte : Maison du logement de Pigault-Lebrun? Pour écrire en français, il fallait mettre : Palais des Pairs de France, ou de la Pairie, ou, plus simplement encore, Chambre des Pairs. Mais Palais de la chambre! et en lettres d'or! en vérité, c'est un peu violent.

⁓⁓⁓⁓⁓

Nos plus aimables poètes ont chanté *le baiser*. La faculté de le donner, de le recevoir, est une des précieuses faveurs que la nature ait accordées à l'homme. Le baiser est le doux interprète de l'amitié et de l'amour, de l'affection maternelle et filiale; il est, sur la main, une marque de respect. A mesure qu'on est devenu plus rigoriste sur les mots, et moins peut-être sur les choses, on a donné au verbe *baiser* une extension, qui ne permet plus de l'employer dans la bonne compagnie. Mais il a fallu le remplacer par quelque chose.

Dans le bon temps de la langue, *embrasser* une dame signifiait l'envelopper, l'étreindre dans ses bras, ce qui n'est pas décent du tout. Aujourd'hui, on propose très-sérieusement à une demoiselle de l'embrasser, et on ne se doute pas que la proposition est impertinente. La demoiselle ne s'en doute pas davantage. Ses principes ne lui permettent pas de laisser embrasser ses joues ou son front, ce qui est assez difficile, et elle répond d'un air timide : Monsieur, *embrassez* ma main. Cela n'est pas possible ; mais elle a évité le mot *baiser*.

Librairie est un mot générique ou collectif, qui désigne la confection et la vente de toute espèce de livres. Tous les libraires étaient, il y a quelques années, soumis à un directeur-général de la librairie, et la librairie de France se composait de toutes les boutiques de libraires connus. Aujourd'hui il y a une *librairie* dans chaque rue. On ne lit plus sur la porte de M. Thomas : Thomas, libraire ; mais, Librairie de Thomas. Cette niaiserie ne l'élève pas du tout. A l'exiguïté de sa boutique, on sent bien qu'elle est loin d'être le dépôt de la librairie de France. Il n'est pas même sûr qu'on y trouve le livre, très-commun, dont on a besoin. M. Thomas, en dépit de son enseigne, n'est qu'un petit libraire.

Rose. Le premier qui a comparé à une *rose* une jeune, jolie et fraîche personne; qui a rapproché son haleine, pure et suave, du parfum de cette fleur; qui l'a proclamée une rose sans épines, était sans doute un homme d'esprit. Celui qui a répété une idée heureuse était un plagiaire. Comment nommer la multitude de gens qui voient partout des roses demi-closes, des roses à peine écloses, des roses fraîchement écloses? Des éloges prodigués n'auraient rien de flatteur, si on les prenait pour ce qu'ils valent. Mais la flatterie s'insinue si doucement! elle caresse, elle berce si mollement le cœur et l'imagination! Toutes nos dames ont la bonté de vouloir bien être des *roses.*

Il existait autrefois un almanach intitulé : État *Militaire* de France. Le mot militaire est collectif, comme le mot librairie, comme le mot artiste. On veut à toute force le rendre personnel. La petite couturière se gardera bien de vous dire que son frère, ou son amant est soldat, ou dragon. Elle vous dira, en pinçant les lèvres, que le monsieur est *militaire.* On sent bien ce que cela signifie. Mais le mot n'en change pas moins d'acception, parce que la petite a de la vanité.

J'ai long-temps entendu dire : Monsieur un tel a un état brillant; monsieur celui-ci exerce une profession honorable; monsieur celui-là a choisi une profession lucrative; maître un tel vit fort bien de son métier. Aujourd'hui, il n'y a plus de métier, ni même de profession. Le cordonnier et le porteur d'eau parlent de leur *état*, avec une aisance, un naturel à vous confondre, et si les mains noires de l'un et la bretelle de l'autre ne vous apprenaient quel est leur *état*, vous ne sauriez à qui vous avez affaire.

J'ai eu un maître d'escrime, un maître de danse, un régent de sixième et de rhétorique. Messieurs les régens ont trouvé plus beau de se nommer professeurs, et professer, je le crois, signifie moins que régir : n'importe. Ils ont donné l'éveil aux *maîtres* de tous les genres, et bientôt il n'y a plus eu que des professeurs. Le professeur, en fait d'escrime, ne se doute pas que maître vient du latin *magister*, qui signifie trois fois plus grand que... que qui?... ma foi, je n'en sais rien. Trois fois plus que grand que l'écolier, peut-être. Mais si nos professeurs, qui ne savent pas le français, apprenaient un peu de latin, ils pourraient bien revenir, par orgueil, à leur ancienne qualification. Les avocats l'ont soigneusement conservée. Les rusés!

Un honnête homme peut n'être pas un homme honnête ; un brave homme n'est pas toujours un homme brave ; un bon homme est souvent loin d'être bon. L'éloge ou le ridicule dépend uniquement de la manière dont l'adjectif est placé, et ici, je le confesse, je ne peux m'en prendre à personne. Ce mauvais jeu de mots tient exclusivement à la pauvreté de la langue.

Un homme se présenta dans un cercle, au moment où on se levait pour aller au spectacle. « Monsieur, lui demanda-t-on, que donne-t-on ce « soir à tel théâtre ? — Madame, on donne... on « donne *Relâche*. — Ah, ah, ah ! on donne *relâche* ! « c'est comme si vous disiez : On donne rien. Le « mot n'a pas le sens commun ; mais il est plai- « sant. » Ah ! le mot est plaisant, pensèrent certains messieurs, plus riches du fonds des autres que du leur : nous ne l'oublierons pas. On donne rien, on donne relâche... En effet, c'est charmant ! Le mot courut le monde. Il n'y eut plus sur les affiches : *Relâche* au théâtre ; et quand vous voudrez en prendre la peine, vous lirez sur celle de la Comédie Française : Aujourd'hui les Comédiens français ordinaires du roi donneront *Relâche*.

Un homme prodigue est celui qui jette son argent par la fenêtre. L'homme *libéral* est presque la même chose que l'homme généreux : l'un et l'autre donnent avec un certain discernement. Le mot *patriote*, bien ou mal appliqué, désigne quelqu'un qui aime sa patrie. Cependant le patriotisme de 1793 a laissé des souvenirs assez amers, et en 1814 on a voulu donner un nom nouveau à une chose ancienne comme le monde. Le mot manquait; on en a dénaturé un. Aujourd'hui, tout patriote est *libéral*, qu'il puisse exercer ou non la libéralité.

~~~~~~~~~~

Sans doute Hercule était *nerveux*, car il était fort, et c'est dans les nerfs que réside la force. On a dit long-temps nerveux pour désigner un homme robuste. Le mot *nerveux* eût été déplacé et ridicule, si on l'eût appliqué à un sexe, dont la rondeur des formes, et la douce mollesse ont tant d'attraits pour nous. Eh! bien, ce mot n'est plus usité qu'à l'égard des femmes. Mais n'en concluez pas que, dans cette dernière acception, une dame nerveuse soit une Clorinde. Une dame nerveuse ne monte pas à cheval, armée de toutes pièces. Elle passe sa vie sur son divan, entre son médecin et un flacon d'éther. Cette dame, enfin, a les nerfs irritables et irrités. Cette définition de son état est claire et intelligible; mais nous jugeons à propos de n'être plus ni l'un ni l'autre.

~~~~~~~~~~

XVII.

Une *demoiselle* était autrefois la fille d'un homme titré, ou d'un gentilhomme. L'urbanité a fait depuis accorder cette qualification à la fille d'un homme justement considéré. L'enfant d'un artisan, d'un journalier, de tout être attaché aux classes inférieures de la société, était tout simplement une fille, et ne s'en trouvait pas offensé.

On s'est avisé, je ne sais pourquoi, d'appeler de ce nom des êtres dégradés, avec qui une fille qui prétend à l'estime rougirait d'avoir le moindre rapport. Or, comme nous voulons tous être estimés, lors même que nous ne le méritons pas trop, personne ne veut plus être fille; il n'y a en France que des *demoiselles*.

« Quand j'étais *demoiselle*, disait l'autre jour « une jeune femme, j'avais bien de la peine à « vivre; mais j'ai épousé un homme qui a un bon « *état*, et je suis à mon aise. » Qu'était donc cette demoiselle? Quel est l'*état* du mari, qui l'a mise dans l'aisance? Elle était ravaudeuse, et son mari est charbonnier.

Si j'avais le caractère de Jérémie, je m'écrierais: Confusion de la confusion! désolation de la désolation! Disciple de Démocrite et d'Épicure, moi je ris de tout, et je m'en trouve bien.

Je ne m'arrêterai plus que sur un mot; mais l'abus de celui-ci est terrible, épouvantable. Je crains, en le relevant, de troubler des fêtes, de paralyser des danseuses, de faire finir des dîners comme le festin des Lapythes, de susciter enfin une guerre civile. Parlerai-je, ou garderai-je un silence prudent? Si je me tais, je préviendrai peut-être bien des maux; mais je trahirai les intérêts d'un sexe à qui je dois la vie et le bonheur de bien des années. La reconnaissance, un dévouement sans bornes, l'emportent sur la prudence. Je vais parler.

La *coquette* est, à l'extérieur, une femme charmante, et elle a le regard d'une femme sensible. Aucune personne de son sexe ne possède, comme elle, le talent de faire valoir ses moindres avantages. Toute entière au moment, son visage exprime toujours ce qu'elle a résolu le matin de lui faire dire, et ce visage-là parle avec une grace entraînante. La coquette joint nécessairement à tout cela beaucoup d'esprit et d'adresse; mais tant d'agrémens ne sont pour elle que des armes perfides; son cœur est flétri, ou plutôt n'a jamais été accessible qu'à l'orgueil et à la cruauté. Tout son bonheur consiste à captiver des hommes, qu'elle ne veut, qu'elle ne peut pas aimer. Elle ne néglige rien pour les attirer dans ses lacs, et des avances indirectes sont sa dernière ressource. Les a-t-elle soumis? Des chaînes de rose se changent en fers pesans, qu'ils ne peuvent plus rompre. Les ris et les jeux font place aux soucis, et quelquefois aux plus cuisans chagrins. Plus ces victimes souffrent, et plus la coquette jouit, semblable à Satan, qui, dit-on, insulte au malheur de ceux qu'il a entraînés dans l'abîme. Quelle femme, ou quel être infernal viens-je de dépeindre! Puissiez-vous, mes chers lecteurs, ne jamais tomber en de semblables mains!

Une jeune fille est à l'aurore de sa vie; tout se peint en beau à ses yeux étonnés; la nature semble ne se parer que pour elle; chaque instant lui ménage une jouissance nouvelle. Bientôt, cependant, il lui manque quelque chose; elle soupire, et ne sait pourquoi; ses yeux s'ouvrent enfin. Son secret lui est révélé par les tendres regards d'un jouvenceau, qui brûle, comme elle, de connaître ce qu'est la vie. Lise a perdu sa naïveté première; elle s'examine, et la simplicité de sa mise l'effraie. Chaque jour, elle ajoute quelque chose à son ajustement, et chaque fleur, dont elle décore son front virginal, lui donne une grace nouvelle. Ce changement est remarqué, et on murmure, tout bas d'abord, que Lise devient coquette. Lise serait coupable, parce qu'elle veut plaire à l'homme à qui il lui serait si doux de consacrer sa vie entière! Étrange abus d'un mot, qui porte toujours avec lui quelque chose d'odieux.

Cependant les deux familles s'entendent; Alfred et Lise sont unis. Heureux, l'un et l'autre, autant qu'on peut l'être, ils veulent perpétuer leur bonheur. Alfred redouble d'empressemens et d'égards; Lise, vive et enjouée, passe à sa toilette quelques momens de plus, et la cruelle épithète lui est donnée, sans ménagement, et presque à haute voix. Comment Alfred interprétera-t-il ce mot, si jamais il frappe son oreille, et s'il entend notre bon et déja vieux français? Hé! que fait Lise, messieurs, qui ressemble au manége d'une coquette? Elle veut être chérie de son époux; le fixer auprès d'elle, par son amabilité, par le soin qu'elle prend de sa personne. Quoi de plus innocent! Et cependant, sans en avoir l'intention, sans s'en douter même, on avilit une femme, qui conserve tous ses droits à l'estime et au respect. D'où vient cela? Je l'ai déja dit : de l'abus d'un mot.

Souvenons-nous qu'une coquette est une femme méprisable, haïssable même, et disons : Mademoiselle, madame une telle aime la toilette, elle a le goût de la parure; mais épargnons-lui une expression outrageante.

J'ai fait ce que j'ai pu pour justifier le titre de cette bagatelle. Je n'ai pas, sans doute, la prétention de faire revivre la langue de Racine. Mais si mes observations paraissent fondées au lecteur, s'il a daigné s'y arrêter un moment, je suis trop payé de quelques heures de travail.

POÉSIES DIVERSES.

L'ABBAYE,

ou

SOUVENIRS D'INNOCENCE ET D'AMOUR.

ÉLÉGIE.

> Si le plaisir est une rose,
> Le souvenir en est l'odeur.

Sur ces bords que l'Hérault parcourt, fuit et regrette,
Dans un vallon, qu'entoure un immense rocher,
S'élevait autrefois une sainte retraite,
Dont le crime et l'amour n'osaient point approcher.
     Aussi pures qu'un jour d'enfance,
     C'est là que, blanches de candeur,
     De chastes filles du Seigneur
     Coulaient leur tranquille existence,
     Dans la prière et le bonheur.
Rien ne troublait la paix de ce lieu solitaire ;
L'Hérault avec lenteur roulait sur ses cailloux ;
Le vent, sans murmurer, traversait la bruyère,
Et du chantre de l'air les sons étaient plus doux.
Le pâtre quelquefois, de sa flûte rustique,

Y faisait retentir l'écho du mont voisin,
Et quelquefois aussi d'une romance antique
Le voyageur, charmé, répétait le refrain.
  Le temple, non loin de la roche,
S'élevait, entouré d'un silence profond.
Des marronniers touffus en défendaient l'approche
   Aux noirs ouragans du vallon.
   Là, reposaient, sous l'humble pierre,
   Que foulait l'obscur villageois,
Les restes oubliés d'une race guerrière
   Alliée au sang de nos rois.
   Les siècles ont voilé leur gloire :
   Rangs, dignités, inscriptions,
   Périssables distinctions,
   Tout a fui, jusqu'à leur mémoire.

Retrace à mon esprit tes plaisirs innocens,
Age heureux, où le cœur s'élance dans la vie.
  Descends sur mon ame attendrie,
  Souvenir de mes premiers ans.
Rappelle-moi l'azur de la saison nouvelle ;
Rappelle-moi ces jours, consacrés au bonheur,
  Où de la cloche solennelle
La voix nous attirait au temple du Seigneur.
Dans la simplicité de nos mœurs virginales,
  Il m'en souvient, si l'un de nous
  Écartait le rideau jaloux,
Qui voilait à nos yeux la troupe des vestales,
  On se prêtait la place tour à tour,
   On comptait leur nombre et leurs charmes ;
  On les comptait, et le cœur, sans alarmes,
Admirait la beauté, sans connaître l'amour.

Que j'aime ta paix enfantine,
Age écoulé, printemps du cœur!
L'herbe des champs est une fleur,
Et cette fleur n'a point d'épine.
Combien il nous plaisait ce ruisseau, dont les bords
S'ombrageaient, à la fois, d'émail et de verdure!
Autour de nous, dans la nature,
Comme tout était jeune alors!

Mais hélas! fleur des champs dans un jour est fanée :
Fleur d'innocence passe aussi rapidement.
Bientôt ces plaisirs purs, dont l'heure fortunée
Ne nous avait jamais appelés vainement,
S'offrirent, sans attraits, à notre ame étonnée ;
Le vallon s'attrista. Nous sentions, chaque année,
L'air qu'on y respirait devenir plus brûlant.
L'airain, précurseur de la fête,
Ne nous parlait plus du Seigneur.
Un trouble, un désir vague, une flamme secrète
Faisaient palpiter notre cœur.
Tremblans, nous approchions de ces grilles fatales ;
Tremblans, nous soulevions le voile trop discret ;
Mais on ne comptait plus les charmes des vestales :
Notre œil brûlant les dévorait.

J'avais seize printemps. Tous les feux du jeune âge
Me consumaient. Un jour, pendant l'office saint,
A travers le voile incertain
Mes regards s'ouvrent un passage.
J'aperçois... Dieux! quels traits! quelle céleste image!
Elle est là... là toujours... Elle embrase mon sein.

Hélas! ce seul instant décida de ma vie.

J'oubliai le repos, je perdis la candeur,
Et quand on m'arracha de la grille chérie,
L'amour avait déja remplacé le bonheur.
Triste et seul, au milieu de la troupe folâtre,
Je marchai lentement vers la plaine des jeux;
Mais ces jeux innocens, dont j'étais idolâtre,
  N'eurent plus de prix à mes yeux.

  D'un pied léger, suivant la trace
  Du daim qui fuit le trait mortel,
Je gravis sur le mont, et d'un regard j'embrasse
  L'asile des vierges du ciel.
L'air me semble plus pur, la nature est plus belle;
Tout vient de se parer des charmes de l'amour;
Le zéphyr caressant m'apporte, sur son aile,
  Le parfum de la fleur nouvelle,
Et d'un chant plus moelleux la tendre Philomèle
  Frappe les échos d'alentour.
  C'est ici, dis-je, avec ivresse,
  C'est ici que de ma jeunesse
  Les heureux jours s'écouleront!
  J'y viendrai devancer l'aurore,
  Et souvent de la nuit encore
  Les ombres m'y retrouveront.
Sous ces tilleuls épais, la Vestale adorée
  Du soleil brûlant fuit l'ardeur;
Sous ces tilleuls épais, d'une belle soirée
  Elle vient goûter la fraîcheur.
  Son regard sur ce roc sauvage
  Plus d'une fois s'est arrêté.
C'est d'ici qu'elle a vu s'élancer le nuage
Qui porte dans ses flancs la foudre de l'été.

Aussi doux que le bonheur même,
Ce rêve de bonheur m'enivrait, quand soudain
Je découvre dans le lointain,
Parmi ses chastes sœurs, la Vestale que j'aime.
Elle me voit aussi. Fixé sur le rocher,
Son regard curieux cherche à me reconnaître ;
Mais las ! elle me prend peut-être
Pour le pâtre ou le daim léger !
O vierge ! quand ton cœur saura-t-il me répondre ?
Quand cesseras-tu de confondre
Ton amant avec le berger ?

Un long temps s'écoula dans cette heureuse vie.
L'espoir et le repos embellissaient mes ans ;
Mais le jour arriva... Sophie ! ô ma Sophie !
Avions-nous mérité de si cruels tourmens ?
Pour adoucir les maux que l'absence nous cause,
Rappelons-nous du moins nos instans de bonheur :
Si le plaisir est une rose,
Le souvenir en est l'odeur.
Oui, par le souvenir, de ton premier sourire
Je crois goûter encor les célestes douceurs ;
Son magique pouvoir, de nos jeunes ardeurs,
Me rend presque tout le délire.
Je venais, le matin, m'asseoir sur le rocher,
Et ton œil, plus perçant que l'œil de ta compagne,
Ne me confondait plus avec le daim léger
Ou le pâtre de la montagne.
Ton cœur était instruit : des signaux amoureux
Tu connaissais déja l'éloquence muette.
Ton voile, par les vents balancé sur ta tête,
Répondait à l'écho qui te portait mes vœux,

Et la nature entière était notre interprète.

> Il n'est plus de bonheur si pur,
> Il n'en est plus ma bien-aimée.
> Le ciel a perdu son azur;
> La nature est inanimée;
> Le printemps n'a plus de beau jour;
> La fleur nouvelle est inodore;
> A mes yeux tout se décolore :
> Je ne retrouve plus l'amour!

Te souvient-il encor de ces nuits d'épouvante,
    De ces orages ténébreux,
Où la foudre, grondant sur le mont caverneux,
    Couvrait, de sa voix menaçante,
L'airain religieux qu'une foule tremblante
Agitait pour calmer la colère des cieux?
Du tonnerre et des vents nos cœurs bravaient la rage.
    Plus tranquille que l'univers,
Quand tu m'apparaissais au milieu de l'orage,
Le flambeau de l'amour, sur le rocher sauvage,
    S'allumait au feu des éclairs.

    Écartez de ces nuits terribles
    Le souvenir sombre et touchant,
    Nuits de printemps, nuits si paisibles,
    Qui fuyez trop rapidement.
J'appelais le sommeil sur ta couche chérie;
    Je commandais au vent du soir
    De te porter, ô ma Sophie!
    Tous les parfums de la prairie,
    Et mon amour, et mon espoir.

Amour déçu, vaine espérance !
Pour fuir l'échafaud ou les fers,
Loin du berceau de mon enfance,
J'avais compté quatorze hivers.
Bientôt, une plus douce aurore
Succède à ces jours désastreux.
Vallon riant, plaine des jeux,
Je pourrai donc vous voir encore !
Je verrai ces arbres touffus,
Ces bords, depuis long-temps perdus,
Je les verrai, moment d'ivresse !
Comme leur aspect enchanteur
Aux jours heureux de la jeunesse
Va faire remonter mon cœur !

Je pars : l'espérance est mon guide.
Après une course rapide,
J'aperçois la cime du mont.
Au gré de mon impatience,
Mon coursier s'anime, s'élance ;
Je suis déja dans le vallon.
Dieux ! quel affreux tableau se déroule à ma vue !
Les bosquets sont détruits, le temple est renversé ;
Partout, dans la vallée, où je l'avais connue,
 La faux du néant a passé.
Je monte, en soupirant, sur la roche escarpée ;
Je traîne autour de moi des regards abattus ;
L'espérance s'enfuit, et mon ame trompée
Se brise au souvenir des temps qui ne sont plus.

Vous qui, dans un affreux délire,
Attaquant la postérité,

Vous faites un jeu de détruire
Ce que le temps a respecté,
Barbares, que le ciel fit naître
Pour le malheur de l'avenir
Puissiez-vous ne jamais connaître
La douce émotion d'un tendre souvenir !

Échappée à tous les orages,
Ma Sophie, oh! si quelque jour
Tu revoyais ces lieux sauvages,
Où rien ne rappelle l'amour,
De ces lieux, jadis pleins de charmes,
Tu t'éloignerais tristement,
Et tu laisserais quelques larmes
Sur les débris du monument.

LA GRACE.

STANCES

A MADAME DE ROUSSILLAC.

Vois-tu, dans le bosquet, cette rose incertaine,
Qui n'étant plus bouton, n'est point encore fleur ?
Vois-tu de ce cristal la jeune souveraine,
Qui ne peut, de ses eaux, voiler que sa pudeur ?

Telle, à nos yeux charmés, se présente la Grace.
Fille de l'enjoûment et de la volupté,
Elle règne à Paphos, dans l'Olympe, au Parnasse ;
Embellit la laideur, et pare la beauté.

Sur son front, au hasard, flotte sa chevelure.
D'un voile transparent elle couvre ses traits.
Toujours simple, toujours fidèle à la nature,
Elle meurt dès que l'art veut orner ses attraits.

MES DOUTES

Sur la probité de Circé, *chienne célèbre, auteur d'un nouveau recueil de pensées, publié par M. le baron* de Stassart.

Depuis quand d'une enchanteresse
Minerve a-t-elle pris le nom ?
Depuis quand l'esprit, la raison,
Les graces, le tact, la finesse,
Tout ce qu'enfin l'humaine espèce
A de grand, de noble et de bon,
Va-t-il se loger dans la tête
D'une chienne, et d'une levrette ?
Cette levrette est de bon ton,
J'en conviens; mais je la soupçonne,
Entre nous, d'être un peu friponne.
Les levrettes, en général,
N'ont pas la cervelle tournée
Vers les arts. C'est un animal
De salon, plus que d'athénée.
Or, celle dont je parle ici,
Ayant pour maître un favori
Du dieu qui réside au Parnasse,
Dans son porte-feuille aura pris
Cet ouvrage rempli de grace;
Que l'on admire, et qui la place

Au rang de nos plus beaux esprits.
Peut-être encor, j'aime à le croire,
Près de Stassart vivant toujours,
La levrette, de ses discours
A su conserver la mémoire,
Et levrette qui voit, écrit,
Tout ce qu'il fait, tout ce qu'il dit,
Trouve à la fois plaisir et gloire.

POT-POURI ÉPISTOLAIRE.

A MES AMIS D'AIX.

Mais chers amis de la Provence,
Mes beaux troubadours de vingt ans,
Vous m'oubliez? Ah! l'inconstance
N'est faite que pour les amans.
J'aime à le croire, cet adage,
Qui nous joint d'un nœud immortel;
Mais dites-moi que me présage
Ce silence long et cruel?

Héroïque Theulon, dois-je évoquer ton ombre?
As-tu, si jeune encor, vu le rivage sombre?
La déesse au teint blême, au sinistre regard,
Frappe d'un pied égal l'enfant et le vieillard.
Hélas! tel est le sort de la faiblesse humaine.
Mais que dis-je? Ah! plutôt, sur la tragique scène,
J'aime à te voir, d'un vers, par le courroux dicté,
Condamner un tyran à l'immortalité.
Poursuis. D'un vol hardi, traverse la carrière;

Sois l'enfant d'Apollon, l'héritier de Voltaire ;
Moissonne les lauriers, qui naissent sous tes pas ;
Mais au moins de ton cœur ne nous efface pas ;
Et songe, en courtisant les filles de mémoire,
Que douceur d'amitié vaut ivresse de gloire.

   Et toi, papillon
   Des bords de Vaucluse,
   Léger Magalon,
   Dans ton œil fripon
   Je lis ton excuse.
   Tu passe tes jours
   Entre les amours,
   Le vin, la folie :
   Sort digne d'envie !
   Conserve toujours
   Ta philosophie.
   Présent, avenir,
   Que tout soit plaisir.
   Laisse réfléchir
   La foule insensée.
   Sois vif, étourdi.
   Trop souvent, ami,
   L'on voit le *souci*
   Près de la *pensée*.

Mais de Charles j'entends le luth,
Qui me demande une romance.
Ut ré mi fa sol la si ut.
Prends l'accord. Tu l'as ? C'est bon. Chut !
Accompagne-moi, je commence.

1er COUPLET (1).

De l'Amitié
Je célèbre l'empire.
Sois de moitié
Dans ce qu'elle m'inspire.
Un Troubadour
Lui doit être fidèle,
Et si, loin d'elle,
Au dieu d'amour
Il fait la cour,
C'est pour un jour.

2e COUPLET.

Mais quelle erreur!
Un troubadour volage!
A notre cœur
N'est-ce pas faire outrage?
D'un tel discours
Effaçons la mémoire.
Entre la gloire
Et les amours
On vit toujours
Les troubadours.

Tu ris, Camoin? Je vais te faire un conte.
C'est ton plaisir : c'est mon plaisir aussi.

---

(1) Cette romance se chante sur celle de Jean de Paris, *le Troubadour fier de son doux servage.*

Quel sujet prendre ? Oh ! ma foi, celui-ci.
Peut-être au fond la chose est à ma honte ;
Mais tu verras comment un bon esprit
De tout s'amuse, et met tout à profit.

L'hiver passé j'aimais une pucelle.
Pucelle ? soit : le terme n'y fait rien.
Elle était vive, aimable, accorte et belle,
Et son amour ne le cédait au mien.
Mais l'amour pur n'habite plus la terre.
La volupté l'a chassé d'ici-bas.
Il est... qu'importe ? Avec son caractère
Il reviendrait, que je n'en voudrais pas.

Ainsi pensait ma jeune souveraine,
Dont bien m'advint. Un jour, jour enchanteur !
Nous étions seuls : je lui ravis sa fleur.
Dirai-je tout ? Je la ravis sans peine,
Et cependant, le jure sur ma foi,
Tel accident ne provenait de moi.

Mais double fou qui croit rompre la glace.
Passé quinze ans, il n'est plus de tendron
Qui soit novice. En voici la raison.
Un bouton naît, l'adroit Zéphire passe,
Le voit, le flatte, et hâtant la saison,
L'adroit Zéphire effeuille le bouton.

Sans trop songer à ma mésaventure,
Me voilà donc ce qu'on appelle heureux.
Le temps s'écoule, un mois passe, et puis deux,
Et nous brûlions encor des mêmes feux.

Mais rien n'est stable, hélas! dans la nature,
L'amour surtout. Jurez, pauvres amans!
Quel faible nœud que le nœud des sermens!
Avait cent fois juré ma tendre amie
Qu'elle aimerait Victor jusqu'au trépas.
Avais juré que je perdrais la vie
Si la voyais passer en d'autres bras :
Ores pourtant l'infidèle m'oublie;
Elle m'oublie, et je n'en mourrai pas.

Qui fait pleurer l'amant que l'on délaisse?
C'est l'amour-propre, oh! c'est lui, j'en réponds.
Le mien souvent reçut de tels affronts,
Et je pleurai chaque fois, le confesse.
Mais aujourd'hui le cas est différent.
M'a-t-on quitté pour prendre un autre amant?
Un seul du moins, car c'est là qu'est l'outrage.
Point. Je lassais : j'aimais depuis deux mois!
On a changé : le beau sexe est volage.
Même en changeant, l'on me rendait hommage,
Puisqu'au lieu d'un qui vivait sous ses lois,
De quatre amans la parjure a fait choix.
D'où je conclus qu'en moi seul je rassemble
Les qualités des quatre autres ensemble.

  Mais le jour fuit
  Sans que j'y pense;
  La sombre nuit
  Déja s'avance;
  Et le silence
  Fait seul du bruit.

Noble fils de Chactas, il est temps de t'écrire.
Allons de la forêt saluer le vieux roi.
Le monde a disparu... Que le désert m'inspire
    Des chants dignes de toi !

Adolphe ! des amans, ô le parfait modèle !
Ma lyre, encor novice à rendre les soupirs,
Emprunte, pour te plaire, une corde nouvelle
    Au chantre des Martyrs.

Dirai-je ton amour, ta constance et tes peines ?
Dirai-je vingt beautés dont tu trompes les vœux ?
Tel Ulysse jadis méprisa des sirènes
    Les attraits dangereux.

Sur la mer de Paphos, lancé par l'espérance,
Ton pilote est l'amour; ton phare, son flambeau.
Puisse au port de l'hymen le vent de la constance
    Conduire ton vaisseau !

Si, parfois, un nuage, en ton ame embrasée,
S'élève, de la foudre humide précurseur,
Pleure, mon doux ami : les pleurs sont la rosée
    Des orages du cœur.

Puis-je espérer le prix, dont ma muse est jalouse,
Ton suffrage, Chactas ? Il mettrait dans mon sein
Le bonheur que procure à la nouvelle épouse
    Le songe du matin.

    A propos, Messieurs, de l'Aurore
    Déja Tithon quitte les draps ;

Vers le sommet des monts qu'il dore
Le soleil s'avance à grands pas,
Et je veille pour des ingrats,
Qui sans doute dorment encore!
Dormez : c'est le repos des fous.
Mais craignez mon juste courroux,
Si dans huit jours, quoi qu'il arrive,
Je ne reçois une missive,
Aimable et tendre comme vous.

A MONSIEUR GARAT,

Apres l'avoir entendu dans un concert.

Votre goût ne connaît point d'âge,
Et votre voix n'a point d'hiver.
Le chantre du printemps, le Garat du bocage
N'eut jamais de si doux concert.
Des fleurs que le destin répand sur votre vie
Anacréon serait jaloux.
Peut-être il chantait comme vous;
Mais il n'avait pas votre amie.

ÉPITAPHE D'UN ÉPICURIEN.

Ci-gît qui vécut pour jouir,
Et qui mourut dans une orgie.
Il ne regrette pas la vie;
Mais il regrette le plaisir.

NOTICE HISTORIQUE

SUR

LE MARÉCHAL BRUNE.

Les révolutions, toujours funestes aux peuples qui les provoquent, ont du moins l'avantage de mettre les hommes à leur place. On n'avait compté, sous trois règnes, que Catinat et Chevert qui, nés dans l'obscurité, fussent parvenus aux premiers grades militaires. La révolution française fit des héros, et Brune, ainsi que beaucoup d'autres, fut le fils de ses œuvres.

Il naquit à Brive-la-Gaillarde, où son père exerçait la profession d'avocat. Son éducation fut soignée, et le goût des lettres fut le premier qui se manifesta dans un jeune homme, qui ne se connaissait pas encore. Quelques ouvrages annoncèrent, en lui, le germe du talent, et donnèrent des espérances pour l'avenir.

Tourmenté de cette inquiétude secrète, qui annonce un grand caractère, et le besoin d'un théâtre élevé, Brune quitta une petite ville, où son génie était comprimé, et il vint à Paris. Il commença comme le célèbre Francklin : il fut imprimeur.

La révolution éclata, et un sentiment intime révéla à Brune qu'il était né pour de grandes choses. Il quitta l'imprimerie; il renonça aux lettres, et se jeta dans la carrière politique. Il s'y fit bientôt remarquer. Il obtint d'abord quelques emplois obscurs; mais sa renommée croissant plus rapidement que sa fortune, on l'envoya en Belgique, en qualité de commissaire civil du gouvernement.

Il remplit, avec distinction, la mission dont il était chargé, et tout annonçait un diplomate habile et profond, lorsque la guerre s'alluma. La première étincelle électrisa l'ame de Brune. Il connut sa véritable vocation. Il sentit qu'il était né pour les armes.

Confiant en ses propres forces, et trop fier pour solliciter des grades, qu'il n'avait pas encore mérités, il prit rang dans une compagnie de grenadiers. Une taille superbe, son intrépidité, sa bonne conduite fixèrent l'estime de ses camarades et l'attention de ses supérieurs.

Ses égaux ne pouvaient rien pour son avancement; ils lui déférèrent un titre bien flatteur : ils le proclamèrent le *premier grenadier de l'armée*. C'est sous cette qualification, brillante et modeste à la fois, que fut connu depuis le célèbre Latour-d'Auvergne.

L'homme qui avait conquis l'estime de l'armée, ne pouvait rester aux derniers rangs. La voix publique le désignait chaque fois qu'une sous-lieutenance était à donner, et l'opinion entraîne et soumet tout : Brune fut fait officier.

Il parvint rapidement au rang de colonel, et, à chaque pas qu'il faisait dans la carrière, il se montrait supérieur au grade qu'on venait de lui conférer. En 1797, il fut nommé général de brigade.

Il passa à l'armée d'Italie. Sa réputation l'y avait devancé : il prouva qu'il en était digne. Les Autrichiens attaquèrent Vérone. Brune, à la tête de quelques compagnies de grenadiers, se précipita sur leurs batteries; les enleva à la baïonnette, et repoussa l'ennemi. Il reçut, pendant ce combat, sept coups de feu dans ses habits, et aucun ne le toucha : le sort ne l'avait pas destiné à mourir comme Turenne.

Il contribua au succès de la journée d'Arcole. Toujours au milieu du feu, et toujours calme, ses sages dispositions fixèrent la victoire. Il mérita et obtint des éloges publics du général en chef.

Nous allons le voir paraître au premier rang, et commander les armées, dont il avait l'amour, le respect et surtout la confiance.

Le directoire déclara la guerre à la Suisse, et donna à Brune, élevé au grade de général divisionnaire, le commandement des troupes destinées à soumettre ce pays.

Il entra dans Morat, ville célèbre par la défaite des Bourguignons, en 1476, le jour même de l'anniversaire de cette bataille. Il y vit les ossemens des vaincus, rassemblés, et rangés avec un appareil flatteur pour l'orgueil helvétique, et insultant à la gloire des armées françaises. Étrange jeu de la fortune! ce furent des Français qui dispersèrent ou anéantirent les restes de leurs ancêtres, et qui les vengèrent d'avoir été donnés en spectacle, pendant des siècles, à toutes les nations de l'Europe.

Les Suisses n'oublieront jamais avec quelle audace Brune conçut le projet de forcer leurs défilés et leurs montagnes, et avec quelle intrépidité il l'exécuta. Je ne citerai que le passage de Gumine. Il présentait, d'un côté, des montagnes à pic, de l'autre un précipice, et il était hérissé de canons. Toute cette artillerie, et vingt-neuf drapeaux furent enlevés à la baïonnette.

Les habitans de la ville de Fribourg, prise d'assaut, furent étonnés de la clémence du vainqueur. Le canton de Lucerne fut rendu à ses lois et à ses magistrats.

Ce fut alors que Brune commença à suivre une double carrière : il se montra négociateur et soldat. Il vainquit, il pacifia, il organisa les treize cantons. La France et la Suisse applaudirent de concert à sa vaillance, à sa sagesse, à sa modération.

Deux républiques existaient à peine en Italie, et déja l'anarchie les menaçait d'une ruine absolue. Brune fut chargé de rétablir l'ordre, et de rendre aux lois cette force, sans laquelle aucun gouvernement ne peut se maintenir. Il parut à Milan. Il rassembla les magistrats, les généraux. Il parla, il intimida, il persuada. Les auteurs des troubles naissans furent dépouillés de leurs dignités. Tout rentra dans l'ordre, et la paix s'établit, où des guerres intestines étaient au moment d'éclater.

Il rétablit la discipline dans son armée, prête à se soulever. Il en chassa ceux qui avaient fomenté les troubles. Un officier, accusé d'avoir participé, dans un moment de réaction, aux massacres du midi de la France, fut arrêté par son ordre, interrogé, et déclaré indigne de servir dans les rangs français. Cette particularité, qui n'est rien, comparée aux grands événemens de la guerre, est cependant digne d'être remarquée : elle répond à l'odieuse et absurde calomnie, qui fut le prétexte de la mort du maréchal.

Le roi de Sardaigne, trop faible pour arrêter la marche triomphante des armées françaises, confondant de petites ruses de cabinet avec la saine politique, inquiéta le gouvernement français, beaucoup plus qu'il ne l'alarma. Brune reçut l'ordre de demander une franche explication. Il l'obtint, et conciliant, avec le respect dû aux souverains, la fermeté, qui impose toujours aux hommes, il obtint plus que ses mandataires n'avaient osé espérer : la citadelle de Turin reçut une garnison française.

La France abusa plus tard des avantages qu'elle dut à l'habileté de son négociateur : elle réunit à son territoire le Piémont et la Savoie. Grande leçon pour les petits souverains, qui, dans les commotions générales, croient pouvoir ménager toutes les puissances! La loyauté prévient, ou répare bien des maux. L'astuce perd tout.

La mésintelligence venait de renaître entre les chefs de la république cisalpine, qu'il était de l'intérêt de la France de maintenir. Brune parut seul capable de l'établir sur des bases solides. Il négocia avec le succès, qui semblait devoir partout couronner ses efforts.

Les gouvernemens républicains sont toujours ombrageux et jaloux. Le directoire eut l'impudeur de blâmer la conduite de celui qui l'avait si bien servi, par son génie, et de son épée.

La froideur que lui marqua, pendant quelque temps, le gouvernement français, céda enfin à la force des circonstances. En 1799, une armée anglo-russe débarqua dans la Hollande, alors notre alliée, et nos grands généraux étaient occupés sur d'autres points. Un calme, du moins apparent, régnait en Italie. Brune fut rappelé, et mis à la tête des forces destinées à secourir les Provinces-Unies. C'est là que d'heureuses combinaisons et les succès brillans, qui devaient en être la suite, placèrent Brune au rang de nos plus habiles tacticiens.

S'il n'avait fallu que combattre, il n'aurait rien redouté. Mais il eut des machinations à pénétrer, des factieux à réduire.

La trahison d'un parti, la défection des matelots hollandais, qui livrèrent leur flotte aux Anglais, mirent l'armée française dans une position périlleuse. Brune surmonta tous les obstacles.

Le 19 août, quinze mille Anglais débarquèrent au Helder. Brune ne leur laissa pas le temps de prendre des positions. Il les attaque, les bat, et les pousse jusque sur leurs vaisseaux.

Le combat du 17 septembre dura huit heures. La victoire parut favoriser alternativement les deux partis. Tout céda enfin à l'impétuosité de Brune, et à la sagesse de ses manœuvres.

La bataille de Berghem mit le comble à la gloire d'un guerrier, qui semblait n'en avoir plus à acquérir. C'est là qu'à la tête de huit mille Français, Brune battit complètement trente-cinq mille Russes et Anglais.

Cependant, toujours environné d'ennemis, souvent supérieurs en nombre; tantôt échappant, péniblement, à leur poursuite, dans un pays coupé de canaux; tantôt les forçant à combattre dans une position désavantageuse, il les attaqua le 6 octobre, et cette journée fut décisive. Après dix heures d'un combat, aussi incertain que sanglant, Brune fait battre la charge, marche lui-même à la tête d'un bataillon, enfonce, renverse tout ce qui se présente devant lui. L'ennemi fuit en désordre. Le soldat français n'a plus qu'à le suivre et à frapper.

Défaits, dispersés sur tous les points, les Anglais qui avaient échappé au fer des Français, évacuèrent Alkmaër, Lemmer, Egmond et Piltin. Brune entra dans les retranchemens formidables qu'ils avaient élevés, et ce fut là qu'il reçut les propositions du duc d'Yorck. Il pouvait écraser ce qui restait de troupes anglaises : celui qu'une aveugle et stupide fureur accusa, depuis, d'avoir répandu, de sang-froid, le sang d'une femme, épargna celui de l'ennemi. Il dicta ses conditions, et le prince anglais s'empressa de les accepter.

Avant que de s'embarquer, les troupes anglaises percèrent les digues du Zuiderzée, et peu s'en fallut qu'elles ne rendissent à la mer un pays, que l'industrie et d'étonnans travaux lui ont arraché. Elles partirent, chargées des imprécations des Hollandais, et Brune fut proclamé leur libérateur.

Il rentra dans ses foyers. Il y jouit un moment de sa gloire et des douceurs de la vie privée. Tout lui promettait un repos, dont il avait besoin, et auquel il avait acquis des droits si légitimes. Il n'était pas de ces hommes auxquels il est permis de vivre pour eux : on l'appela au conseil d'état. Il se soumit, et sut concilier de nouveaux devoirs avec les jouissances simples dont il avait fait choix.

La guerre de la Vendée, qu'on peut comparer à Saturne, qui dévorait ses enfans, cette guerre, mal éteinte, se ralluma. Cette nouvelle insurrection fut-elle, comme on l'a prétendu, provoquée par l'or de l'Angleterre ? Fut-elle suscitée par l'ambition ou le zèle des généraux vendéens, par le fanatisme religieux et royaliste des habitans de cette contrée ? C'est ce que je n'entreprendrai pas d'expliquer, et ce qui est étranger au sujet que je traite.

Ce malheureux pays avait été couvert de ruines et de cadavres. Pendant huit ans, le sang français avait coulé des deux côtés, et les excès, qu'entraînent les guerres de passion, allaient se renouveler, avec une nouvelle fureur. Le premier consul sentit qu'il ne suffisait pas de vaincre; qu'il fallait persuader. Il jugea qu'une force imposante préparerait le succès des négociations. Ses vues se tournèrent sur Brune, et il le mit à la tête de soixante mille hommes.

Le Béarnais gémissait, en versant le sang des Français, que le catholicisme avait armés contre lui. Brune, bien plus rapproché de la caste qu'il allait combattre, ne voyait que des frères dans ses nouveaux ennemis. Son cœur souffrit; mais il accepta la mission affligeante dont on le chargeait. Peut-être se rendait-il assez de justice pour croire que personne ne pouvait, mieux que lui, réussir dans une affaire de cette nature.

Il partit. Il arriva, précédé d'une gloire, que ses ennemis mêmes ne lui contestèrent jamais, et d'une réputation de loyauté et de grandeur qui dispose toujours les esprits en faveur de l'homme, qui vient traiter les armes à la main.

Brune déploya ses forces pour convaincre les Vendéens de ce qu'il pouvait entreprendre et exécuter. Au milieu de ses opérations militaires, il écrivait, il répandait ces proclamations, qui promettaient beaucoup, et qui inspiraient la confiance, parce qu'elles étaient signées de celui qui ne manqua jamais à sa parole.

Sans doute il fallut verser du sang. Mais Brune épargna celui du Vendéen, comme celui de son armée. Un pressentiment secret l'avertissait-il qu'un jour il se soumettrait au prince dont il combattait les derniers soutiens? L'estime et la crainte de son nom, sa modération, sa fidélité à tenir ses promesses, la conviction de la puissance de ses moyens, la faiblesse de ceux des insurgés, tout contribua à déterminer les généraux vendéens à remettre l'épée dans le fourreau.

Ce triomphe de Brune fut celui d'un patriotisme bien entendu et de l'humanité. Ce fut peut-être une nouvelle victoire, remportée sur le machiavélisme anglais, qui, quelques années auparavant, avait fait massacrer, à Quiberon, l'élite des officiers de la marine française.

La bataille de Marengo était gagnée. De hautes et brillantes destinées semblaient réservées à la France. Brune devait attacher son nom aux grands événemens qui allaient se passer. Nommé général en chef de l'armée d'Italie, il occupa la Toscane, rentra dans Florence, s'empara de Livourne, prit d'assaut la ville d'Arezzo, suivit les Autrichiens dans les états de Venise, força les retranchemens sur les bords du Mincio, passa l'Adige, l'Alpone, la Féassena, la Brenta, et fut établir son quartier-général à Trévise. Du 25 décembre 1801, au 4 janvier suivant, il fit à l'ennemi dix-sept mille prisonniers; il lui prit soixante pièces de canon, trois drapeaux, deux étendards, et des magasins immenses. Cette campagne fut pour lui une marche triomphale.

La monarchie autrichienne touchait à sa ruine. Le Coriolan français, Moreau, venait de gagner la bataille de Hohenlinden. Il pénétrait, sur deux points, dans les états héréditaires. Macdonald était maître des montagnes du Tyrol. Ces deux généraux et Brune pouvaient réunir leurs corps d'armées, ou vaincre séparément. Rien ne résistait plus à l'ascendant de la France.

L'archiduc Charles, officier-général d'un mérite supérieur, mais que la fortune trahit souvent, sentit l'imminence du danger. Il fallait en effet traiter, ou voir l'empire d'Allemagne effacé de la carte de l'Europe. Il ouvrit des conférences avec Moreau. Un armistice fut conclu et amena la paix. Le traité d'Amiens fut signé par la France et l'Angleterre. Un calme général succéda au fracas des armes; l'humanité souffrante respira un moment.

Brune n'avait négocié encore qu'à la tête d'une armée, et il n'était pas de ces hommes qui ne brillent que dans les camps. Il fut nommé, en 1802, ambassadeur près de la porte Ottomane. Les distinctions de la naissance ne sont pas admises en Turquie : l'infortuné Sélim ne vit que le grand homme dans le nouveau ministre de France. Il l'accueillit, avec une bienveillance marquée, et le combla de présens.

Brune combattit l'influence anglaise, qui cherche à s'étendre partout, plutôt par les négociations que par la force des armes. Il déjoua les manœuvres du cabinet de Saint-James; il rendit à la France les avantages dont elle avait joui dans le Levant; il prouva qu'il était propre à tout. Le bâton de maréchal fut la récompense de son zèle et de son habileté. Il lui fut accordé le 19 mai 1804, et le 1er février suivant, il reçut le grand cordon de la légion d'honneur.

Le maréchal, rappelé dans sa patrie, prit, pour s'y rendre, la route de Vienne. Il se présenta devant le monarque, dont il avait renversé, anéanti les bataillons. Il fut reçu avec les honneurs dus à son rang, et ce qui le flatta davantage, avec des marques d'estime, qui honorèrent également et le souverain qui les donnait, et le guerrier qui les avait méritées.

Le génie du mal planait sur le monde. Les traités de paix n'étaient que des trèves, qu'on rompait selon les circonstances, et l'intérêt présumé des puissances. Celui d'Amiens n'existait déja plus que dans la mémoire des hommes.

XVII.

Des préparatifs immenses, gigantesques, menacèrent les Anglais. L'invasion de leur île était résolue. On se rappelait celles de César, des Saxons, des Danois, de Guillaume de Normandie, qui toutes furent couronnées par le succès. L'enthousiasme était général dans l'armée françcaise, et dans toutes les classes de citoyens. On espérait effacer de l'histoire les journées de Crécy, de Poitiers, d'Azincourt. Le vers fameux :

On ne vaincra jamais les Romains que dans Rome.

était dans toutes les bouches. On avait oublié celui-ci :

Le trident de Neptune est le sceptre du monde.

Cette entreprise, trop grande pour être appelée romanesque, trop légèrement conçue pour être avouée par la raison, échoua parce qu'elle était inexécutable. Brune seconda le chef de l'empire français, comme s'il eût cru au succès. Son activité connue parut s'accroître encore, lorsqu'il fut nommé commandant en chef du camp de Boulogne. Les innombrables batteries, dont la côte fut hérissée d'Étaples à Ostende, s'élevèrent d'après ses observations, par ses soins, et son infatigable génie.

Ces brillantes dispositions, des millions dissipés ne servirent qu'à effrayer l'Angleterre, et à lui faire aussi prodiguer ses trésors. L'armée française s'éloigna des côtes de la Manche, pour aller moissonner dans le Nord des lauriers plus certains. Les batailles d'Ulm et d'Austerlitz étaient gagnées, et on ne savait pas encore, à Paris, que nos troupes fussent en présence de l'ennemi.

A cette époque Brune tomba dans une entière disgrace. Il commandait les villes anséatiques. Il avait fermé, dit-on, les yeux sur le commerce que faisaient les Anglais dans la mer Baltique, et qui nuisait à l'exécution du système continental adopté par Napoléon.

Le guerrier disgracié ne pouvait cependant tomber dans l'oubli. Il continua à être employé, et son dernier fait d'armes remarquable fut la prise de Stralsund.

Pendant les cent jours, il commanda dans le Midi de la France. Des mesures sages, mais quelquefois rigoureuses, furent blâmées par un parti, approuvées par un autre. On convient généralement que la conduite ferme du maréchal prévint une guerre civile, et sous ce rapport il fut encore utile à sa patrie.

Il est triste, il est cruel de penser que ces mesures de répression, qui firent le bien de tous, armèrent contre lui les bras de ceux qui, peut-être, lui devaient la vie.

Après la seconde dissolution du gouvernement impérial, Brune envoya sa soumission au roi. Elle était franche et loyale, puisqu'il ne demandait rien.

Il quitta la Provence. Il allait chercher la solitude, et consacrer aux lettres les restes d'une vie, si long-temps agitée. Des avis certains lui firent connaître que ses jours étaient menacés, et que s'il entrait à Avignon, il n'en sortirait pas. Celui qui brava si souvent la mort sur les champs de bataille, recula devant le fer assassin. Il voulut se rendre à Orange, par le chemin qui va directement de la Durance au Pontet. On abusa de sa confiance et de sa crédulité : on déclara ce chemin impraticable. Il ne restait au maréchal que la route d'Avignon. La fatalité l'entraîna; il marcha au-devant des coups.

Il fut arrêté à la porte de l'Oule, par un poste de la garde nationale. On demanda les passe-ports d'un maréchal de France, avec la rigueur et la dureté qu'on eût déployées à l'égard d'un vagabond. On lui accorda, comme une grace, la permission d'entrer à l'hôtel du Palais-Royal pendant qu'on changerait les chevaux de sa voiture. Ces sinistres préliminaires annonçaient le projet coupable qui fut exécuté quelques heures après.

En effet, le maréchal venait à peine de se remettre en route; il n'était pas à vingt toises de son hôtel, qu'il fut assailli d'une grêle de pierres. Des furieux se jettent à la tête des chevaux, ramènent la voiture à l'hôtel du Palais-Royal, et en ferment les portes.

Des rassemblemens se forment de tous les côtés; des cris de rage se font entendre; on demande la tête du maréchal. Les autorités civiles et militaires font leur devoir; la générale bat; la gendarmerie s'efforce de rétablir l'ordre; des volontaires royaux s'éloignent, au lieu de la seconder; quelques-uns se joignent à des hommes altérés de sang. Le préfet, le maire se jettent dans la foule. Ils prient, ils pressent, ils menacent; ils ne sont pas écoutés.

Des échelles sont dressées contre les croisées de l'hôtel. C'est à qui montera le premier à cet abominable assaut. L'appartement du maréchal est forcé.

Celui qui a vécu comme Coligny, sent qu'il va mourir comme lui. Comme lui, il oppose un front serein à l'orage, qui va l'anéantir. Un coup de pistolet se fait entendre, et les cannibales qui obstruent la place, répondent, par des cris de joie, à la détonation.

Brune vit encore : il a détourné l'arme, avec ce sang-froid, qui ne le quitta jamais sur les champs de bataille. Un second coup part; le héros est frappé à la tête; il tombe; il meurt. Les portes de l'hôtel s'ouvrent; la foule se précipite. Elle veut voir la victime; elle insulte aux restes inanimés de celui qui fut l'honneur de sa patrie. Le cadavre est traîné par les rues. Défiguré, brisé, moulu, il est jeté dans le Rhône.

Qui put donc subitement transformer en bêtes farouches toute une population? Ces hommes, féroces un moment, ne connaissaient Brune que par ses exploits.

Mais tout était prévu, tout était disposé. Quelques heures avant que le maréchal entrât à Avignon, on avait excité les fureurs populaires, en répandant partout que Brune avait été l'un des assassins de la princesse de Lamballe. Les mânes de l'infortunée n'avaient pas été vengés, et il était réservé, disait-on, aux habitans d'Avignon de punir le meurtrier.

Calomnie absurde, atroce, qui ne pouvait soutenir l'examen de la raison, qui cependant vole de bouche en bouche, et qui devient, en un instant, une vérité incontestable et démontrée.

Aurait-il osé destituer un officier français, qui avait trempé ses mains dans le sang de ses compatriotes, aurait-il épargné les restes de l'armée anglaise, celui qui aurait traîné, dans la fange, les membres encore palpitans d'une femme? L'officier, à qui il ôtait son état, n'aurait-il pas trouvé son excuse dans le funeste exemple donné, quelques années avant, par son général?

Sans doute un parti fut long-temps opprimé, persécuté; mais devait-il se venger lâchement? est-il quelque chose qui puisse autoriser des assassinats? Peuple crédule et facile, es-tu destiné à être le jouet et l'instrument aveugle des passions de tous ceux qui veulent t'égarer!

Si quelque chose peut étonner, plus que le crime même, c'est le silence que garda toute la France, sur la fin déplorable du maréchal. Parmi ses émules en gloire, qui tous avaient vaincu avec lui, ou par lui, aucun ne fit entendre une voix courageuse. Les magistrats, témoins du forfait, rédigèrent un procès-verbal, qui tendait à faire croire que Brune s'était ôté la vie. Quel motif l'aurait porté au suicide! Parvenu au plus haut degré des honneurs militaires, favorisé de la fortune, heureux dans l'intérieur de sa maison, ami des lettres auxquelles il allait se vouer, tout semblait au contraire l'attacher à la vie.

Pourquoi donc ce silence universel des généraux et des magistrats? Fut-il l'effet de l'indifférence? cela n'est pas présumable. Fut-il celui de la stupeur, et le sentiment de notre conservation est-il réellement le premier, le plus impérieux que nous ait donné la nature?

Quoi qu'il en soit, ce silence étonnant a été rompu. Les organes des lois se sont fait entendre. Une instruction, tardive et inutile à la victime, a révélé le nom des assassins, et l'arrêt, qui les a frappés, doit effrayer et contenir quiconque oserait penser que le nom respectable du chef de l'état puisse jamais couvrir un crime.

POÉSIES DIVERSES

ÉLÉGIE.

Tendre amitié, doux charme de ma vie,
    Jours fortunés que je t'ai dus,
Jours précieux à mon ame flétrie,
    Pour jamais vous ai-je perdus?

    Combien de fois dans la journée,
    J'allais où me guidaient mes vœux!
    Aux douceurs de la matinée
    Succédait un soir plus heureux.
    Soumis à l'aimable paresse,
    Plus soumis encore à ta loi,
    Petits chagrins, soucis, tristesse,
    J'oubliais tout auprès de toi.
Sur l'édredon, où reposait ma tête,
    Tu m'inspirais de tendres vers.
Pour moi l'aurore, en annonçant ta fête,
    Semblait embellir l'univers.

C'est d'une plage éloignée, étrangère,
    Que j'ai vu naître ce beau jour,
    Et les seuls échos d'alentour
Répondent aux accens de ma douleur amère!
    Si du moins je trouvais un cœur

Qui pût m'écouter et m'entendre,
Le mien renaîtrait de sa cendre,
Pour moduler encor son innocente ardeur.
Aujourd'hui, dirait-il, une femme accomplie,
Sans efforts, saura réunir
Ce que le sentiment à la raison allie.
La piquante gaieté, la décente folie
Rediront tendresse et plaisir.

Des parens fortunés, quelques amis sincères
La pareront de guirlandes de fleurs;
Pour elle ils deviendront auteurs,
Et braveront les critiques sévères.
De leurs bouchons dix vases dégagés
Font pétiller le vin et l'alégresse;
Tous les cœurs sont plongés dans la plus douce ivresse...
Ces plaisirs-là! je les ai partagés!!!

Tendre amitié, doux charme de ma vie,
Jours fortunés que je t'ai dus,
Jours précieux à mon ame flétrie,
Pour jamais vous ai-je perdus?

Ah! si la fleur nouvellement éclose,
Pouvait du moins te parvenir d'ici!...
Je ne t'offrirais pas la rose:
Je ne vois plus que le souci.
O luth, jadis monté pour elle,
Suspendez vos sons douloureux.
Renfermons ma peine cruelle;
Ménageons des êtres heureux.
Déplorant un sort si contraire,

Je vais porter mes tristes pas
Vers une grotte solitaire,
Et là, je redirai tout bas :

Tendre amitié, doux charme de ma vie,
Jours fortunés que je t'ai dus,
Jours précieux à mon ame flétrie,
Pour jamais vous ai-je perdus ?

IMPROMPTU

A MONSIEUR MARTIN, AVOCAT,

Qui me demandait un bouquet, le jour de Saint-Joseph, son patron.

Toi, Joseph ! pour patron qui t'a choisi ce saint ?
Tout diffère entre vous, jusques à la famille,
Car son fils de l'enfer sauva le genre humain,
Et l'on se damnerait volontiers pour ta fille.

LES MÉTAMORPHOSES.

ROMANCE.

Métempsycose, heureux système,
Douce erreur, prestige charmant !
Vous embellissiez la mort même :
Ce n'était plus qu'un changement.
Là, de sa première origine
On conservait encor des traits,

Et quelque jour ma Caroline
De Flore eût orné les bosquets.

Si ces prodiges, mon amie,
Se renouvelaient de nos jours,
Pour passer avec toi ma vie.
J'irais implorer leur secours.
Je serais l'étoffe légère
Qui voile et presse tes contours;
Je serais ton lit solitaire;
J'y réveillerais les amours.

Cache-moi cette bandelette;
Je suis jaloux de son destin.
Ainsi que la gaze discrète
Je voudrais couvrir ton beau sein.
Je voudrais être l'onde pure
Où tu rafraîchis tes appas;
Je voudrais être la chaussure
Qui presse tes pieds délicats.

Mais puisque des dieux la puissance
Ne peut exaucer mes désirs,
Embellissons notre existence
Par l'amour et ses doux plaisirs.
Que toujours ce dieu nous unisse.
Confonds ton cœur avec le mien,
Afin qu'aucun de nous ne puisse
Jamais reconnaître le sien.

ÉPIGRAMME.

Pour son mari, dans ce moment,
On dit que la coquette Lise
Du plus tendre amour est éprise :
La belle aime le changement.

VINGT ANS ET LES FEMMES.

COUPLETS.

Sexe, qui fondes ton empire
Sur ta malice et tes attraits,
C'est pour toi que je prends ma lyre :
Inspire-moi quelques couplets.
Mais quoi ! déja mille épigrammes
Viennent m'offrir leurs traits piquans !
Rassurez-vous pourtant, mesdames,
  Car j'ai vingt ans.

Qu'à son aise un autre médise
De ce sexe trop séducteur ;
Que dans sa grossière franchise,
Il l'appelle coquet, trompeur ;
Qu'il peigne la femme légère,
Ses goûts frivoles, inconstans ;
Je dois soutenir le contraire,
  Car j'ai vingt ans.

Vingt ans ! amis, quel heureux âge !
Ne craignons pas d'en abuser.

Qu'on soit fou, libertin, volage,
Nos vingt ans font tout excuser.
Au jeu d'amour comme à la guerre,
Sur le Parnasse, auprès des grands,
Pour aimer, pour combattre et plaire
    Il faut vingt ans.

Il est une femme accomplie
Qui règne à jamais sur mon cœur.
L'aimer est l'emploi de ma vie;
Le lui prouver est mon bonheur.
Le temps et l'amour n'ont point d'ailes
Pour les cœurs tendres et constans;
Aussi toujours, toujours près d'elle
    J'aurai vingt ans.

L'AMOUR DÉSARMÉ.

A MADAME JOSÉPHINE DE J.......

Cet enfant qu'à Gnide on révère,
Dont un bandeau couvre les yeux,
Avait, ainsi que sur la terre,
Mis le désordre dans les cieux.
Pour venger Dioné, sa mère,
Que l'Olympe, trop curieux,
Surprit un jour en adultère
Avec le plus vaillant des dieux.
Enfin Jupiter en colère
Convoque le conseil divin.
L'on s'assemble, l'on délibère

Sur le sort de l'enfant malin.
Tous sont d'avis qu'on le punisse :
Déja l'on n'est plus incertain
Que sur le choix de son supplice.

Mais d'abord il faut arrêter
Le coupable. Chacun propose
Quelque moyen, et pas un n'ose
Se charger de l'exécuter.
Confiez-moi votre vengeance,
Dit enfin Mercure, et d'avance
Je réponds de notre ennemi.
Sans armes et sans défiance,
Dans les bras de la jouissance,
Je l'ai vu souvent endormi.

Ce discours dans l'Olympe excite
Les plus vifs transports, et soudain
Mercure vole aux lieux qu'habite
Des Plaisirs le joyeux essaim.
Dans leur palais, avec adresse,
Il s'introduit furtivement.
Là, sur le sein d'une déesse,
L'Amour dormait tranquillement.
Alors on le prend, on l'enchaîne
Dans les bras même du Plaisir,
Et tout ce qu'inventa la haine
A l'Amour on le fait souffrir.
Son arc soutien de sa puissance,
Ses traits, on les brise à ses yeux;
Mais quoique seul et sans défense,
Il menace encor tous les dieux.

Vous, que je tiens sous mon empire,
Leur dit-il, craignez mon courroux ;
Seul et sans armes, d'un sourire
Je puis vous faire trembler tous.
Et ne croyez pas que j'ignore
Quels sont vos perfides desseins :
En m'enlevant ces traits divins,
Que l'on redoute et qu'on adore,
Vous avez cru chez les humains
Assurer ainsi ma ruine.
Insensés! dans les yeux de Fine
J'en ai qui sont bien plus certains.

ÉPIGRAMME.

Te voilà donc enfin membre de l'Institut ;
C'était depuis long-temps ton espoir et ton but ;
Mais pour avoir ce rang, dont tu te félicites,
De bonne foi, mon cher, qu'as-tu fait ? — Des visites.

IMPROMPTU.

A UNE DAME QUI ÉTAIT VENUE AU BAL EN COSTUME NOIR.

Air *de l'Opéra-Comique.*

Quoi! l'Amour est donc au cercueil ?
Dis-le-moi, charmante Julie.
Je crains, en te voyant en deuil,
Que ton fils n'ait perdu la vie.

Un tel enfant, si tu le veux,
A remplacer est bien facile,
Puisque d'un seul regard tu peux
En faire naître mille.

VAUCLUSE.

ROMANCE.

Air *à faire*.

Je l'ai vu ce vallon sacré,
Séjour de Pétrarque et de Laure,
Lieu célèbre et tant célébré,
Où notre cœur jouit encore,
Quand les yeux ont tout admiré.
L'air parfumé qu'on y respire,
Est le souffle de deux amans,
Et l'arbre qu'agitent les vents
Rappelle les sons de leur lyre.

Par quel prestige séducteur,
Vaucluse, fais-tu dans notre ame
Passer une amoureuse ardeur?
A ton aspect l'amant s'enflamme;
L'homme insensible trouve un cœur.
Tout ici, tout parle de Laure;
Tout la rappelle aux sens émus.
Pétrarque n'y respire plus,
Mais son amour y vit encore.

Vous, qui recherchez les faveurs

D'une maîtresse ou d'une Muse,
Venez sur ces bords enchanteurs.
Myrte d'amour croit à Vaucluse,
Auprès du laurier des neuf sœurs.
Pour moi, quand j'aurai douce amie,
Je veux finir mes heureux jours
Dans ce lieu chéri des amours,
Et consacré par le génie.

NAIVETÉ.

Dans un accès d'amour le tendre Coridon
Disait à sa Lisis jeune et naïve encore :
Jure d'aimer toujours le berger qui t'adore.
  Toujours, dit-elle, c'est bien long !

ÉPITHALAME.

CHANTÉ A UNE SÉRÉNADE.

A nos accens daignez prêter l'oreille ;
D'un doux repos interrompez le cours,
Jeunes époux, l'amitié vous éveille ;
C'est un larcin qu'elle fait aux amours.
A vos plaisirs ces déités propices
Avec nos cœurs vont être de moitié.
Pendant qu'amour vous offre ses prémices,
Vous entendrez la voix de l'amitié.

Las! de l'hymen la chaîne légitime

Détruit parfois les feux les plus ardens;
Mais quand l'amour est fondé sur l'estime,
Il brûle encor sous la glace des ans.
Ainsi bientôt, grace à la destinée
Qui vous unit par le plus saint des droits,
Nous allons voir l'amour et l'hyménée
D'accord enfin pour la première fois.

De qualités quelle heureuse harmonie,
Couple charmant, nous remarquons en vous!
Graces, vertus brillent dans Virginie,
Esprit, talens brillent dans son époux.
C'est vainement que tout l'Olympe ensemble,
Voulut créer un mortel accompli :
S'il naît de vous un fils qui vous ressemble,
Mieux que les dieux vous aurez réussi.

LE DÉGUISEMENT DE L'ESPRIT.

L'esprit, un jour de carnaval,
(On sait que l'esprit est fantasque)
Emprunta, pour aller au bal,
Du calembour le double masque.
Ainsi couvert, musqué, frisé,
Et sous l'habit d'un petit-maître,
L'esprit fut si bien déguisé
Que nul ne put le reconnaître.

LA RESSEMBLANCE PARFAITE.

ou

LE MARI BRETON.

De votre époux voilà bien tous les traits.
Il est frappant! c'est divin, sur mon ame.
Il est frappant, s'écrie alors sa femme?
Il est frappant? las! je le reconnais.

LES LARMES.

ROMANCE.

Air : *A peine au sortir de l'enfance.*

Viens soupirer une élégie,
A l'ombre des tristes cyprès.
Chantons, ô ma lyre chérie,
Les pleurs, leur charme et leurs bienfaits.
L'amant, de celle qu'il adore
Obtient tout avec un soupir;
C'est une larme de l'Aurore
Qui livre la rose au Zéphyr.

Qu'une belle en pleurs a de charmes!
Qu'il est doux de la consoler!
Heureuse qui verse des larmes;
Plus heureux qui les fait couler.
Si les grelots de la folie

Endorment parfois la douleur,
Filles de la mélancolie,
C'est de vous que naît le bonheur.

De l'amour la tendre victime
Dans les larmes éteint ses feux.
Le malheureux que l'on opprime,
Quand il pleure est moins malheureux.
Les pleurs dissipent les alarmes.
Vois ce ciel naguère obscurci,
La nue a répandu ses larmes,
Et l'horizon s'est éclairci.

MADRIGAL.

Certaine déesse autrefois,
Au regard dur, au pied agile,
Changeait de nom toutes les fois
Qu'elle changeait de domicile.
Au ciel c'était Phœbé; Diane dans les bois;
Hécate aux sombres bords. Une autre plus jolie,
Déesse de Paphos, mère de Cupidon,
Suit depuis quelque temps cet exemple. Son nom
Dans l'Olympe est Vénus, sur la terre Julie.

CHANSON BACHIQUE.

Air : *Bouton de rose.*

Aimer et boire,
Voilà mon unique savoir.

Le bonheur vaut mieux que la gloire.
Que faut-il faire pour l'avoir?
    Aimer et boire.

    De ma maîtresse
Je suis parfois amoureux fou,
Et pour prolonger mon ivresse,
Je vais boire quand je suis soûl...
    De ma maîtresse.

    Sur le Parnasse
Que buvait-on jadis? de l'eau.
De l'eau, morbleu! vive l'audace
De ceux qui mirent un caveau
    Sous le Parnasse!

    A toi, mon frère,
J'ai dédié cette chanson.
Si l'on veut boire au plus sincère,
Au plus brave, à qui boira-t-on?
    A toi, mon frère.

A MADEMOISELLE AIMÉE H......

Aimée! quel plus heureux patron?
Tous les cœurs volent sur tes traces.
Quand tu naquis, ce joli nom
Fut la conquête de tes graces.
Déja par un souris charmant
L'on voyait ta bouche animée;

Tes yeux s'ouvrirent un instant,
Et tu reçus le nom d'Aimée.

ÉPITRE

A MONSIEUR A.-B. ROUX.

Au plus sémillant des Français,
A l'apôtre de l'inconstance,
Au Grétry de notre Provence,
Sagesse, plaisir et succès.
Au fond de son triste ermitage
Un cénobite de vingt ans,
Pour vous rappeler vos sermens,
Accorde sa lyre sauvage.
Ingrat, ne vous souvient-il plus
Qu'en un coin obscur de la terre
Il existe un pauvre réclus,
Auquel vous promîtes, naguère,
De consacrer quelques instans,
Lorsqu'aux approches de l'automne
De Thémis les graves enfans
Vont oublier près de Pomone
Et leurs procès et leurs cliens?
Que vous trompiez votre maîtresse
Vingt fois par jour! A vous permis;
Mais on doit tenir la promesse
Que l'on a faite à ses amis.
Je suis un des vôtres sans doute :
Venez donc combler mes désirs.
Puisse de nos futurs plaisirs

Le détail charmer votre route !

Le matin le sac sur le dos,
Et ma Minerve (1) pour compagne,
Au peuple ailé de la campagne
Nous irons livrer mille assauts.
A la déesse de la chasse
Succède le dieu des festins :
Un bon repas que de ses mains
Mon Aglaé sert avec grace,
Et nous restaure, et nous délasse.

L'après-midi, lorsque Phébus
Embrase le sein de Cybèle,
A l'ombre des myrtes touffus
Nous suivons le chantre d'Estelle ;
Ou plutôt, charmant troubadour,
Vous me répétez sur la lyre
Ces airs que vous dicta l'Amour,
Où l'on croit que l'Amour soupire.

Le jour s'enfuit, et du torrent
Qui borne mon humble héritage,
Nous suivons le flot écumant,
Il nous conduit jusqu'au village.
Là, nous trouvons, près d'un tapis,
Tous les notables du pays.
Du logis, où règne l'aisance,
Sans affecter un froid bon ton,

---

(1) Chienne de chasse.

La maîtresse vers nous s'avance.
Elle nous propose un *boston*,
Où, sans tirer à conséquence,
On joue à deux liards le jeton.
Puis on jase, on soupe à merveille,
Puis on se quitte avec regret,
Et ce qu'on avait fait la veille,
Le lendemain on le refait.

Gâté par le séjour des villes,
Si ces plaisirs simples, tranquilles,
N'ont rien qui puisse vous tenter,
Partisan des fables antiques,
Nous aurons l'art de contenter
Vos chimères mythologiques.

Non loin de mes rustiques toits
S'élève une double colline
Qu'on eût consacrée autrefois
Aux neuf filles de Mnémosine.
Dans le vallon, près du coteau,
L'on voit couler une fontaine,
Ou, pour mieux dire, un clair ruisseau,
Dont nous ferons notre Hippocrène.
Je n'y boirai pas cependant,
Car si Midas, selon la fable,
Dans le Pactole se baignant,
Lui donna le rare talent
De changer en or un vil sable,
Un docteur qui naguère a cru
Devoir analyser cette onde,
En la goûtant aurait bien pu

Lui communiquer la vertu
De m'envoyer dans l'autre monde.

Peuplons maintenant le vallon.
D'après les païens, nos modèles,
Il nous y faut un Apollon,
Un Pégase et neuf jouvencelles.
Pour celles-ci, dans le canton
Je ferai chercher neuf pucelles :
Peut-être les trouvera-t-on.
Mon coursier, jeune, ardent et leste,
Pour servir la troupe céleste,
De Pégase prendra le nom.
Qui régnera sur ce Parnasse ?
Votre air, vos talens, votre voix,
La lyre, amante de vos doigts,
Vous désignent pour cette place.

Là-dessus, je vous dis adieu.
Venez prendre le diadême.
Tout vous désire dans ce lieu.
Notre Parnasse attend son dieu ;
Mon cœur attend celui qu'il aime.

RÉPONSE

A MON AMI ACHILLE M......,

*Qui dans une épître, tout-à-fait épicurienne, m'avait engagé
à rentrer dans la carrière des plaisirs.*

Merci de vos conseils galans,
Merci, monsieur le petit-maître.
Quoi ! vous ne faites que de naître ?
Et d'un sage de vingt-un ans
Vous voulez devenir le maître !
Jetez les yeux sur un miroir.
Avez-vous cette barbe grise,
Qui sert de voile à la sottise,
Et de passe-port au savoir ?
Avez-vous cet air d'importance,
Qu'on prend pour de la dignité ?
Avez-vous cette gravité,
Qui commande la confiance ?
Croyez-moi, changez de métier.
Avec vos yeux pleins de finesse,
Vos traits pleins de délicatesse,
Un ton tant soit peu cavalier,
Vous trouverez mainte maîtresse
Et n'aurez pas un écolier.

L'INCONSTANT.

Sur l'air : *Quand l'Amour naquit à Cythère.*

Il est trois dieux chéris des belles,
Plutus, la Gloire et Cupidon.
On nous les peint avec des ailes;
J'en ai : pourquoi me blâme-t-on ?
Poète, avocat, militaire,
Suivant toujours mon dernier goût,
J'ai changé vingt fois de carrière :
Il faut tâter un peu de tout.

A voltiger, de belle en belle,
Je consacre mes heureux jours.
Aux dames je suis infidèle;
Mais je suis fidèle aux amours.
Comme la rose purpurine,
Le plaisir a son aiguillon.
Soyons légers : vit-on l'épine
Blesser jamais le papillon ?

J'en conviens, pourtant, la folie
Déja commence à m'ennuyer.
Être garçon toute sa vie !
Ma foi, je vais me marier.
A mon esprit le mariage
Offre quelque chose de neuf,
Et n'est-ce rien pour un volage
Que l'espoir d'être bientôt veuf?

Mais qu'ai-je dit, ma bien-aimée?

Qui, moi, te souhaiter la mort !
Loin de mon cœur cette pensée ;
Azélie est tout pour Victor.
Et puisque dès ma tendre enfance,
J'eus du goût pour le changement,
Je prouverai mon inconstance
En devenant enfin constant.

STANCES.

L'air est calme, le ciel est pur :
Au souffle du Zéphyr tout renaît à la vie.
L'univers s'embellit de verdure et d'azur ;
Mais je suis loin de mon amie.

En vain le rossignol fait entendre sa voix ;
En vain par ses accords il célèbre sa flamme ;
Le nom de Sophronie est plus doux à mon ame
Que les plus doux accens du chantre ailé des bois.

Les vallons, les ruisseaux, le gazon, le feuillage,
A mes regards flétris n'offrent aucun appas...
Bernardin (1), ne m'accuse pas ;
J'adore la nature en son plus bel ouvrage.

L'arbrisseau, dont l'hiver a détruit la fraîcheur,
Voit, aux feux du printemps, sa sève ranimée.
Cet arbrisseau, las ! c'est mon cœur ;

---

(1) Bernardin-de-Saint-Pierre.

Le printemps, c'est ma bien-aimée.

Toi qui m'as enflammé de la plus vive ardeur,
　　Mets un terme aux maux que j'endure.
Viens près de ton ami, viens parer la nature
Des charmes de l'amour, et de ceux du bonheur.

A MONSIEUR T***, AVOCAT.

Quelle voix! quels accens! quel prestige enchanteur!
La persuasion vient d'entrer dans mon cœur.
Mes doutes ont cessé, la vérité m'éclaire.
J'errais; mais des sentiers d'une erreur volontaire
Lorsqu'une main hardie ose écarter mes pas,
D'où vient que mon orgueil ne s'en offense pas?
J'admire ta magie, ô sublime éloquence!
Tout reconnaît tes lois; tout prouve ta puissance.
Du vainqueur de cent rois Démosthènes vainqueur,
Cicéron foudroyant un fier conspirateur,
Mirabeau ranimant la France consternée,
T*** arrachant des pleurs à Thémis étonnée!...

Et quand d'un opprimé ton utile secours
Sauve l'honneur, l'état, la fortune et les jours,
N'es-tu pas le premier des enfans du génie?
Heureux donc le mortel, chéri de Polymnie,
Dont le style enchanteur, le geste, le débit,
Captivent à la fois l'œil, l'oreille et l'esprit!
Tout lui cède. Sa voix, par un doux artifice,
Commande aux passions, en flattant leur caprice.
Plus son sceptre est caché, mieux il est affermi.

Pour gouverner en maître, il conseille en ami.
Dans son oblique marche il suit l'adroit reptile.
Tel l'ami de César, par un détour habile,
Haranguant les Romains contre lui prévenus,
Feint d'approuver leur crime, et de louer Brutus.
Il trompe, il gagne ainsi son crédule auditoire.
Ensuite de César rappelant la mémoire,
Près de l'ambition qui ternit ses hauts faits,
Il place ses talens, sa gloire et ses bienfaits.

Déja dans tous les cœurs il voit mourir la haine.
C'est alors qu'il éclate; alors il se déchaîne
Contre les conjurés; accuse les Romains
D'avoir laissé périr le plus grand des humains,
Et, terminant enfin, par un coup de tonnerre,
Leur montre dans Brutus l'assassin de son père.

Ces mouvemens divers, par un sublime effet,
Entraînent les esprits. On s'étonne, on se tait.

Vous, qui dans la carrière, où le destin m'appelle,
Soutien de ma jeunesse, en serez le modèle,
Favori de Thémis, pardonnez si ma voix
De votre art, devant vous, ose tracer les lois.
Vos discours, vos leçons me les firent connaître.
Heureux si quelque jour, digne d'un pareil maître,
A l'ombre des lauriers que vous avez conquis,
Je puis cueillir des fleurs dans les champs de Thémis.

MADRIGAL.

Tu veux savoir, ma bien-aimée,
Combien durera mon amour?
Interroge la destinée
Pour connaître mon dernier jour.

ÉPIGRAMME.

Damon, ce médecin d'ignorance profonde,
  A la Parque a payé tribut.
  Comme le rédempteur du monde,
  Il est mort pour notre salut.

LA CONSTANCE REMISE A LA MODE.

ROMANCE.

Air : *O Fontenay qu'embellissent les roses.*

Du bon vieux temps ô que j'aime l'histoire !
Que j'aime à voir ces guerriers troubadours,
Le front couvert des lauriers de la gloire,
Faire gémir la lyre des Amours !

De la beauté ces illustres esclaves,
Ces vrais amans, ces généreux guerriers,
Ne pouvaient pas, aussi constans que braves,
Changer d'amour, sans flétrir leurs lauriers.

Cet heureux temps, hélas ! ne dura guère.

De l'amour pur le temple fut détruit,
Et les vertus ayant quitté la terre,
Avec ses sœurs la Constance s'enfuit.

De nos aïeux suivons le noble exemple.
O mes amis! soyons des Amadis.
Que dans nos cœurs la Constance ait un temple.
Tâchons d'aimer comme on aimait jadis.

L'INVENTION DE L'ART D'ÉCRIRE.

(IMITATION DU LATIN.)

Éloigné de sa bergère,
Lisis pleurait nuit et jour.
Hélas! l'écho solitaire
Répondait seul à ses soupirs d'amour.
Dieu malin, qui de fleurs couvres tes dures chaînes,
S'écria-t-il un jour, d'un accent douloureux,
Pourquoi joindre deux cœurs par d'aussi tendres nœuds,
S'il doit en naître tant de peines?
Toi qui causes mes pleurs, ah! daigne les tarir;
Les maux que tu m'as faits, Amour, viens les guérir.
Reçois, répond l'Amour, le prix de ta constance.
Le dieu qui cause tes tourmens
Vient mettre un terme à ta souffrance.
Apprends par quel secret deux fidèles amans
Peuvent se consoler de l'ennui de l'absence.
Il dit, dans son carquois il prend un de ses traits,
Arrache une plume à son aile,
La taille avec le trait qui lui sert de modèle,

Déchire le bandeau qui voile ses attraits...
    Je t'entends, tu rends tout facile,
Dit Lisis. Aussitôt le berger amoureux
Saisit un de ces traits, que redoutent les dieux,
Se pique, et de son sang que la plume distille,
Trace, sur le bandeau, ses ennuis et ses feux.
    La lettre est faite; avec art il la plie;
        L'Amour en est le messager.
Il vole vers Naïs et rapporte au berger
        La réponse de son amie.

LE PATHOS BIEN TROUVÉ.

Un avocat fleuri dans son propos,
De Cicéron rapportait un passage.
Le président, peu fait à ce langage,
Dit: Avocat, finissez ce pathos.
Ainsi fut fait. En sortant du prétoire,
Parmi les flots d'un nombreux auditoire,
Notre avocat rencontre un sien ami.
Ah! te voilà, lui dit-il, bon apôtre?
Quoi de nouveau? que viens-tu faire ici?
Point de pathos, avocat, répond l'autre.

LA NUIT.

ROMANCE RELIGIEUSE.

Il est minuit : du monastère
    J'ai vu mourir le dernier feu.

Un voile obscur couvre la terre ;
Tout dort : je suis seul avec Dieu.
O nuit ! ton ombre redoutable
En vain s'épaissit devant moi :
Quand tu fais pâlir le coupable,
Je te contemple sans effroi.

Le soleil, tout ce qui respire
Prouve le Dieu de l'univers.
L'homme se lève, voit, admire,
Et l'encens fume dans les airs.
Mais la nuit donne à la prière
Un langage plus solennel ;
La voix du pieux solitaire
Chante l'hymne de l'Éternel.

Sur la nature, qui sommeille,
Je crois voir planer le néant.
Tout est muet, et mon oreille
Voudrait fuir un calme effrayant.
A ce majestueux silence
J'éprouve une sainte terreur.
Le monde fuit, et je m'élance
Dans le sein de mon Créateur.

LE PASSÉ, LE PRÉSENT ET L'AVENIR.

ROMANCE.

MUSIQUE DE M. GARAT (1).

A quinze ans je connus Elmire;
A quinze ans palpita mon cœur.
J'appris le charme du sourire;
Du baiser j'appris la douceur.
Quand s'offre à mon ame ravie
Ce souvenir délicieux,
Des trois époques de la vie
C'est le passé que j'aime mieux.

Elmire, le plaisir t'appelle;
Entends sa voix, viens dans mes bras.
Ma bouche, inconstante et fidèle,
S'égare d'appas en appas.
Ah! sur ton sein, ma douce amie,
Toujours brûlant des mêmes feux,
Des trois époques de la vie
C'est le présent que j'aime mieux.

Mais je dois un jour être père;
Nous devons renaître elle et moi.

---

(1) Cette romance, gravée avec accompagnement de harpe ou piano, se vend à Paris, chez tous les marchands de musique.

Elmire me sera plus chère,
Je serai plus sûr de sa foi.
Charme du passé, je t'oublie;
Présent, tu n'es rien à mes yeux:
Des trois époques de la vie
C'est l'avenir que j'aime mieux.

LE SIÉGE DU PARNASSE,

AU DIX-NEUVIÈME SIÈCLE.

POEME HÉROÏ-COMIQUE.

CHANT PREMIER.

PRÉFACE.

Publier le premier chant d'un poëme, qui devait en avoir quatre, quelle sottise, va-t-on s'écrier ! « moindre
« que vous ne pensez, messieurs, et je le prouve.

« Si ce premier chant vous ennuie, bien certainement
« vous vous soucierez peu de lire les trois autres. Que
« vous importe donc qu'ils existent, ou qu'ils n'exis-
« tent pas ?

« — Oui, mais si par hasard il nous amusait ! — Eh !
« bien, messieurs, s'il vous amusait, vous regretteriez,
« sans doute, de ne pas connaître le reste ; mais vous
« auriez un moment de plaisir, et faites-vous un crime
« à la coquette de découvrir, seulement, à vos regards
« une jambe fine, ou la naissance d'une jolie gorge ? »

Cette pièce est l'ouvrage de ma première jeunesse. Des occupations plus graves, qui me laissent peu de loisir, m'ont empêché de la terminer. Je désire que l'on m'en fasse un reproche.

LE SIÉGE DU PARNASSE,

AU DIX-NEUVIÈME SIÈCLE.

CHANT PREMIER.

ARGUMENT.

La paix régnait dans le monde littéraire. — Comment elle est troublée. — Discours éloquent de V....... F..... pour engager le peuple auteur à tenter la conquête du Parnasse. — Delille est nommé général. — Arrivée de Parny sur l'Hélicon. — Description du Temple de Mémoire.

J'ai célébré, dans un triple délire,
Bacchus, la Gloire, Honorine et l'Amour.
A d'autres dieux je consacre ma lyre :
Je vais chanter les Apollons du jour.
C'est un sujet qui prête à la satire;
Mais j'ai vingt ans, et d'envie et de fiel
Ma muse est vierge, et j'en rends grâce au ciel.
Est-on méchant à son adolescence?
On rit parfois, mais toujours sans aigreur.
Je rirai donc : honni qui mal y pense.

O déité, qu'on nomme patience,
Verse tes dons sur mon pauvre lecteur.

Dans l'univers tout respirait la guerre.
(1) Un roi héros, le plus fatal présent
Que l'Éternel nous fasse en sa colère,
(2) Pour ses plaisirs versait des flots de sang,
Et s'illustrait en ravageant la terre.

Loin cependant du tumulte de Mars,
Le peuple auteur que le bruit incommode,
Goûtait, en paix, le charme des beaux-arts.
La poésie était l'art à la mode :
(Je ferais mieux de dire le travers!)
Romans, sermons, tout se faisait en vers,
Et l'on trouvait, dans ma chère patrie,
Beaucoup d'esprit, mais fort peu de génie.

Or, un beau jour, il prit la fantaisie,
Ne sais comment, à l'un de nos rimeurs
De guerroyer. Chaque siècle a ses mœurs,
Et mal du prince est un mal qui se gagne.
Le voilà donc ne rêvant que dangers,
Peines, travaux, que la gloire accompagne.
Il prend la plume, et deux cents messagers,
De tous côtés par lui mis en campagne,
Vont prévenir messieurs les beaux exprits
Qu'on les attend, un tel jour, à Paris.

Grande rumeur, là-dessus, dans la France.
Tout écrivain, de sa gloire jaloux,
Sur ce congrès fonde son espérance.

Le moindre auteur de la moindre romance
Prend son carnet et vole au rendez-vous.

Qui compterait cette troupe affamée
Courant après un peu de renommée ?
Vous avez vu, dans le cœur des hivers,
Des tourbillons de feuilles desséchées,
Par les autans de leur tige arrachées,
Qui de leur nombre obscurcissaient les airs.
Tels accouraient en habits assez minces,
Du double mont les futurs citoyens.
On en comptait de toutes les provinces,
(3) Et Beaune même avait fourni les siens.

Le jour fixé, pour le nouveau concile,
Paraît enfin. Dans un grand galetas,
Pompeusement appelé Lucrétile,
Les convoqués arrivent à grands pas.
Sur de vieux ais on se place à la file,
Et l'on attend que s'ouvrent les débats.

(4) Lors V...... à la docte assemblée
Tient ce discours, qu'il compose d'emblée.
« Frères très-chers, quel est le noble objet
« De nos désirs, de nos travaux ? La gloire.
« Pour l'obtenir que n'avons-nous pas fait ?
« Moi des discours ; L........ une histoire.
« C............ a fait des livres saints,
« Qu'on ne lit plus ; D......... des refrains ;
« M...... une énigme, et B... un distique,
« Et cependant, si l'on croit la chronique,
« Tous mes efforts jusqu'ici furent vains.

« Je sais, messieurs, un moyen infaillible
« De réussir. Dans le siècle présent
« L'art de la guerre est le premier talent,
« Et le Français, dit-on, est invincible.
« Battons-nous donc : notre empereur se bat
« Depuis quinze ans, et dans ce court espace
« Il a tout pris, excepté le Parnasse.
« Nous le prendrons, tout Français est soldat,
« A tout Français la victoire est fidèle.
« Que nous faut-il, braves amis ? Du zèle.
« En avez-vous ? » La savante séquelle,
Ivre d'espoir, à ce discours flatteur,
Par de grands cris répond à l'orateur.
Avec orgueil chacun dit dans sa tête :
Je suis Français avant d'être poète!
Et d'une voix le projet est reçu.

Le V......, fier de l'avoir conçu,
Tout rayonnant remonte à la tribune.
« J'aime, dit-il, cette ardeur peu commune
« Que vous montrez; mais, comme on dit fort bien,
« Un bon soldat sans un bon chef n'est rien.
« Il faut un chef. Sans ma grande jeunesse
« Je m'offrirais à diriger vos bras.
« J'ai du talent, beaucoup de hardiesse;
« (5) Mais sur nous tous Jacque a le droit d'aînesse,
« A Jacque donc je céderai le pas. »

Autres bravos. Dans tout le Lucrétile
Avec transport on proclame Delille
Qui sûrement ne le demandait pas.
Certain un jour d'arriver au Parnasse

Par son mérite, il aurait volontiers
Cédé son droit et refusé la place.
Mais dans leurs vœux les rimeurs sont entiers;
Il le savait. Soit crainte ou complaisance,
« Messieurs, dit-il, j'accepte avec plaisir
« L'illustre rang que vous daignez m'offrir;
« J'en reconnais le prix et l'importance;
« Mais croyez-en ma longue expérience,
« Dans ses projets il faut, pour réussir,
« Ne rien presser. On ne fait pas un siége
« Comme un discours, ou des vers de collége.
« Où sont les fonds ? où sont les magasins ?
« L'hiver approche, et rien n'est prêt encore.
« Calmez un peu le feu qui vous dévore;
« Je veux trois mois pour mûrir mes desseins.
« Vous reviendrez dans la saison de Flore. »

Il dit et part. Ses dociles guerriers,
Mettant un frein à l'ardeur qui les presse,
Sans murmurer regagnent leurs foyers,
En attendant que le printemps renaisse.
(6) Le général, fidèle à sa promesse,
Songe aux moyens d'attaquer le Permesse;
Forme des plans, et, quelques jours après,
Fait appeler le Tibulle français.
Celui-ci vient; il l'accueille, il l'embrasse.
« C'est de vous seul que j'attends nos succès,
« Mon cher Parny, lui dit-il. Au Parnasse
« Je suis certain que vous avez accès :
« On vous a vu quelquefois près d'Horace.
« Retournez-y pour servir nos projets.
« Parmi les chefs semez la zizanie;

« Flattez l'esprit aux dépens du génie ;
« Qu'entre Voltaire, et Lefranc, et Piron,
« Se renouvelle une ancienne dispute ;
« (7) A notre cause attachez Crébillon.
« Pour mettre à fin cette inégale lutte,
« Tout notre espoir est dans la trahison.
« Il faut aussi du Temple de mémoire
« Lever le plan ; il faut nous indiquer
« Par quels endroits nous pouvons attaquer ;
« Il faut enfin nous frayer la victoire.
« Allez, volez, illustre lauréat. »
Parny répond : « Vous l'ordonnez, *fiat.* »

Le voilà donc lancé dans une guerre
Impolitique autant que téméraire.
Telle autrefois fut la rébellion,
Contre les dieux, de l'impie Égéon,
(8) Ou tel plutôt le combat ridicule
Des Mirmidons contre le grand Hercule.
Parny le sait, et son cœur a gémi.
Mais son serment, mais surtout son ami !...
Que faire, hélas ! ira-t-il, infidèle,
De son ami déserter la querelle ?
Non, non, Parny ne trompait que sa belle.
De son grand cœur étouffant les combats,
Vers le Parnasse il dirige ses pas.

Mon cher lecteur, je dois ici vous dire
Comment, par qui, sur le sacré vallon
On est admis. Un des fils d'Apollon,
Qui tient les clés du poétique empire,
Vous fait d'abord décliner votre nom,

Vos qualités ; ensuite il vérifie
Si vos écrits sont, de par le génie,
Empreints du sceau de l'immortalité.

De ce portier la tâche est difficile.
Pour l'abuser, d'un cachet emprunté
Combien d'auteurs ont-ils masqué leur style !
Mais de Boileau rien ne peut tromper l'œil.
Car c'est Boileau, ce critique sévère,
Jadis l'effroi des Cotins sur la terre,
Qui sur le Pinde est encor leur écueil.

Parny pourtant vers ces beaux lieux s'avance.
Déja sa muse a reconnu sa voix ;
Déja l'airain que sa dextre balance,
A sur l'airain retenti par trois fois.
« Qui frappe ? — Ouvrez, l'auteur des Rosecroix.
« — On n'entre point. — L'auteur de ce poëme (1),
« Où de nos dieux que gaiement on blasphème,
« Je vilipende et la barbe et la croix.
« — On n'entre point, morbleu ! — Je suis encore...
« — Nommez-vous donc. — L'amant d'Éléonore.
« — De celui-ci je reconnais les droits.
« Entrez. » Il dit, et, malgré sa rudesse,
Boileau, docile aux décrets d'Apollon,
Reçoit Parny dans le sacré vallon.

Heureux Parny !... Sur les bords du Permesse,
Il est un bois consacré par l'amour,

---

(1) La guerre des dieux anciens et modernes.

Qu'à peine éclaire un tendre demi-jour,
Où mille fleurs répandent l'ambroisie,
Où tout engage à douce rêverie,
Où la fauvette, en ses chants langoureux,
Vient soupirer la touchante élégie,
Où, respirant une nouvelle vie,
Le cœur s'enflamme; on aime, on est heureux.
Par un berceau de lilas et de rose,
Vers ce bosquet Parny porte ses pas.
Là, mollement son Érato repose.
Elle le voit, et sa bouche mi-close,
Pour appeler son amant dans ses bras,
Commence un son qu'elle n'achève pas.

Oh! de Parny comment peindre l'ivresse,
Et de ses yeux le langage enchanteur,
Et ses baisers si remplis de tendresse,
Et de sa main l'éloquente caresse!...
Point ne voudrais alarmer la pudeur;
Mais seulement souhaitez, cher lecteur,
Pour moi sa plume, et pour vous sa maîtresse.

Las! tout fatigue, et surtout le plaisir.
D'Alcide, en vain, la fable nous raconte
Que ce héros, dans un jour, sut cueillir
Cinquante fleurs. Cinquante! C'est un conte.
Parny le sent, et son dernier désir
Pour s'exprimer n'a trouvé qu'un soupir,
Soupir d'amour, de regret et de honte.

Que faire alors? Pour n'être plus tenté,
Fuir le gazon, s'éloigner du bocage,

Est, à mon gré, le parti le plus sage.
« Viens, dit Parny, de ce monde enchanté,
« Viens, Érato, me montrer les merveilles.
« Viens me montrer ce temple respecté,
« Ce temple saint, où la postérité
« Des hommes-dieux admirera les veilles.
« Que ton Parny connaisse le séjour
« De la beauté, qui l'enivre d'amour. »

Objet qui plaît aisément persuade.
Sans le vouloir, la nymphe rougissant,
A ce discours répond par une œillade
Un peu maligne, et tendre cependant.
Le fin tissu, qui sa taille emprisonne,
Elle l'étend sur sa gorge mignonne,
Et, désormais, inutile à leurs feux,
L'herbe des prés se relève sous eux.

Du sein pourtant de la voûte éthérée,
L'astre des cieux, à la face dorée,
Ne lançait plus sur ce monde aplati
Qu'un pâle jour, qu'un éclat amorti.
De volupté l'ame encore enivrée,
Déja la Muse et son cher favori
Ont parcouru de l'enceinte sacrée
Tous les détours. Soudain à leurs regards
S'offre un palais : c'est le palais des arts.
Le marbre et l'or brillent de toutes parts,
Et cent tableaux ornent le frontispice.
Un dôme altier surmonte l'édifice,
Et de son front, qui se perd dans les airs,
(9) La Renommée, avec les deux trompettes

Que lui prêta le plus fou des poètes,
Incessamment proclame à l'univers
Du dieu du goût les oracles divers.

Si par hasard ne connaissiez Voltaire,
Ami lecteur, je vous dirais comment
La déité place chaque instrument;
L'un à sa bouche, et l'autre à son derrière.
De chacun d'eux l'usage est différent.
Le premier sert à prôner les grands hommes,
Et sert fort peu dans le siècle où nous sommes.
Pour le second, dont moins noble est le but,
Grace à R...., à F........, à D....,
Il sert souvent, et c'est lui qui proclame
Tous les discours qu'on fait à l'Institut.

A cet aspect le Troubadour s'enflamme.
Il croit déja voir son nom, ses écrits,
En lettres d'or sur le Parnasse inscrits,
Et la déesse, à bruyante faconde,
Les célébrant aux quatre coins du monde :
Tant un poète est sujet à l'orgueil!
Tant l'on est vain, lorsqu'on a le fauteuil!

En s'enivrant de sa future gloire,
L'heureux Parny, du temple de Mémoire
Avec sa muse a dépassé le seuil.
Quel beau spectacle à ses yeux se révèle!
Au fond du Temple, et sur un vaste autel,
Brille ce feu, cette flamme immortelle
Qui dans Corneille et Racine étincelle,
Et dont jamais ne brûla Marmontel,

Ni D......, ni messieurs tel et tel.

Près du foyer, qu'elle attise sans cesse,
Est une jeune et brillante déesse,
Aux cheveux noirs, au manteau bigarré.
De mille fleurs son front noble est paré,
Et d'un regard son œil rapide embrasse
Ces corps nombreux qui sont mus dans l'espace
Par le hasard ou par l'attraction.
Déité folle et féconde en prestiges,
Que l'on appelle Imagination.
O Goût divin! c'est toi qui la diriges.
Sans tes conseils, que d'écarts, de faux pas!
Combien d'écueils qu'elle ne verrait pas!
Aux champs de Mars tel un vieux capitaine,
Digne rival de Saxe et de Turenne,
De nos Français qui bouillonnent d'ardeur,
Retient parfois l'imprudente valeur.

Plein de respect, l'amant d'Éléonore
Du couple auguste embrasse les genoux.
Plein de respect, un souris il implore.
Mais, ô faveur, cent fois plus grande encore!
La déité lui donne un rendez-vous.
Parny se livre à l'espoir le plus doux.

Dans le lointain, se fait alors entendre
Une voix douce, un chant moelleux et tendre,
Accompagné d'accords harmonieux :
C'est le concert des bouffes ou des dieux.
Là, sont Léo, Duranté, Pergolèze,
Hayden, Mozart, et Gluk et Piccini,

Et Daleyrac, et l'immortel Grétry,
Grétry, le dieu de la scène française,
Qui de son art recherchant le secret,
Prit la nature un beau jour sur le fait.
(10) Là, doit venir le chantre d'Euphrosine.
(11) Vous y viendrez, docte Chérubini,
(12) Doux Boïeldieu, (13) sévère Spontini,
(14) Et vous Berton, aimable auteur d'Aline,
D'autres encor. Mais pour monsieur B....sa,
Malgré Michau, jamais il n'y viendra.
Oh! qu'il me tarde, interrompt le poète,
De visiter la savante retraite
Où les auteurs, que la France a produits,
De leurs travaux goûtent en paix les fruits;
Où, renonçant à sa juste colère,
Rousseau repose à côté de Voltaire;
Où, celui-ci, d'un sarcasme sanglant,
Ne fouette plus le triste Pompignan.
Séjour divin, dont l'image m'enchante!

A ses désirs la nymphe obéissante,
Guidant ses pas vers le fond du palais,
Lui découvrit ses voûtes solitaires,
De tous les arts riches dépositaires,
Où nul mortel ne pénétra jamais.
Quatre tableaux, que peignit Michel-Ange,
Et dont Clio prépara les couleurs,
Des écrivains les plus chers aux neuf sœurs,
En traits brillans consacrent la louange.
On voit d'abord l'éloquent Bossuet.
Un beau pigeon, aux éclatantes ailes,
Descend du ciel, s'approche et lui remet

Le livre saint, le code des fidèles.
Là, c'est Rousseau, ce penseur si profond,
Ce philosophe et si grand et si bon,
Qui, d'une main, débarrasse l'enfance
De ce maillot, où l'aveugle ignorance
Emprisonnait ses membres délicats,
Et qui de l'autre, en sa juste balance,
Pèse nos droits et ceux des potentats.
Dans ces guerriers, de la muse tragique
Je reconnais les plus chers favoris.
L'un est couvert de la cuirasse antique;
L'autre ressemble aux frères d'Amadis.
L'un a l'air grand et même un peu farouche;
Le *qu'il mourût!* va sortir de sa bouche.
Son œil de feu s'appesantit sur moi,
Et je l'admire, en pâlissant d'effroi.
L'autre, aussi fier, n'a rien qui m'intimide.
Le tendre amour sur ses lèvres réside;
A la beauté, qui soupire pour lui,
Son bras vainqueur semble offrir son appui;
C'est Apollon : son rival est Alcide.
Mais qu'aperçois-je? au milieu de ses fers,
Un jeune auteur sur la lyre d'Homère,
Ose porter une main téméraire!
Il va chanter. Dieux! quels sublimes airs
Promet cet œil d'où partent mille éclairs!...
Poursuis, jeune homme, et tu seras Voltaire.

Le Troubadour sur ces nobles portraits,
Fixe long-temps ses regards satisfaits;
Mais le jour fuit : il faut qu'il examine
Le sanctuaire où, de sa main divine,

Le goût plaça les chefs-d'œuvre français.

Au premier rang paraît le Misanthrope,
Et le Tartufe, et ce vieil Harpagon,
Dont rit la France et qu'admire l'Europe.
Plus bas on voit, sur le même rayon,
Le Glorieux auprès du Métromane,
Et le Joueur à côté de Cléon (1).
Vis-à-vis d'eux est la pucelle Jeanne,
Fille d'esprit, mais d'assez mauvais ton,
Lâchant une f plutôt qu'une oraison;
Toujours suivie ou d'un saint ou d'un âne,
La Jeanne enfin qui tua Grisbourdon.

Notre lecteur facilement devine,
A ce portrait, quelle est notre héroïne.
Telle n'est point celle dont Chapelain
D'un dur archet racla la dure histoire;
Mais tel on voit le héros féminin
(15) Dont Arouet a consacré la gloire
Dans un poëme un peu trop libertin.

Avant la Jeanne, et j'ai peine à le croire.
Parny prétend qu'il trouva le Lutrin.
L'ouvrage est beau, mais la Jeanne est si belle!
Mais un prélat vaut-il une pucelle?
Mais ce Monrose est joli comme un cœur,
Et l'âne ailé parle mieux qu'un docteur.
Moi, je l'avoue, une beauté parfaite

---

(1) Nom du Méchant, dans la Comédie de Gresset

Dont l'air est grave, et dont grave est le ton,
Me plaît bien moins qu'une jeune coquette
Au nez en l'air, à l'œil vif et fripon,
(16) Et j'aime mieux Aglaé que Junon.
Quoi qu'il en soit, Ververt marche à leur suite,
Aimable oiseau, dont le moindre mérite
Est de redire avec beaucoup d'esprit,
Ce qu'au couvent très-sottement on dit.

Enfant gâté de la simple nature,
O La Fontaine, ô mon cher fablier!
Tes vers si doux, ta morale si pure,
Occupent seuls un rayon tout entier.

Mais de quel droit cet écrivain barbare,
Froid traducteur de l'Héraclite juif (1),
Lefranc enfin, si honni, si chétif,
Est-il auprès du moderne Pindare?
Or écoutez. Par un lâche rival
Du grand Rousseau la gloire était ternie :
Lefranc s'indigne, il venge le génie;
En le vengeant il devient son égal.

Qui compterait tous les autres ouvrages
Que vit Parny dans cet auguste lieu,
Chansons, discours, odes, romans, voyages?
Il vit Saint-Preux et ses brûlantes pages,
Et d'Hamilton les charmans badinages.
Il vit Lafare et son ami Chaulieu.

_____

(1) Jérémie.

Il vit Prevost, Bernis. Mais le dirai-je,
Ami lecteur, sans être sacrilége?
Il n'y vit point, et j'en suis indigné,
(17) Il n'y vit point l'aimable Sévigné.
Quoi! dira-t-on, cet auteur plein de grace,
Si naturel, si brillant de fraîcheur,
La Sévigné n'est point sur le Parnasse
Avec nos dieux! — Non: soit qu'un tel honneur
Ait alarmé sa timide pudeur,
Soit qu'en effet son amour monotone
Mérite peu le renom qu'on lui donne
Dans ce bas monde où l'on ne voit qu'erreur.

(18) Mais à propos de ce monde, il me semble
Qu'il serait temps d'y venir faire un tour.
J'y reviens donc. Quant à mon Troubadour,
Sur l'Hélicon, quoique arrivés ensemble,
Comme il se plaît dans ce divin séjour,
Je pars sans lui. Mais j'espère qu'un jour
Il nous dira par quelle heureuse adresse
Il vint à bout de ses hardis projets;
De quels secours il obtint la promesse,
Et si messieurs les beaux esprits français
Doivent s'attendre aux honneurs du Permesse.
Discrètement, peut-être, il nous taira
Le rendez-vous de sa beauté céleste,
Et les faveurs dont elle l'enivra.
C'est son devoir, mais l'on se souviendra
Qu'en fait d'amour le bonheur rend modeste.

FIN DU PREMIER CHANT.

NOTES DU PREMIER CHANT.

(1) Un roi héros.

Bonaparte n'est ni l'un ni l'autre à présent, puisqu'il s'est laissé vaincre et détrôner deux fois. Mais à l'époque où ce poëme fut commencé, Napoléon gouvernait l'Europe, et il était permis de croire aux talens militaires d'un homme qui avait sauvé la France à Marengo et qui l'avait illustrée à Austerlitz, Wagram, Iéna, Lutzen, etc.

(2) Pour ses plaisirs versait des flots de sang.

Lecteur, qui avez du goût, remarquez que notre auteur, qui en a aussi, et qui est au-dessus du préjugé, rime toujours pour les oreilles plus que pour les yeux. Vous ne le verrez point faire rimer *trône* avec *bonne*, *pâte* avec *patte*, *homme* avec *heaume*. Une brève n'a pas le même son, et ne se prononce pas comme une longue : *Jean* et *chant* se prononcent de même (Voltaire, notes sur la Pucelle).

(3) Et Beaune même avait fourni les siens.

Les ânes de Beaune sont célèbres. Piron, qui n'aimait pas les Beaunois, allait, dans les environs de leur ville, arracher tous les chardons, en disant : Je leur coupe les vivres.

(4) Lors V....... à la docte assemblée

Ce jeune écrivain n'est pas sans quelque talent. Il a remporté plusieurs prix à l'Académie française.

(5) Mais sur nous tous Jacque a le droit d'aînesse.

Nous ne dirons rien des auteurs, dont la réputation est, pour ainsi dire, classique. Jacques Delille est de ce nombre. Il n'y a personne qui n'ait admiré l'harmonie de sa versification, le coloris de ses tableaux, l'élégance de son style. On lui reproche d'être le maître d'une école, qui s'éloigne un peu de la simplicité des grands modèles.

(6) Le général, fidèle à sa promesse,
    Songe aux moyens d'attaquer le Permesse.

Nous avons employé indifféremment, dans tout le poëme, les dénominations de Parnasse, Hélicon, Pinde, Permesse, pour désigner le séjour des Muses. Afin qu'on ne nous accuse pas d'ignorance à ce sujet, nous allons faire notre profession de foi géographique.

Le Parnasse était une haute montagne, dans la Phocide; l'Hélicon dans la Béotie; le Pinde entre la Thessalie et l'Épire. Le fleuve du Permesse prenait sa source au pied de l'Hélicon. Ces différentes montagnes étaient consacrées à Apollon et aux Muses.

(7) A notre cause attachez Crébillon.

Crébillon fut, avec l'auteur de Manlius, un des principaux objets de la jalousie de Voltaire, qui ne pouvait souffrir qu'un contemporain lui disputât le sceptre de la tragédie.

(8) Ou tel plutôt le combat ridicule
    Des Mirmidons contre le grand Hercule.

L'auteur a confondu les Mirmidons avec les Pygmées, peuples de la Libye, qu'Hercule fit prisonniers, et qu'il enferma dans sa peau de lion. Ces deux peuples sont également fameux par la petitesse de leur taille.

(9) La renommée avec les deux trompettes
    Que lui prêta le plus fou des poètes.

Et le plus ingénieux. Il n'y a dans aucun poëme autant d'esprit et d'abus de l'esprit que dans la Pucelle de Voltaire. Voyez les deux chants de Grisbourdon et d'Hermaphrodix.

(10) Là, doit venir le chantre d'Euphrosine.

Euphrosine est peut-être le chef d'œuvre de Méhul, à qui nous devons aussi l'opéra de *Joseph en Égypte*.

(11) Vous y viendrez, docte Chérubini.

M. Chérubini, un des directeurs du Conservatoire de musique, doit sa célébrité à la science, plutôt qu'à la mélodie de ses compositions. S'il n'avait fait *les Deux Journées*, on pourrait ne le regarder que comme un habile professeur.

(12) Doux Boïeldieu.

Ma Tante Aurore, *Jean de Paris*, et une foule de jolis opéras comiques, remarquables surtout par des chants naturels et suaves, placent Boïeldieu au rang de nos premiers compositeurs en ce genre.

(13) Sévère Spontini.

Spontini est l'auteur de *la Vestale*.

(14) Et vous Berton, aimable auteur d'Aline.

La première fois que j'ai vu représenter cette pièce, je me suis cru transporté des rives de la Seine sur les bords de la Durance. A la manière dont M. Berton fait chanter les bergers de ma belle patrie, un Gascon dirait qu'il est Provençal ou qu'il mérite de l'être.

(15) Dont Arouet a consacré la gloire
    Dans un poëme un peu trop libertin.

Quel dommage qu'on ne puisse dire avec Piron :

La mère en prescrira la lecture à sa fille.

(16) Et j'aime mieux Aglaé que Junon.

Aglaé ou Aglaïa, l'une des trois Graces.

(17) Il n'y vit point l'aimable Sévigné.

Il en est de certaines réputations comme de l'arche sainte, à laquelle il est défendu de toucher sous peine d'anathême. Madame de Sévigné eut le bonheur de s'en créer une de ce genre. J'avoue que je n'ai jamais éprouvé, à la lecture de ses lettres, tout le plaisir que je m'en étais promis, et dût-on me retrancher de la communion des fidèles, je préférerai toujours la correspondance de Voltaire à celle de cette femme célèbre.

(18) Mais à propos de ce monde, etc.

On me reprochera sans doute de n'avoir point parlé du *Télémaque*. Personne n'admire plus que moi cet ouvrage sublime, qui serait le premier des poëmes, si la poésie y était soumise aux règles de la versification. Mais je n'ai pas prétendu faire un catalogue, et il eût été trop long, et trop ennuyeux de citer tous les écrivains qui ont illustré la littérature française.

LETTRES
D'UN ILLINOIS
A UN DE SES COMPATRIOTES.

LETTRE PREMIÈRE.

Il y a un an que je suis ici, et déja je suis assez savant pour t'écrire. Tu te feras lire ces lettres, quand tu iras, à la ville, échanger tes pelleteries contre de l'eau-de-vie.

J'ai cru long-temps, et tu crois encore que les Illinois sont le premier peuple du monde. Je conviens, de bonne foi, que nous sommes inférieurs aux Français, qui ont aussi la prétention d'être la nation par excellence. Il est vrai que ce titre leur est contesté par les Anglais, et que les Russes laissent entrevoir qu'ils y prétendront, très-incessamment.

Tous les peuples de l'Europe sont, à peu près, également civilisés; ainsi je suis convaincu que le premier d'entre eux est celui qui a le plus de canons. Il n'y a qu'à les compter, pour décider la question.

Que sommes-nous donc, pauvres Illinois, auprès de ces gens-là, nous qui habitons de misérables huttes; qui ne vivons que de proies, que nous surprenons, ou que nous enlevons à la course, et qui sommes incapables de fabriquer un couteau? Aussi, on nous vend, on nous achète sans nous consulter, sans même que nous en sachions rien. Il y a quelques années, on nous disait que nous étions Espagnols; on nous assure aujourd'hui que nous sommes Anglo-Américains, et jamais nous n'avons su un mot d'Espagnol, ou d'Anglais.

Ce que je sais très-bien, c'est que, si nous voulons conserver notre indépendance, nous nous retirerons devant les Anglo-Américains, jusqu'à ce qu'ils aient du terrain assez. Là, ils s'arrêteront *peut-être*, et ils nous laisseront un coin de terre, où nous pourrons vivre en paix.

Ne conclus pas, de ce que je viens de dire, que les Européens soient des êtres privilégiés, étonnans, admirables. Ils sont pétris de travers et de ridicules, et ils ne s'en doutent pas. Mais ils ont des canons, et, je le répète, tout se tait devant cet argument-là.

Ce qui m'a frappé d'étonnement, à mon arrivée ici, c'est ce qu'on appelle l'écriture; c'est ce que je t'envoie. Je voyais, chaque matin, tout le monde, jusqu'aux dernières classes du peuple, tenir à la main une grande feuille de quelque chose, qu'on appelle du papier, et ce quelque chose, tacheté de noir, faisait sourire les uns, paraissait impatienter les autres, et était recherché avec une sorte de fureur. Je sus bientôt que ces gens-là ont trouvé l'art de parler aux yeux, et de peindre la pensée. Art admirable, et qui n'étonne personne, parce qu'il est trop connu.

Je me hâtai d'apprendre cet art, et je sus bientôt que ces feuilles, qui, le matin, affectent plus ou moins toutes les têtes, rendent compte de ce qui se passe dans tout l'Univers connu. Ici, tel particulier, qui ignore ce que fait sa femme, sait parfaitement ce qu'on pense à la Louisiane ou au Pérou.

On ne se doute pas cependant que nous possédions quelque chose, qui irrite sans cesse les désirs des Français, et à quoi nous n'attachons aucune importance. Tu connais, comme moi, ce petit ruisseau qui sort de nos montagnes, et qui roule une quantité étonnante de ces petites paillettes jaunes, dont nos enfans s'amusent quelquefois. Cela s'appelle de l'or. Que nos compatriotes se gardent bien d'en parler aux Anglo-Américains. Ils nous égorgeraient tous, s'il le fallait, pour s'emparer du petit ruisseau.

J'ai toujours aimé à courir le monde, et je crus en avoir atteint les bornes, un certain jour où j'arrivai à Philadelphie. Là, je vis de l'or, façonné avec beaucoup d'art. Je reconnus aussi que ce métal facilitait les échanges de toute espèce. Mes observations ne s'étendirent pas plus loin, parce que je ne sais pas l'anglais, et qu'on me chassa de la ville, de peur d'être obligé de m'y nourrir.

Je rentrai dans nos montagnes, et je ne parlai à personne, pas même à toi, de ce que j'avais vu. Mais, dominé de l'envie de voyager, je remplis, secrètement, plusieurs nattes de nos petites paillettes, et, sans prendre congé de personne, je retournai à Philadelphie. Oh! cette fois, je fus accueilli avec un empressement, qui tenait du respect. Je reconnus bientôt que ces marques de considération s'adressaient à mes paillettes. C'était à qui en aurait; mais j'en fus économe et presque avare.

Je me fis habiller. Quand je fus emprisonné dans ce qu'on appelle un gilet, un habit et une culotte, et que j'eus mis des paillettes dans mes poches, toutes les portes me furent ouvertes. Chacun voulait m'avoir à dîner. A peine avais-je vidé une calebasse transparente, que le maître la remplissait; la maîtresse me regardait avec bienveillance, et la petite demoiselle s'efforçait de rougir, quand mes yeux rencontraient les siens. Des Illinois, qui ont sacrifié leur indépendance au désir de manger du *roast-beef* et d'avoir un habit, nous servaient d'interprètes.

On me proposait, tous les jours, des opérations commerciales, sur lesquelles je devais gagner des sommes énormes. Je jugeai que mes paillettes étaient plus en sûreté dans mes poches que dans celles des autres, et je montai sur un vaisseau, qu'on venait de fréter pour Rouen. C'est une ville de France assez laide; mais très-commerçante. Il m'était fort égal d'aller en France ou en Turquie, pourvu que je visse du pays. Ce vaisseau mettait à la voile, et je profitai de l'occasion.

Le capitaine est Bas-Breton. Je m'attachai à lui, et pendant la traversée, il m'apprit assez de français, pour qu'en arrivant ici je pusse demander les choses de première nécessité. Il me parut fort ignorant; mais il entend très-bien le commerce, qui l'enrichira, s'il ne se noie point, et la manœuvre, qui était pour moi une affaire essentielle.

Nous ne nous inquiétons pas, dans nos montagnes, de ce qu'on y a fait avant nous, ni de ce qu'on y fera, quand nous n'y serons plus. Nous ne connaissons que quatre époques, l'enfance, l'adolescence, l'âge viril et la vieillesse. Ici on sait mesurer le temps. Tu ne te doutes pas que c'est aujourd'hui le premier novembre mil huit cent vingt-un. Hé bien, mon ami Kotosi, je te l'apprends, et je t'embrasse.

P. S. Étourdi que je suis! Je t'invite à te faire lire mes lettres à la ville, et je te parle clairement, dans celle-ci, de ce que les Européens doivent toujours ignorer; de certain ruisseau... Je raye le paragraphe.

LETTRE II.

On m'assura à Rouen que Paris est la ville par excellence, la ville de l'univers. Allons à Paris, me dis-je.

On m'ouvrit la porte d'une espèce de cage, en avant de laquelle étaient attachés plusieurs animaux à quatre pates. Je crus qu'on me tendait un piége, et je reculai, autant que me le permit un rang de cases qui étaient derrière moi. Une jeune dame... Tu ne sais pas ce que c'est qu'une dame. C'est celle qui porte de beaux ajustemens, qu'elle doit souvent aux ouvriers qui les fabriquent. Celle qui travaille, et qui ne doit rien, s'appelle tout simplement une femme. Cette jeune dame s'élança dans la cage, avec la légèreté d'un oiseau. Je fus honteux d'avoir été moins brave, et j'y sautai après elle.

Oh! quel maître d'école qu'une jolie femme! J'appris plus de français, de Rouen à Paris, que pendant six semaines de navigation.

La jolie dame revenait d'une ville qui se nomme le Havre. Sa cage s'est rompue à peu de distance de Rouen, et elle a été obligée de monter dans celle où on reçoit tous ceux qui se présentent, pourvu toutefois qu'ils aient des paillettes. Ces sortes de cages s'appellent carrosse, cabriolet, berline, calèche, etc.

La jeune dame a été conduire son mari au Havre, où il s'est embarqué pour une des îles Sous le Vent. Il sera là ce qu'est chez nous un chef de tribu. Il n'a encore rempli aucune place ; mais madame est très-bien vue d'un grand personnage, et ici la protection tient lieu de bien des qualités. L'éloignement de son mari n'a pas altéré sa gaieté. Les femmes de ce pays-ci paraissent nées pour rire, folâtrer, et user leur printemps au sein de tous les plaisirs. On m'assure qu'il en est qui raisonnent : j'en rencontrerai peut-être quelqu'une à Paris.

J'ai échangé à Rouen une petite partie de mes paillettes contre des pièces rondes et plates connues sous le nom de *louis*. Quand je tire le sac de soie qui les renferme, on me fait la révérence, ou on me sourit. Juge du profond respect que me marquent ceux à qui j'en donne une ou deux.

La petite dame rit beaucoup de la multiplicité de mes questions, et de leur naïveté. Elle ne m'appelle plus que l'enfant de la nature, et elle prétend que la civilisation fait dégénérer l'espèce humaine... au physique. Quand notre cage est fortement secouée par un trou, ou une pierre, elle se serre contre moi, et sa main presse la mienne. Elle appelle cela avoir peur. Je commence à trouver très-bon qu'il y ait des pierres, et des trous sur les chemins. Ils me valent, quelquefois, une pression du genou de la servante de madame, qui est aussi bien parée que sa maîtresse, et presque aussi jolie. Elles seraient charmantes, si elles se frottaient avec de l'huile de poisson. Cela leur donnerait une odeur si agréable!

Ma petite dame tient, dit-elle, une excellente maison à Paris, et elle m'a engagé, très-amicalement, à l'aller voir. Tenir une maison, c'est occuper un coin d'un bâtiment, où on logerait deux cents Illinois; c'est sourire à tous ceux qui se présentent, qu'ils soient aimables ou maussades, qu'on les estime ou qu'on les dédaigne; c'est donner de beaux et interminables repas, où on s'ennuie et les autres aussi; c'est leur faire payer leur dîner au jeu, ou perdre sa dernière paillette, avec un air de calme qui ne trompe personne. J'irai voir ma petite dame, aux heures où elle ne tiendra pas son *excellente* maison.

Hé mais, je m'aperçois que je t'écris au *présent* des choses qui se sont passées il y a un an. Apprends, mon ami, qu'ici on casse la tête aux enfans, pour leur faire distinguer le *présent* de l'*imparfait*, du *prétérit*, du *subjonctif*, etc., ce qui n'empêche pas les uns d'être des imbéciles, et les autres des présomptueux. Quand ils savent tout cela parfaitement, on leur dit de se mettre en quatre, pour se procurer des paillettes. La fièvre jaune est la maladie du pays.

Je suis encore un peu Illinois. Je ne m'occupe guère de la veille, et pas du tout du lendemain: ainsi je continuerai à t'écrire au *présent*, si pourtant je ne me laisse entraîner jusqu'au *prétérit*.

Je savais, avant d'arriver à Paris, le nom d'un hôtel garni, qui touche presque à l'excellente maison de ma jolie dame. Elle m'engagea à y loger, et elle m'assura que j'y serais à *merveille*. A merveille est plus que très-bien. On ne se sert pas à Paris d'expressions simples; on n'y connaît que les superlatifs. Tu ne sais pas ce que c'est qu'un *superlatif*. Si je te le dis, tu ne me comprendras pas. Je vais me faire entendre par un exemple. Cours après nos bêtes fauves; rapportes-en une sur ton épaule; enveloppe-toi dans sa peau; fais-en rôtir la chair sur des charbons; soupe et dors avec ton amie; voilà un superlatif de bonheur en action. Je reprends mon récit.

On est en effet à *merveille*, dans l'hôtel garni que m'a indiqué madame. Tout y est d'une propreté, d'une élégance que je ne me lasse pas d'admirer. A peine un désir est-il exprimé, qu'il est satisfait. Il est fâcheux que ceux qui ouvrent, au public, des cages et des maisons exigent des paillettes pour le prix de leurs soins. Combien ils seraient respectables s'ils faisaient cela uniquement pour être utiles aux hommes; pour mériter leur respect et leur reconnaissance! Ils prétendent que ce serait être dupe, et dupe veut dire un sot. Or un sot est un être ridicule, et un Français, convaincu qu'on l'a ridiculisé, meurt ordinairement dans le courant de la semaine, s'il n'est pas né avec une grande force d'esprit.

Je me sais très-bon gré de m'être logé près de

ma jolie dame. Si j'en avais été éloigné d'un quart de soleil, je ne l'aurais jamais revue. Imagine-toi une ville dont toutes nos tribus ne peupleraient pas une petite partie. Elle a tant d'étendue, que pour nourrir ses habitans on épuise, nécessairement, les productions du sol à trois ou quatre journées à la ronde. Je me demande souvent pourquoi on a fait une si grande ville. Je crois qu'elle s'est augmentée, peu à peu, par le concours des oisifs qui y abondent, des solliciteurs qui y pullulent, des employés, des gens en place, qui sont innombrables, et des gens voraces, qui viennent y vivre aux dépens des autres.

Mais ce ne serait rien que l'étendue de la ville, si on pouvait y marcher à son aise, car enfin il n'y a pas d'Illinois qui n'en puisse faire le tour du lever au coucher du soleil. Mais on ne peut avancer qu'avec les plus grandes précautions. C'est un travail, un vrai talent que l'adresse avec laquelle on évite les carrosses et les cabriolets. Tout le monde a la fureur d'en avoir : cela donne un air de grandeur, qui impose à la multitude. Il est ici telle femme, qui n'a jamais marché que sur ses tapis, ou dans les allées sablées d'un jardin. Aussi ont-elles, en général, peu de teint, peu de force, peu de raison. Leur médecin est, après leur amant, l'homme qu'elles aiment le plus. Le métier d'un médecin est de persuader qu'il guérit toutes les maladies, et il n'ose pas se traiter quand il a mal au bout du doigt. Je reviens aux carrosses et aux cabriolets. Ceux qui les conduisent se tuent de crier gare, et qu'on se range ou non, ils vont toujours leur train.

Êtes-vous échappé à leurs roues, un homme chargé vous pousse en jurant, et vous n'avez que le choix de vous jeter dans une allée, ou dans le ruisseau. Les ruisseaux roulent une eau sale et fétide, et les allées ont d'autres inconvéniens : on y trouve souvent des femmes, si sensibles et si obligeantes, que je me serais laissé entraîner, si je n'avais appris à les juger à Philadelphie. Je n'ai que trente étés, et cependant je me défends comme si j'avais mon casse-tête à la main. Cela durera-t-il long-temps?... Franchement je n'ose me le promettre.

LETTRE III.

J'ai appris, dans le cours d'une très-longue visite, que j'ai faite à ma jolie dame, qu'elle se nomme Rosa d'Estival : toutes les femmes, d'un certain genre, portent ici deux noms. Le premier, toujours harmonieux, n'est là que pour flatter l'oreille; le second, est celui qui les désigne positivement.

Les hommes tiennent beaucoup aussi à l'harmonie des noms. Celui de M. d'Estival est Rondin. Mais il a acheté beaucoup d'acres de terre, sur lesquels est une belle case qui s'appelle Estival. M. Rondin a trouvé très-bien d'abandonner le nom de ses pères, pour prendre celui de sa maison, et ce qu'il y a de particulier, c'est qu'il n'y a que moi en France qui me moque de lui.

Je m'étais présenté chez Rosa, aussitôt que le soleil m'avait ouvert les yeux. Ici, comme à Philadelphie, il y a des hommes qui se vendent, et qui renoncent à faire leurs volontés, pour se ployer uniquement à celles de ceux qui les paient. Un de ces fainéans-là me rit au nez, quand je demandai à voir madame. Il m'apprit qu'on ne se présente pas le matin, avant deux heures, et le soir avant dix, c'est-à-dire lorsque les deux premières parties du jour sont écoulées, et que la nuit invite au repos ceux qui ne mettent pas un certain orgueil à contrarier la nature.

Je rentrai chez moi; je déjeunai de bon appétit, et je lus. J'appelle cela causer avec les morts. Je me mis ensuite à un trou carré, qui éclaire la partie de la case que j'habite. Les rues de Paris offrent à chaque instant des scènes nouvelles.

Trente à quarante personnes étaient rassemblées autour d'un homme, qui tenait sa main sur une de ses joues, et qui faisait des grimaces épouvantables. Le dernier venu voulait savoir ce qui le tourmentait, car on est très-curieux dans ce pays-ci. Il répondait à tous, avec une patience miraculeuse : « Le mari de ma femme vient de me donner « un soufflet, et sur ma dent malade.—Comment!

« le mari de votre femme? — Oui, je lui ai enlevé
« sa femme, et je la nomme la mienne, pour éviter
« le scandale et la justice. Monsieur, croyez-vous
« lui échapper? » dit gravement un petit homme
tout rond, et à la mine refrognée. Il tire de sa
poche une pièce ronde, plate et blanche, et la
montre à l'homme souffleté. Celui-ci lui dit qu'il
se moque de sa médaille, et il veut prendre le
large. Il semble que tous les porteurs de médaille
fussent rassemblés là. Il en paraît cinq à six à la
fois; on arrête notre homme, et ce n'est pas tout.
On emmène les spectateurs, surpris et peinés,
comme témoins de l'aveu qu'a fait et répété le
voleur de femmes.

J'aime beaucoup la morale, et voici celle que
je tire de cette aventure : c'est qu'on a assez de
ses affaires, et qu'on ne gagne rien à se mêler de
celles d'autrui.

Eh, mais, je t'ai parlé du mari de Rosa, et des
deux de cette femme, comme si tu devais y entendre quelque chose. Il est bon que je m'explique.

Dans notre pays, une femme nous plaît, et nous
cherchons à lui plaire. Dès qu'elle nous a souri,
nous lui prenons la main; nous la conduisons
dans notre case, et elle y reste tant que cela nous
convient à tous deux. Il y a, dans Paris, une foule
de liaisons aussi simples, bien que les lois les réprouvent; mais les lois qui contrarient la nature
sont rarement exécutées.

Un mariage, ici, est l'union irrévocable, indissoluble d'un homme et d'une femme. Un jeune homme, qui s'est marié vingt fois à notre manière, déclare qu'il veut faire une fin, c'est-à-dire qu'il vise à doubler ses paillettes. Aussitôt tous ses amis se mettent en campagne, et un beau jour on lui annonce qu'il peut épouser cent mille écus.

Il ne s'informe pas si la jeune personne est grande ou petite, jolie ou non, sotte ou spirituelle; elle a cent mille écus, elle lui convient. L'ami le présente; le père et la mère l'accueillent; la jeune personne ne le trouve pas séduisant; mais sa mère regrette sa jeunesse; sa fille la vieillit; elle a souvent de l'humeur, et fille qui se marie devient sa maîtresse. Elle a quelques bijoux, les étoffes les plus nouvelles, et quelquefois un carrosse. La jeune personne balbutie qu'elle est flattée de la recherche de monsieur un tel; monsieur un tel lui jure qu'il l'adore, encore un superlatif, qu'il l'adorera toujours, et il a une maîtresse à sa solde.

L'affaire se conclut. Les futurs époux paraissent devant un homme, en chemise blanche, qui leur fait des questions d'usage. Ils répondent, ils promettent tout ce qu'on veut, bien décidés à tenir ce qu'ils pourront, et le mariage est consommé.

Madame trouve bientôt que son mari n'est pas le premier homme du monde; elle s'afflige de bonne foi; heureusement pour elle, il pleut ici des consolateurs.

Les choses ne tournent pas toujours ainsi. Un mort français, qui se nommait Boileau, a dit, en parlant des exceptions :

> Il en est jusqu'à trois que je pourrais citer.

Je ne dirai rien des maris. En général, ils sont ici ce qu'ils sont partout, d'assez mauvais sujets. Mais, en général encore, ils sont si complaisans pour leurs femmes; ils les trompent d'une manière si aimable; ils accueillent si affectueusement le favori du jour, qu'il faudrait avoir un bien mauvais caractère pour leur faire le moindre reproche.

Je me suis éloigné beaucoup de madame d'Estival, qui pourtant n'est pas du tout étrangère aux portraits que je viens d'esquisser. Deux heures sonnent, et je cours chez elle.

La première chose que je remarque, c'est un homme qui s'échappe par un petit escalier. J'avais trouvé un carrosse, fort simple, à quinze ou vingt enjambées de la porte; j'entends le bruit des roues, et je ne m'occupe plus ni de l'homme ni de sa voiture.

On m'introduit dans un petit endroit, décoré de manière à éveiller l'imagination la plus paresseuse. Rosa, à demi nue, était à demi couchée. « Ah! vous voilà, mon cher Kukambo! Vous vous « faites bien attendre. — Je me suis présenté ce « matin, madame... — Oui, à six heures... » Et elle rit, comme s'il était extraordinaire que je me fusse levé trois heures après le soleil.

« Asseyez-vous, enfant de la nature. Plus près...
« Plus près encore : mon boudoir est très-sourd. »
Elle riait souvent de ce qu'elle appelait mes saillies. Il m'en est échappé de si vives, qu'elle a cessé de rire, et elle murmurait à demi-voix. « Oh!
« la nature!... la nature!... que nos beaux messieurs
« en sont loin! »

Je peux maintenant me réfugier dans les allées. Elles n'ont plus rien de redoutable pour moi.

LETTRE IV.

Rosa m'a proposé de dîner avec elle. Rosa est jolie, elle est aimante..., à ce qu'elle dit; elle est certainement très-sensible, sous un certain rapport, et je ne pouvais refuser une invitation qui d'ailleurs me plaisait beaucoup.

Les femmes de ce pays-ci ont un genre d'esprit étonnant. Elles déraisonnent, pendant une heure, avec une grace, une facilité enchanteresses. Vous échappe-t-il un mot propre à les faire penser, la saillie disparaît, et... pour un moment, leur jolie bouche embellit la raison d'un charme inexprimable. Cet état cependant ne leur est pas naturel. Le désir de plaire et d'écraser leurs rivales est leur passion dominante. L'amour vient après cela.

Oh! comme on sait aimer dans ce pays-ci! Quels raffinemens on a imaginés! Madame d'Estival avait renvoyé ses domestiques; elle me servait le morceau le plus délicat; elle venait s'asseoir près de moi, et ce que j'avais touché lui paraissait excellent. Nous buvions à la même calebasse, bien transparente, bien brillante. Une liqueur fermentée forçait le vase dans lequel on l'avait emprisonnée. Elle pétillait jusque sur nos lèvres. J'ai bu à l'amour, et Rosa à la nature.

On a ici le plus grand respect pour les bienséances. Personne, dans la case, ne se doute, ou n'a l'air de se douter de ce qui se passe dans la partie mystérieuse de l'habitation. En quittant la table, Rosa m'a pris la main, et m'a entraîné au boudoir. Mais Julie était à ce qu'on appelle l'antichambre. Là, un cordon d'alarme, et presque imperceptible, est caché dans un coin. Les filles de chambre sont les confidentes obligées de leurs maîtresses, et leur utilité leur donne le droit de faire ce qu'elles veulent.

Au déclin du jour, le cordon a agité un petit meuble, placé au-dessus de nos têtes, et qui a un son argentin. Rosa m'a entraîné de nouveau dans une superbe pièce. Elle m'a jeté dans un fauteuil, placé devant une caisse carrée, sur laquelle elle a placé mes deux mains. Elle a couru se mettre sur une espèce de lit, où une jolie femme ne dort jamais; mais où elle fait quelquefois semblant de dormir. Les coussins étaient affaissés sous le poids de quelques livres. Rosa en a pris un au hasard.

Je commençais à me douter qu'il arrivait quelque chose d'extraordinaire, et que mes mains n'avaient pas été mises là sans motif. Je les ai agitées, et des sons, mêlés, confus, se sont échappés de la boîte. J'ai reconnu un instrument musical, qui, sous mes doigts, faisait un bruit à mettre en fuite l'ours le plus intrépide de nos montagnes.

Un grand inutile a ouvert deux portes qui se touchent, et a crié : Monseigneur! C'est annoncer l'arrivée de quelque importun, de quelque sot, et quelquefois d'un homme de mérite.

Monseigneur était vêtu aussi simplement que moi. Mais il laissait entrevoir, sous son habit, des rubans de toutes les couleurs. J'ai su qu'on salue ici celui qui a un ruban, et qu'on salue profondément celui qui en a deux. On ne sait comment saluer celui qui en a trois..., surtout quand on a besoin de lui.

« Je vous présente, a dit Rosa, M. Kukambo, « gentilhomme illinois, avec qui j'ai voyagé de « Rouen à Paris, et à qui j'ai permis de venir me « voir. » Je ne savais encore ce que c'est qu'un gentilhomme ; mais je compris qu'on n'a pas une grande considération pour un gentilhomme illinois, car monseigneur daigna à peine me regarder. Il fut s'asseoir auprès de Rosa; il lui parlait de choses indifférentes; mais il la regardait d'une manière qui me déplut, je ne sais pourquoi.

Je le fixai à mon tour, et je reconnus l'homme, qui, le matin, à six heures, était sorti par le petit escalier. Il me sembla que le monseigneur du soir était le matin l'homme de la nature. Rosa m'a avoué qu'il prétendait à ce second titre; mais elle assure que tous les rubans du monde ne peuvent le communiquer.

Le salon se garnit de gens de toutes les tailles et de toutes les couleurs. On ne manqua pas de me présenter à tous, comme je l'avais été à monseigneur. « Un Illinois, un Illinois! s'écriait l'un. « —Quel dommage qu'il n'ait pas gardé son habit « de sauvage! disait l'autre. — On le prendrait « pour un Français, ajoutait une dame. » Et on ne s'occupa plus de moi.

Je remarquai une petite vieille, dont la figure pétillait d'esprit, et j'allai m'asseoir auprès d'elle. Deux motifs m'y avaient déterminé : je voulais échapper à l'ennui qui me gagnait, et prouver à Rosa que je ne voulais être l'homme de la nature que pour elle.

La vieille dame justifia l'opinion que j'avais conçue d'elle : elle m'amusa et m'instruisit. Je crois que sa jeunesse n'a pas été tout-à-fait consacrée à l'amour. Elle a cultivé sa raison, et orné son esprit. Je lui en témoignai quelque étonnement. Elle me répondit qu'elle avait été prévoyante, et qu'elle avait eu soin de faire ses provisions d'hiver.

Elle gagna toute ma confiance, et je lui fis beaucoup de questions. Je lui demandai, entre autres choses, ce que c'est qu'un gentilhomme illinois, ou français.

Croirais-tu, mon cher ami, que la nation française est divisée en deux parties inégales, et cependant très-distinctes? La première comprend la noblesse, et tu ne sais ce que c'est : je vais te le dire.

Quand un homme fait une belle ou bonne action, le prince lui écrit qu'il est noble, et il le croit, et tout le monde aussi, parce que celui qui se distingue, par sa conduite, ne doit pas rester confondu dans la foule. Jusque là tout est bien.

Mais le fils de ce noble, son petit-fils, tous ses descendans sont nobles aussi, qu'ils aient du mérite ou non, qu'ils servent l'état ou lui soient inutiles. Ils sont nobles par la seule raison qu'un de leurs ancêtres a mérité de l'être, et voilà un ridicule, dont l'habitude seule empêche de faire justice.

Autrefois les nobles avaient de belles terres et des châteaux forts. Ceux qui étaient nés sur ces terres étaient vassaux ou esclaves. Ils travaillaient pour le maître, et n'avaient rien à eux, pas même leurs femmes et leurs filles, ce qui était fort mal.

Les vassaux devinèrent un jour qu'un homme qui a trois rubans, n'est pas plus fort que celui qui n'a pas même un habit, et ils se fâchèrent. Les rois, que ces nobles gênaient quelquefois beaucoup, appelèrent à eux les vassaux, et tout changea de face.

Les hommes, sans rubans, furent nommés tiers

état, et le tiers état se fourra partout. Il s'empara des places, des finances, et aujourd'hui il n'y a entre lui et les nobles d'autre différence réelle que dans les noms.

Quand les nobles avaient des châteaux forts, ils étaient ducs, marquis, comtes. On les appelle encore comtes, marquis, ducs, quoiqu'ils n'aient ni duchés, ni comtés, ni marquisats. C'est un son qui frappe l'air, et qui leur est fort agréable, et qui ne tire pas plus à conséquence que le bruit de nos cornemuses. C'est un hochet qu'on laisse à de vieux enfans.

Cependant on distingue, parmi ces nobles, quelques familles, qui n'ont rien perdu de leur illustration première. Ceux qui les composent ont une fièvre de gloire qui ne les quitte jamais. Le public leur rend justice, et il fait bien.

« Voyez-vous, me dit madame Vernon, c'est
« mon aimable vieille qui parle, voyez-vous ce
« petit homme gros, mal bâti, et qui a l'air si
« gourmé? il était hier le premier fabricant du
« royaume. Ce matin il a reçu des lettres de ba-
« ron, et il ne se doute pas qu'il n'est à la bonne
« noblesse, que ce qu'un bedeau est à son curé.
« Il a l'air de commander le respect, et il ne voit
« pas que tout le monde se moque de lui. Tou-
« jours inquiet, même quand on lui parle des
« choses les plus simples, il paraît scruter les
« mots qu'on lui adresse, et il tremble d'en trou-
« ver un qui soit trop familier.

« Regardez cet homme si affable, si bienveillant,
« et qui nous met tous à notre aise. Il descend
« du grand ministre qui servit notre bon Henri,
« de son épée et de sa fortune. Celui-ci a fait la
« guerre avec distinction, et la rectitude de son
« jugement se fait remarquer au conseil d'état.
« Je vous réponds qu'il ne craint pas qu'on lui
« manque de respect. » Adieu, mon cher Kotosé.

LETTRE V.

On ne peut pas être toujours l'homme de la nature. La nature elle-même se repose l'hiver, et je me suis trouvé, en m'éveillant, dans un état de calme, qui tenait un peu de la froideur. J'ai été voir madame Vernon.

En vérité, il y a des momens où on serait tenté de trouver cette femme-là jeune. Son esprit a une fraîcheur, un charme inexprimables. Elle donne, aux moindres choses, un coloris si brillant, que tout se pare autour d'elle des graces de la jeunesse. L'illusion est complète, quand je ferme les yeux en l'écoutant. Oh! qu'elle a eu raison de faire ses provisions d'hiver!

Elle consent à être mon institutrice. Je suis un écolier docile, et avide d'apprendre. Dans un mois, je serai en état de gouverner les Illinois, et nos voisins les Chérakis et les Tchatas.

Personne ici n'ambitionne l'autorité suprême, et chacun veut avoir part au gouvernement. Un homme a de quoi vivre commodément avec sa famille, et il n'est pas content. Il quitte une habitation agréable, une bonne femme, des enfans affectueux, des paysans qui l'aiment, parce qu'il leur fait du bien, pour venir à la cour, où il est confondu dans les derniers rangs, si toutefois la porte s'ouvre devant lui.

Éloigné de l'œil du maître, il fait servilement sa cour à ceux qu'il croit pouvoir l'approcher, et il ne sait pas que là chacun s'occupe de soi, toujours de soi, rien que de soi. Abreuvé de dégoûts, il retourne dans ses champs, et il y porte l'humeur d'une ambition repoussée. Les tendres soins de sa femme, les prévenances de ses enfans ne peuvent lui rendre le calme, qu'il a sacrifié à de brillantes niaiseries.

Le temps des élections approche. Il n'a pu saisir une portion de l'autorité; il veut être législateur, et il ne sait rien du droit public ou privé : il n'a su pendant quarante ans qu'être heureux. Il attire beaucoup de monde chez lui; il donne à dîner aux électeurs; il les caresse; il s'assure de la majorité, et, le jour où il est nommé, il a mangé la moitié de sa fortune.

Il arrive avec sa nomination dans sa poche. On lui a refusé une préfecture; il doit se prononcer contre le gouvernement. Il s'assied d'un certain côté, où siègent des gens d'un vrai talent.

Il les entend parler; il écoute leurs adversaires, et il sent qu'il n'est placé ni à gauche, ni à droite. Il demande un congé; il l'obtient sans peine; il retourne chez lui, et il envoie sa démission, qu'on accepte avec une facilité qui le désespère.

L'habitant d'un galetas veut aussi faire du bruit dans le monde. Il avait obtenu un emploi qui le faisait vivre avec une sorte d'aisance. Il s'est fait renvoyer, parce qu'il s'occupait de tout, excepté de ce qu'il devait faire. Il fronde; il attaque; il écrit des pamphlets calomnieux, et il se fait mettre en prison avec son imprimeur.

La manie des places est ici la maladie à la mode. On ne se consulte pas sur les moyens qu'on a d'en bien remplir une : on ne voit que l'agrément d'avoir des subordonnés, et de pouvoir leur intimer des ordres.

Hé! mais, je viens de te parler de la mode... que de choses je pourrais te dire sur ce mot, que tu n'entends pas!... que de choses je t'ai déja écrites, et qui doivent être inintelligibles pour toi! prends ce que tu pourras entendre : je t'expliquerai le reste à mon retour.

Il existe dans le monde un souverain qu'on appelle le Grand-Turc. Il peut ce qu'il veut. Son gouvernement est l'autorité absolue, mitigée par le sultanicide. Hé bien, sa puissance n'est rien, comparée à celle d'une divinité invisible, qui subjugue ici toutes les femmes. Or, les femmes mènent ici tous les hommes, et cette divinité est la régulatrice suprême du genre humain. Quelqu'un parle-t-il en son nom? chacun se tait et écoute. Approuve-t-il un être quelconque? cet être est plus content de lui qu'un Illinois, qui rapporte, dans sa case, sa provision de huit soleils. Blâme-t-il quelque chose? on s'inquiète, on s'agite, on court; on perd l'appétit, le sommeil, jusqu'à ce qu'on ait mérité ses éloges. Les interprètes de cette divinité sont la couturière, et le tailleur par excellence. Le joli homme, la femme du bon ton sont, sans le savoir, les lieutenans muets du tailleur et de la couturière, et leur divinité commune est la mode.

Il y a un an, les femmes s'habillaient passablement. Il y a deux ans, elles cachaient leur gorge et se découvraient le dos jusqu'à la chute des reins. Il y a dix ans, elles s'enfermaient dans des corsets, qui leur pinçaient le bas de la taille, et qu'on ne pouvait bien serrer qu'à tour de bras.

L'imagination est bornée; elle n'a qu'un cercle à parcourir, et quand elle est revenue au point du départ, elle recommence à suivre le cercle dans lequel elle est circonscrite. Aujourd'hui les femmes sont revenues à être guêpes. Quelques-unes ont la langue aussi acérée que l'aiguillon de cet insecte.

Elles portent d'énormes chapeaux qui mettent leur tête hors de toute proportion avec le reste du corps. Mais la mode veut que ces dames aient de grosses têtes, et que le train d'en-bas ne paraisse tenir à celui d'en-haut que par un fil.

La réputation d'un jeune homme tient, essentiellement, au nœud de sa cravate et à son gilet de dessous. Vous permettez-vous la moindre observation? on vous proclame un homme ridicule, et on vous ferme la bouche, en vous opposant la mode. Je vais tâcher d'être plus clair.

Nos vieillards s'enveloppent, de la tête aux pieds, dans des peaux d'ours; nos jeunes gens les jettent négligemment sur leurs épaules; nos femmes les découpent en bandelettes, et les placent dans un ordre, qu'on appelle ici de la grace. Voilà, mon cher ami, ce que c'est que la mode, en ce qui concerne l'habillement. Il y en a de bien des genres: je t'ai dit quelque chose de celle qui oblige à courir les places.

Depuis vingt ans, madame Vernon s'habille toujours de même, et de temps à autre, dit-elle en riant, elle a l'agrément d'être mise comme tout le monde... pendant trois semaines.

J'ai quitté ma petite vieille, toujours plus enchanté d'elle. Je suis rentré chez moi, convaincu d'avoir passablement employé ma journée. J'ai trouvé trois billets de madame d'Estival, écrits à deux, à six, et à dix heures. Ils sont adressés à l'homme de la nature, à l'aimable enfant de la nature, à l'élève chéri de la nature, et tous me rappellent que Rosa a un boudoir et un cœur. Je lui prouverai demain que je mérite ses éloges. Adieu, mon ami.

LETTRE VI.

Je me suis présenté chez madame d'Estival. Elle m'a dit, très-obligeamment, qu'on oublie les torts de ses amis quand on les voit. J'ai compris que j'aurais dû passer avec elle le jour précédent, et qu'elle désire que je les lui consacre tous. Cette prétention me flatte beaucoup. Mais toujours, toujours avec elle! que dire à une femme, qui use sa séve d'été et qui ne s'occupe pas de son hiver? quelle utilité, ou quel agrément tirer de sa conversation, quand la nature est muette?

Après avoir chassé toute la journée dans nos montagnes, je retrouvais Izika avec plaisir. Je ne calculais rien alors; mais je m'aperçois qu'il faut des intervalles à l'amour, comme à toutes nos jouissances. Je résolus d'abandonner l'exigeante Rosa; mais je voulais lui laisser un souvenir ineffaçable du gentilhomme illinois.

J'avais dîné, et madame d'Estival m'avait permis de prendre quelque repos. Je dormais dans son boudoir, et je n'entendis pas le son argentin qui m'annonçait le danger. On me frappe rudement sur l'épaule; je m'éveille en sursaut, et je me trouve face à face avec Monseigneur : on le croyait à Saint-Cloud, où il devait passer deux jours. « C'est encore vous, mon gentilhomme ?»— « C'est moi-même, Monseigneur. — Votre pré-

« sence me déplaît. — Ce n'est pas pour vous que
« je suis ici. — Sortez, ou je vous fais jeter par la
« fenêtre. — De la modération, ou je vous prouve
« que vous ne pesez pas le quart d'un Illinois. —
« Insolent, vous me manquez! » Manquer aux
gens ici, c'est leur dire des vérités dures.

Monseigneur me tourna le dos, sortit, et bientôt j'entendis des cris, des pleurs, et le bruit de meubles, renversés et brisés. Je courus au salon; je trouvai Rosa dans un état à faire pitié, et je reconnus que Monseigneur s'était permis des libertés un peu fortes. Je le pris au collet, et je le jetai, non par la fenêtre, mais à la porte, et je la fermai sur lui.

Croirais-tu que cette femme, que j'avais délivrée d'un fléau, s'avisa d'être le mien? elle me fit une scène épouvantable; elle me reprocha d'avoir dormi chez elle; de l'avoir perdue; de la réduire à un dénûment absolu. Je compris alors que monseigneur remplaçait le mari, qu'on a envoyé à la Guadeloupe.

Je ne suis pas jaloux, parce que je n'ai pas d'orgueil; mais je trouvai très-mauvais que Rosa se plaignît, avec cette amertume, d'un homme qui avait fait son devoir de toutes les manières. Je pris mon chapeau et je sortis.

Il restait deux heures de jour encore, et je fus les passer chez madame Vernon, chez qui on ne dort jamais, et envers qui personne n'oserait rien se permettre de hasardé.

A Paris, une femme qui aime le plaisir est considérée tant qu'elle respecte les bienséances; un éclat anéantit sa réputation, et telle qui est peut-être plus *sensible* qu'elle, va criant, de porte en porte, que c'est une femme qu'on ne peut plus voir. D'après cela, je me suis bien gardé de rien dire à madame Vernon de ce qui s'était passé chez madame d'Estival. Nous avons parlé raison.

Je t'ai dit que la nation est composée de deux parties bien distinctes, la noblesse et la roture. Elle est plus divisée encore par les opinions que par le rang. Les deux partis se font continuellement une guerre sourde ou ouverte; ils se reprochent, mutuellement, de vouloir rétablir l'un l'aristocratie, l'autre la démocratie; et peut-être ont-ils tous raison. Au reste, quelque gouvernement que se donne un peuple, de quelque nom qu'on le décore, il existera toujours une aristocratie véritable, à laquelle nul ne pourra se soustraire, celle de l'argent: un homme riche est partout un grand seigneur.

Quand les Chérakis nous ont offensés, ou que nous le croyons, nous prenons nos arcs, nos flèches, nos casse-têtes, et nous portons le ravage chez eux. Sont-ils vainqueurs? ils viennent renverser nos huttes; ils prennent nos provisions, et ils emmènent celles de nos femmes qui leur conviennent. Sont-ils vaincus? nous les traitons de même. Les uns jouissent de ce qu'ils ont enlevé; les autres s'occupent à réparer leurs pertes.

Ici la guerre se fait avec des formes tout-à-fait aimables. C'est toujours l'intérêt qui la détermine; mais on ne la commence jamais, sans essayer de prouver à toute l'Europe qu'on ne peut se dispenser d'attaquer ses adversaires. On fait circuler de longs écrits, dans lesquels on établit, avec beaucoup d'art et de politesse, les torts réels ou supposés du prince qu'on va combattre. Ce prince ne manque jamais de répondre par des argumens bons ou mauvais. On ne pense pas à se convaincre mutuellement. On n'écrit que pour les autres souverains, qui ont assez la manie de se mêler des affaires de leurs voisins. On veut leur persuader que ce qu'ils ont de mieux à faire, c'est de rester spectateurs bénévoles des événemens.

Les formes d'usage remplies, on se bat de son mieux. Les deux nations se jettent l'une sur l'autre, non qu'elles aient le moindre motif de se haïr; mais parce que tel est le bon plaisir de leurs maîtres. Quand le canon a décidé l'affaire, on écrit de nouveau. Le vainqueur prouve qu'il a ménagé le vaincu, en ne lui prenant que la moitié de son territoire. Le vaincu sollicite l'intervention de ses voisins, qui écrivent de leur côté. Les parties guerroyantes ont dépensé leur or, ont fait égorger quelques milliers de leurs sujets, et pour maintenir l'équilibre entre les puissances, on rétablit ordinairement les anciennes limites, et on se promet paix et amitié.

Alors on se rend des visites; on se prodigue

les égards; on se donne des fêtes magnifiques, et on se promet bien de se battre à la première occasion.

Nous adorons un dieu; les Européens l'adorent également. Tous les hommes sont d'accord sur le principe : la différence n'est que dans les mots et les cérémonies. Il y a cinquante ans, la mode voulait qu'on fût incrédule en France; elle ordonne aujourd'hui de tout croire. Ses sectateurs remplissent les temples, le matin, et ils consacrent au plaisir le reste de la journée. Cependant la gourmandise, la luxure, l'avarice, l'envie, sont des péchés irrémissibles, et on les commet assez gaillardement : on a rempli le matin les formes prescrites, et la plupart des hommes ne connaissent de la religion que les formes. La forme est ici la fille aînée de la mode.

Que j'apprendrai de belles choses aux chefs de nos tribus, quand je reparaîtrai dans nos montagnes! Combien je perfectionnerai notre législation! Je serai le petit Charlemagne des Illinois. Tu ne sais pas ce qu'était Charlemagne : je te conterai cela, et, en attendant, je t'embrasse de tout mon cœur.

LETTRE VII.

Madame Vernon ne néglige rien pour me donner des connaissances utiles, et m'en procurer d'agréables. Hier soir, elle m'a mené au spectacle. Le spectacle, mon cher Kotosè, amuse, séduit, entraîne.

Imagine-toi qu'un de nos vieillards ait la sottise d'être amoureux d'une jeune fille, qui a perdu ses appuis, et qui ne peut pourvoir à sa subsistance. Le vieillard la tient sous sa dépendance, et ne lui permet pas de respirer le grand air. Un jeune Illinois, qui est aussi amoureux de la belle, et qui a raison, passe souvent devant la case. Il s'y arrête; il fait des mines, des gambades, et il porte sa main sur son cœur. La petite fille a toute son innocence; mais elle entend très-bien ce qu'on veut lui dire, et elle sent qu'un beau jeune homme vaut mieux qu'un vieillard. Celui-ci s'inquiète, se tourmente; il menace le jeune homme, qui lui rit au nez; il ferme rigoureusement l'entrée de sa case, et lorsqu'il dort, car il faut bien qu'il finisse par là, la petite monte à l'ouverture par où s'échappe la fumée du foyer; elle saute dans les bras de son amant, qui l'emporte, et voilà une comédie.

La tragédie est bien autre chose. Les personnages ne pensent, ni ne parlent comme tout le monde, et ils ne riraient pas pour vingt peaux de castors. Ils ne mangent ou ne boivent que pour s'empoisonner; ils ne dorment que pour se laisser assommer. Il y a toujours une princesse coupable, ou malheureuse, qui fait frissonner, ou pleurer tous ceux qui l'entendent. Enfin cela ne finit que lorsqu'on a tué trois ou quatre personnes, qui se gardent bien d'en mourir.

A l'Opéra, on chante toujours. On fait l'amour en chantant; on se désespère en chantant; on se poignarde en chantant. Les spectateurs trouvent cela superbe, et surtout très-naturel.

Il y a ici des hommes d'esprit qui disposent ces actions-là d'avance. Il y a aussi des sots qui s'en mêlent. Du fond de sa case, un auteur cherche un tyran, aux extrémités de la terre, ou un travers parmi ses meilleurs amis. Il se creuse le cerveau, pour remettre à neuf des idées qui courent le monde, et présenter des situations qui ne soient pas trop usées. Quand il a terminé son ouvrage, il le colporte partout; partout il en lit des fragmens; partout, excepté au théâtre, il est proclamé un grand homme.

Ceux qui se chargent de mettre l'ouvrage en action s'appellent des comédiens. Il n'est pas nécessaire qu'ils aient de l'esprit, et assez ordinairement ils s'en dispensent. Mais on exige d'eux une mémoire sûre, parce qu'ils sont tenus à débiter ce qu'a écrit l'homme d'esprit, comme si cela venaît d'eux naturellement. Il faut qu'ils joignent à la mémoire la faculté de faire dire à leurs yeux je vous aime ou je vous hais, et de lever et de baisser les bras à propos. Quand ils sont arrivés à ce degré de perfection, ce sont des hommes merveilleux. On les recherche, on les fête, on les caresse; on les met fort au-dessus de celui dont ils ne sont que les lecteurs; on fait tout ce qu'on peut pour leur tourner la tête, et on y réussit assez souvent. Ils vivent dans l'abondance, et l'auteur ne dîne que selon leur bon plaisir.

Lorsque nous nous présentâmes pour entrer, nous fûmes frappés, madame Vernon et moi, d'un spectacle bien inattendu, bien extraordinaire, bien révoltant. Un jeune garçon, de douze à treize ans, nous tendit la main et nous dit: *Faites l'aumône au fils de celui dont on va jouer la pièce.* Je ne comprenais pas ce que cela voulait dire; madame Vernon me l'expliqua.

On échange ici de l'argent contre l'usufruit d'une case, ou d'une portion de terre. Les lois disent que celui qui a donné son argent est propriétaire, et les lois mentent, parce que des événemens imprévus peuvent lui enlever ou sa terre ou sa case: pendant quelques années, on a vu ici ces prétendues propriétés changer continuellement de possesseurs. Mais ma pensée est à moi; elle est inhérente à mon être; elle en est la partie essentielle; aucun événement privé ou politique ne peut m'en dépouiller. Si j'ai écrit, et bien écrit, ma pensée me survit, elle traverse les âges, et je suis toujours moi. Voilà une propriété vraie, certaine, incontestable, la seule même qui existe réellement.

Hé bien, mon ami, les comédiens s'emparent de cette propriété, quelque temps après la mort de l'auteur. Aucune loi ne les déclare ses héritiers ; mais cet usage est consacré par le temps, et surtout par la mode, devant qui tout se tait.

Une jeune marchande de modes s'imagine qu'elle lira fort bien les auteurs. Elle fait des démarches pour paraître sur la scène ; un homme puissant l'y pousse, et elle réussit. La voilà devenue héritière de tous les hommes de génie de France. Cela est très-commode. Et un malheureux enfant sollicite la charité des passans, à la porte du théâtre, où il ne peut pas même être admis. Il est privé de la consolation d'entendre encore son père mort, si, par un acte spécial de munificence, ses lecteurs ne lui permettent d'occuper une place, qu'un autre aurait payée un écu. Et les Français nous traitent de sauvages !

J'établirai un spectacle, quand je serai revenu parmi vous, parce que cela est fort agréable. Mais je vous proposerai des lois nécessaires, justes, et par conséquent inattaquables.

Vous déclarerez la pensée propriété impérissable de l'auteur, parce que cela est vrai. Lorsqu'on ne lui connaîtra plus d'héritiers, les comédiens n'hériteront pas, parce qu'ils n'ont pas plus de droit à cet héritage qu'un pêcheur de l'Hoïo, ou qu'un chasseur de castors. Ils déposeront, dans un magasin, la portion de poisson, ou de riz qui aurait appartenu à l'auteur. Elle sera partagée entre les écrivains indigens, les comédiens en sous-ordre, qui seraient sans ressources à la fin de leur carrière, et il y en aura chez les Illinois, comme à Paris. Adieu, Kotosè.

LETTRE VIII.

Je reviens aux femmes, dont je t'ai déja parlé; mais qui sont un sujet inépuisable pour l'observateur.

On dit sans cesse ici qu'elles y sont reines, et elles le croient, parce que cela les arrange. Il est constant qu'on les comble, en public, de marques de déférence. Elles jouissent du triomphe passager qu'on affecte de leur décerner, et elles ne vont pas plus loin.

Il est vraisemblable que la faiblesse de ce sexe obtint, des peuples civilisés, de l'appui et même une sorte de protection. Le Français, qui exagère tout, et qui ne sait pas s'arrêter, porta les choses jusqu'au respect et à l'adoration. On fit des divinités de ces petits êtres, qui sont très-séduisans; mais qui n'ont rien de divin.

Il fallut justifier ces hommages, en les méritant.

Vaincre la nature est, sans contredit, la plus grande preuve de courage que nous puissions donner. Les femmes prêchèrent la continence, qu'on appelle ici vertu. Elles firent plus, elles la pratiquèrent. Quelques-unes, par-ci, par-là, se négligèrent un peu : le plaisir vaut bien la privation.

Le feu ne perçait pas encore; il couvait sous la cendre, et ce n'était qu'à la dérobée que la beauté soufflait le calumet. Mais le voile du mystère n'est pas également épais dans toutes ses parties. La curiosité, d'ailleurs, en soulève souvent un coin. Les femmes continentes firent des réflexions qui tournèrent au profit de l'amour.

Elles s'étaient fait une haute réputation, et elles désiraient la conserver dans toute son intégrité. Les amans proclamèrent que l'indiscrétion serait un crime digne de mort, et il y eut très-peu de causeurs.

Ces dames continuèrent donc à être honorées en public; mais on savait très-bien ce qu'on en devait penser.

Aujourd'hui, comme autrefois, le porte-faix, l'ivrogne crapuleux battent les femmes; ceux qui veulent se distinguer de la canaille les ménagent. Ils leur adressent de jolies choses; ils les louent indirectement, et avec finesse; une légère teinte de respect colore tout cela. Le sourire de ces dames annonce qu'elles ne prétendent à rien de plus, et on les sert selon leur désir. Elles n'avouent pas précisément leurs amans; mais elles consentent qu'on les devine. Ils ont eux-mêmes grand soin de se faire deviner, pour peu que le public conserve quelque doute.

Parmi les femmes les plus galantes, il en est qui sont esclaves de leur parole. On m'en a fait voir une, qui m'a juré n'avoir jamais manqué à la sienne. Je ne pus me défendre de lui marquer quelque étonnement. « Rien de plus facile, me « répondit-elle : Je ne m'engage jamais que pour « le temps où je sais que je peux être fidèle. »

Plaisanterie à part, il en est ici quelques-unes qu'on ne peut assez respecter.

Nous sommes tous, plus ou moins, soumis aux passions que nous tenons de la nature : les femmes dont je parle n'en ont qu'une. Elle les subjugue; elle ne s'affaiblit pas; elle soutient ou relève leur courage; elle leur fait faire des prodiges. Cette passion est l'amour de l'humanité souffrante.

Dès leur tendre jeunesse, elles font au malheur le sacrifice de leur beauté, d'un cœur quelquefois disposé à parler, et du repos du reste de leur vie. Les infirmités dégoûtantes, les miasmes qui s'échappent des plaies, les plaintes continuelles que la douleur arrache, rien ne les éloigne du lit de mort, rien ne ralentit leur zèle.

Les maux qui affligent leur patrie leur laissent-ils quelque relache? Elles cherchent, au loin, de nouveaux dangers, et de bonnes actions à faire. Il en est qui sont allées sous un ciel brûlant, et presque sous un autre tropique, braver les feux du soleil, et l'effroyable contagion qui dévore des populations entières. Qu'elles sauvent un homme, et elles se croiront payées de leur inconcevable dévouement.

Des médecins ont entrepris le même voyage. Ils sont soutenus, peut-être, par l'amour de la gloire, par l'espoir d'une juste célébrité : les filles de Sainte-Camille vivent et meurent ignorées.

Quand nous nous prenons de querelle entre nous, ce qui arrive toujours quand nous avons bu de l'eau-de-vie, nous nous donnons réciproquement quelques coups de poing, et le lendemain nous ne pensons plus à rien. Ici, quand on a bu du punch, ou qu'on a de l'humeur, on se garde bien de se toucher. Mais on se propose, avec beaucoup de politesse, un coup d'épée, ou de pistolet. On se rend au lieu indiqué, avec un cortége analogue au rang des spadassins. On se bat en cérémonie; on encaisse le mort dans un carrosse; on le renvoie à sa famille, qu'on plonge dans le désespoir, et le meurtrier va se faire voir aux promenades, ou aux spectacles : la mode le veut ainsi. Et c'est nous qui sommes des sauvages !

Assez ordinairement ces querelles-là se terminent le verre à la main, et j'aime mieux cela, c'est plus gai. Les ennemis se réconcilient, franchement, chez un homme qui ne s'occupe que de ses semblables, et qui toute l'année a, pour leur argent, un bon repas à leur service.

Les gens d'esprit sont ici très à la mode; aussi chacun veut en avoir, et y prétend. On a établi une sorte de maison privilégiée, dont les portes sont toujours ouvertes, et où les profanes ne peuvent pénétrer. Il n'est pas de rigoureuse nécessité d'avoir du génie ou même de l'esprit pour y être reçu : il suffit, pour cela, d'avoir du bonheur, ou de tenir à une coterie puissante.

Cependant le règlement semble annoncer qu'il y a disette de gens de mérite, puisque le nombre des élus est fixé à quarante. Ce règlement froisse, blesse tous les amours-propres, et chacun s'efforce de prouver qu'il est ridicule, absurde, pitoyable. C'est pour atteindre ce but, qu'il se forme des sociétés, savantes et littéraires, dans tous les coins de Paris, et chacune, comme de raison, prétend être la corporation par excellence.

Comme l'académie, ces sociétés ont leur président et leurs secrétaires; comme l'académie, elles tiennent des séances publiques, et on y dort comme à celles de l'académie.

Chacune de ces sociétés a son *factotum* qu'on appelle un secrétaire-général. Celui-là est le louangeur obligé de tous ses confrères. Si on s'en rapportait à lui, il s'ensuivrait qu'Apollon les inspire exclusivement. Mais l'auditoire a toujours soin de ne croire que la moitié de ce qu'il affirme, et cependant cet auditoire est composé des familles et des amis de ces messieurs.

Nous avons des sorciers, qu'on redoute, et qu'on ne brûle pas. On les brûlait autrefois en France, ce qui prouvait que leurs juges n'étaient pas sorciers du tout. On les laisse tranquilles à présent, et c'est le moyen d'en avoir moins. Cependant il en existe toujours quelques-uns, et ce qui prouve leur supériorité sur les autres hommes, c'est qu'ils bravent le ridicule dont on cherche à les couvrir. Comme les médecins, ils se vantent de guérir toutes les maladies; ils diffèrent des médecins, en ce qu'ils ne tuent personne. Ils ont des inspirés, qui voient, en dormant, ce qui se passe à cent lieues d'eux, et les médecins ne voient pas toujours au-delà du bout de leur nez. Ces sorciers s'appellent des magnétiseurs.

Tu vois combien je me forme, et ce que je dois à madame Vernon. Les choses les plus frivoles en apparence, sont pour elle des sujets d'observations, et elle a la bonté de me les communiquer. Je vois que je pourrai écrire pendant un an encore, avant que d'avoir épuisé les travers qui frappent, chaque jour, mon aimable institutrice.

LETTRE XIe ET DERNIÈRE.

Il y a bien long-temps que je ne t'ai écrit, mon cher Kotosè, et j'ai eu de bonnes raisons pour cela.

Je rentrais chez moi un certain soir, et j'allais me coucher, lorsqu'on frappa à ma porte. J'ouvris, et trois hommes, habillés de bleu, me notifièrent que j'eusse à les suivre. Je leur répondis que je ne suivais personne, et que je n'exigeais pas qu'on me suivît, parce que je ne suis ni maître ni valet.

Ils me présentèrent un papier, au bas duquel ils me firent remarquer trois signatures, devant lesquelles, dirent-ils, toute résistance doit cesser. Je répondis que personne n'a le droit de me faire promener quand je veux dormir.

Ils se jetèrent sur moi. Ils me mirent aux pouces quelque chose qui m'ôta l'usage de mes mains, et je trouvai cette manière d'agir extrêmement malhonnête.

Ils me descendirent dans un carrosse, qui m'attendait à la porte. Ils se placèrent, sans façon, à côté de moi, et ils me firent entrer dans une maison, dont les murs ont autant d'épaisseur qu'une de nos cases a de circonférence.

Il faut pourtant que je rende justice à ces brutaux : ils s'étaient occupés de mes besoins. Ils me remirent mes habits, mon linge, mes paillettes, et je reconnus qu'il n'y manquait rien, absolument rien. Je le leur certifiai par écrit.

Tout cela était si nouveau, si extraordinaire pour moi, que je ne pus fermer l'œil du reste de la nuit. Je m'endormis le matin, et je fus éveillé, en sursaut, par un monsieur portant un trousseau de clés, qui faisaient autant de bruit que dix de ces serpens à sonnettes qui, dit-on, jettent l'alarme parmi les habitans de l'Amérique méridionale.

Le monsieur me demanda, assez brusquement, si je voulais déjeuner. Je lui répondis, sur le même ton, que cela n'était pas douteux. Il me servit un repas, dont je fus très-content; mais il me le fit payer trois fois ce qu'il me coûtait lorsque je le prenais chez mon restaurateur. Je lui demandai quand finirait la comédie qu'on se donnait à mes dépens. Il me rit au nez, et disparut.

Le lendemain, on me fit paraître devant un autre monsieur, qui portait un bonnet noir, une longue robe noire, et qui n'a pas l'air plaisant du tout. Il me parla de madame d'Estival et d'un grand personnage, sur qui j'ai, dit-il, levé la main. Je lui répondis, sans biaiser, que madame d'Estival est ce qu'on appelle ici une catin, et que monseigneur est un sot. Il me demanda des détails; je lui en donnai. Il hocha la tête, il leva les épaules, et il m'engagea à prendre patience. Je lui répliquai que cela était bien aisé à dire.

Je restai là pendant quatre-vingt-dix soleils bien comptés, et le quatre-vingt-onzième, au matin, on m'apprit que je pouvais aller où je voudrais. Je ne me le fis pas répéter. Je mis mon paquet sous mon bras, et, pendant deux heures, je courus, sans m'arrêter, pour m'assurer que j'avais réellement recouvré l'usage de mes jambes.

Tu penses bien que je ne fus pas incertain un moment, sur le parti que j'avais à prendre. J'arrêtai une place à la diligence du Hâvre, où je m'embarquerai pour Philadelphie, aussitôt que je le pourrai.

Je ne voulus pas quitter Paris, sans prendre congé de madame Vernon. Elle essaya de me retenir, et je lui déclarai que je ne resterais pas dans un pays, où j'avais passé trois mois en prison, pour avoir mis à la porte celui qui voulait me jeter par la fenêtre.

LES VOYAGES DE VÉNUS,

Lus à la séance publique de la Société Philotechnique, du 4 novembre 1821.

Vous croyez, messieurs, comme beaucoup d'autres, qu'il faut fouiller les vieux monumens égyptiens, pour trouver des manuscrits précieux : vous êtes dans l'erreur.

Ceux qui craignent les longs voyages, et surtout les Arabes du Désert, se contentent d'aller admirer le beau ciel de l'Italie; et là ils achètent, à juste prix, des fragmens lacérés, et par conséquent indéchiffrables, qui n'ont d'autre mérite que d'avoir passé quatorze ou quinze siècles sous deux cents pieds de lave.

Moi, je suis devenu casanier, et je sors rarement de Paris et de sa banlieue. Mais souvent on trouve à ses pieds ce que d'autres vont chercher bien loin.

Je me promenais dans les catacombes parisiennes, à la lueur de vingt flambeaux. Vous croyez encore, comme bien d'autres, messieurs, que ces vastes souterrains n'existent que par l'effroyable quantité de pierres qu'on a arrachées du sein de la terre, pour les ranger symétriquement à sa surface : vous n'y êtes pas, messieurs, vous n'y êtes pas.

Les catacombes de Paris sont aussi anciennes que le monde. Elles ont servi, pendant neuf mille ans, d'habitation à un peuple de Gnomes, d'une stature gigantesque, et d'une telle force de corps, que lorsqu'ils étaient mécontens de ceux qui respiraient le grand air, ils se réunissaient, se serraient, ployaient le dos, ébranlaient leurs voûtes souterraines, et produisaient ces tremblemens de terre épouvantables, qu'une science conjecturale a si faussement attribuée à l'action du noyau de feu qui brûle encore au centre du globe.

Un moment, allez-vous dire. Vous nous parlez de nos catacombes d'une façon tout-à-fait nouvelle. Qui donc vous a appris cela ? Qui, messieurs ? ce sont les graves et irrécusables auteurs qui nous ont assuré, sans rire, qu'à Babylone, la ville la plus civilisée de l'univers, toutes les femmes étaient obligées d'aller, une fois l'an, dans le Temple de Vénus, et d'y sacrifier... non des tourterelles; qu'Alexandre, le disciple d'Aristote, fut très-étonné quand il vit le flux et le reflux de la mer; que Numa eut des conférences, très-particulières, avec la nymphe Égérie; qu'une vestale remit à flot, avec sa ceinture, un vaisseau engravé; qu'un gouffre se ferma, quand Curtius s'y fut précipité; que César se jeta tout armé dans la mer, nageant d'une main, et tenant en l'air, de l'autre, des papiers, qui ne furent pas mouillés; que les mahométans offrirent une couronne turque à saint Louis, qui ne connaissait ni leurs lois, ni leur langue, et qui était l'ennemi capital de leur religion; que Henri V, roi d'Angleterre, et couronné à Paris, mourut d'une maladie hémorroïdale, pour s'être assis sur le trône de nos rois; que le jésuite Avril baptisait mille Persans par jour, quoiqu'il ne sût pas un mot de leur langue, etc., etc.

Je me promenais donc dans nos catacombes, et je suis naturellement curieux. J'examinais tout, avec la plus scrupuleuse attention, et j'écrivais des notes sur mon album... Tout à coup, je vis remuer une pierre carrée, qui me parut avoir été incrustée dans le milieu d'une vaste roche... Oui, messieurs, je la vis remuer, et très-distinctement. Je crois aux miracles, sans doute, surtout à ceux que j'ai pu vérifier moi-même, ce qui ne m'est pas arrivé souvent. J'observai celui-ci, et je reconnus bientôt que le temps avait rongé les quatre faces de la pierre, et que des commotions un peu fortes, un certain courant d'air suffisaient pour la faire vaciller d'un manière sensible. J'y portai une main hardie; la pierre céda à mes premiers efforts, et je trouvai derrière... que croyez-vous que j'y trouvai? un lézard, une couleuvre, un serpent?...

Br!... un rouleau, d'un magnifique vélin, bleuazur, sur lequel une main divine avait écrit, en lettres d'or, et en très-bon français, ce que je vais avoir l'honneur de vous lire.

Vous me demandez, messieurs, pourquoi je ne vous présente pas le rouleau en original? La question est si naturelle, que je dois me faire un devoir d'y répondre. Je copiais le manuscrit, pour favoriser une spéculation nouvelle de librairie. Le dernier mot était à peine transcrit, que le vélin tomba en poussière, soit que l'air extérieur l'eût trop vivement frappé, soit que la déesse ne me crût pas digne de posséder ce trésor.

Mon préambule est un peu long, je le confesse. Mais enfin je m'arrête, messieurs, et je commence ma lecture.

C'est la déesse qui parle.

Tout le monde sait que je naquis de l'écume de la mer. Moi seule je n'en sais rien, parce que, semblable, en bien des choses, aux autres femmes, il ne me vint d'idées que lorsque mes organes furent développés, au point de pouvoir être frappés par les objets extérieurs.

Qu'une femme soit déesse, reine ou bergère, elle est assez embarrassée de sa personne, quand elle se trouve nue sur le bord de la mer. Je ne savais pourquoi j'étais née, ni ce que je faisais au monde : j'avais encore cela de commun avec bien des gens.

Je regardais, avec anxiété et crainte, autour de moi, quand douze jeunes filles ailées parurent : c'étaient les Heures. Elles m'enlevèrent, et me transportèrent, en un instant, sur le mont Olympe. Ce premier voyage m'ennuya, parce que les Heures, qui vont si vite, sont très-silencieuses, et que j'aime beaucoup à causer.

Mes porteuses me déposèrent au milieu d'une nombreuse assemblée d'hommes et de femmes, dont je sus depuis que le genre humain avait fait ses dieux, parce qu'en ce temps-là, l'homme faisait Dieu à son image.

Ces dieux me regardèrent avec une audace qui me fit rougir, et ils s'écrièrent que j'étais la plus belle. Les déesses se pincèrent les lèvres, avec un air de dépit qui me fit plaisir, et je sentis encore, en ce moment, que j'étais femme.

La discorde vint s'établir au milieu du cercle sacré. Tous les dieux voulurent m'épouser ; toutes les déesses s'y opposèrent. Elles firent un bruit épouvantable. Personne ne veillait plus à la conservation de la terre, ni à l'harmonie céleste, et les choses n'en allaient pas moins bien, quand Jupiter fronça le sourcil. Or, on sait que quand Jupiter fronçait le sourcil, tout rentrait aussitôt dans l'ordre.

Il me regarda, un moment, d'un air très-significatif. Junon le regarda, à son tour, d'une manière qui lui imposa : d'où je conclus que si une femme acariâtre n'est pas aimable, elle est au moins la maîtresse à la maison.

Jupiter, pour anéantir les cabales, et éteindre les jalousies, décida que j'épouserais Vulcain. Aussitôt parut, au milieu du cercle, un petit homme, laid, boiteux, et qui, tout dieu qu'il était, m'adressa un compliment aussi mal tourné que lui. Je n'avais aucune idée de l'hymen, et j'acceptai sa main crasseuse. Vous voyez que les mariages de convenance datent de loin.

Mars, grand, bien fait et robuste, me lançait des œillades à la dérobée; j'y répondais de mon mieux, et sur l'Olympe, comme sur la terre, deux êtres qui s'aiment sont bientôt d'accord. Sur l'Olympe, comme sur la terre, certains maris ont quelquefois de l'humeur. Le mien nous enveloppa d'un réseau d'acier, et nous fit voir à tous les dieux, qui se moquèrent de lui. C'est depuis ce temps-là qu'on se moque sur la terre des maris qui ont la sottise de mettre le public dans leur confidence.

Mars n'a pas d'esprit, et il est brutal. Il me déplut bientôt, et je lorgnai, du haut de l'observatoire céleste, un petit chasseur de l'île de Chypre, que je trouvai beau comme un ange, quoique nos sectateurs ne connussent pas les anges, ce qui ne rend pas du tout leur existence incertaine. J'abandonnai furtivement l'Olympe, et les colombes qui traînaient mon char, me descendirent mollement dans une forêt où chassait Adonis. Il quitta le chevreuil qu'il suivait, pour courir après moi, et femme qui fuit devant son vainqueur est bientôt prise.

Adonis me laissait à l'aube du jour; il ne revenait que le soir, fatigué, accablé, et je cherchais un prétexte pour le quitter honnêtement, lorsqu'un sanglier m'en débarrassa.

Ninus occupait le trône d'Assyrie. Il avait trouvé un bel empire, tout arrangé; il le gouvernait, tant bien que mal, et ses courtisans le proclamaient le plus grand des rois. Le peuple, écho de la cour, répétait ce qu'on disait à Babylone. Je fus tentée de voir ce grand prince. Je me présentai à lui sous le nom de Sémiramis; je lui tournai la tête, et je devins reine d'Assyrie.

Je reconnus bientôt que mon second mari était un pauvre homme, sous tous les rapports. Je donnai à un mannequin ma taille, mes formes, ma figure. Je l'animai et je disparus.

La Sémiramis nouvelle avait de l'ambition et du génie. Elle trouva, comme moi, que son mari était un sot. Elle s'en défit, pour régner seule, ce qui prouve qu'un roi imbécille doit bien se garder d'épouser une femme qui ait plus d'esprit que lui.

Thésée remplissait le monde de son nom et de sa gloire. Une petite fille, nommée Hélène, commençait à faire du bruit dans la Grèce, et paraissait fixer l'attention des héros. Je voulus la voir. Je la trouvai jolie, très-jolie, trop jolie. Je l'enlevai; je la cachai dans le sanctuaire de mon temple d'Amathonte; je m'établis, sous ses traits, à la cour de son père, et je m'embellis d'un rayon de ma divinité. Thésée m'enleva : c'est ce que je voulais.

Les héros sont inconstans : Thésée m'abandonna. C'est la seule fois que j'aie été délaissée. Je m'en consolai, en pensant que ma nature humaine me soumettait aux petits désagrémens, dont tant de femmes ont la sottise de s'affliger. Je rétablis Hélène dans tous ses droits, dont elle usa, dont elle abusa, à l'exemple de tant de petites personnes, aussi célèbres par leurs travers que par leur beauté.

Fatiguée de voyages, qui ne m'avaient pas procuré l'agrément que je m'en étais promis, je retournai dans l'Olympe. Les dieux me reçurent à merveille. Les déesses chuchotèrent long-temps entre elles. La calomnie, selon l'usage, ajouta bien des traits à la vérité. Mon mari, corrigé de la manie de faire du bruit, eut le bon esprit de ne pas me demander d'où je venais, et sa discrétion lui valut mon estime. Nous vécûmes en gens du bon ton, sans amour et sans haine, ne nous cherchant jamais; ne nous évitant pas, et nous traitant avec une extrême politesse, quand, par hasard, nous nous rencontrions.

Une immortelle a des momens d'ennuis, d'autant plus difficiles à supporter qu'elle sait qu'ils se renouvelleront pendant toute une éternité, et une éternité est bien longue! Fatiguée de tout, et un peu de moi-même, je jugeai à propos de dormir, pendant quelques siècles, et de laisser renouveler le monde, afin de voir du nouveau à mon réveil.

Mercure, qui ne dormait jamais, me caressa le bout du nez avec celui d'une aile de ses talons. Je m'éveillai en sursaut, et j'entendis notre messager parler, avec éloge, de cette petite partie du globe connue sous le nom de Grèce. Il l'annonçait comme la patrie des beaux-arts; il vantait les hommes célèbres, dans tous les genres, qui en étaient la gloire et l'ornement. Il ne cessait pas, quand il parlait d'un certain Alcibiade; il y revenait malgré lui, et il me donna la plus forte envie de le connaître. Je fus à Athènes, embellie encore par le désir de plaire. Je me donnai un esprit fin et délicat; je parus sous le portique, et bientôt on ne parla plus que d'Aspasie.

Alcibiade m'aborda, avec l'air suffisant d'un homme, qui ne rencontre pas de cruelles. Je le trouvai charmant; mais je voulus le guérir de sa fatuité: je m'attachai à Socrate. Il était laid, mais on ne l'écoutait pas, dix minutes de suite, sans voir en lui le premier des hommes. Sa sagesse tolérante, sa douce éloquence, le développement de vérités inconnues partout, l'amour de l'humanité et de son ingrate patrie me le rendaient cher. J'oubliais, près de lui, que j'étais venue à

Athènes pour toute autre chose que pour y faire un cours de philosophie.

Alcibiade était ami de Socrate. Il vint bientôt se mêler à nos graves entretiens. Il para la sagesse de ce sel attique, qu'il possédait à un degré éminent; les manières les plus aimables faisaient valoir les graces d'une figure entraînante; enfin il joignit la modestie à tous les dons que lui avait prodigués la nature. Vous le dirai-je? Il perdit le divin Socrate dans mon esprit. Je fus toute à Alcibiade.

Le bonheur lui rendit sa fatuité. Je reconnus qu'il cherchait des triomphes et non des cœurs. Je lui annonçai, de ma science certaine, que sa célébrité s'éteindrait avec ses charmes, et qu'il ne serait qu'un vieillard ridicule et délaissé. Je le quittai, je retournai dans l'Olympe, et j'y invoquai encore Morphée. Ce n'était que dans ses bras que j'échappais à la fatigante monotonie des conversations célestes, et à mon immortalité.

Hébé crut remarquer, un jour, que quelques cent ans de sommeil commençaient à altérer ma fraîcheur: le jeûne n'embellit personne. Elle m'éveilla, et me présenta l'ambroisie. Je la saisis avec avidité, et je causai ensuite avec la petite divinité, qui s'était occupée de moi. Une teinte d'esprit perçait à travers sa candeur. Elle parlait peu; mais elle entendait tout et n'oubliait rien: les petites filles sont comme cela. J'appris qu'une poignée d'hommes s'était établie en Italie; que la valeur, le dévouement à la patrie, l'abnégation de soi-même les avaient continuellement agrandis, et les destinaient à l'empire du monde. Ce genre d'héroïsme piqua ma curiosité : j'allai à Rome.

Ce peuple, qui déja remplissait l'univers de son nom, était opprimé par des patriciens, qui oubliaient qu'ils n'étaient rien que par lui. L'oppression m'a toujours révoltée : je résolus de briser les chaînes des Romains.

Mes premiers travestissemens n'avaient pas été heureux. Je me fis honnête femme, pour changer; femme respectable même, et je donnai les Gracques aux plébéiens.

Ces enfans, que j'avais élevés avec le plus grand soin, à qui j'avais inspiré mes vertus civiques, très-nouvellement acquises, avaient toutes les qualités propres à rétablir un heureux équilibre dans l'état. La fougue de la jeunesse les rendit indociles à mes leçons. Ils dépassèrent le but que je leur avais indiqué, et ils périrent misérablement. J'avais pris le cœur d'une mère : je les pleurai, et les auteurs de leur mort ne dédaignèrent pas de consoler Cornélie.

J'avais voulu le bonheur d'un grand peuple : je reconnus la vérité d'un adage inscrit dans le livre du Destin : *Les hommes ne sauront jamais être heureux*.

L'Olympe me revit encore, encore lasse de mes essais multipliés, lasse surtout de moi-même.

Je m'étourdis de nouveau sur l'ennui de mon existence ; je m'endormis, après m'être recommandée à Hébé.

Un certain jour, je ne sais trop lequel, des éclairs brûlans, un tonnerre épouvantable me réveillèrent. Les dieux, les déesses couraient çà et là sur l'Olympe; se heurtaient, s'interrogeaient, déraisonnaient, ne savaient plus où ils en étaient. Les Graces se reléguèrent dans un coin; les Muses brisèrent leur luth, leur burin; Apollon avait lâché ses chevaux dans l'espace; il avait jeté sa lyre au loin; le sourcil redoutable de Jupiter était tombé; son foudre éteint gisait à ses pieds; Mars avait pris son parti : il était allé souffler, sur la terre, l'ignorance et l'esprit de rapine et de dévastation. Hébé s'était blottie sous un myrte déja fané. Je m'approchai d'elle, et elle me conta qu'un Dieu, nouveau et unique, avait renversé nos autels. Je concevais bien que l'homme, léger et versatile, aimât le changement en tout genre; mais je ne savais pas quel sort on réserve à des dieux détrônés. Craintive, irrésolue, je me réfugiai, avec l'Amour, dans mes bosquets d'Idalie.

Nous y fûmes long-temps en sûreté. Mais enfin de vilains hommes, qui portaient de grandes barbes et de larges turbans, nous découvrirent. Ils m'emmenèrent avec eux, et laissèrent l'Amour, qu'ils déclarèrent n'être bon à rien.

Pendant quelques siècles, je passai du harem d'un calife dans ceux d'un muphty, d'un pacha, d'un aga des Janissaires, d'un bostangi, que je ne pus fixer, et dont les femmes me détestaient, parce que j'étais partout la plus belle. Chaque jour, je maudissais la vie, et je ne pouvais mourir!

Un certain comte de Bonneval devint mon maître. Il connaissait toutes les religions; il en changeait facilement, et il n'en pratiquait aucune. Il m'apprit un jour, que tout ce qu'il y avait de bon, de piquant, d'aimable sur l'Olympe s'était naturalisé dans son pays. Certaine de trouver enfin un asile agréable, je courus en France.

J'y retrouvai plusieurs des dieux et des déesses, mes anciens compagnons de gloire. Réduits à se cacher, ils s'étaient tous travestis, et je me déguisai comme eux.

Apollon portait un habit de velours galonné en or, une volumineuse perruque, et il s'appelait Racine. Clio, en robe violette et en rochet, se nommait Bossuet; Melpomène, Corneille; Thalie, Molière; Euterpe, Lully; Terpsichore, Pécourt; Érato, Quinaut; Calliope, Fénélon; Uranie, Cassini; Polymnie, Rollin; Mars, enfin civilisé, était le grand Condé; moi, je me fis appeler Ninon de Lenclos.

La cour passait pour la plus brillante et la plus polie de l'univers. Nous voulûmes la voir, et nous y trouvâmes les Graces, cachées sous les noms de La Vallière, de Fontanges, de Montespan. Les friponnes ne s'étaient pas oubliées.

Une foule de jeunes seigneurs s'attacha à mes

pas. J'en distinguai quelques-uns. De l'esprit sans prétention, une gaieté franche, les charmes de la figure, une valeur brillante en faisaient de petits êtres uniques. Ils aimaient un peu le vin; mais des dieux sujets aux passions, pouvaient pardonner quelques travers aux hommes.

Ma maison devint le rendez-vous de la meilleure compagnie. L'Amour m'avait retrouvée. Il n'était plus qu'un être métaphysique, et je le cachai soigneusement. Mais du fond d'un boudoir, de dessous une chaise-longue, il décochait des traits que je rendais invisibles, et dont l'effet n'était pas moins sûr. Bientôt je n'eus plus que des amans. Ils n'étaient dominés, ni par la jalousie, ni par cet égoïsme, fils d'un orgueil ridicule. Ils s'arrangeaient à merveille entre eux, et j'avais le plus grand soin de n'en mécontenter aucun.

Quarante ans s'écoulèrent au sein des plaisirs les plus variés et les plus piquans. Cependant nous n'étions, pour toute la France, que de simples mortels, et il fallut avoir l'air de vieillir.

L'amour se cache encor sous les rides naissantes...

Les miennes avaient quelque chose de divin. On me croyait soixante ans, et j'inspirais encore des passions.

La cour vieillissait réellement. L'austérité, l'ennui avaient succédé aux fêtes, à la galanterie. La ville, entraînée par l'exemple de grands, devenaît triste et maussade. Nous sentîmes tous que le moment de la retraite était arrivé, et nous disparûmes les uns après les autres.

J'avais été heureuse, parfaitement heureuse en France, et je voulus laisser à mes aimables Français un gage de ma satisfaction. J'écrivis ces lignes, et je les cachai dans ces catacombes, où je suis bien sûre que les Parisiens, qui ont les mains très-alertes, les trouveront tôt ou tard.

Ils voudront savoir vers quelles contrées nous avons dirigé nos pas. Qu'ils nous suivent dans l'histoire : ils nous verront partout où on sait aimer, et où on cultive les beaux-arts.

CHILDÉRIC PREMIER,

ROI DE FRANCE,

ET VIOMADE.

DEUXIÈME PARTIE.

PRÉFACE.

L'histoire nous présente quelquefois des faits tellement romanesques, qu'on refuserait d'y croire, s'ils n'étaient attestés par des écrivains dignes de foi.

L'autorité de ces auteurs peut cependant être combattue, lorsque les événemens qu'ils rapportent ne tiennent pas au corps de l'histoire, et qu'ils ont une apparence de merveilleux, qui déplaît à une raison exercée. Ils sont tout-à-fait incroyables, si tous les auteurs contemporains ne s'accordent pas, au moins sur le fond de ces mêmes faits.

Tous nos vieux chroniqueurs s'expriment de même sur le règne de Childéric. L'histoire de ce prince, disent-ils, ressemble à un roman, par la nature des événemens, et par leur multiplicité. Cet accord de nos anciens historiens semble ne permettre aucun doute sur leur véracité : on regrette seulement qu'ils se soient bornés à indiquer des choses, dont le développement aurait pu inspirer un vif intérêt.

Les romans historiques égarent continuellement ceux qui ne connaissent pas l'histoire; ils jettent dans une sorte d'incertitude ceux qui ne l'ont pas sérieusement étudiée, et ils déplaisent souverainement, à quiconque en fait son occupation essentielle. Quelque charme qu'offre, sous une plume élégante, cet amalgame de vérités et de fables, il est formellement condamné par le jugement et le bon goût.

Mais est-il défendu de suppléer au silence des historiens, et, en respectant l'histoire, ne peut-on pas se permettre ce qu'on leur reproche de n'avoir pas fait? Sans doute, les détails que j'offrirai seront de pure invention. Mais s'ils dérivent naturellement des récits de Grégoire de Tours, de Frédégaire, de l'auteur des Gestes, de Roricon, etc., j'aurai simplement rempli des vides, et donné à des récits, trop arides et trop courts, une marche nécessaire à leur développement.

CHILDÉRIC PREMIER,

ROI DE FRANCE,

ET VIOMADE.

L'empire français, que nous avons vu si puissant et si glorieux, n'existait pas encore. Un prince obscur, dont l'origine n'est pas constatée, régnait sur une petite partie de la Belgique, où il était étranger aux grands événemens qui avaient renversé la puissance romaine. La commotion, causée par la chute de ce colosse, avait ébranlé le monde, et Mérovée vivait en paix. Ce prince était loin de prévoir qu'il dût être le fondateur du royaume de France.

Si la destruction de l'empire romain rendit, aux peuples asservis, une indépendance que l'abus seul de la force avait pu leur faire perdre, elle suscita des guerres longues et cruelles, qui ramenèrent l'ignorance, et la barbarie des premiers âges.

Un homme féroce régnait sur les Scythes, qui occupaient le pays situé entre le Danube et le Pont-Euxin. Dévoré par l'ambition; fier de son courage, et de celui de ses soldats, il porta d'abord ses armes dans l'Orient, et fut repoussé par des peuples, qui venaient de reconquérir leur liberté.

Attila, forcé de s'éloigner, porta ses regards sur les riches contrées de la Celtique.

Le préfet Aétius avait usurpé l'autorité souveraine sur quelque provinces, qu'une vieille habitude nommait encore romaines. Averti, à propos, de l'invasion que projetait Attila, il se hâta de rechercher l'alliance de Théodoric, roi d'Italie, et d'une partie de l'Allemagne; de Gondioc, roi des Burgondions; des habitans des Armoriques, et de Mérovée, roi des Francs.

La France du cinquième siècle, bornée à l'extrémité de la Belgique par les marais, alors impraticables de la Hollande, sans industrie, et par conséquent sans commerce et sans richesses, n'avait rien à redouter d'un barbare, qui ne respirait que pour le pillage. Des avantages certains purent donc seuls déterminer Mérovée à accéder au projet d'alliance qu'on lui proposait.

Les conditions de ce traité ne sont pas venues jusqu'à nous. Mais le roi des Francs se serait-il hasardé à attirer, sur ses petits états, la vengeance d'un prince redoutable, si on ne lui eût assuré un accroissement de territoire qui pût le dédommager des périls réels auxquels il allait s'exposer? Nous verrons plus tard combien ces conjectures sont fondées.

Ce traité d'alliance fut conclu. Mérovée se mit

à la tête des troupes qu'il put rassembler, et il joignit l'armée des alliés.

Il avait un fils, encore enfant, dont la beauté remarquable captivait l'amour des Francs. On n'ignorait pas, dans ces temps grossiers, ce que peut, sur le commun des hommes, l'esprit d'enthousiasme, quel qu'il soit. Mérovée mit son fils dans ses rangs. Il le confia à la valeur de ses soldats : c'était un moyen de les rendre invincibles (1).

Attila (2) avait passé le Rhin à la tête de cinq cent mille combattans. Il détruisit entièrement la ville de Metz; il s'empara de quelques places; il y établit des magasins, et il ne pensa plus qu'à attaquer, et à anéantir l'armée des alliés.

Aétius, et les princes, qu'il avait rassemblés sentirent qu'une bataille allait décider de leur sort; ils se disposèrent à vaincre ou à mourir, et ils marchèrent au-devant de l'ennemi commun.

Les Scythes, connus depuis sous le nom de

---

(1) L'histoire ne nous a pas transmis le nom de la reine, mère de Childéric. Elle se tait sur son origine et l'époque de sa mort.

(2) L'histoire dit positivement qu'Attila passa le Rhin sur un pont de charpente, dont les bois *furent coupés dans la forêt Noire.* Or, la forêt Noire s'étend parallèlement au fleuve de Huningue à Strasbourg. C'est donc sur un point de cette ligne qu'Attila franchit ce fleuve, et non dans les Pays-Bas, comme on le présume, d'après des traditions mensongères.

Huns, ne négligeaient rien de leur côté pour s'assurer la victoire. Ils poussaient, sur différens points, des reconnaissances, qui leur rendaient compte du nombre et de la position des troupes alliées. Attila, ferme dans ses projets, mais toujours réfléchi, ne voulait rien donner au hasard, et il redoutait la tactique d'Aétius, qui avait commandé des débris des légions romaines.

Le fils de Mérovée était l'idole de l'armée. Chacun s'empressait de combler le petit Childéric de marques d'amour et de respect. Toujours dans les bras des soldats, il respirait, avec la vie, cette ardeur guerrière, ce noble courage qu'il développa depuis si heureusement. On le voyait frémir au nom d'Attila; on lui applaudissait, on lui jurait de mourir pour lui. Cet enfant ne soupçonnait rien de l'influence qu'il exerçait : son sourire, une de ses caresses, transformaient les hommes en héros.

Il était aux avant-postes, avec un de ces vieux et braves officiers, que les princes considèrent si peu, et qui leur sont si utiles un jour de bataille. Gontram se reposait auprès du petit prince. Une touffe d'arbres les garantissait de la chaleur, et un repas frugal réparait leurs forces épuisées. Tout à coup le bruit des armes se fait entendre. Gontram se lève... Un corps de cavalerie scythe a attaqué ses hommes d'armes; ils se défendent; mais ils ont été surpris. Ils n'ont pas le temps de se mettre en ordre de bataille; ils combattent sans chef, sans but, sans accord de volontés. Gontram paraît; il s'élance sur son cheval; il fond tête baissée sur l'ennemi, en criant aux siens : Sauvons Childéric. Ce cri relève le courage, qui commençait à chanceler. L'ordre se rétablit; on tombe sur les Huns; on enfonce leurs escadrons; on les force à chercher leur salut dans la fuite.

Gontram, couvert de sang et de poussière, oublie la gloire qu'il vient d'acquérir; il vole sous les arbres où il a laissé Childéric... O honte, ô désespoir! le prince chéri a disparu. On ne peut douter de son infortune; un parti de Huns l'a enlevé.

Que deviendra Gontram? que répondra-t-il à son roi, qui va lui demander son fils? Avouera-t-il qu'il ne devait pas l'exposer aux avant-postes? Demandera-t-il pardon d'une faute, que rien ne peut réparer? Gontram peut mourir; il ne sait pas fléchir le genou. Il rassemble sa troupe, il marche en avant; il ne connaît plus qu'un cri de guerre : Délivrons Childéric.

Ce cri est répété mille fois. On court, on se précipite sur les pas des Huns. On joint, on immole des fuyards; on se disperse dans la campagne; on cherche le jeune prince.

On aperçoit l'enfant chéri au milieu d'un gros de cavalerie. Il a reconnu Gontram, et il étend ses bras, faibles encore, vers celui qui doit le délivrer. Il l'appelle par son nom, il le supplie. Gontram voit les larmes couler de ces yeux qu'embellissaient, peu d'heures avant, la gaieté et le plaisir.

Il rallie ses Francs : Délivrons-le, crie-t-il encore, et ils fondent tête baissée sur les Huns. Ceux-ci ont appris, de la bouche de Gontram même, combien est précieux le jeune captif qu'ils retiennent dans leurs rangs. Ils opposent une barrière de fer à l'impétuosité française.

C'est Childéric ou la mort que veut, que demande Gontram. Sa hache d'armes immole ou renverse tout ce qui se présente devant lui; ses Francs se montrent plus que des hommes. Ils s'ouvrent un passage dans la phalange ennemie; la victoire va une seconde fois couronner leurs efforts.

Le barbare, qui tient l'enfant dans ses bras, s'arrête et dit à Gontram : « Retirez-vous, ou je « fais rouler sa tête à vos pieds. » Les Francs frémissent. Incertains, irrésolus, ils ne savent à quelle idée s'arrêter. Ils ont cessé de combattre; leurs yeux sont fixés sur l'enfant adoré, et ils ne voient pas des troupes fraîches qui viennent les prendre par derrière et sur leurs flancs.

Il n'est plus possible de penser à vaincre. Il faut mourir... Ils meurent.

On conduit Childéric en triomphe sous la tente d'Attila.

Le premier mouvement de ce prince féroce est de massacrer un enfant innocent. Il apprend qu'un des rois alliés est son père; la soif de l'or désarme son bras. Il espère, il croit que la liberté de Childéric sera achetée au poids de l'or. Il le confie à des hommes, dont la fidélité est éprouvée; il le fait conduire sur les derrières de son armée.

Cependant le trouble, la confusion régnaient dans le camp de Mérovée. Ce père éploré demandait son fils à chacun de ses soldats, et chacun d'eux se croyait responsable d'un malheur dont il n'était plus permis de douter : on avait vu Childéric dans les bras de Gontram; on savait que cet officier commandait une grand'garde, et aucun de ceux qui composaient cette troupe n'avait reparu.

On s'avance en bon ordre, du côté où campait l'ennemi. Bientôt des débris d'armes, des cadavres épars annoncent que Gontram a été attaqué. Les troupes de Mérovée se divisent, et se portent sur différens points. Un de ces corps arrive dans un hameau, où on juge qu'un combat opiniâtre a été livré : ce petit espace est jonché de morts.

On trouve, on reconnaît Gontram. Son visage, couvert de la pâleur de la mort, semble menacer encore celui qui l'a frappé. On lui demande Childéric, comme s'il pouvait entendre, répondre, sentir. A ce nom adoré un soldat franc, mortellement blessé, se ranime et fait un dernier effort. « Childéric, dit-il, est prisonnier des Huns »; et il expire.

Que feront ces braves gens? Attaquer les Huns

en aussi petit nombre, c'est vouloir mourir, sans utilité pour le prince captif. C'est dans une bataille générale qu'ils conquerront sa liberté, ou qu'ils le vengeront.

Leurs chefs se rassemblent, et les ramènent. Ces Francs, si belliqueux, si fiers, rentrent dans leurs lignes, l'œil morne, et les armes baissées. Leur silence peint leur sombre désespoir, et annonce à Mérovée que son fils est perdu pour lui.

Ce prince se fait revêtir de son armure. Suivi de tous les siens, il se présente devant le camp des Romains. Il prie, il supplie, il conjure Aétius d'avoir pitié de sa douleur, et de conduire, à l'instant même, toutes ses troupes au combat.

Aétius lui répond que le moment d'attaquer, avec avantage, n'est pas encore venu; qu'il lui faut trois jours pour terminer ses dernières dispositions, et attirer l'ennemi dans un piége, qui assurera la victoire aux alliés. « Trois jours! trois « jours, dites-vous! Et mon fils, que deviendra- « t-il? qu'est-il devenu?   C'est de l'or qu'Attila « cherche à la tête d'une armée formidable. Il faut « lui en promettre, l'abuser, le vaincre, et rendre « la liberté au jeune prince.

« — Et si ce barbare voit la victoire prête à lui « échapper, dit Viomade, savons-nous à quel ex- « cès il portera le délire de la vengeance? »

Viomade était un officier franc, jeune, beau, courageux et adroit. Il avait vu naître Childéric; il avait guidé ses premiers pas; il lui avait appris

à articuler ses premiers sons. Le cœur du jeune guerrier était navré; mais sa grande ame était calme. « Il ne s'agit pas de négocier, dit-il. Pro-
« mettre de l'or que nous ne pourrons trouver,
« c'est dévoiler notre indigence; c'est déclarer à
« Attila qu'il peut frapper le père dans le fils, et
« profiter, pour nous vaincre, du moment où la
« douleur suspend, éteint le courage du brave
« soldat. Non, il ne s'agit pas de négocier : il
« faut délivrer Childéric. — Hé! qui le délivrera,
« s'écrie Mérovée? — Moi! moi, dis-je. — Hé!
« comment? — C'est mon secret. — Tu crains de
« le confier à ton roi, à un père! — Je respecte,
« j'aime le monarque; mais je me défie de la vio-
« lence de ses sensations. L'œil, le geste, le si-
« lence même, tout parle dans l'homme agité et
« malheureux. Je le répète, il faut délivrer Chil-
« déric, et c'est moi qui le délivrerai. »

Mérovée n'insiste plus. Il presse Viomade dans ses bras; ses larmes coulent sur ses joues. « Va,
« lui dit-il, et souviens-toi que je te devrai plus
« que la vie. »

Le roi fait rentrer ses troupes; il s'enferme dans sa tente, et, prosterné sur la terre, il invoque la bonté et la protection des dieux.

Viomade avait arrêté son plan. L'exécution en était difficile, périlleuse; mais rien ne pouvait l'arrêter. Le jour était sur son déclin, et le jeune guerrier se prépara à agir.

Le christianisme s'était étendu dans l'Europe,

Des villes, des provinces entières l'avaient adopté. Cependant l'ancien culte romain existait encore: on se détache difficilement de la religion de ses pères. Les prêtres chrétiens, animés encore de l'esprit de charité, voulaient persuader, et non contraindre. Ils toléraient un amalgame des cérémonies païennes et de celles qu'avaient établies les successeurs des apôtres. Le voyageur se reposait sous le péristyle d'un temple de Vénus, ou à l'ombre de l'humble chapelle dédiée à Marie.

Dans une forêt voisine de la ville de Reims, il existait encore un collége de prêtres de Bacchus, dont le temple tombait en ruines. Le culte de ce dieu n'avait rien perdu de son éclat à Châlons, et dans le pays qui entoure cette ville. Les bacchanales s'y célébraient encore avec un délire qu'on croyait religieux. Une nombreuse société de prêtres entretenaient ce fanatisme du plaisir, si facile à inspirer aux hommes.

Les humbles ministres du Dieu pauvre opposaient leur morale austère à l'empire des sens, et leurs succès étaient faibles: toutes les jouissances se présentaient d'un côté; toutes les privations étaient de l'autre. Cependant les ministres des deux religions jouissaient d'une liberté illimitée. Accueillis, considérés partout, ils n'inspiraient aucune défiance. Les prêtres chrétiens ne connaissaient pas encore le crime, et on n'avait à reprocher à ceux du paganisme que la mort de Socrate.

Viomade prit ses armes et monta à cheval. Il défendit à ses esclaves de le suivre, et il sortit du camp, favorisé par d'épaisses ténèbres. Il se dirigea sur la ville de Reims, autant que le lui permit l'ignorance des localités, et des chemins souvent impraticables.

Je suis mort, pensait-il, si je rencontre un parti de Huns. Je peux réussir, si je parviens, sans être aperçu, jusqu'au temple de Bacchus. Tout à coup un effrayant *qui vive* frappe son oreille. Il s'arrête; il sent qu'il n'a pas le temps de réfléchir. Mais il est maître de lui, et il est guidé par son cœur. Il saute légèrement à terre; il frappe son cheval, et le pousse du côté d'où est partie la voix redoutable. Il se dépouille de son armure; il ne garde qu'une épée courte, et facile à cacher sous ses vêtemens. Il s'éloigne à grands pas du péril qui le menace, et il cherche à reprendre la direction qu'il a été obligé d'abandonner un moment.

Il marche, il avance, ignorant si quelque embuscade ne le menace pas encore. Il entrevoit une lumière dans le lointain. Est-ce un village? la guerre a-t-elle ôté aux habitans le repos, dont ils ont joui si long-temps? Sont-ce les feux de l'ennemi qui frappent ses regards?

Quoi que ce puisse être, Viomade croit devoir se détourner encore. Mais où portera-t-il ses pas incertains? Il ne peut supporter l'idée de reparaître devant Mérovée sans lui présenter Childéric. Son courage se ranime, son enthousiasme renaît; il s'avance, l'épée à la main, décidé à tout braver. Il trébuche, il tombe, il roule. Au fond du ravin, qu'il a trouvé sous ses pas, se présente un homme, armé d'un arc et d'un carquois. S'il est seul, il n'est pas à craindre pour Viomade. Le jeune guerrier lève son épée... il va frapper. Ce malheureux tombe à ses genoux, et lui demande la vie. C'est un pauvre braconnier, qui guette, qui attend quelque bête fauve.

Viomade lui parle, le rassure. Il lui offre ce qu'il peut gagner en un mois, s'il veut le conduire à la forêt de Petin, en lui faisant éviter les avant-postes des Huns. Une telle proposition ne pouvait être refusée. Viomade s'appuie sur le bras de celui qu'il allait immoler à sa sûreté, et qui est devenu, pour lui, un être secourable et consolateur.

Le jour commençait à poindre, et Viomade aperçut la forêt si désirée, couverte encore des ombres de la nuit. Il donna à son guide plus qu'il n'avait promis; mais il lui ordonna de retourner au lieu même où il l'avait trouvé : il était important que cet homme, qui pouvait le reconnaître, ignorât vers quel point il allait se diriger.

Il attacha son épée sous sa tunique, et il s'enfonça dans la forêt. Une paysanne, jeune et fraîche comme le printemps, venait d'y amener ses chèvres. Viomade chercha à la faire parler. Il était jeune et beau; il ne pouvait effrayer une fille de quinze ans, qui déja prenait du plaisir à le regarder. Elle reconnut qu'il était excédé de fatigue, et elle l'invita à s'asseoir auprès d'elle. La langue du beau jeune homme était desséchée, puisqu'il articulait avec peine, et elle lui offrit de son lait.

Viomade, rafraîchi, reposé, lui parla d'abord d'elle : c'est un moyen sûr de se faire écouter par toute fille un peu jolie. Il apprit que ses parens habitaient au centre de la forêt, où les Huns n'avaient pas osé pénétrer encore, et que leur défiance avait jusqu'alors garanti sa famille de la dévastation, que ces barbares portaient partout avec eux. Ces bonnes gens étaient dans une ignorance absolue de ce qui se passait dans le monde. Cependant le bruit de la captivité de Childéric était venu jusqu'à eux. On croyait même, dit la jouvencelle, que le petit prince était gardé dans un château fort, situé aux environs de la ville de Châlons. « Et les prêtres de Bacchus, comment « sont-ils traités par l'ennemi? — Oh! je ne sais « pas s'il y a des prêtres de Bacchus à Châlons... « — Peut-être bien me trompé-je. Je croyais aussi « qu'il y en avait dans cette forêt. — Oh! oui, oui, « il y en a. — En connaissez-vous quelques-uns? « — Oh! non. Ma mère m'a bien défendu de les « aller voir. — Hé, pourquoi? — C'est, voyez-vous, « qu'ils aiment le bon vin. — Il n'y a pas de mal « à cela. — Mais ils aiment encore... — Quoi? — Ils « aiment encore... — Les jolies filles, peut-être? —

« Vous y êtes, c'est bien cela. — Vous ne voulez
« donc pas aimer? — Je ne dis pas... si... si... — Si
« c'était pour le mariage? — Hé, sans doute. Une
« jeune fille est bien aise de se marier. Si c'était
« un jeune homme de vingt-deux à vingt-cinq ans,
« grand, bien fait; s'il avait un beau visage, un
« œil bleu, des cheveux blonds et bien bouclés »,
et la petite regardait tendrement Viomade, en le
peignant trait pour trait.

« Dites-moi, la belle enfant, où conduit ce che-
« min-là? — A Reims. On voit la ville en sortant
« de la forêt. — Et ce sentier, à droite? — Oh! je
« ne le prends jamais : ma mère m'a dit qu'il mène
« à une grande tranchée, au bout de laquelle est
« le temple de Bacchus. — Et cet autre chemin? —
« Il va droit à Laon, en passant devant notre chau-
« mière. Ne viendrez-vous pas y manger du gland,
« bouilli avec du lait? — Je le voudrais de tout
« mon cœur; mais des affaires pressantes m'appel-
« lent à Reims. Tenez, mon enfant, prenez. — Que
« m'offrez-vous là? — Le prix de votre lait, et de
« votre accueil amical. — Vous voulez donc m'ôter
« le plaisir que j'ai eu de vous avoir été utile? Gar-
« dez, gardez votre argent pour ceux qui ne vous
« aiment pas : ils le prendront volontiers. — Adieu,
« belle enfant. — Adieu, beau garçon. Mais ne vous
« reverrai-je pas? — Oh! j'espère que si. — Au re-
« voir donc, et pas adieu. »

Hélas! pensait Viomade, en s'éloignant, demain,
dans deux jours, cette aimable enfant n'existera

plus peut-être, ou elle sera la proie d'un brutal vainqueur. Il revient à elle, il la regarde avec attendrissement. « Votre nom, ma petite? — Ma-« riole. — Ah! vous êtes chrétienne! — Je le suis. « — Je ne m'étonne plus de l'éloignement que « marque votre mère pour les prêtres de Bacchus. « Et votre cabane est là? — Derrière ce bouquet « de chênes... » Viomade réfléchit un moment.

« Oui, oui, nous nous reverrons; je l'espère, « mon enfant. — Ah! que j'en serais contente! — « Peut-être la nuit prochaine... la nuit suivante, « au plus tard... — Hé! pourquoi la nuit? — Dites « à vos parens de veiller, et de m'attendre. — Et « si vous ne paraissez pas? Je n'existerai plus. « — Divin Jésus, veillez sur lui. — Adieu, Mariole. »

Viomade s'éloigne de quelques pas, et il tourne la tête. La petite était à genoux; elle priait pour lui avec ferveur. Ah! se dit-il, ses parens doivent être bons et simples comme elle : Mariole n'est que ce qu'ils l'ont faite. Ils me recueilleront, ils me cacheront, si j'ai besoin d'un asile.

Il précipite sa marche, et une sage prévoyance le guide dans toutes ses démarches : il doit être impénétrable pour Mariole, comme pour tous ceux à qui il n'est pas forcé de se faire connaître. Il prend le chemin de Reims; il le suit, jusqu'à ce qu'il ait perdu de vue la pastourelle. Il tourne brusquement à droite; il se jette dans les halliers; il écarte les branches; il se fraie un passage; il tombe dans le sentier, dont lui a parlé Mariole;

il est à cent toises de l'aimable enfant, et elle ne s'en doute pas.

Il parvient bientôt à la tranchée qui doit le conduire au temple. Déja il en aperçoit le faîte. Des parties du fronton se sont détachées; des colonnes entières vont rouler, et se briser sur celles que le temps a déja renversées. Hélas! se disait-il, ce temple fut resplendissant de gloire; une foule d'adorateurs remplissait les portiques; chacun enviait l'honneur de pénétrer jusqu'au sanctuaire. Que reste-t-il de tant d'éclat? La ronce a remplacé le pampre; ce temple va rentrer dans le néant, auquel l'ont arraché tant de bras et de trésors; quelques pauvres prêtres sont réduits à vivre d'aumônes, et n'auront plus de successeurs. Ainsi tout passe; ainsi périssent les ouvrages des hommes. Et ils ont de l'orgueil!

Il arriva sur les premiers degrés du temple. Toutes les portes étaient ouvertes. Il parcourut ces ruines, avec ce sentiment de tristesse, qu'inspire toujours la destruction. Derrière le sanctuaire, était une issue qui conduisait au collége habité par les prêtres. Cette porte ne roulait plus ses gonds : depuis long-temps, on avait dédaigné de la fermer. Qu'avait-on à craindre pour des murailles nues, à qui il ne restait plus qu'un moment d'existence?

Viomade sortit du temple, et vit une habitation, ruinée en partie, et dont les débris attestaient la magnificence passée. Il entra, et un vieillard frappa ses regards. Ses yeux cavés, ses joues flétries, son front hâve annonçaient un homme en proie à de longs et inutiles regrets. Le jeune guerrier le salua, et l'aborda avec des marques de déférence. Le vieillard y parut sensible.

« Le temps des respects est passé, dit-il à Vio-
« made. Puisse la bienveillance leur succéder !
« Notre culte brille encore à Châlons. Ici il est
« délaissé, et nous n'y restons que pour ne pas
« violer nos sermens. Suivez-moi, jeune homme.
« Vous honorez la vieillesse : vous méritez ses
« soins affectueux. »

Il est introduit dans une vaste salle, où dix à douze prêtres allaient prendre un repas frugal. On l'invite à le partager; il accepte la proposition aussi franchement qu'elle lui est faite.

La conversation s'engagea, et Viomade savait comment on arrive à son but, par un détour. Il exprima de la pitié pour une religion, qui avait si long-temps brillé dans le monde, et qui touchait à son déclin. Il loua la constance et le zèle inaltérable des vertueux ministres, qui daignaient l'accueillir. Il leur témoigna ses alarmes sur le sort que leur réservait Attila, s'il était vainqueur.

Il n'en fallait pas davantage pour gagner la confiance de ces prêtres. Ils attendaient la mort de la main du Scythe, et ils espéraient tout de celle d'Aétius, et de sa tactique éprouvée. Sans doute, disaient-ils, il va s'empresser de combattre, et il vaincra : il a le fils d'un allié à délivrer, et il

mettra sa gloire à le rendre à son père. « Et où le
« barbare a-t-il déposé cet enfant ? demanda Vio-
« made. — Au château de Vantan, à une lieue du col-
« lége de nos frères de Châlons. — Et qui le garde
« dans ce château ? — Une troupe choisie, comman-
« dée par un officier, farouche comme son maître. »

Viomade fait quelques questions encore, auxquelles on ne peut répondre d'une manière satisfaisante. Il sent qu'il perdra tout le temps qu'il
passera dans la forêt de Petin, et il ramène la
conversation sur les privations que supportent les
prêtres qui l'habitent. Il tire une bourse pleine
d'or, et des yeux avides se fixent à l'instant sur
lui : l'or séduit tous les hommes. « Partagez, leur
« dit-il, avec un voyageur, qui vous laisserait tout,
« s'il n'était obligé de garder quelque chose pour
« ses besoins. » Depuis des années, ces prêtres
n'ont eu une pareille somme à leur disposition.
Leur reconnaissance est sans bornes, et ils ne
trouvent pas de termes qui puissent l'exprimer.

« Vous acceptez ce gage de mon amitié, leur
« dit Viomade : je désire en obtenir un de la vô-
« tre. — Parlez, tout ce que nous avons est à vous.
« — Je désire emporter un de vos habits, et cette
« couronne de pampres qui orne le front du chef
« auguste de votre congrégation. Je les conserve-
« rai toute ma vie ; toute ma vie, ils me rappel-
« leront votre piété, et votre dévouement. »

Chacun s'empresse de satisfaire le jeune guerrier. Chacun désire que sa robe soit préférée. Vio-

made peut faire un heureux, et son choix tombe sur le prêtre dont les vêtemens conservent encore leur couleur primitive. Le chef détache la couronne de son front, et veut la placer sur celui de Viomade. Le jeune homme se déclare indigne de tant d'honneur. Il reçoit la couronne à genoux; il l'enveloppe dans les habits qu'on vient de lui offrir; il les prend sous son bras, et s'éloigne.

Les prêtres le suivent, en le comblant de bénédictions. Ils chantent une hymne à Bacchus, et leurs accens le suivent, au loin, dans la forêt.

Viomade était tout entier à son dessein, et il comptait les momens. Il se rejeta dans l'épaisseur du bois. Il s'y dépouilla de tout ce qui était étranger à l'habit qu'il allait prendre. Il ne garda que son épée, qu'il cacha encore sous le vêtement d'un prêtre de Bacchus; il ceignit la couronne, et regagna en toute hâte la route de Reims.

Je l'ai dit : les prêtres alors n'excitaient aucune défiance. Chaque corps d'armée réunissait des sectaires de tous les cultes, et le chrétien ménageait, dans son camarade, encore imbu des pratiques du paganisme, un prêtre de Vénus ou de Cérès. Viomade suivait la route battue, sans éprouver d'autre crainte que celle de ne pas réussir dans son projet.

Bientôt il est sous les murs de Reims, et il espère voir ceux de Châlons, avant la fin du jour. Rencontre-t-il un voyageur? Il le salue, en portant ses mains sur sa poitrine. L'interroge-t-on? Il va rejoindre ses frères de Châlons. Traverse-t-il un détachement de l'armée d'Attila? Il chante un rondeau bachique, et on sait combien ces chants charment le soldat. L'art n'était pas né encore, et Viomade ne devait pas être un Orphée. Mais il avait la voix belle, et il répétait ces lais et rondels qu'on aimait tant à entendre au château de Mérovée, pendant les longues soirées d'hiver.

Déja il était loin de Reims. Quatre heures de marche encore, et il découvrira ce château, qui renferme l'objet de ses plus chères affections. Mais ses forces ne secondent plus son courage. Il pense à Mariole. Que n'eût-il pas donné pour ce qu'elle lui avait si franchement offert! Une maison, d'assez belle apparence, se présente à lui. Il remarque beaucoup de mouvement dans l'intérieur; son oreille est frappée par des cris joyeux. Il ne balance pas; il entre. Qu'a-t-il à redouter?

Un repas somptueux est servi. Des convives, qui semblent être d'un rang distingué, sont placés autour de la table.

« Encore un prêtre! s'écria celui qui paraissait « être l'objet de tous les hommages. On ne ren- « contre plus que de ces gens-là dans le monde. « Oh, oh! celui-ci est couronné de pampres! c'est « un prêtre de Bacchus : il doit être l'ami du plai- « sir. Assieds-toi. Mange, bois, et chante. » C'est Attila qui parlait ainsi. Il était entouré de ses généraux, et de ses esclaves.

Viomade ne se déconcerta point. Il se rendit à

l'invitation, avec une aisance, une grace, qui plurent au barbare. Alors, comme aujourd'hui, le talent de l'imitation était naturel aux courtisans : chacun fêta le prêtre, dont il faisait, d'ailleurs, fort peu de cas. Jusqu'ici la fortune semble favoriser notre jeune guerrier.

Viomade avait son épée; il était assis à quatre pas du roi scythe; il pouvait, d'un coup hardi, terminer une guerre dont l'issue était incertaine. Il périssait, sans doute; mais il sauvait la Celtique, et cette dernière pensée était seule digne de le fixer... Mais égorger un prince désarmé et confiant; un prince qui lui donne l'hospitalité; terminer une vie sans reproches par un assassinat!... Hé, que deviendrait Childéric? son sang innocent ne serait-il pas offert aux mânes du Scythe? ne coulerait-il pas sur sa tombe?

Viomade éloigne de lui cette idée sinistre; il revient à son premier projet; rien ne pourra plus l'en distraire. Il reprend sa gaieté apparente, et il continue de chanter.

« C'est bien, c'est très-bien, mais c'est assez, « lui dit Attila. Il est temps de faire succéder les « affaires aux plaisirs. Mitto, les partis, qui se « sont portés en avant ce matin, sont-ils rentrés « au camp? — Oui, seigneur. — Se sont-ils appro- « chés des avant-postes ennemis? — Oui, seigneur. « — Et personne ne s'est détaché pour traiter de « la rançon de l'enfant que nous tenons là-bas? — « Non, seigneur. — Mérovée compte sur ma gé-

« nérosité, et il a tort : je ne connais que le droit
« de l'épée. Expédie un parlementaire. Qu'on dise
« à ce roi, que je ne pensais pas à attaquer, dont
« je connaissais à peine l'existence, que si demain
« je ne reçois trois mille marcs d'or, je lui envoie
« après-demain la tête de son fils.

« Qu'a donc ce prêtre?... Il pâlit, il chancelle,
« il perd l'usage de ses sens. Qu'on l'enlève, qu'on
« l'emporte; qu'on le couche sous un arbre, et
« qu'il devienne ce qu'il plaira à Bacchus. »

On avait fêté, caressé Viomade; on s'empressa de dérober au prince la vue d'un être qui lui était devenu importun. Un de ceux qui le portaient, s'arrête et s'écrie... On l'écoute, on attend. Il lève la longue robe, qui couvre Viomade; une épée frappe tous les yeux. « C'est un assassin! c'est un « assassin déguisé! » Ce cri se répète, se prolonge... Attila saisit sa hache d'armes : Viomade va passer de l'évanouissement à la mort.

Mitto se jette entre Attila et la victime qu'il va frapper. « Ne précipitez rien, seigneur. Cet « homme peut avoir des complices. Il faut le forcer « à parler; il faut démêler les fils de cette trame « infernale. — Tu as raison. Qu'on le conduise au « château de Vantan, et que demain les tortures « lui arrachent son secret. »

Viomade, en revenant à lui, se trouve garrotté sur un cheval que conduit une forte escorte. Il voit son épée dans la main de celui qui commande la troupe, et l'espoir s'éteint dans son cœur.

Il entend parler de conjuration, d'assassinat, et il comprend qu'il en est accusé. Il ne répond qu'un mot : « J'ai passé une heure à côté d'Attila « désarmé. La preuve la plus certaine que je ne « voulais pas l'assassiner, c'est que je ne l'ai pas « fait. Demain, lui répond le chef de l'escorte, les « douleurs te feront tenir un autre langage. »

Ces murs, naguère si désirés, et maintenant si redoutables, commencent à percer à travers un atmosphère brumeux. Il n'est plus possible de penser à la délivrance de Childéric : il faut mourir dans les tourmens. Du moins, pensait Viomade, ma mémoire sera chère à Mérovée, et peut-être son fils regrettera, un jour, l'ami que son extrême jeunesse ne lui permet pas encore d'apprécier.

On arrive. A la vue d'une troupe armée, la garnison se range sur les remparts. Au milieu de ces soldats paraît un enfant, dont une femme guide les pas incertains. « C'est Viomade, s'écrie « l'enfant! Les misérables! Comme ils traitent le « plus fidèle serviteur de mon père! »

L'exclamation est entendue, saisie, discutée. Ce n'est plus un prêtre de Bacchus qu'on va jeter dans les cachots; c'est un soldat téméraire qui brûlait de répandre le sang d'Attila, et dont une terreur subite a glacé le bras, prêt à frapper.

Viomade est introduit dans la forteresse. Les plaintes de Childéric le suivent; ses larmes coulent pour lui; l'enfant disparaît à sa vue. Une porte s'ouvre, et se referme sur le jeune guerrier. Il est dans un lieu où les rayons du soleil n'ont jamais pénétré. Les liens, dont il est chargé, lui permettent à peine d'en parcourir l'étroite enceinte; il se traîne sur ses genoux, que la fange a déja mouillés. Un grabat se trouve sous sa main, il s'y place, et le sommeil fuit loin de lui. Il déplore la fin prématurée d'une vie, qui pouvait être si brillante. Pardonnons-lui ses regrets : il n'a que vingt-cinq ans, et, jusqu'ici, tout a concouru à embellir son existence.

Le chef de l'escorte qui conduisit Viomade s'enferma avec le commandant de la forteresse. Sans doute il lui transmit les ordres qu'il avait reçus, et il partit, chargé de la promesse qu'ils seraient ponctuellement exécutés.

Minuit venait de sonner. Un bruit faible et sourd frappa l'oreille de Viomade. Il écouta, et il distingua le son d'une clé qui tournait lentement dans la serrure, qui fermait la porte de son cachot. Cette porte s'ouvre. Il attend des bourreaux, et il s'étonne de ne pas voir de lumière. Il prend l'attitude d'un suppliant, et il conjure ceux qui viennent d'abréger sa vie, et les tourmens auxquels il est réservé.

Une voix altérée, mais douce, lui commande le silence. C'est une femme qui a parlé. Qui est-elle? quel intérêt une étrangère peut-elle prendre à son sort? Une petite main a trouvé la sienne;

celle de Viomade cherche l'être compatissant auquel elle appartient; c'est un enfant... C'est Childéric qui s'élance dans ses bras.

« Ne perdons pas des momens précieux, dit, à
« voix basse, la femme qui a parlé la première.
« Si nous sommes découverts, mon supplice est
« aussi sûr que le vôtre. Vous avez besoin de mon
« secours; je ne peux fuir sans votre aide : par-
« tons. »

Elle coupe les liens qui serraient, qui froissaient les bras et les jambes de Viomade. Elle lui remet un poignard. « Déja, dit-elle, il est teint
« du sang d'un homme féroce. Vous en aurez en-
« core à verser.

« Je vais vous conduire, par des détours, jus-
« qu'à la poterne. Nous y trouverons une senti-
« nelle; vous la poignarderez. J'ouvrirai, nous
« sortirons. Le Dieu des chrétiens fera le reste. »

Viomade se lève, il s'arme du poignard. Il tient d'une main celle de la divinité qui vient le sauver; de l'autre il a saisi le bras de Childéric : ce n'est qu'avec lui qu'il veut fuir.

A l'exception des soldats qui veillent aux postes et sur les remparts du château, tout est plongé dans un profond sommeil. Cette femme a rangé Viomade derrière elle, et les trois fugitifs s'avancent d'un pas léger, mais précipité. Leur oreille est attentive, leur cœur bat avec violence. Il est agité par la crainte, et par l'espérance, qu'un moment peut anéantir.

Un *qui vive* se fait entendre. La femme pousse Viomade en avant. Il s'élance; il frappe la sentinelle, qu'il étend sans vie à ses pieds; la poterne s'ouvre; Childéric, Viomade et sa libératrice sont dans la campagne.

De quel côté porteront-ils leurs pas, comment éviter les troupes d'Attila, dont les positions leur sont inconnues? « Nous avons fait ce que nous « avons pu, dit cette femme courageuse. Je le « répète, Dieu fera le reste. »

Ils évitent les routes battues; ils marchent à travers les champs. Childéric n'a pu soutenir long-temps une fatigue au-dessus des forces de son âge. Viomade l'a pris sur ses épaules, et, chargé de ce précieux fardeau, il se trouve plus léger.

Si le courage d'un ami dévoué est sans bornes, ses forces physiques ont les leurs. L'ardent, le zélé Viomade fut obligé de s'arrêter aux premiers rayons du soleil. Sa compagne, qu'il ne connaissait pas encore, sentait la nécessité d'avancer, et elle pouvait à peine se soutenir. Il fallut prendre du repos.

Étranger aux fureurs qui agitent les hommes, le soleil commençait paisiblement son cours. Viomade est frappé de la beauté de celle à qui il doit la liberté de Childéric et la sienne. Mais son bras est ensanglanté, et une femme, souillée d'un meurtre, perd ses droits à notre admiration et à notre amour. La figure de Viomade exprima plus

que de l'éloignement, et sa compagne le devina aussitôt. « Ne me condamnez pas, sans m'enten-
« dre, lui dit-elle. J'ai passé ma première jeunesse
« au sein des plaisirs innocens, et des affections
« douces. L'idée d'un meurtre m'eût révoltée alors.
« Votre arrivée au château de Vantan a rendu
« inévitable celui que je viens de commettre.
« Écoutez-moi.

« Je me nomme Aronde. Je suis née à Metz,
« d'un père dont la race était illustrée depuis des
« siècles. Je touchais à ma dix-huitième année.
« J'étais sensible, et j'étais aimée avec idolâtrie.
« L'hymen allait combler les vœux de l'amour,
« lorsque Attila, semblable à un fléau destructeur,
« parut dans nos campagnes, ravageant, détruisant
« tout, et ne laissant, après lui, que des larmes
« et des ruines.

« La ville de Metz céda à ses efforts, et le vain-
« queur, irrité d'une vaine résistance, la détruisit
« de fond en comble. Je vis le feu dévorer le toit
« de mes ancêtres; je vis le farouche soldat trem-
« per ses mains dans le sang de mon père; on
« massacra, dans mes bras, mon amant, qui vou-
« lait me défendre. Ma funeste beauté me sauva
« la vie, et me condamna à l'opprobre.

« Le farouche Dunon, celui dont le sang fume
« encore sur mes vêtemens, me saisit d'une main
« hardie, et me déclara sa conquête. Il m'entraîna
« dans sa tente. Il rit de ce que j'appelais ma
« vertu; il s'indigna de ma résistance. Je soutins

« courageusement ses premiers efforts; je le bra-
« vai. Il persévéra, avec une fureur que je ne pus
« vaincre. Le prix réservé à l'amour délicat et
« éprouvé fut la proie d'un tigre.

« Je le dévouai à la mort, et aux tourmens de
« l'enfer. Mais je résolus de feindre, pour préparer
« et assurer ma vengeance. Je parus recevoir, avec
« moins d'horreur, ses affreux embrassemens. Je
« devenais plus vile chaque jour à mes yeux; mais
« je faisais naître sa sécurité.

« L'armée d'Attila s'avançait vers celle des alliés,
« et ce barbare donna à Dunon le commandement
« du château de Vantan, qu'il laissait derrière lui.
« Cet homme m'ordonna de le suivre, et je con-
« sentis à partager sa couche. Il me crut rendue;
« il se crut aimé, lui qui déshonorait l'amour. La
« défiance s'éteignit dans son ame.

« De ce moment, sa vie m'appartint. Mais je
« voulais conserver la mienne, pour jouir de ma
« vengeance. Hier, il m'a confié cet enfant; il l'a
« recommandé à mes soins. J'ai interrogé ce jeune
« infortuné. J'ai connu son malheur, et j'ai sin-
« cèrement partagé des douleurs, auxquelles je
« ne pouvais apporter de remède.

« Le soir le cor a sonné. On est venu annoncer
« à Dunon l'arrivée d'un assassin d'Attila. Qui-
« conque veut répandre ce sang impur a droit à
« mon estime, et même à mon respect. J'ai voulu
« vous voir; je vous ai vu. Le calme inaltérable,
« qui régnait sur votre visage, annonçait une ame

« forte. Il me fallait un protecteur; j'ai résolu de
« vous délivrer, et de fuir avec vous. Nouvelle
« Judith, j'ai retrempé mon honneur dans le sang
« de l'infidèle. Vous savez le reste. »

Quel chemin prendre pour se soustraire à de nouveaux dangers? Aétius a, sans doute, terminé ses dispositions, pour s'assurer la victoire. L'armée d'Attila, campée dans les plaines de Châlons, est entre celle des alliés et nos fugitifs. Partout ils peuvent rencontrer des troupes, et leurs vêtemens ensanglantés déposeront contre eux aux yeux de tous les partis. Il reste de l'or à Viomade; mais où se procurer des alimens? Déja le soleil a décrit le quart de son cercle, et l'enfant royal ne peut apaiser la faim qui commence à le tourmenter.

« Il faut prendre un parti décisif, dit Viomade;
« il faut rétrograder; entrer à Châlons, et cher-
« cher un asile dans le collége des prêtres de
« Bacchus. Cette robe est couverte de sang et de
« fange; mais on m'écoutera, avant que de me
« repousser. D'ailleurs, Attila, craint partout, est
« partout détesté : servir ses ennemis, c'est se ga-
« rantir du pillage et de la mort. »

Aronde hésitait. Elle confessa cependant qu'elle n'avait rien de plus satisfaisant à proposer. Elle se leva; Viomade reprit le fardeau dont il était si fier, et ils marchèrent sur Châlons.

Aronde était en avant. Elle portait, autour

d'elle, un œil observateur; elle écartait les obstacles qui s'opposaient à la marche de Viomade; elle soutenait ses forces du geste et de la voix.

Les portes de la ville sont ouvertes; mais le premier spectacle qui se présente à eux est un poste de quelques soldats scythes. On arrête nos infortunés voyageurs, et on les interroge. La retraite est devenue impossible, et Viomade ne peut espérer de vaincre. Il est réduit à n'écouter que son désespoir, et souvent le désespoir a enfanté des prodiges. Il dépose Childéric dans les bras d'Aronde. Il fond, son poignard à la main, sur la troupe d'Attila. Ces soldats, surpris, cèdent à un premier mouvement de terreur, et ils se retirent en désordre dans leur corps-de-garde. Viomade les suit. Là, leurs flèches et leurs piques deviennent inutiles; leurs épées même les embarrassent; ils craignent de se frapper mutuellement. Les coups de Viomade se succèdent sans relâche, et chacun de ses coups est mortel. Quelques légères blessures ont fait couler son sang; mais il n'a plus rien à redouter sur ce point : il ne lui reste plus d'ennemis à combattre.

Il sort; il trouve Aronde avec le peuple, dont les flots s'amoncelaient autour d'elle. Elle avait parlé; elle avait présenté, à la multitude, le fils d'un roi, armé pour sa défense, et qui avait des droits sacrés à la protection des braves Châlonnais. « Un simple prêtre de Bacchus vient de pré-« parer votre délivrance; secourez-le, et cette

« poignée de Huns, devant qui vous tremblez,
« va disparaître en un instant. »

Elle était jeune, elle était belle, et une femme héroïque subjugue, entraîne tout. On n'entend plus qu'un cri : aux armes ! Quelques-uns trouvent la mort en les cherchant. Mais les Huns sont forcés de reculer. Viomade se précipite à la tête des Châlonnais. L'ennemi, entouré, pressé de toutes parts, ne peut plus se défendre. Tout tombe, tout meurt.

Viomade court fermer les portes de la ville. « Vous avez, dit-il aux Châlonnais, purgé votre « enceinte des brigands qui l'infestaient ; il faut « à présent défendre vos murailles. Que dis-je ? « demain, peut-être, une bataille générale se don- « nera ; il ne vous restera plus d'ennemis à com- « battre, et vous aurez l'honneur d'avoir cueilli « les premiers lauriers. »

Les têtes étaient exaltées ; Viomade fit naître l'enthousiasme. A sa voix, chaque citoyen devint soldat. Les femmes, jalouses de l'héroïsme d'Aronde, animaient leurs époux, leurs frères, leurs amans. Il n'existait plus qu'un culte dans Châlons : c'était celui de la gloire.

Les fêtes succédèrent au carnage. Les prêtres de Bacchus, ceux des chrétiens, les Druides, confondus ensemble, oubliaient l'envie et l'animosité qu'elle traîne à sa suite. Ce peuple entier ne formait plus qu'une famille. Childéric passait dans tous les bras ; son extrême jeunesse et sa beauté attendrissaient, lui gagnaient tous les cœurs. Aronde et Viomade étaient les dieux du moment; on les comblait de louanges; on prévenait leurs besoins; on s'estimait heureux de pouvoir les satisfaire.

Cependant Viomade savait qu'un père malheureux comptait les heures, les minutes, et il brûlait de lui rendre son enfant. On touchait, d'ailleurs, au moment de livrer bataille, et çe n'était plus à des banquets que devait briller ce guerrier. Il prend l'habit et les armes d'un officier huns, et les femmes les plus distinguées se disputent l'honneur de vêtir Aronde et Childéric.

Viomade demande des chevaux, quelques provisions, et des guides qui le conduisent à la forêt de Petin. Maintenant il en connaît les détours, et il gagnera, sans peine, les avant-postes des alliés.

Bientôt il n'a que l'embarras du choix. Une foule de citoyens offre ses chevaux et sa vie, si elle est nécessaire. Il reste sept heures de jour encore : c'est plus qu'il ne faut pour arriver à la forêt, si on peut éviter les troupes d'Attila.

On se met en marche; on tourne les points, où on présume qu'on doit avoir établi des postes. On s'éloigne, on va, on revient; on n'avance qu'avec lenteur. Une colline, qui se prolonge à droite et à gauche, borne tout à coup l'hémisphère. Que dérobe-t-elle à la vue de nos voyageurs? Il faut la gravir, ou perdre une heure pour la tourner. L'impatient Viomade pique son cheval ; il devance sa compagne et ses guides ; il gagne le sommet du monticule. Childéric, qu'il tient en selle devant lui, s'écrie : nous sommes perdus. En effet, Viomade voit l'armée d'Attila, rangée en bataille dans la plaine. L'aile droite est déployée devant lui : il est impossible de la traverser. Il peut avoir été aperçu, et s'il fuit, il attirera sur ses pas des cavaliers, qui se répandront dans la campagne, et qui le couperont de toutes parts. La médiocrité calcule, l'homme de génie est entraîné par ses inspirations. En avant, dit Viomade à sa petite troupe. Il enfonce son casque jusque sur ses yeux, et il marche droit aux phalanges d'Attila.

Il arrive ; il se présente avec hardiesse ; il demande à parler au général qui commande l'aile droite. Un officier supérieur lui donne deux cavaliers, qu'il charge de le conduire. Viomade, Aronde, Childéric, et leurs guides tremblans passent dans les rangs de leurs ennemis. Bientôt ils voient la bannière du général, plantée dans la plaine, et Viomade croit en reconnaître les couleurs : ce sont celles de ce farouche Mitto, qui l'avait destiné aux horreurs des tortures. Viomade se tait : il craint d'augmenter le découragement de ses guides. Il aborde franchement le général.

« Les habitans de Châlons, lui dit-il, viennent
« de se soulever, et ils ont massacré deux cents

« braves, que le grand Attila avait laissés dans la
« ville, et qu'il croyait capables de la maintenir
« dans l'obéissance. Le sang qui couvre mes ar-
« mes, deux légères blessures vous annoncent que
« j'ai fait mon devoir. J'allais succomber sous le
« nombre, lorsque ces deux Châlonnais, toujours
« fidèles à notre prince, m'ont aidé à me tirer de
« la mêlée. Réduits à fuir comme moi, ils m'ont
« procuré les moyens de sauver ma femme et mon
« fils. Je vous demande des récompenses pour
« eux, et, pour moi, la permission de les mettre
« en sûreté avec ma famille. Je reviendrai prendre
« mon rang dans vos colonnes, et j'espère contri-
« buer à la victoire, qui s'apprête à couronner no-
« tre invincible monarque. »

« Les Châlonnais, répond Mitto, ont osé mas-
« sacrer des Huns! L'exemple terrible de la ville
« de Metz ne les a pas retenus! ils paieront cher
« leur perfidie! Vous deux, qui n'avez pas aban-
« donné la bonne cause, vous recevrez le prix de
« votre fidélité. Vous vous présenterez à moi après
« la bataille. — Quand se livrera-t-elle, reprit
« Viomade? — Elle devrait l'être. Mais l'ennemi
« nous craint. Il occupe des hauteurs; il se re-
« tranche. Il n'aura pas le temps de terminer ses
« dispositions; il sera attaqué demain. J'attends à
« chaque minute l'ordre de me porter en avant.
« Je te donne deux heures, pour assurer la vie de
« ta femme, de ton enfant, et de ces deux Châ-

« lonnais. Va, et reviens. Le son des instrumens
« de guerre, le bruit des armes et du pas des che-
« vaux t'apprendront où je serai. »

Viomade, suivi des siens, s'éloigne rapidement.
Bientôt ils ont perdu de vue les étendards d'Attila.
Ils s'arrêtent; ils se félicitent; ils s'embrassent:
ils n'ont plus rien à redouter.

Déja ils distinguent les murailles de Reims, et
maintenant c'est Viomade qui sert de guide à sa
petite troupe. Ils tournent la ville, et la forêt de
Petin, objet de tant de vœux, se présente à leur
vue. « Childéric est fatigué, dit Viomade ; nos che-
« vaux ont besoin de nourriture et de repos; le
« jour est sur son déclin. Nous trouverons, dans
« cette forêt, une cabane hospitalière, et nous y
« passerons la nuit. »

Il reconnaît le chemin qui conduit au temple
de Bacchus, le sentier qui mène à l'endroit où
Mariole fait paître ses chèvres, et il se dirige de
ce côté. La jeune pastourelle n'avait pas encore
quitté le pâturage... Un soldat huns, couvert de
sang et de poussière, frappe ses yeux, qui ne
s'étaient reposés encore que sur une nature riante
et paisible. L'effroi la saisit; elle veut fuir. Viomade jette son casque, en l'appelant avec ce son
de voix touchant, qui a déja pénétré jusqu'à son
cœur.

« Ah! c'est vous, c'est vous, s'écrie Mariole!...
« Je commençais à désespérer de vous revoir...
« Mais comment êtes-vous aujourd'hui ce que vous

« n'étiez pas hier? ces armes, cet habit... — Je
« vous expliquerai tout cela, mon enfant, quand
« nous serons sous votre paisible toit. — Notre
« chaumière est petite, et ces personnes qui sont
« avec vous... — C'est ma femme, c'est mon fils,
« ce sont deux amis dévoués. — Votre femme !...
« Ah! qu'elle est heureuse. » Un profond soupir
s'échappe du sein de Mariole, et elle laisse tomber sa tête sur sa poitrine. Elle la relève bientôt,
et regardant, d'un air pénétré, ceux qui accompagnent Viomade : « Venez, leur dit-elle, nous
« sommes pauvres; mais nous partagerons avec
« vous ce que nous avons. »

Elle regardait Childéric avec un intérêt!... Elle
lui souriait avec un charme!... Elle le prit dans
ses bras; elle voulut le porter, et elle le comblait
des plus tendres caresses. La jeunesse est l'âge des
illusions : peut-être la pastourelle croyait donner au
père les baisers dont elle couvrait le fils. Elle était
jolie, et la beauté nous plaît, dès que nos yeux
peuvent comparer les objets : Childéric avait passé
ses petits bras autour du cou de Mariole; il lui
rendit ses douces caresses, et il s'endormit sur
son sein.

On aperçut la cabane. La bonne Mora et son
viel époux étaient assis devant leur porte, sur des
ais qu'ils avaient grossièrement rassemblés. Il était
aisé de voir que Mariole les avait prévenus : ils
avaient mis leurs vêtemens des bons jours, et ils
s'avancèrent au-devant des voyageurs, avec cet

air affable et ouvert qu'on ne rencontre pas toujours dans les châteaux, et qui dispose à recevoir, avec bienveillance, l'offrande de la pauvreté.

Quelques meubles d'un bois, dont la propreté entretenait la blancheur, étaient rangés sur un tertre de gazon, d'où sortaient quelques fleurs, sur lesquelles Mariole déposa Childéric. Elle se privait d'un ornement qui devait parer son front à la fête prochaine; mais que n'eût-elle pas fait pour le fils de Viomade?

« D'autres, plus riches que nous, vous eussent
« reçus sous un abri doré, dit le vieux père. Nous
« vous donnons nos arbres, pour vous garantir
« de la fraîcheur du soir, et pour toit cette voûte
« étoilée, qui annonce la magnificence, la profu-
« sion, et la puissance d'un créateur. »

Mariole fit rentrer ses chèvres; sa mère apporta les mets simples, que sa fille avait annoncés la veille à Viomade; le vieux père invita les voyageurs à manger, et il s'assit avec eux. « Gardons-
« nous, dit Viomade à Aronde, de désobliger ces
« bonnes gens. Fêtons ce que la nature leur donne,
« et qu'ils nous offrent de si bon cœur. » Le gland fut trouvé savoureux, le lait excellent, et il l'était. Mariole présenta, d'un air timide, un fromage qu'elle avait préparé. Ses yeux disaient à Viomade: c'est pour vous que je l'ai fait. Le jeune homme l'entendit : le fromage circula sur le gazon; on se le partagea; Viomade loua celle qui l'avait présenté, et Mariole rougit de plaisir.

« La frugalité n'exclut pas le goût des bonnes
« choses, dit le jeune guerrier. Permettez, braves
« gens, qu'à notre tour, nous vous offrions quel-
« ques mets. A votre âge, bon père, le vin est
« un baume consolateur et bienfaisant. Buvez-en
« avec nous; buvons au succès des armes d'Aétius
« et de Mérovée. »

A peine il a parlé, et déja les Châlonnais ont étendu, sur la nappe de verdure, les provisions dont ils ont chargé leurs chevaux. Mariole et ses bons parens se rendent aux invitations pressantes de Viomade et d'Aronde. L'outre passe plusieurs fois dans la main du vieux père; il recouvre des forces et sa gaieté; il parle, il chante, il raconte de vieilles histoires. Le vin rend la vieillesse verbeuse, et les jeunes gens, qui sont dignes de vieillir, lui pardonnent ses faiblesses.

La nuit avait étendu ses voiles. Nos voyageurs ne pensèrent plus qu'à oublier, dans les bras du sommeil, les fatigues et les périls passés. Mais la bonne Mora n'avait qu'un lit, qu'elle partageait avec son époux; Mariole reposait, à quelques pas d'eux, sur de la paille fraîche. Les figures de ces bonnes gens exprimèrent de l'embarras : ils offraient ce qu'ils avaient, et cela ne suffisait pas. Viomade prononça que les vieux parens garderaient leur lit; qu'Aronde et son fils, reposeraient sur un supplément de paille, à côté de Mariole, et que lui et les deux Châlonnais dormiraient sous le feuillage du chêne, qui depuis une heure leur prêtait son abri. Viomade exerçait, sur tout ce qui l'entourait, l'influence que donnent le courage, la prévoyance et la bonté : personne ne s'éleva contre ce qu'il avait décidé.

Les chevaux paissaient en liberté autour de la cabane. On les brida, et chaque cavalier passa les rênes du sien à son bras. Bientôt un sommeil réparateur appesantit leurs paupières; tous les yeux se fermèrent, et on dort si bien quand on a fait une bonne action! Mariole seule... Pauvre enfant! plaignons-la.

Rien ne paraissait devoir troubler le repos de Viomade et de ses compagnons. On était au milieu de la nuit, et, depuis quelques heures, un bruit sourd régnait dans la forêt. Aronde, agitée par le souvenir de ses infortunes, par l'idée d'un meurtre récent, venait de s'éveiller. Ce bruit frappe son oreille. Elle soulève sa tête; elle écoute; elle tressaille. Des hommes, qui parlent à voix basse, paraissent entourer la cabane. Que deviendra Viomade?

Elle se lève; elle entr'ouvre la porte... La forêt est pleine de soldats. « C'est un officier huns, di« sait l'un d'eux à son camarade; vengeons Gon« tram. » Et il a levé sa hache d'armes sur la tête du jeune guerrier. « C'est Viomade, s'écrie Aronde ! Elle s'élance; elle détourne le fer homicide. « C'est « Viomade, vous dis-je, c'est l'ami du roi Mérovée. »

Viomade s'éveille. Il ne conçoit rien à ce qu'il entend, à ce qu'il voit; il cherche à recueillir, à classer ses idées; il regarde attentivement; il reconnaît l'habit franc. Il parle à son tour, il interroge; on lui répond, en l'invitant à ne pas élever la voix. Il est avec des amis; il est au milieu des soldats de Mérovée.

Il ne revient pas de son étonnement. Est-il abusé par un songe imposteur? « L'armée des « Francs dans la forêt de Petin! Qu'y fait-elle? « Qu'y cherche-t-elle? — Silence! brave Viomade. « Bientôt vous saurez tout. Mais Childéric?... — « Il est sauvé!.. il est ici. Où est Mérovée, mon « roi, mon ami? conduisez-moi à ses pieds, dans « ses bras. — Il est sauvé! s'écrie une voix que « Viomade reconnaît aussitôt! Il est sauvé! où « est-il? que je le voie, que je le presse sur mon « cœur! Oh! quel service tu m'as rendu! » C'est Mérovée lui-même qui vient de parler.

Viomade l'entraîne; il le conduit dans la cabane, qu'éclaire la flamme sombre et vacillante d'une lampe. Childéric dort profondément, auprès de Mariole, éveillée et tremblante. Mérovée se précipite sur cette paille qui sert de lit au fils des rois. Il presse l'enfant sur son cœur; des larmes de joie et de bonheur coulent de ses yeux. Il va de son fils à Viomade; il revient à Childéric, pour retourner à son libérateur. Son ame est dans l'ivresse, et il ne trouve pas un mot; il ne peut que jouir (1).

---

(1) L'histoire ne dit qu'un mot sur la captivité de Childé-

Un roi dans la cabane du pauvre! pour qui ne les voit que de loin, les souverains sont plus que des hommes. Qu'était Mérovée, quelques minutes auparavant? il eût envié le sort de ces bonnes gens, qui ont auprès d'eux leur fille chérie. Étranges vicissitudes de la fortune! Ce prince dont le cœur était brisé, pour qui la couronne n'était plus qu'un fardeau, qui traînait à la guerre l'idée, l'espoir même d'y terminer sa douloureuse existence, ce prince est rendu à toutes les sensations qui rendent la vie précieuse. Il est entouré de ceux à qui il doit tout; ils sont à ses pieds.

« Levez-vous, levez-vous, leur dit-il. Que ce
« moment soit tout entier à la nature et à l'ami-
« tié. » On sort de l'étroite cabane ; on va s'asseoir sur ce tertre, où Viomade eût perdu la vie, si Aronde ne l'eût sauvé une seconde fois. Mariolc et ses parens se tenaient à la distance que leur marquait le respect. « Approchez-vous, approchez-
« vous, leur dit Mérovée. Vous avez donné l'hos-
« pitalité à mon fils: vous êtes ses amis; vous de-
« vez être les miens. »

Des exclamations, des mots entrecoupés se font entendre à la fois. On s'interroge, on veut tout apprendre, et on ne peut rien écouter. Ce désor-

---

ric : *il fut enlevé, dès l'enfance, par un parti de Huns. Un brave Français nommé Viomade, le délivra à travers mille dangers.*

dre, inévitable lorsque le cœur est dans l'ivresse, fit place enfin à ce calme doux, moins séduisant sans doute, mais qui permet de raisonner son bonheur. Viomade commença son récit.

Le roi l'écoutait, avec une attention, qui n'était comparable qu'à l'intérêt que lui inspirait chaque incident nouveau. Sa bouche était muette; mais il pressait souvent de ses lèvres celles de l'enfant chéri qu'il tenait sur ses genoux. Sa main cherchait alternativement celle d'Aronde et de Viomade, et cette main éloquente leur disait: Amitié et reconnaissance.

Il ne reste plus qu'à décider sur ce qu'on fera de Childéric. Il faut l'éloigner du théâtre de la guerre; mais où sera-t-il en sûreté? Viomade fait de nouvelles questions. Il apprend qu'Attila croit les alliés occupés à fortifier la ville de Laon; qu'à la vérité on y a élevé quelques retranchemens, pour attirer le roi scythe; qu'il vient de déployer toutes ses forces pour investir cette ville, où il croit cerner l'armée alliée et la réduire par la famine. Mais, à la chute du jour, Mérovée et ses Francs ont débouché par la gauche; ils ont marché une partie de la nuit; avant le lever du soleil ils auront passé sous les murs de Reims. Lorsque ses premiers rayons éclaireront l'hémisphère, ses Francs tomberont sur l'aile droite d'Attila, et l'attaque sera générale: Aétius se porte au centre de l'ennemi, et Bulba, qui commande les troupes de Théodoric, enfoncera l'aile gauche. Le succès est plus que vraisemblable : Attila a tellement étendu son front de bataille, que ses rangs éclaircis ne pourront résister à des bataillons serrés, qui s'avancent avec l'ardeur qu'inspire la certitude de la victoire.

« C'est à Laon, reprit Viomade, qu'il faut con-
« duire le petit prince. Aronde lui tiendra lieu de
« mère, et ces deux braves Châlonnais leur servi-
« ront d'escorte. Toute autre serait superflue :
« nous n'avons pas d'ennemis sur nos derrières,
« et le dernier de vos soldats a couronné de roses
« le front de l'auguste enfant. — Viomade, tu m'as
« à peine rendu mon fils, et déja tu penses à le
« quitter! accompagne-le, mon ami; goûte, au-
« près de lui, un repos dont tu as besoin, et que
« tu as si bien mérité. — M'éloigner de vous,
« seigneur, au moment d'une bataille! j'ai acquis
« le droit de combattre auprès de vous, et nulle
« considération ne peut m'y faire renoncer : l'ami-
« tié ne se repose que lorsqu'il ne lui reste plus
« rien à faire.

Le roi insistait : « Heureux le prince qui a un
« tel ami, dit Aronde. Seigneur, ne résistez plus à
« sa voix : son bras et ses conseils vous seront
« également utiles. — Viens, lui dit Mérovée,
« viens ajouter une gloire nouvelle à celle que tu
« as déja acquise. Aronde, si je survis à cette af-
« faire, mes bienfaits vous suivront partout. Si je
« succombe, si les alliés sont vaincus, fuyez avec

« mon fils devant votre ennemi commun ; passez
« en Albion. Nommez-vous, nommez Childéric ;
« racontez vos infortunes et les siennes, et vous
« trouverez des appuis. Viomade, reprends des
« habits conformes à ton rang ; arme-toi, et mar-
« chons. »

« Un moment, dit Viomade. Si nous sommes
« vainqueurs, des fuyards se répandront dans
« cette forêt. Que deviendront nos bons paysans,
« qui ont fait pour nous tout ce qu'ils ont pu
« faire? Allez, mes amis, partez, je vous recom-
« mande à Aronde, à ces braves Châlonnais. Si
« vous perdez une chaumière, je vous rendrai
« une maison. »

« Nous avons passé ici une heure, reprit Mé-
« rovée, il faut la regagner. Adieu, mes enfans.
« Aronde, permettez que je vous embrasse... En-
« core un baiser à mon fils... C'est peut-être le
« dernier... — Vous vous attendrissez, seigneur,
« quand vous ne devez plus penser qu'à vaincre !
« — Tu as raison, mon ami. Va, rétablis l'ordre
« dans mes troupes, et continuons d'avancer en
« silence. »

On va se séparer. Aronde et Viomade sont dans les bras l'un de l'autre : on s'attache par les périls qu'on a bravés et surmontés ensemble. Mariole est immobile auprès du jeune guerrier. « Vous n'êtes pas marié, lui dit-elle à voix basse ;
« mais vous êtes un grand seigneur ? » Et elle

laisse tomber une larme sur la main du beau garçon. Déja Viomade est loin d'elle. Tout s'agite, tout s'ébranle; l'armée est en marche.

Viomade prodigue aux soldats les éloges et les rafraîchissemens; mais il fait serrer le pas : on a une heure à regagner. Sa voix soutient, encourage, anime. Il a, sur les soldats francs, cet ascendant irrésistible, qui lui a soumis Aronde et les deux Châlonnais. L'héroïsme, comme la terreur, se communique de proche en proche.

Le soleil ne paraissait pas encore, et déja on avait passé sous les murailles de Reims. Ses habitans, alarmés de l'approche d'Attila, ne se doutaient pas qu'une armée protectrice se développait entre eux et leur ennemi. Mérovée est dans les vastes plaines qui séparent Reims de Châlons. Viomade connaît la position des corps de troupes que commande Mitto; il conseille au roi d'avancer en ordre de bataille, et d'attaquer aussitôt qu'on rencontrera l'ennemi : il ne faut jamais laisser refroidir l'ardeur qui anime le soldat.

Le soleil se leva enfin, et Viomade fut étonné de ne voir personne devant lui. « Mitto a fait un « mouvement, dit-il au roi; mais quel est-il ? où « chercher cet homme, altéré de mon sang, et « que je brûle de combattre ? » Il pousse, il presse son cheval. Il se porte en avant, il revient, il tourne sur sa droite; il écoute, il ne voit, il n'entend rien.

« Nous avons perdu une heure, dit-il au roi,

« et Aétius, comptant sur vous, a attaqué au
« point du jour. Mitto, qui n'avait pas d'ennemis
« en tête, s'est jeté sur sa gauche. Il va prendre
« Aétius en flanc, et notre centre est perdu, si
« nous ne le dégageons promptement. Mitto s'est
« conduit en homme habile; mais le talent ne dé-
« cide pas toujours du gain des batailles. Avan-
« çons rapidement; tombons sur les derrières de
« ce corps d'armée; portons-y l'épouvante et la
« mort. Jetons ces troupes, que nous aurons mises
« en désordre, sur le corps de bataille d'Attila;
« qu'elles y portent la confusion et la terreur, et
« la victoire est à nous. »

Le soldat électrisé jette son bagage, ses provisions de bouche; il ne garde que ses armes. Chaque cavalier prend un fantassin avec lui; ceux qu'il est impossible de monter, s'attachent à la queue des chevaux; on ne marche plus, on vole.

Il était temps d'arriver. Aétius attaqué de front, et sur son flanc gauche, faisait de vains efforts pour se soutenir. Il allait céder au nombre, et le désavantage de sa position rendait la retraite impraticable... Tout changea de face en un instant. Tout ployait sous les coups de Mitto; il voit, à son tour, ses bataillons renversés, écrasés. Il veut rétablir l'ordre; il court de tous les côtés. Viomade le cherchait dans la mêlée; ils devaient se rencontrer, et ils se trouvèrent en face l'un de l'autre.

Le sort de ce combat particulier ne pouvait être douteux : Mitto voyait la victoire lui échapper, et le succès doublait les forces de Viomade. Ils s'attaquent, ils se poussent. Mitto, déconcerté, troublé, ne porte que des coups incertains; ceux de Viomade sont sûrs. Le casque du Scythe a volé en éclats, et un revers de l'épée du Franc lui ouvre la tête. Il chancelle, il tombe. « C'est, « lui crie Viomade, le prêtre de Bacchus, que tu « voulais faire mourir dans les tortures, c'est lui « qui te donne la mort. »

La chute du chef décida du sort de ses soldats. Une terreur panique se répandit partout. Ils cherchaient à se dérober au fer des Francs, et ils se précipitaient sur les piques des Romains, ou sur leur centre, qu'ils rompirent de toutes parts. En un instant, le champ de bataille fut jonché de morts et la plaine couverte de fuyards. L'infanterie des alliés reprit ses rangs, et présenta, sur toutes ses faces, un mur impénétrable. Leur cavalerie poursuivait, frappait les fuyards; des flots de sang rougissaient la terre, et les vainqueurs en étaient encore altérés (1). La nuit seule mit fin à cet épouvantable massacre.

---

(1) Jornandès dit que cette bataille se livra dans les champs *Catalauniques*, et qu'Attila y perdit deux cent mille hommes. La plupart des historiens pensent que l'affaire eut lieu dans les plaines de Châlons-sur-Marne.

Aétius, Mérovée, Bulba la passèrent sur le champ de bataille. Viomade, l'objet de l'admiration des Francs, fut présenté, par son roi, aux généraux alliés, qui le comblèrent d'éloges, et lui marquèrent l'estime la plus prononcée.

Attila vaincu était encore redoutable. Il avait profité des ténèbres pour rallier ses troupes, et les débris de cette armée présentaient encore un front imposant. Les alliés le suivirent, le harcelèrent sans relâche, et ne purent le forcer à tenter encore le sort des armes. Il se retira en bon ordre vers le Rhin; il eut l'habileté de passer ce fleuve, à la vue de l'armée victorieuse, qui ne crut pas devoir le suivre dans l'Allemagne, et l'année suivante, il porta la désolation au cœur de l'Italie (1).

Mérovée était heureux. Il avait retrouvé son fils, vaincu Attila, et les alliés lui devaient le prix de sa loyauté et de sa valeur. Voici le moment de rappeler ce traité d'alliance, dont les conditions ne nous ont pas été transmises. Mérovée unit à ses petits états presque toute la contrée, connue aujourd'hui sous le nom de Pays-Bas. Tournai, Cambrai, Arras, Térouane, Boulogne, Amiens, Beauvais, Senlis, le Verman-

---

(1) Il détruisit Aquilée, Milan, Padoue, Vérone, Mantoue, Plaisance et Modène. Les habitans, qui échappèrent à sa fureur, se réfugièrent à la pointe du golfe Adriatique, et fondèrent la ville de Venise.

dois, Châlons-sur-Marne et le territoire dépendant de toutes ces villes.lui furent abandonnés (1).

Ce prince ne fit la guerre à aucun de ses voisins, et les souverains ne se dépouillent jamais volontairement. Ces concessions avaient donc été stipulées par le traité dont nous parlons.

C'est à cette époque que le royaume de France commença à sortir de l'obscurité, et Mérovée doit en être considéré comme le fondateur. Je reviens. L'armée des alliés s'était de nouveau partagée en trois corps, pour fouler moins les habitans des lieux, où chacun de ces corps devait s'arrêter. A mesure que Mérovée avançait, il laissait des garnisons dans les villes qui lui avaient été cédées, et il approvisionnait ces places avec les magasins qui avaient été pris sur Attila. Viomade, sage et réfléchi, à l'âge où les hommes vulgaires ne connaissent encore que des passions, avait appris à son souverain que le peuple veut du bonheur, en échange de son obéissance, et qu'il a le droit d'en exiger. Le nom de Mérovée était béni, parce qu'il avait le bon esprit de suivre des conseils prudens. Viomade était adoré, parce qu'on savait que le bien public était son ouvrage, et son roi n'était pas jaloux des marques d'amour qu'on lui

---

(1) Ceci est entièrement historique.

prodiguait. Il est facile de compter les souverains qui ont pardonné à un favori des qualités que la nature leur avait refusées.

On prévoit, sans doute, que les Français s'étaient arrêtés à Laon. L'ardeur guerrière n'avait plus d'aliment, et des sentimens doux la remplaçaient dans tous les cœurs. Mérovée était tout à son fils. Aronde jouissait de ce calme heureux, qui donne des charmes de plus à la beauté. Elle rougit en revoyant Viomade : elle n'avait pas oublié les confidences cruelles que la nécessité lui avait arrachées. Jusqu'alors Viomade l'avait à peine fixée : des intérêts puissans l'avaient exclusivement occupé. Mais un homme de vingt-cinq ans n'est jamais insensible. Il regardait Aronde, avec un plaisir, qu'il ne cherchait pas à dissimuler. Aronde voyait en lui le plus beau, comme le plus brave des hommes. Sans doute elle n'a pas d'amour pour Viomade :

<blockquote>Quand on aime une fois, n'est-ce pas pour la vie?</blockquote>

La mémoire de son amant, mort pour elle, lui est encore précieuse ; mais Viomade est là, toujours là, et comment inspirerait-il de la crainte? il ne parle qu'amitié.

C'est de ce sentiment, dont on ne se défie pas assez, entre jeunes gens de sexe différent, qu'Aronde empruntait le langage. Elle ne réfléchissait pas combien est faible la nuance qui sépare l'amitié de l'amour. Les expressions étaient mesurées; mais les regards les rendaient brûlantes.

L'amour, dédaigné ou trahi, ne s'abuse pas; Aronde et Viomade ne s'étaient pas rendu compte de ce qui se passait dans leurs cœurs; peut-être craignaient-ils d'y descendre : Mariole y lisait mieux qu'eux. Je l'aime autant qu'Aronde, pensait-elle; mais il lui doit la vie; elle le mérite mieux que moi.

Une pompe continuelle et fatigante n'environnait pas alors les souverains : il leur était permis d'être hommes, et de vivre quelquefois pour eux. Mérovée était toujours accessible; il l'était surtout pour ceux qui avaient abrité Childéric. Semblable à un bouton de rose qu'un soleil brûlant a frappé, Mariole se flétrissait, et cependant, lorsqu'elle s'approchait de Viomade, le plus vif incarnat colorait ses joues; ses yeux s'animaient; son cœur battait avec violence. Il ne fallait pas être doué d'une grande pénétration, pour juger que Mariole était victime d'une passion secrète et malheureuse. Mérovée l'interrogea. Elle lui répondit avec la naïve candeur qui tient à son âge, et la franchise que donnaient alors des mœurs champêtres. Mérovée connut son secret; il pénétra celui d'Aronde et de Viomade.

« Nos deux braves Châlonnais, dit-il à son jeune
« ami, sont retournés, chargés de mes présens,
« dans leurs modestes foyers. Que ferons-nous de
« cette petite fille et de ses parens? ils ont droit
« à ma reconnaissance, et je veux leur en donner

« des marques. Mais ils sont déplacés à ma cour;
« ils le sentent; ils y sont gênés, et je voudrais
« les voir heureux, autant que la simplicité de
« leurs habitudes permet qu'ils le soient. — Sei-
« gneur, donnez-leur un domaine, assez étendu
« pour qu'ils vivent dans l'aisance, trop peu con-
« sidérable pour qu'ils se dispensent du travail,
« et qu'ils éprouvent l'ennui, qui accompagne tou-
« jours l'oisiveté. — Donne des ordres, Viomade;
« j'approuve d'avance tout ce que tu feras. Mais,
« Aronde? — Aronde, seigneur!... — La ville de
« Metz n'existe plus; mais cette dame possède, au-
« tour de ses ruines, des domaines considérables,
« et je ne pense pas que l'attentat de Dunon l'ait
« flétrie. — Je crois comme vous, seigneur, qu'elle
« a conservé tous ses droits aux hommages de
« ceux qui savent l'apprécier. — Un jeune leude (1)
« de ma cour partage cette opinion. Il est brave,
« riche et beau, et je dois donner à Aronde un
« état digne des services qu'elle nous a rendus à
« tous deux : tu t'es dévoué, pour moi, mon cher
« Viomade; mais tu périssais sans elle, et j'ai formé
« le projet de l'unir à Bertaud. »

Viomade, étonné, saisi, garda un morne silence.
Mais il était incapable de dissimuler, et il revient

---

(1) Leude ou antrustion, signifiait seulement *fidèle*. Le leude était compagnon d'armes du chef. Il participait au gouvernement; il avait une place distinguée dans le conseil, etc.

bientôt à la noble franchise qui le caractérisait.
« A Bertaud, seigneur! Hé, qu'a-t-il fait pour la
« mériter? Il est brave, sans doute; mais à ce
« titre, vous pourriez la marier au dernier de vos
« soldats. Il est riche? il n'est pas le seul leude
« de votre cour dont la fortune ait de l'éclat, et
« ses agrémens extérieurs ne me paraissent pas
« très-séduisans. —Tu es difficile, Viomade, et je
« conviens que la nature t'a donné le droit de
« l'être. — Il me semble, d'ailleurs, que, dans
« une affaire de cette importance, Aronde pour-
« rait être consultée. — Je te charge de ce soin.
« — Moi, seigneur! Je suis l'homme du monde à
« qui cette mission convient le moins. — Tu m'as
« toujours obéi sans résistance, sans réflexions.
« D'où peut naître ta répugnance? Connaîtrais-tu
« un parti qui fût plus digne d'Aronde? — Ce
« n'est pas à moi, seigneur, qu'il appartient de
« prononcer. — Tu le peux; je t'y invite, je t'en
« prie. — Bertaud est-il informé des dispositions
« de son roi? — Pas encore. — Je me hâte donc
« de parler.

« J'allais souffrir les plus cruelles tortures, et
« j'avais perdu l'espoir de sauver l'enfant chéri.
« Une femme, un ange apparaît dans ma prison.
« Elle tient d'une main Childéric, et de l'autre le
« poignard qui a vengé son honneur outragé; elle
« m'arme, et elle m'ouvre les portes du redoutable
« château. Elle partage, avec moi, fatigues, pri-
« vations, dangers; sa bouche ne prononce pas un

« murmure, et son courage ne faiblit jamais. Je la
« retrouve ici, dépouillée de ce caractère effrayant,
« que les circonstances avaient donné à sa figure
« céleste. C'est la candeur jointe à l'esprit, la beauté
« unie à la grace qui me frappent en elle. Mon
« cœur se laisse entraîner; il est sans force pour
« se défendre; je n'ai pas même celle de vouloir
« lui résister... — Ingrat, qui a pu te faire douter
« de mon amitié, de mon dévouement absolu?
« Quelle ruse, indigne de moi, tu m'as réduit à
« employer, pour t'arracher ton secret! Non, Ber-
« taud ne m'a point parlé d'amour; non, je ne
« pense pas à lui donner Aronde. Toi seul es di-
« gne d'elle, et tu seras son époux. »

« — Mais, seigneur, Aronde aimait; son amant est
« mort dans ses bras; il est mort en la défendant.
« — Mais Viomade vit. C'est le dieu de la guerre
« dans les camps; c'est plus qu'un homme au sein
« de la paix. Tu dois beaucoup à Aronde sans
« doute; mais, sans toi, son sang coulait sur la
« tombe de Dunon. Crois-moi, la reconnaissance
« ajoute au sentiment qu'inspirent toujours une
« rare valeur, et des dons extérieurs, qui se trou-
« vent si rarement réunis. Toutes ces sensations
« sont plus que de l'amitié. Qu'est l'amitié, d'ail-
« leurs, entre un homme de vingt-cinq ans, et
« une femme de dix-huit? Va, cherche Aronde;
« dis-lui que je veux l'entretenir, et surtout ca-
« che-lui soigneusement ce qui vient de se passer
« entre nous. »

Viomade n'avait plus à redouter que le souvenir précieux qu'Aronde nourrissait encore. Mais le roi lui avait inspiré une sorte de confiance, et il sentit, pour la première fois, qu'un souvenir est bien faible contre les soins, toujours renaissans, d'un homme qui peut aspirer à plaire.

Il aborde Aronde, avec un air ouvert et satisfait, qu'elle ne lui connaissait pas encore. « Qu'a-
« vez-vous, mon ami? que vous est-il arrivé d'heu-
« reux? Ne me privez pas du plaisir de partager
« votre bonheur. — Le roi pense à me faire un
« présent précieux, inestimable, inattendu, qui
« comblerait mes vœux les plus ardens. — Et que
« peut-il faire pour vous? que vous manque-t-il?
« n'avez-vous pas tout ce qui rend les hommes
« respectables et intéressans? — Peut-être l'ap-
« prendrez-vous de la bouche même du roi. Il
« veut vous voir, vous parler; ne le faites pas at-
« tendre. Allez, belle Aronde. Vous me retrou-
« verez ici. »

Un cadeau précieux, inestimable, inattendu, répétait Aronde, en passant dans l'appartement du roi; un cadeau qui comblerait ses vœux les plus ardens. Oh! il n'a à désirer que les dons de l'amour, et il ne peut les apprécier : jusqu'ici son cœur ne s'est ouvert qu'aux douceurs de l'amitié.

Elle paraît. Mérovée se lève, et va au-devant d'elle. Il la fait asseoir près de lui; il la regarde en souriant; il semble chercher, dans ses yeux,

ce qu'elle va lui répondre. « Ma fille, lui dit-il,
« je suis disposé à tout faire pour vous ; je vous
« l'ai dit, et vous ne m'avez rien demandé encore.
« J'attends, et je vous assure que vous n'aurez
« qu'un mot à me dire. Mais ce n'est pas de cela
« que je veux vous entretenir en ce moment. Je
« dois tout à Viomade, et je ne l'ai pas récom-
« pensé encore. Que croyez-vous que je puisse
« faire pour lui ? — Seigneur, l'amitié que vous
« lui portez est sans bornes. Quel prix plus flat-
« teur de ses services peut-il ambitionner ? — Il
« est un âge, ma fille, où l'amitié ne suffit plus.
« — Je ne crois pas Viomade susceptible d'un
« sentiment plus fort, ou plus doux. — Vous l'avez
« donc bien exactement observé ! » Aronde rougit,
et baissa les yeux. « Observé, seigneur ? Pas préci-
« sément. Mais tant de malheurs et de succès nous
« ont été communs ! Ils ont fait naître entre nous
« tant de confiance ! Cette confiance a produit une
« amitié si sincère, si vive !... — Achevez, mon
« enfant. — Viomade s'est tu : cache-t-on quelque
« chose à l'objet de ses innocentes affections ? —
« Il est quelquefois des secrets qu'on voudrait se
« cacher à soi-même. — Je le crois », et elle rougit
« encore. « Mais si Viomade avait un secret, je
« crois aussi qu'il l'aurait déposé dans mon sein.
« — Aronde, que pensez-vous d'un sujet qui ose
« aimer une proche parente de son souverain ? —
« Berthe ! il m'en a souvent parlé avec éloge. » Elle
rougit, elle pâlit. « Je crois, seigneur, qu'un sujet...

« tel que Viomade... peut... prétendre à tout. —
« Je le pense comme vous. Mais je voulais vous
« consulter, vous qui le connaissez si bien, et qui
« êtes si étrangère à la jalousie, à l'envie même,
« qui tourmentent les courtisans. Je comblerai les
« vœux de Viomade, puisque vous les approu-
« vez. Allez, mon enfant, allez lui annoncer son
« bonheur. »

Aronde restait immobile sur son siége. Une extrême contrainte régnait dans toute sa personne, et on lisait sur son visage la dissimulation douloureuse qu'elle s'imposait. Cet état violent ne pouvait être soutenu long-temps : deux ruisseaux de larmes soulagèrent la beauté souffrante. Confuse de la faiblesse qui trahissait le secret de son cœur, étonnée de n'y avoir pas lu avant cet entretien, elle n'osait lever les yeux; elle craignait de rencontrer ceux du roi.

« J'avais un ami, lui dit-elle enfin; je voulais
« ne voir que cela dans Viomade. Son amitié fai-
« sait mon bonheur, et vous l'avez anéanti, sans
« retour, en m'éclairant sur mes sentimens se-
« crets. Je croyais mes malheurs terminés; chaque
« jour en affaiblissait le souvenir, et une nouvelle
« série d'infortunes commence aujourd'hui pour
« moi. — Aronde, pour vous faire parler l'un et
« l'autre, j'ai été contraint de vous tromper tous
« deux. Viomade n'aime que vous; il vous aime
« avec passion, et il sera votre époux. Nous célé-
« brerons ce mariage avant que de nous éloigner

« de Laon, et vous me suivrez à Cambrai, où je
« veux établir ma résidence. »

Aronde, frappée par des sensations contraires, qui se succédaient avec rapidité, pouvait à peine se soutenir sur son siége. Elle cherchait des mots; elle n'en trouvait pas, et sa langue n'aurait pu en articuler aucun. Mérovée s'approche d'elle; il lui prends les mains; il lui parle d'un ton pénétré. La bonté, l'intérêt, le plus sincère et le plus vif, s'expriment par sa bouche. Il ne ramène pas la beauté souffrante au calme qu'elle a perdu; il rend du moins son état moins douloureux.

« Je serais son épouse! il serait à moi, tout à
« moi, toujours à moi!... Tant de félicité n'est pas
« faite pour Aronde. — Que veux-tu dire, mon
« enfant? — Je l'aime, je l'adore. Je vois en lui le
« premier des Francs, après vous, et je mettrais
« dans ses bras une femme déshonorée; une femme
« qui avait le droit de se venger sans doute; mais
« qui s'est souillée de sang!... Jamais, seigneur,
« jamais. — Et depuis quand une vengeance légi-
« time est-elle un crime (1)? Viomade n'a-t-il pas
« puni Mitto des tourmens qu'il lui avait préparés?
« — Mitto avait les armes à la main. Mais je veux

---

(1) L'histoire des rois de la première race est un tissu de fourberies, d'assassinats et d'empoisonnemens. Grégoire de Tours a entrepris d'en justifier beaucoup. Qu'eût-il dit si ces crimes eussent été la punition d'autres crimes? il les aurait loués.

« que les mœurs du temps justifient le meurtre
« que j'ai commis. Qui effacera ma dégradation?
« — Elle fut involontaire. — Il n'importe; elle
« existe. — La colombe qui meurt sous la serre du
« vautour ne meurt-elle pas innocente? — Vio-
« made serait mon époux!... L'amour l'égare, l'a-
« mitié vous abuse... Jamais... jamais! »

Elle se lève; elle veut sortir. Le roi la retient; elle s'échappe, elle disparaît.

Viomade attendait. L'amour est impatient, et il comptait les minutes. Trois fois il avait tourné le sable qui réglait alors les heures; il marchait à grands pas; il s'asseyait, il se relevait; il s'interrogeait sur les causes qui prolongeaient un entretien, dont la durée dépassait de beaucoup les bornes ordinaires. Il tremble qu'Aronde ne partage pas sa tendresse, et qu'elle ne résiste aux instances du roi. Son cœur naguère ivre de joie, se serre et se flétrit. Il ne peut plus supporter son état. Il s'approche du cabinet du roi; il prête l'oreille, il n'entend rien. Il monte chez Aronde; une esclave lui apprend qu'elle est sortie avec sa femme favorite. « Sortie, dis-tu, sortie!... Et depuis quand?
« — Depuis deux heures à peu près. — Et où est-
« elle allée? — Je l'ignore, seigneur. Bertrude
« portait un paquet, qu'elle et sa maîtresse avaient
« fait à la hâte. Voilà tout ce que je sais. — Dieux!
« grands dieux! elle me fuit, et vous l'avez per-
« mis!... Son orgueil s'est-il révolté contre mon
« amour? mes espérances ont-elles pu la blesser?...

« Non, son cœur répondait au mien, je le crois,
« j'en suis sûr... Que signifie donc cette fuite pré-
« cipitée? j'en découvrirai le mystère. »

Il ne ménage plus rien. Il retourne au cabinet du roi. Il ouvre, il entre; il trouve Mérovée rêvant et affligé. Il apprend qu'il est tendrement aimé, et qu'une excessive délicatesse s'oppose seule à son bonheur. « Il faut la chercher, s'écrie
« le jeune homme, la trouver, la désarmer, la
« vaincre. »

Il sort, il s'informe, il va, il vient. On a vu Aronde et sa suivante descendre la montagne, au sommet de laquelle s'élève la ville de Laon. Mais cette montagne est environnée de bois, qui ont caché à Attila la marche des alliés. Comment découvrir et suivre les traces de la fugitive adorée? N'importe, il faut la chercher, la trouver, répète Viomade.

Il rassemble quelques amis; il monte à cheval avec eux. Ils se dispersent dans les bois; ils interrogent quelques bûcherons. Aronde n'a été vue de personne.

Viomade était dans un état d'exaspération, qui ôte la faculté de réfléchir. Il n'était pas vraisemblable qu'Aronde se fut arrêtée dans ces bois, où on ne manquerait pas de la chercher, et cependant on les battait dans tous les sens. Viomade avait fixé ses éperons dans les flancs de son cheval, qui enfin tomba sous lui. Il était alors sur la route qui conduit de Laon à Reims.

Ce chemin, le seul praticable, était celui que prenaient ceux qui se dirigeaient sur Laon, de ce côté. Viomade, démonté, désespéré, s'était arrêté malgré lui. Étendu sur le revers d'un fossé, il accusait le ciel, et il invoquait les hommes.

« Vous invoquez les hommes, lui dit une voix « douce, et ils ne peuvent rien pour vous. Seule, « je peux vous secourir; vous rendre l'objet de « vos vœux les plus ardens. J'ajouterai au mal « que je souffre; mais vous serez heureux, et je « me consolerai, peut-être, en pensant que votre « bonheur est mon ouvrage. » On sent bien que c'est Mariole qui parle.

Viomade se lève. Il la serre dans ses bras; il la presse, il la conjure de s'expliquer.

« Aronde vous aime autant que moi, lui dit la « jeune fille, et elle vous fuit! elle se croit indi- « gne de vous... Ah! comment ai-je pu vous ai- « mer, moi qui n'ai au monde que mon cœur? — « Parlons d'Aronde, aimable et chère enfant. Ce « n'est que d'elle que je peux m'occuper. » La petite soupira, et elle reprit sa narration.

« Aronde et sa suivante ne pouvaient voyager « long-temps à pied. A qui se serait-elle adressée « pour avoir les moyens de continuer sa route? « à des inconnus? On n'inspire souvent qu'un in- « térêt bien faible à ceux qu'on aime par-dessus « tout. » Et Mariole soupira encore. « — Conti- « nuez, continuez, je vous en supplie. — Aronde « a cherché, elle a trouvé cette belle métairie que

« vous avez fait donner à mon père et à ma mère.
« — Et à vous, aimable Mariole. — Oh! moi, je
« n'ai plus besoin de rien. — Enfin..., Aronde?...
« — Va s'enterrer toute vive, pour se punir de
« son amour, pour échapper au vôtre. Elle veut
« se retirer dans le pays Messin, y fonder un mo-
« nastère, et s'y enfermer. Si nous ne la trouvons
« plus chez mon père, je la suivrai; je m'enfer-
« merai avec elle, et nous vous pleurerons toutes
« deux. — Dieux! grands dieux! ne perdons pas
« un moment. — J'espère cependant qu'elle m'at-
« tendra. Je suis sortie pour lui faire avoir des
« chevaux, et vous savez qui je cherchais. J'au-
« rais été jusqu'à Laon, si je ne vous avais ren-
« contré ici. »

Viomade fit retentir les bois du son de son cor. Ses amis accoururent. Il demanda un cheval; il en fit donner un à Mariole; il invita ceux, qui étaient montés encore, à marcher sur ses pas, et on partit au grand galop.

On arrive; on se place de manière à ce que personne ne puisse sortir de la métairie, sans être aperçu. Viomade et Mariole sautent à terre; ils entrent. Aronde jette un cri, et tombe dans les bras de Bertrude et de Mora.

On la rappelle à la vie, et sans doute au bonheur. « J'ai fait tout ce que j'ai pu, dit-elle à Vio-
« made, pour que vous n'ayez jamais à rougir.
« Vous le voulez; Dieu le veut, puisque vous
« m'avez retrouvée : que des volontés si chères

« soient accomplies. Mes forces sont épuisées ; je
« n'en ai plus à vous opposer. Mais souvenez-vous,
« mon ami, que le jour, où vous me rappellerez
« le passé, sera le dernier de ma vie. »

Viomade lui jure une estime égale à son amour.
Il la rassure ; il ramène le calme dans son cœur,
et la sérénité sur son front. Les chevaux, qui devaient la conduire dans un cloître, la ramènent
à la cour. Elle y reparaît, belle comme l'Espérance ; heureuse comme l'Amour couronné de
myrtes et d'immortelles.

Et Mariole, l'intéressante Mariole, qu'est-elle
devenue ? Elle s'est retirée, au moment où Aronde
a présenté sa main à Viomade. Pauvre petite ! ses
forces aussi étaient épuisées. Si l'amour a son héroïsme, il a quelquefois de cruels retours.

Mérovée était pénétré du bonheur de nos jeunes amans. Il voulut le rendre parfait le jour
même, où leurs cœurs s'étaient franchement livrés. La cérémonie se fit sans pompe : l'amour
vrai n'aime pas l'éclat. Un être précieux la rendit
touchante : Childéric présenta les époux à l'autel.

« Mon fils, lui dit Mérovée, je vous ai donné
« la vie ; vous en devez la conservation à Viomade
« et à Aronde. Mon royaume était borné, ma
« puissance était faible ; Viomade a vaincu Attila,
« et si jamais vous êtes son roi, n'oubliez pas
« que c'est de sa valeur que vous tenez les villes,
« les provinces qu'on a ajoutées à mes états. Jurons-lui l'un et l'autre une amitié éternelle. »

L'enfant ignorait encore ce que c'est qu'un serment. Il jeta ses bras au cou de Viomade, qui jura de lui être toujours fidèle ; de l'aimer toute sa vie, et qui tint religieusement sa promesse.

On partit pour Cambrai, et, à chaque halte, on trouvait une fête. Partout on voyait Viomade avec Childéric. On bénissait la sagesse et la valeur du premier ; on chérissait, dans le second, l'espoir de tout un peuple : quel prince devait être un enfant élevé par Viomade !

Aronde, enchantée de son époux, ne le quittait jamais. Sa bonté, ses graces, lui conciliaient tous les cœurs. Elle adoucissait l'âpreté qui dominait dans les cours du cinquième siècle. Viomade seul était aimable ; mais les autres perdaient, chaque jour, quelque chose de leur rudesse, et les femmes sentirent que pour fixer, il faut se donner la peine de plaire.

Childéric grandissait, et Viomade était son seul maître. Il ne pouvait orner l'esprit de son auguste pupille. L'ignorance avait couvert le monde d'un crêpe funèbre ; mais Childéric apprenait à agir et à penser en roi. Sa beauté se développait d'une manière remarquable, et elle donnait un charme de plus aux paroles bienveillantes, qu'il se plaisait à adresser aux seigneurs de la cour, et surtout à cette classe laborieuse, qui nourrit les grands, et qui trop souvent en est dédaignée.

« Puissiez-vous, lui disait Viomade, ne jamais ap-
« prendre qu'un roi, qui ne règne que par la force,

« est assis sur un trône chancelant, et qu'il ne « faut qu'une commotion pour le renverser ! » Leçon prophétique, que les événemens accomplirent, plus tard, avec une extrême rigueur.

L'ame de Childéric respirait sur son visage : l'un et l'autre étaient purs comme un beau jour. Mais le jeune prince portait déja en lui le germe d'une passion, qui se manifesta bientôt d'une manière effrayante. Viomade prévit que l'amour des femmes perdrait Childéric. Il combattit ce penchant, avec l'éloquence de l'amitié, et les armes de la sagesse et de la raison. Mais que peut le raisonnement contre la nature, et la confiance que donnent l'éclat du rang, et les charmes de la figure ?

Childéric n'était pas encore un jeune homme ; mais il n'était plus un enfant. Déja il ne pouvait regarder une femme jolie sans frissonner de plaisir. Il s'approchait d'elle ; on lui permettait certaines choses qu'on est convenu d'appeler sans conséquence, et qui en ont beaucoup pour un enfant du caractère de Childéric. Une main qu'on lui abandonnait, un baiser qu'il y imprimait portaient le trouble dans ses sens.

Aronde était respectée, même du roi, et elle le méritait. Elle se flatta que ses remontrances auraient plus de force que celles de Viomade. En effet, Childéric paraissait l'écouter avec docilité, avec intérêt. Mais elle n'avait que vingt-cinq ans, et elle était dans tout l'éclat de sa beauté. Aucun des sons qu'elle articulait n'arrivait à l'oreille de l'enfant. Il admirait une bouche rosée, un œil séduisant, et il soupçonnait des formes que l'amour semblait avoir dessinées. Il ne sortait pas des bornes du respect; mais Aronde s'aperçut bientôt que la leçon produisait un effet opposé à celui qu'elle en attendait.

Que faire, disait-elle quelquefois à Viomade? Childéric est charmant; il excelle dans tous les exercices du corps; il sera l'homme le plus spirituel de sa cour; tous les cœurs voleront au-devant du sien. Il se précipitera au milieu des plaisirs et des écueils, et il tombera victime d'un penchant, contre lequel la raison ne peut rien. Viomade soupirait, en pensant que la sagesse ne serait pas plus persuasive à l'avenir, qu'elle l'était à présent.

Un jour il parla au roi de la mollesse dans laquelle Childéric vivait à la cour; de la nécessité d'habituer son corps aux exercices violens, de lui faire connaître le monde, et de le montrer alternativement aux Français, dont il était déja l'idole. Son but était de lui faire voir, sans cesse, des objets nouveaux, et de prévenir ainsi un attachement sérieux, dont les suites ne pouvaient être prévues.

Childéric n'avait encore préféré aucun objet; mais tout annonçait en lui le besoin de se fixer. Il éprouvait ce désir vague, qui inquiète, qui tourmente, et qui annonce quelque grande passion

prête à se développer. « Seriez-vous plus sûr de
« lui, demandait Aronde à son époux, en le fai-
« sant voyager, qu'en le laissant à la cour? — Oui,
« ma chère amie, parce que je ne lui donnerai
« pas le temps de distinguer personne. — Vous
« préviendrez l'amour exclusif; vous n'éteindrez
« pas ce feu caché, qui circule dans ses veines,
« et qu'alimentera chaque figure un peu jolie. —
« Hé, n'est-ce rien que de prévenir un engagement
« sérieux? C'est, je le sens, tout ce que je peux
« faire, et cette réflexion m'affecte péniblement.
« Ma chère Aronde, faisons tout ce qui est en
« nous pour sauver cet enfant de lui-même, et,
« comme tu me l'as dit, dans une circonstance
« bien périlleuse, ton Dieu, que tu m'as fait con-
« naître et adorer, ton Dieu fera le reste.

« — Mon ami, tu as parlé au roi; il approuve
« ton dessein, et, quel qu'en soit le résultat, il
« n'est plus temps de revenir là-dessus. Je vais
« donner des ordres pour notre départ. — Quoi!
« Aronde, tu ne crains pas les fatigues d'un long
« voyage, les privations qu'il faudra peut-être sup-
« porter quelquefois? — Mon ami, nous ne nous
« sommes pas séparés encore... » et elle soupira.
« — Oh! viens, viens, et crois seulement que je
« n'osais exiger autant de ton amour. »

Les préparatifs furent dignes de l'illustre voyageur, qu'on allait présenter aux Français. Tout
était prévu, parce qu'Aronde avait tout ordonné.
Mérovée vieillissait. Viomade s'était enfermé avec

lui, et il avait réglé les affaires administratives, d'après son amour du bien public, et sa sagesse éprouvée. Le peuple était heureux; ainsi rien n'était à redouter pendant l'absence de Viomade.

On partit. Des leudes ouvraient la marche. Childéric paraissait ensuite, au milieu de quelques jeunes garçons de son âge, qu'on élevait avec lui : on les a depuis nommés des *menins*. On disait alors au prince qu'ils étaient ses compagnons ; on leur disait qu'ils étaient ses complaisans. Viomade, Aronde et quelques officiers supérieurs suivaient Childéric. Les esclaves de service marchaient ensuite, et le cortége était fermé par les voitures qui portaient les équipages.

Une propreté élégante se faisait remarquer partout; le spectateur, étonné, ne voyait aucune apparence de luxe : Aronde l'avait banni. Childéric, disait-elle à son mari, est assez beau, tu brilles assez de ta gloire, pour n'avoir par besoin de vains ornemens. J'ai cru devoir être économe des sueurs du peuple : son aisance est la plus belle parure des rois. Viomade lui souriait : leur culte, leurs principes, leurs sentimens, étaient devenus les mêmes.

On se dirigeait sur Arras. Le chemin était couvert de villageois, avides de voir, dans Childéric et Viomade, l'espoir et le héros de la France. Ils marchaient sur des fleurs, qu'on effeuillait devant eux ; des acclamations générales les accompagnaient :

Ces tributs sont bien doux, quand ils sont mérités.

Ces acclamations partaient du cœur. La flatterie n'avait pas encore imaginé de les commander, et de les payer.

Voyez, disait Viomade à son auguste élève, voyez combien vous êtes aimé, et qu'avez-vous fait pour cela? Rien encore. Mais l'espérance fait naître l'amour comme le bienfait. Justifiez, un jour, ces marques d'affection prématurée. Souvenez-vous de la dette que vous contractez aujourd'hui, et pénétrez-vous de la nécessité de la payer plus tard.

On était attendu à Arras, et une fête générale était préparée. On ne connaissait pas ces raffinemens de la sensualité, qui règnent aujourd'hui dans nos repas. L'étiquette et des piques n'imposaient pas silence à la joie bruyante. On était convoqué par le plaisir, et chacun se livrait aux mouvemens de son cœur.

Childéric suivait l'impulsion du sien, et il était violemment agité. Une jeune fille de quatorze ans, jolie comme l'était Mariole, sept ans auparavant, et qui promettait d'être un jour belle comme Aronde, cette jeune fille dansait avec toute la vivacité de son âge, et elle déployait des graces, que l'étude ne donne jamais. Childéric dansait constamment avec elle, et Viomade lui fit remarquer que ses compagnes avaient droit aussi à cet honneur. « Vous allez, lui dit-il, donner à Val-

« drade un orgueil, qui lui nuira plus tard, et
« vous aurez humilié toutes les autres. » Valdrade
était tout alors pour Childéric; mais il était encore docile. Il se rendit au vœu de son ami.

Le plus intéressant de ses jeunes compagnons, celui qui joignait le plus d'esprit à une figure agréable, Disparg avait fixé l'attention, et la bienveillance du jeune prince. Ils passaient ensemble les momens dont ils pouvaient disposer, et souvent le même lit les recevait l'un et l'autre. Disparg n'annonçait aucun penchant qui pût alarmer Viomade, et le guerrier sentait que l'amitié austère d'un guide, toujours réfléchi, ne suffit pas à un adolescent : il est mille petites choses qu'on ne confie qu'à un ami de son âge. Viomade favorisait cette intimité, Aronde l'approuvait, et ils n'avaient pas réfléchi que tout est moyen pour l'amour.

Childéric ne s'approchait plus de Valdrade. Il dansait, alternativement, avec celles qui avaient quelque droit à lui plaire. De jeunes dames même reçurent ses hommages, et en parurent flattées. Il lisait, dans tous les yeux, le plaisir qu'il faisait naître, et des bouches charmantes répétaient son éloge. Viomade s'occupait peu de ce qui se passait sur les points où le prince n'était pas : il ne s'était pas aperçu que Disparg et Valdrade n'étaient plus dans l'enceinte.

Tout à coup Childéric disparut à son tour. Viomade chercha Valdrade des yeux, et il ne la trouva pas. Il conçut des soupçons, et il voulut les éclaircir. Il sortit, et, trop prudent pour communiquer à personne des craintes, qui pouvaient n'être pas rigoureusement fondées, il porta ses pas partout où Childéric pouvait être, sans manquer aux bienséances que lui imposait son rang. La chose la plus simple lui échappa.

Il avait toujours l'esprit du moment dans les dangers. L'équitable nature a donné cet avantage aux femmes, dans presque tous les momens de leur vie. Viomade vint dire à Aronde que Childéric et Valdrade étaient sortis, et qu'il ne les avait trouvés dans aucun des lieux où il présumait qu'ils pussent être. Aronde ne chercha pas sa réponse. « Tu as fait ce que tu as dû, en cher« chant ces jeunes gens. Garde-toi d'une indiscré« tion. Un mot hasardé pourrait amener un éclat. « Il ruinerait, sans retour, la réputation de Val« drade, et ton silence peut la sauver encore. Son « âge est celui de la timidité et de la réserve; « Childéric ne peut être entreprenant encore. Une « conversation particulière, et un échange de ten« dres aveux est vraisemblablement tout ce qu'ils « désiraient, et tout ce qu'ils oseront se permettre. « Attendons. »

Disparg rentra bientôt, et Viomade s'aperçut qu'il le cherchait. Il fixa le jeune homme d'un air sévère; il le vit rougir et baisser les yeux. Il fut droit à lui, et il le tira à l'écart : « Disparg, où est « le prince? — Je l'ignore, seigneur. — Vous men-

« tez : votre trouble, votre rougeur vous décèlent.
« Où est Childéric? Dites-le-moi, ou demain je
« vous renvoie à vos parens. — Seigneur... sei-
« gneur... Parlez, vous dis-je; je ne vous donne
« que ce moment. — Il est... il est... — Hé bien? —
« Chez le comte... — Chez Hermangaud? Et que
« fait-il là? — Seigneur... seigneur... vous y avez
« votre logement, et le prince fatigué est allé se
« reposer dans son appartement. — Allez le trou-
« ver; dites-lui que, s'il ne rentre à l'instant, j'irai
« le chercher avec le père de Valdrade. »

Disparg part comme un trait; Childéric rentre
un instant après. « Son désordre, dit Aronde à
« Viomade, peut être attribué à l'exercice de la
« danse, auquel il s'est livré sans interruption.
« Taisons-nous. »

Valdrade reparut bientôt. Elle fut s'asseoir à
côté de sa mère, qui lui demanda pourquoi elle
avait été changer d'habits. « J'ai beaucoup dansé,
« et j'étais dans un état à faire peur. — Ma fille,
« ces dames ont dansé aussi, et elles n'ont pas,
« de leurs personnes, ce soin qu'on remarquera
« en vous, et qui paraîtra affecté et ridicule...
« Comme vous êtes habillée! N'y avait-il pas d'es-
« claves au palais? — Maman, elles sont toutes à
« la fête. »

Dans ces temps reculés, on voyait dans le soleil le premier des flambeaux; on recherchait sa lumière, et il éclairait tous les plaisirs. Des femmes de vingt ans n'avaient pas perdu leur fraîcheur;

elles ne connaissaient pas d'infirmités prématurées; elles ne donnaient pas le jour à des enfans condamnés à vieillir avant le temps; chacun se retirait avec l'astre du jour, et se livrait aux douceurs du repos.

Childéric et Viomade rentrèrent dans leur logement. Le jeune prince ne savait pas dissimuler encore. Il était préoccupé, inquiet, et aucune de ses sensations n'échappait à un guide éclairé. Valdrade parut, sous le prétexte de saluer Aronde, avant que de s'abandonner au sommeil. Viomade prit la main de Childéric, et le conduisit dans la pièce la plus reculée de l'appartement. « Que pen-
« sez-vous, lui dit-il, d'un homme qui est accueilli
« par un hôte aimant et dévoué, et qui abuse de
« sa confiance, pour lui plonger un poignard dans
« le sein? — C'est un scélérat. — Et si c'est un
« prince? — C'est un tyran, qu'on doit précipiter
« du trône. — Et croyez-vous, seigneur, que la
« mort soit le mal le plus grand que nous puissions
« endurer? La honte n'est-elle pas, pour un homme
« de cœur, un supplice toujours renaissant, et le
« désespoir, qui l'accompagne, ne fait-il pas désirer
« cette mort, comme le seul remède qui reste à
« l'infortuné? L'assassin moral, qui a déshonoré
« Hermangaud, c'est vous; le tyran qu'il faut em-
« pêcher de monter sur le trône, c'est encore
« vous : vous venez de prononcer votre arrêt.

« Quoi! les longs services du comte, ses qua-
« lités, son rang, l'estime publique, rien n'a pu

« vous retenir! L'extrême jeunesse de Valdrade,
« son innocence, son extraction, n'ont pu vous
« inspirer le respect! Vous éveillez ses sens, et
« vous profitez, lâchement, de sa faiblesse pour
« l'entraîner à sa perte! S'il vous faut des plaisirs
« coupables, achetez une esclave; descendez jus-
« qu'à sa bassesse; avilissez-vous avec elle, et n'ayez
« pas à vous reprocher d'avoir anéanti le repos et
« le bonheur d'une famille respectable.

« Quand vous voyez un malheureux, vous vous
« attendrissez, vous soulagez sa misère; vous lui
« donnez une partie de cet or, dont vous ne vou-
« lez être, dites-vous, que le dispensateur : vous
« êtes prince alors. Qu'étiez-vous tout à l'heure?
« vous n'étiez pas même un homme. Réfléchissez,
« repentez-vous, corrigez-vous, si vous ne voulez
« pas vous perdre.

« Vous passerez la nuit dans cette chambre, et
« demain, au point du jour, nous partirons. Vous
« ne reverrez plus Valdrade; ses yeux dessillés
« ne vous accuseront pas : mon amitié compatis-
« sante vous fait grace du supplice que vous mé-
« ritez. »

Childéric était né avec un cœur excellent. Il ne chercha ni à se défendre, ni à s'excuser. Il se jeta dans les bras de Viomade; il s'avoua coupable; il se soumit à toutes les réparations qu'on exigerait de lui, et des larmes abondantes attestèrent sa sincérité. Viomade était aimant aussi; il s'attendrit à son tour. « Cher prince, lui dit-il,

« quelle réparation pouvez-vous offrir ? Herman-
« gaud est un des meilleurs officiers de votre père ;
« il commande dans cette ville ; mais il n'est qu'un
« sujet pour vous, et sa fille ne peut prétendre
« à votre main. Est-ce à votre âge, d'ailleurs, qu'il
« convient de penser au mariage ? Ensevelissons
« votre faute sous un voile impénétrable ; que les
« regrets qu'elle vous donne vous soient toujours
« présens. Voyez, dans l'action que vous allez
« faire, les suites qu'elle doit avoir, et vous pour-
« rez hautement les avouer toutes. Allez, mon
« cher enfant, allez vous reposer, et puissiez-vous
« vous pardonner à vous-même, comme je par-
« donne à votre repentir. »

Le jour paraissait à peine, et déja les cors des
gens de Childéric résonnaient de toutes parts.
Tout le monde était debout dans le palais. Hermangaud et sa femme faisaient d'inutiles efforts
pour retenir le prince et son ami. Valdrade n'o-
sait parler ; mais elle ne perdait rien de ce qui se
disait autour d'elle. Ses yeux humiliés se relevaient quelquefois, et se portaient sur Childéric.
Ceux du prince annonçaient ce qu'ils souffraient
à Viomade et à Aronde.

On monta à cheval, et on s'éloigna de cette
ville, où tant de sensations différentes s'étaient
si rapidement succédé. Viomade se plaça auprès de Childéric : « Vous n'avez pas dormi, lui
« dit-il. Les yeux rouges, l'air défait de Valdrade,
« annoncent qu'elle n'a pas plus reposé que vous :

« voilà l'effet inévitable d'une faute. Les voyages,
« mille objets de dissipation, des hommages tou-
« jours renaissans vous distrairont promptement.
« Valdrade reste seule avec son cœur; elle n'y
« descendra qu'avec effroi, et jamais elle n'aura de
« confidens de sa douleur; jamais personne n'es-
« suiera les larmes solitaires, auxquelles vous l'a-
« vez condamnée. J'avais résolu de ne plus vous
« parler du passé; ces réflexions vous affligent,
« cher prince. Elles me sont arrachées par l'état
« de souffrance, dans lequel nous avons laissé cette
« fille intéressante.

« Disparg, approchez-vous. Vous aimez le prince,
« vous le dites, et je le crois. Je n'exige pas que
« l'amitié soit délatrice, ce serait l'avilir, et l'affec-
« tion de Childéric doit être le prix de son es-
« time. Je ne veux rien savoir de ce qui se passera
« d'innocent entre vous; mais le prince est trop
« en évidence, pour pouvoir agir sans intermé-
« diaire, dans certaines circonstances. Celui qui
« l'aime, ne doit pas être l'agent d'une action hon-
« teuse. Il doit lui montrer le précipice ouvert,
« l'arrêter au moment où il veut s'y précipiter, et
« m'appeler à son aide, s'il juge ses forces insuffi-
« santes. Voilà, Disparg, ce que j'exige de vous
« en présence de Childéric : me le promettez-vous?
« — Oui, seigneur. — Jurez-en par l'honneur. —
« Je le jure. — Allez, reprenez votre rang; je vais
« reprendre le mien. »

« J'aurais dû peut-être, dit Viomade à Aronde,

« renvoyer ce jeune homme; mais de quel motif
« aurais-je coloré son expulsion? Ce qui s'est passé
« à Arras était plus que suffisant, sans doute ; mais
« il est des choses qu'il faut taire, et qu'on vou-
« drait oublier. — Tu ne peux compromettre ta
« réputation d'homme juste, et, dans cette cir-
« constance, un prétexte n'eût pas été suffisant.
« D'ailleurs, le prince n'aurait-il pas trouvé un
« complaisant nouveau, dans celui de ces jeunes
« gens qu'il lui aurait plu de choisir? Disparg doit
« être flatté de la confiance que tu lui as marquée,
« et j'espère qu'il la méritera.—J'espère aussi que
« Childéric, devant qui j'ai parlé, craindra d'exi-
« ger de lui des services déshonorans. »

La précipitation, avec laquelle on était parti,
n'avait pas permis de réfléchir à ce qu'on allait
faire. Il fallait s'éloigner d'Arras, et on marchait,
pour ainsi dire, au hasard. Il faut apprendre à
Childéric, pensa Viomade, que les hommages
dont on l'enivre ne sont accordés qu'à son rang,
et que, hors de ses états, un prince n'est respecté
qu'autant qu'il en est digne.

Aétius était mort, et Égidius Siagrius lui avait
succédé (1). Il était le prince le plus puissant des

---

(1) L'abbé Velly prétend qu'un comte Gilles succéda à
Aétius. Grégoire de Tours dit positivement, livre II, que ce
fut Égidius Siagrius, et cet évêque devait être mieux instruit
que Velly. D'ailleurs ce nom *Gilles* n'est ni romain, ni celte,
ni franc.

Celtiques, et il avait l'orgueil, qu'inspire trop souvent la puissance. Il ne connaissait pas Childéric, et Viomade résolut de le lui présenter. Personne, pensait-il, ne le flattera à la cour du Romain.

Égidius était alors à Saint-Quentin, et le cortége se dirigea vers cette ville. La journée était forte, et, vers le soir, on se décida à camper. On voulait entrer de jour dans Saint-Quentin, et se présenter d'une manière imposante. On déploya les tentes dans une prairie agréable. La bonne chère et la gaieté abrégèrent la soirée; une nuit calme rétablit les forces de Childéric, et lui rendit sa fraîcheur. Il est vraisemblable que Viomade désirait qu'il parût avec tous ses avantages..

Au point du jour, les étendards d'Égidius se répandirent dans la plaine. Il quittait Saint-Quentin, et il allait fixer sa résidence à Reims. Dans un instant, Childéric et son escorte furent sur pied. On laissa aux esclaves le soin de recharger les équipages sur les voitures; on monta à cheval, et on alla au-devant d'Égidius.

Ces descendans des Romains considéraient encore les Celtes et les Francs comme des barbares. Ils ne les surpassaient plus en valeur; ils se piquaient encore d'une urbanité que les Grecs seuls pouvaient égaler. Égidius se porta en avant de sa garde; il piqua son cheval, et voulut prévenir le jeune prince. Childéric lui épargna la moitié du chemin.

Égidius avait commandé un corps de troupes considérable à la bataille des champs Catalauniques; il connaissait la valeur de Viomade, et depuis long-temps il désirait voir une femme, célèbre par sa beauté, ses premiers malheurs et son courage. Il se montra aussi poli que magnifique. Il adressa les choses les plus flatteuses au jeune prince, à Viomade et à Aronde; il loua la bravoure des leudes, et leur fidélité à tenir les traités. Il voulait plaire à tout le monde, et il y réussit complètement.

Childéric n'avait que seize ans; mais Viomade s'était attaché à lui faire comparer les choses, et à savoir les apprécier. Le jugement du prince se formait, et déja certaines nuances ne lui échappaient plus. Il remarqua que les éloges d'Égidius ne portaient que sur sa figure, son agilité, sa grace, et que les égards, les marques d'estime, étaient tous pour Viomade. Il me loue en enfant, pensait Childéric. Il ne voit pas encore l'homme, qui est caché sous une enveloppe agréable : je l'en ferai sortir. Viomade le regardait, le devinait, et s'applaudissait du parti qu'il avait pris.

Égidius voulut que Childéric l'accompagnât à Reims. «Nous passerons quelques jours ensemble, « dit-il à Viomade, et l'amitié resserrera les liens « qu'a formés l'estime. Vous serez, madame, l'or- « nement de ma cour. Vous n'y aurez paru que « pour vous faire regretter; mais, au moins, nous « vous aurons dû quelques momens heureux. »

Les amours-propres étaient flattés, et on résiste difficilement à cette impulsion secrète. On n'avait d'ailleurs aucune raison de refuser l'invitation d'Égidius; on l'accepta avec cordialité, et on se mit en marche.

Égidius avait pris place à côté d'Aronde. Childéric et Viomade marchaient tantôt au milieu des leudes, tantôt avec les Romains. Le jeune prince remarquait la magnificence qui se déployait partout. Tout était prévu, tout s'exécutait à propos. Les chemins étaient garnis d'un peuple attentif, mais muet. « Que veut dire cela? demanda Chil-« déric. — Le peuple est là pour exécuter des « ordres, si on en a à lui donner, et le silence « du peuple est la leçon des rois. — Je ne vous « entends pas. — Les Romains sont accablés d'im-« pôts, et quelquefois de mauvais traitemens : « l'homme ne bénit jamais la main qui l'écrase. »

Des malheureux se hâtaient de combler une trouée qui devait arrêter la marche des voitures, et un centurion les pressait de la voix et de son fouet. « Cela est affreux! s'écria Childéric. » Et il allait pousser son cheval. Viomade l'arrêta. Le jeune prince tira sa bourse. « Remettez cet or; « votre conduite serait la satire de celle d'Égidius. « Vous ne rendriez pas ce peuple plus heureux, « vous vous feriez un ennemi. »

On approchait de la montagne de Laon (1).

---

(1) N'oublions pas que la ville de Laon n'est pas au nombre

Childéric réfléchissait au spectacle attristant qu'il avait sous les yeux, et à ce que Viomade venait de lui dire... Une femme fend la presse, et se jette entre son cheval et celui de son ami. « C'est « Mariole! s'écrie Viomade. » Et aussitôt le guerrier et le prince sautent à terre, et la pressent dans leurs bras. Le cri de Viomade a été entendu d'Aronde; elle accourt, et Égidius s'étonne, en la voyant donner, à une femme du peuple, des marques du plus touchant intérêt. « Seigneur, lui « dit Viomade, la reconnaissance est une vertu « dans toutes les classes. Trouvez bon que nous « suivions l'impulsion de la nôtre. Mérovée, Chil- « déric, Aronde et moi, nous devons beaucoup à « cette femme, et nous sommes affligés de l'état « de misère, dans lequel nous la retrouvons. Ah ! « Mariole, pourquoi ne m'avoir pas fait connaître « vos besoins ? » Égidius s'efforça d'arrêter un sourire de dédain.

Mariole avait perdu ses parens, et elle ne pouvait faire valoir seule sa métairie. L'amour partagé se roidit contre les obstacles et finit par les surmonter; l'amour sans espoir ne peut durer toujours : c'est un feu que la réciprocité nourrit, et qui périt faute d'aliment. Mariole avait combattu long-temps. Mais les soins soutenus d'un

---

de celles qui furent concédées à Mérovée. Ainsi la métairie, donnée par ce prince à Mariole, était enclavée dans les états dits romains.

villageois, jeune et beau, avaient enfin triomphé de sa constance, et elle avait trouvé, avec lui, le calme et le bonheur qu'elle croyait avoir perdus sans retour.

L'accroissement des impôts avait insensiblement dérangé leurs affaires. Ils furent obligés, pour satisfaire au fisc, de vendre les esclaves, qui servaient à l'exploitation des terres. Bruno, resté seul, en laissa nécessairement une partie inculte. Ses bâtimens dépérissaient; le besoin se faisait sentir; réduits enfin à l'impuissance de satisfaire les percepteurs du prince, lui et sa femme avaient été réduits à l'esclavage, et traînés à la corvée.

Childéric avait souvent entendu parler de Mariole à la cour de son père. Le récit qu'il venait d'entendre avait brisé son cœur. « Amenez votre « mari, lui dit-il; je vous rachète l'un et l'autre, « et vous ne vous quitterez plus. A combien, de- « manda-t-il fièrement à Égidius, fixez-vous leur « liberté? Seigneur, répondit le Romain, j'ignorais « que ces esclaves vous eussent rendu des ser- « vices; mais je dois être aussi généreux que vous. « Cet homme et cette femme vous appartiennent, « et vous pouvez en disposer.

« — Vous êtes libres, s'écria le jeune prince. « Je ne veux conserver d'autre droit sur vous, « que celui que donnent les bienfaits. — Cette « scène est assez prolongée, reprit Égidius, avec « un mouvement d'humeur qu'il ne put entière-

« ment dissimuler. Qu'on mette cet homme et
« cette femme aux équipages, et poursuivons
« notre route. Mariole et son mari, dit Childéric,
« ont été assez long-temps confondus avec des
« esclaves. Ils ne méritaient pas ce traitement, et
« je crois, seigneur, qu'il est temps de leur faire
« goûter de nouveau les douceurs de la liberté.

« — Ils ne méritaient pas ce traitement! Vous
« vous établissez arbitre entre mes sujets et moi!...
« Vous vous taisez, Viomade. C'est approuver la
« conduite du prince : je la ferai connaître à Mé-
« rovée, et il m'en fera réparation. — Mon père
« est appesanti par l'âge, et les Francs n'ont rien
« à voir dans une querelle, qui m'est personnelle.

« — Vous me défiez, je crois, dit Égidius avec
« un sourire amer! — Je ne pense pas l'avoir fait,
« seigneur; mais vous êtes le maître d'interpréter
« ma réponse, et je suis prêt. »

Cette noble ardeur charmait Viomade. Mais il se hâta de la contenir. Il fit à Égidius les excuses, que l'honneur pouvait approuver, et il donna à entendre qu'étant responsable de la personne du prince, lui seul devait le représenter dans les circonstances périlleuses. Égidius parut entendre moins Viomade que le prince, et on se sépara mécontens les uns des autres. En effet, Childéric était déplacé à la cour d'Égidius, et le Romain ne pouvait plus l'y voir avec plaisir.

« Avant de penser à triompher par les armes,
« dit Viomade à Childéric, apprenez à vous vaincre

« vous-même. Votre sensibilité, votre extrême
« vivacité vous ont emporté au-delà des bornes,
« et vous avez bravé un souverain chez lui ! Je
« n'ai pas voulu vous condamner en sa présence :
« c'eût été vous humilier, et Childéric sera res-
« pecté partout où je serai avec lui. Mais qu'il
« n'oublie pas que les rois ne peuvent avoir de
« querelles personnelles, et que c'est au plus fidèle
« de leurs sujets qu'il appartient de les vider. —
« Vous, mon cher Viomade, vous ! vous vous ex-
« poseriez pour moi !... Que dis-je ? n'avez-vous
« pas bravé mille morts, pour me tirer des mains
« des Huns ? Jeune homme inconsidéré, ne feras-
« tu jamais que des fautes ! — Le principe de
« celle-ci vous honore, et je ne vous en ai parlé
« que pour vous apprendre à être en garde contre
« vous-même : l'excès du bien et celui du mal
« produisent souvent les mêmes résultats. »

On retournait au point, d'où on était parti.
Childéric joignait au plaisir d'avoir délivré Mariole et Bruno, cet orgueil qu'inspire l'amour-
propre d'un jeune homme, qui a montré une
valeur au-dessus de son âge. Il allait de Viomade
à Aronde, de Mariole à Bruno. Il portait partout
la satisfaction, dont il était pénétré.

On campa à l'endroit même où on avait passé
la nuit. On avait dépassé les frontières des provinces romaines, et l'amour du peuple franc environnait de nouveau Childéric. Ses jeunes compagnons, ses leudes avaient parlé, et on admirait

son courage naissant, comme on aimait ses qualités.

Mariole et Bruno étaient entourés du jeune prince, d'Aronde et de Viomade. Déja leurs vêtemens abjects étaient remplacés. Bertrude s'était chargée de la toilette de Mariole, et Disparg avait habillé Bruno. La jeune femme était pâle et défaite, quand elle avait reconnu Viomade. Le passage rapide, et inattendu, de l'infortune au bonheur, avait animé sa physionomie, et Childéric remarquait qu'elle était encore très-jolie : une des prérogatives d'une imagination de seize ans, est de tout embellir. Bruno était un homme simple, aimant et laborieux, et Aronde pensait qu'il n'en faut pas davantage pour faire un bon mari.

Viomade reprocha encore à Mariole de lui avoir caché l'état de détresse dans lequel elle était tombée. « Comment vous l'aurais-je fait connaître? « Nous ne savons pas écrire, et vous n'ignorez « pas quel traitement est réservé aux esclaves qui « sont arrêtés dans leur fuite. »

Des esclaves, disait Childéric! Ah! pourquoi y en a-t-il? Une belle femme n'est-elle pas l'image la plus touchante des dieux? Quelle main sacrilége a osé, la première, lui donner des fers? L'esclavage, répondait Viomade, est un attentat contre l'humanité. Mais cet ordre de choses existe partout. Vouloir le changer brusquement, c'est s'exposer à tout perdre. Un cheval vigoureux supporte difficilement ses entraves. Qu'on l'en dégage tout à coup, il bondira, sans s'occuper du dégât que porte partout sa joie, ou sa vengeance insensée. Il faut, pendant long-temps, préparer cette classe d'hommes à la liberté, si on ne veut pas qu'elle en abuse.

Il fut décidé que Mariole serait attachée à Aronde, et Bruno à Viomade. « Ce ne sont pas « des domestiques que nous nous donnons, leur « dit le guerrier. Ce sont des amis, que nous « investissons de notre confiance, et que nous « chargeons du soin de nos affaires intérieures. Si « cet emploi vous déplaît, ou si vous ne lui con- « venez pas, nous changerons votre position, « quand nous rentrerons à Cambrai. »

Aronde et Viomade se consultèrent sur la direction qu'il fallait prendre. Des villes, toujours des villes, et des fêtes partout, disait Viomade! Quelle fatigante uniformité! Le prince ennuyé reviendra à son goût dominant. Il faut l'étonner, par un spectacle nouveau et majestueux. Faisons-lui contempler cette masse d'eau, barrière imposée à l'homme par la nature, et que la cupidité a appris à franchir. Les Boulonais sont voisins d'Albion; il y a peu de temps qu'ils sont sujets de Mérovée, et leur fidélité a besoin d'être affermie, par la présence d'un jeune prince, qui inspire partout l'amour et le respect.

On attendait Childéric dans toutes les villes, et il n'entrait dans aucune. La saison était belle, et Viomade rencontrait partout ce qu'il avait voulu éviter : les fêtes étaient transportées dans les campagnes, et elles empruntaient un éclat réel des beautés de la nature. Il y régnait une liberté inconnue dans les palais, et le prince eût échappé encore à Viomade, si son cœur n'eût été préoccupé.

Mariole n'avait que vingt-deux ans. Le bienêtre, et sa satisfaction intérieure lui avaient rendu les agrémens de son âge. Elle n'était pas belle; mais elle était jolie, et elle joignait à une figure, que son développement avait rendue plus piquante, cette naïve candeur du premier âge, qui avait inspiré tant d'intérêt à Viomade. Childéric avait toujours quelque prétexte pour la chercher, et il la trouvait partout. Des femmes charmantes étaient disposées à l'aimer, et ne dissimulaient que faiblement leurs sentimens secrets; le prince ne voyait que Mariole. Il enviait fortement le sort de son mari, et si un échange eût été possible entre eux, l'ardent jeune homme n'eût pas balancé à sacrifier son rang à l'amour.

Mariole nourrissait, sans le savoir, cette fougue, ce délire des sens. Elle avait vu le prince enfant et malheureux. Elle lui avait prodigué ses innocentes caresses. Il avait grandi; mais il était ce Childéric, qu'elle avait porté dans ses bras, bien jeune encore. Elle recevait, avec l'affection d'une mère, les marques toujours renaissantes de celle du prince. Il ne demandait rien : elle n'avait rien à refuser, et elle était tranquille.

Aronde avait l'œil observateur et sûr. Elle jugea la position de deux êtres, dont l'un lui était bien cher, et dont l'autre avait besoin d'être éclairé. Le goût, très-prononcé, de Childéric était pour Viomade une garantie de sa conduite à venir. Cette inclination obscure ne pouvait donner lieu à aucun éclat, et c'est surtout ce que le guerrier voulait éviter. Il sentait, qu'avec un jeune homme du caractère du prince, il fallait nécessairement faire quelques concessions, et il paraissait ne rien voir.

Aronde avait des principes plus sévères. Elle sentait que le mariage est un lien qui doit être respecté. Elle se représentait Mariole, faible d'abord, abandonnée ensuite, et livrée à de vains regrets. Elle croyait entendre Bruno, éclairé sur son malheur, accabler sa femme de reproches; enfin elle voyait la discorde succéder au bonheur paisible, dont jouissaient les deux époux. Elle ne voulut pas essayer de persuader Childéric. Elle se souvenait de l'effet qu'avait produit, dès l'année précédente, certaine leçon qu'elle lui avait adressée; mais elle résolut de parler à Mariole, et de lui faire connaître le danger auquel elle était exposée.

« Le prince est un jeune homme accompli, lui
« dit-elle, et vous ne voyez encore en lui que
« l'enfant que vous avez secouru. Mais ses pas-
« sions se développent; elles sont impétueuses,
« et c'est vous, aujourd'hui, qui en êtes l'objet.

« — Moi, madame? — Vous, Mariole. Vous êtes
« sans défiance, parce que vous êtes sans soupçon.
« Mais Childéric est insinuant, persuasif; l'éclat
« de son rang ajoute au charme de ses agrémens
« personnels. Vous vous abandonnerez à un senti-
« ment, que vous ne chercherez pas à analyser,
« parce que vous le croirez innocent, et vous serez
« vaincue avant que d'avoir pensé à vous dé-
« fendre. — Ah! madame! que m'apprenez-vous?
« Quoi! ces caresses, que je recevais sans réflexion,
« que j'avais même du plaisir à lui rendre, ces ca-
« resses étaient perfides! — Le serpent se cache
« sous des fleurs; la beauté y porte la main, et elle
« périt victime d'une aveugle confiance. — J'évi-
« terai le prince. — Je vous le conseille. — Je
« m'attacherai à Bruno, partout où je croirai de-
« voir rencontrer Childéric. — La prudence vous
« l'ordonne. Quand nous serons rentrés à Cambrai,
« je vous placerai de manière à ce que vous n'ayez
« plus rien à redouter. Allez, Mariole. »

Childéric avait conçu des espérances; elles s'affaiblissaient chaque jour. La jeune femme quittait rarement Aronde, et si elle s'éloignait de sa patronne, le prince trouvait constamment Bruno, entre lui et l'objet de ses vœux. Bruno ne savait rien, ne soupçonnait rien : Mariole ménageait son repos. Mais il arrêtait le jeune homme à chaque pas, et c'est tout ce qu'il fallait.

Childéric devint sombre et rêveur. Bientôt l'humeur chagrine se développa; des mouvemens d'impatience se firent remarquer. C'est le jeune daim qui fait d'impuissans efforts, pour s'échapper des toiles, dans lesquelles on l'a enveloppé.

Ces inégalités ne pouvaient échapper longtemps à Viomade. Il en parla à Aronde, et pour la première fois leur façon de voir et de juger fut différente. Viomade tenait à la tolérance; Aronde prétendait que l'honneur d'une femme, quel que soit son rang, doit être respecté, et que Viomade ne devait pas permettre, à l'égard de Mariole, ce qu'il se fût empressé de prévenir, si elle eût été d'une classe distinguée. Un homme du caractère de Viomade ne pouvait combattre des principes qui soutiennent l'édifice social. Ils étaient défendus par une femme, qu'il aimait tendrement, après sept ans de mariage : phénomène rare alors, et qui l'est bien davantage aujourd'hui. La morale devait triompher; elle triompha.

Mariole ne parlait qu'aux sens du jeune prince. La vue de l'Océan, l'admiration, que lui causa ce spectacle, lui firent tout oublier, du moins pour un moment. Il comparait l'immensité de la mer à la fragilité des barques, dans lesquelles des hommes intrépides bravaient la fureur de cet élément. Il examinait la construction de ce qu'on appelait alors des vaisseaux; il interrogeait les patrons, et il concluait de ce qu'il voyait, de ce qu'il entendait, que les hommes, dans ce qu'ils paraissent tenter d'héroïque, sont mus par deux leviers également puissans, l'amour de la gloire, ou celui de l'or.

Les habitans d'Albion, disait Viomade, vivent sous un ciel nébuleux et malsain; ils cultivent une terre ingrate, et tôt ou tard la nécessité les rendra industrieux. Ils perfectionneront cet art, que je crois encore à son enfance, et leurs nautonniers iront chercher, à travers mille périls, ce que la nature leur refuse chez eux. Si vous montez sur le trône, garnissez vos côtes maritimes d'embarcations. Formez des mariniers; qu'ils surpassent en nombre, s'il est possible, ceux qu'Albion peut armer. Un roi qui aime son peuple ne suscite jamais de guerre injuste; mais une sage prévoyance doit être un de ses principaux attributs, et il faut qu'il soit toujours en état de se défendre. Si le sang du peuple coule alors, du moins il le verse pour conserver son indépendance, et non pour satisfaire la folle ambition de son souverain.

Viomade savait juger les hommes et les choses. Dès le règne de Childéric même, la France fut obligée de prendre les armes pour forcer les Albionites à rentrer dans leur île. Elle les y contraignit, et nul ne put prévoir alors les désastreuses et humiliantes journées de Crécy, d'Azincourt et de Poitiers.

Occupé de ces importans objets, Childéric, toujours grand quand il fallait l'être, avait perdu de vue ces intrigues d'amour, qui le faisaient descendre au niveau des hommes vulgaires. Huit jours s'étaient écoulés; il n'avait pas vu Mariole, et il n'avait pas prononcé son nom. Cependant, à un âge aussi tendre, on ne se livre pas longtemps, et avec exclusion, aux idées philosophiques, et à l'étude de l'art d'administrer. Lorsque Childéric revint à son état habituel, lorsqu'il chercha des délassemens, qu'il trouvait naturels, et presque légitimes, Mariole et son mari étaient auprès d'Amiens. Viomade les avait fait établir dans un des domaines de Mérovée, et Bruno était chargé de la perception des revenus. Là, ils allaient vivre dans l'abondance, et jouir de l'espèce de considération que l'aisance procure partout.

Childéric se détacha promptement d'une femme qui n'était que jolie, et qu'il crut pouvoir remplacer facilement. Plusieurs de celles qui l'entouraient rendaient cette manière de voir plus que vraisemblable. Le jeune prince lisait, dans certains yeux, qu'il n'avait qu'à se prononcer.

Un homme de son caractère n'est pas longtemps incertain. Il allait se donner à celle, qui sollicitait le plus directement sa défaite, lorsque tout changea, inopinément, pour lui et pour la France. Un officier, détaché par un ami intime de Viomade, arriva à Boulogne; il annonçait que les organes affaiblis de Mérovée ne pouvaient plus supporter le poids des affaires, et qu'il était urgent que le prince et son ami reparussent à la cour.

Childéric aimait son père. Mais la possession prochaine d'une couronne allume aisément une imagination ardente. Le prince laissa échapper quelques mots, et Viomade devina le reste. « Un « roi, dit-il, est exposé, comme le dernier de ses « sujets, aux infirmités humaines, et dans quel-« que état que soit un père, il doit être toujours « sacré pour son fils. Mérovée régnera jusqu'à son « dernier moment, si une mort prématurée ne le « prive pas de mes services, et si je mourais, ce « serait à vos soins et à vos respects que je légue-« rais ce père déchu de sa gloire. Childéric, vous « aurez des enfans un jour, et ils ne recevront « pas de vous l'exemple de la rébellion, et de « l'oubli des droits de la nature. Continuez à « obéir, si vous voulez que, plus tard, on vous « juge digne de commander. — Mon ami, mon « véritable ami, vous me prêtez des pensées indi-« gnes de moi, des pensées que je n'ai pu con-« cevoir. L'aspect d'un trône m'a ébloui un mo-« ment, je n'en disconviens pas; mais mon cœur « est resté pur. Partons, Viomade; allons à Cam-« brai, et offrons à toute la France des modèles « d'une inaltérable fidélité. — Je vous reconnais, « et je vous retrouve, toujours noble, toujours « grand, lorsque vos passions ne vous égarent pas. « Partons, prince. Allons soigner, et défendre, s'il « le faut, votre vieux père. »

Lorsque les facultés intellectuelles d'un roi sont à peu près éteintes, une vaste carrière s'ouvre aux menées sourdes, à l'intrigue, et trop souvent au crime. Les mœurs et les usages des Francs favorisaient le développement de l'ambition. Les leudes, je l'ai dit, étaient les compagnons du prince, et leur soumission était proportionnée à l'énergie de celui qui gouvernait. Quelques anciens auteurs attestent, qu'à cette époque, le trône était électif, et le dernier seigneur de la cour pouvait y être porté, par le vœu de la nation assemblée. Qu'importaient à des ambitieux les qualités et les graces de Childéric?

Lorsque Viomade parut, le vieux roi était abandonné, et chacun ne s'occupait que de ses intérêts personnels. Viomade se prononça fortement contre des machinations, qui ne tendaient qu'à susciter des troubles, et on savait qu'avec un mot il trouverait une armée. Il était le seul homme vraiment grand de ce siècle, et l'ascendant qu'il avait sur le peuple força la médiocrité à se taire; tout rentra dans l'ordre. Mérovée n'avait plus de cour, plus de flatteurs : on n'avait plus rien à attendre de lui; mais les soins consolateurs de l'amitié lui restaient. Aronde ne le quittait pas; son fils remplissait, rigoureusement, ses devoirs envers lui, et Viomade gouvernait en son nom. L'étranger, comme le Franc, était persuadé qu'il savait administrer et vaincre, et une paix profonde régnait dans cette partie de l'Europe.

Viomade faisait travailler Childéric avec lui. Chaque jour, il lui apprenait quelque chose dans l'art de gouverner. Un roi, lui disait-il quelquefois, qui ne voit que par les yeux d'autrui, et qui ne juge son peuple que sur les préventions qu'on lui donne, ne peut être qu'un prince vulgaire, et doit être souvent trompé. C'est à lui seul qu'il appartient de tenir d'une main ferme les rênes de l'état, et les grands, qui l'entourent, ne doivent être que les exécuteurs de ses ordres.

Childéric sentait la nécessité de s'instruire, et il rendait justice aux lumières de son guide. Il s'occupait sérieusement. Mais il n'était plus surveillé par Aronde, et les affaires publiques prenaient tous les momens de Viomade. On parlait, sourdement à la cour, de quelques scènes galantes, un peu vives; mais qui n'offensaient encore aucun personnage important.

Le jeune prince n'admettait que deux classes de femmes, celles qui sont jolies et celles qui ne le sont pas. Le hasard avait fait tomber ses premiers choix sur des personnes, à qui leurs charmes tenaient lieu de rang, et le goût du plaisir de qualités. L'application continuelle de Viomade rassurait Disparg contre les menaces, qu'il lui avait faites en sortant d'Arras; il oublia ses sermens; il favorisa de nouveau un penchant dangereux : il savait que ce genre de services conduit de la faveur à la fortune.

Deux ans s'écoulèrent ainsi. Mérovée s'affaiblissait chaque jour. Son état, devenu alarmant, arracha Childéric à des jouissances, qui n'étaient pas toujours dignes de lui. Il s'attacha à son père mourant, et il donna des larmes sincères à sa mémoire.

L'affection de Viomade avait été partagée entre le roi et son fils : tous ses sentimens se réunirent sur Childéric. Il parla, il promit, il intimida. Il unit le nom du prince à l'intérêt national, bien jugé, bien senti. Il fit valoir des qualités vraiment brillantes, qui promettaient tout pour l'avenir. Enfin il invoqua l'amour de l'armée, qui ne s'était jamais altéré, et Childéric monta sur le trône.

Rendons-lui la justice qui lui est due : le bien du peuple fut, pendant toute sa vie, le mobile de ses actions. Mais la nature lui avait fait un don, toujours plus ou moins funeste à un roi, et l'amour trop ardent d'un sexe devait faire naître la haine de l'autre.

Childéric n'était plus ce prince, qui couvrait ses amours d'un voile, que la malignité soulevait quelquefois. Ses goûts étaient connus ; ils étaient publics, et celles, qui partageaient alors ses plaisirs, tenaient à des familles distinguées. Viomade recevait des plaintes secrètes, et il parlait au jeune roi, avec cette franchise et cette énergie qui l'avaient long-temps contenu. Mais l'éclat d'une couronne, les séductions de la puissance le rendaient souvent rebelle aux leçons. Il comparait la vie voluptueuse qu'il menait à l'austérité des principes, qu'exigeait de lui Viomade, et il est aisé de prévoir de quel côté pencha un jeune cœur, que tout concourait à entraîner. Déja on ne comptait plus, à la cour, que celles qui lui avaient résisté, et leur nombre diminuait chaque jour.

Viomade souffrait, et il ne dissimulait pas son juste mécontentement. Le roi, fatigué de la continuité de ses remontrances, passa de l'affection à la froideur, et bientôt il négligea entièrement l'homme à qui il devait tout : l'ingratitude est-elle attachée au rang suprême? Les courtisans s'éloignèrent de Viomade, et cela devait être. Le héros, profondément blessé, résolut d'abord de surmonter ses dégoûts, et de donner le reste de ses jours à sa patrie : cet effort est au-dessus des forces humaines.

Aronde elle-même, Aronde indignée pressa son époux de se retirer. Il fut prendre congé du roi. « Mes soins vous sont à charge, lui dit-il; vous « désirez que je vous laisse à vous-même, et je « me rends à vos vœux secrets. Puissiez-vous vi- « vre de manière à n'être pas obligé de me rap- « peler. » Childéric ne répondit pas un mot. Il l'embrassa; mais cette dernière étreinte ne partait pas du cœur.

Romuald avait fait un de ces mariages, que, dès ces temps reculés, on appelait de convenances. Riche, brillant et brave, il occupait une place distinguée à la cour. Il voulut faire renaître un nom, qui devait s'éteindre avec lui; mais la prudence ne le dirigea point dans son choix. Sa magnificence rendait plus remarquable une figure, dépourvue de ce qui plaît aux femmes, et il adressa ses vœux à la plus jolie de celles qui, par leur rang, pouvaient lui convenir. Hermangaud trouvait dans cette alliance tout ce qui peut flatter la vanité d'un père. Il ne consulta point Valdrade ; il lui ordonna de se préparer à épouser Romuald.

La jeune personne se soumit ; mais elle n'avait pas oublié Childéric : les premières impressions ne s'effacent jamais entièrement. Le cœur se plaît, au contraire, à les nourrir dans le silence, et, peut-être le souvenir d'une première faute rend-il plus cher celui qui l'a partagée. Valdrade reçut, avec respect, l'époux qu'on lui présenta ; mais elle ne put s'empêcher de comparer Romuald à Childéric, et elle soupira.

Le mariage fut célébré à Arras, avec la magnificence convenable ; mais sous de tristes auspices. Romuald s'aperçut qu'il était trompé dans toutes ses espérances, et la froideur, que l'inexpérience de sa femme ne savait pas déguiser, n'était pas à ses yeux le plus grave de ses torts. Une explication très-vive eut lieu entre le beau-père et le gendre. Romuald accusait son épouse ; Hermangaud la défendait, avec la chaleur d'un homme, outragé dans ce qu'il a de plus cher. Une rupture ouverte fut le résultat de cette explication orageuse. Romuald laissa Valdrade à ses parens, et il retourna à Cambrai.

La jeune femme était charmante, et l'amour,

cruellement trompé, alluma, dans le cœur de son époux, une jalousie qu'il cherchait vainement à dissimuler. Il voulait connaître l'heureux rival qui avait détruit sa félicité, et il ne parlait de rien moins que de l'immoler à son juste ressentiment.

Ce triste secret n'était connu que du roi, de Viomade, d'Aronde et de Disparg, et aucun d'eux n'était disposé à éclairer un époux violent. Hermangaud, outré de l'affront qui déshonorait sa fille, persuadé de son innocence, et résolu de rétablir sa réputation, Hermangaud vint à Cambrai; il se présenta à Childéric, et il lui demanda justice.

Le roi avait oublié Valdrade. Mais un éclat, dont il était l'unique cause, ranima des sensations, auxquelles il eut l'imprudence de s'abandonner. Il ordonna à Romuald de prouver ce qu'il avançait, ou de recevoir sa femme dans son palais. Romuald répondit fièrement que l'autorité royale avait ses bornes, et qu'elle ne devait pas s'immiscer dans des querelles de famille.

Childéric blessé n'écouta plus que son ressentiment. Il convoqua ses leudes, et les chargea de prononcer. Romuald fut condamné, et la triste Valdrade fut conduite à Cambrai (1).

---

(1) Le divorce était permis; mais la femme répudiée était avilie. Romuald connaissait la faute de Valdrade; mais les grands ne pouvaient, sur sa seule déclaration, consacrer la honte d'une femme alliée à tout ce qu'il y avait de grand en France.

L'époux furieux la relégua dans une aile de son palais. Elle y était servie en reine; mais une froide pompe peut-elle suffire à un jeune cœur? Une solitude absolue, et par conséquent la privation de tous les plaisirs; les dédains de son époux, les reproches cruels qu'il lui adressait quelquefois, tout se réunissait pour accabler Valdrade, et chaque jour ajoutait à ses peines.

Un vieux prêtre de Cybèle; le seul homme qui eût accès auprès d'elle, fut touché de son sort. Il en fit, au roi, un tableau fidèle et déchirant. Childéric oublia toutes les femmes; il ne voulut être qu'à celle, dont il était séparé par des barrières, qui paraissaient insurmontables. Il fit tout pour vaincre les obstacles, et sa persévérance, le mystère dont il enveloppa long-temps ses démarches, firent croire qu'il était tout-à-fait revenu de ses égaremens. Cette erreur lui rendit l'affection de la plupart de ceux qui l'entouraient.

Disparg était l'agent direct de cette affaire, qui était devenue la plus importante de Childéric. Ce jeune homme avait rencontré plusieurs fois Isaure dans les rues de Cambrai, et il avait cherché à se lier avec elle. Isaure était attachée à la personne de Valdrade; elle était jeune et jolie, et la solitude lui déplaisait autant qu'à sa maîtresse. Disparg fut écouté; un amour feint lui ouvrit les portes de la partie du palais où Valdrade était renfermée, et bientôt le sentiment, qu'il avait joué, se glissa dans son cœur.

Il fit sentir à Isaure que leur bonheur ne pouvait être durable, qu'autant qu'elle servirait l'inclination du roi. Il lui montra un établissement prochain et brillant. Que peut refuser une femme à celui qu'elle aime, et qui caresse sa vanité? Isaure promit tout, et elle s'empressa de réaliser ses promesses.

Valdrade haïssait son mari ; elle avait près d'elle un roi, jeune, beau et aimant. Elle pouvait renouveler ces scènes de délices, que Childéric lui avait fait connaître à Arras : il ne fallait, pour renaître au bonheur, que tromper la surveillance des compagnes d'Isaure, et la jeune fille était adroite.

Une femme, dans la position de Valdrade, n'est pas long-temps incertaine. Elle sentait que jamais son mari ne lui tiendrait compte d'une sagesse, qu'il ne pouvait considérer que comme l'effet de la contrainte. Elle n'avait devant les yeux que la continuité du genre de vie, que déjà elle ne pouvait plus supporter. Isaure pénétrait ses dispositions ; elle lui parlait la langue du cœur ; elle combattait une résistance, faible sans doute, mais que la raison alarmée opposait encore à l'amour. Elle dissipa les craintes qu'une liaison, difficile à conduire, inspirait à une jeune femme, qui avait été surprise par le roi, qui ne s'était pas donnée, et qui, par conséquent, manquait d'expérience. Valdrade consentit enfin à se remettre au pouvoir de son premier vainqueur.

On ne s'occupa plus que du soin d'épier l'occasion, et des moyens de la saisir : un roi a tant de moyens d'en faire naître!

Audoacrius, roi des Saxons et des Angles, qui avaient conquis la plus grande partie des îles d'Albion, était vaillant et ambitieux. Il armait publiquement ses sujets; mais contre Voltigerne, qui avait conservé quelques provinces de ses anciens états. Childéric voulut voir la sûreté de la France compromise par ces dispositions, et il chargea Romuald d'aller provoquer, auprès d'Audoacrius une explication franche et loyale. La mission était honorable, et Romuald se disposa à partir.

On ne connaissait pas encore ces moyens de voyager, si commodes, et si communs aujourd'hui. Les roues des fourgons traçaient seules les routes; il n'existait pas d'hôtellerie; il fallait aller d'une ville à une autre, ou camper. Un grand seigneur, qui se déplaçait avec sa femme, la conduisait à cheval, à côté de lui. Romuald était prudent, et le roi, qui le connaissait, avait prévu qu'il ne donnerait pas, à ses officiers et à ses esclaves, le spectacle de dissensions domestiques, qui ont toujours un côté plaisant.

Mais ce mari soupçonneux, qui se contenait en public, était incapable de rien négliger de ce qui pourrait lui faire connaître le complice de la faute de Valdrade. Il jugea que, pendant son absence, ce rival, aimé sans doute, chercherait à se rapprocher de sa femme, et qu'elle lui en donnerait les moyens. Sigobert lui devait sa fortune, et son dévouement était à toute épreuve. Il le laissa dans son palais. Il lui répéta, en s'éloignant, l'ordre de tout voir, de tout observer, d'interpréter jusqu'au silence, de ne pas mettre de bornes à son activité, et de poignarder son rival dès qu'il l'aurait découvert, fût-il dans les bras de Valdrade.

Le roi et cette jeune beauté furent bientôt au comble de leurs vœux. Chaque nuit, une porte secrète s'ouvrait pour l'amant heureux, et se refermait sur lui, avant la naissance du crépuscule.

Disparg veillait à cette porte, et Isaure gardait celle de la chambre, où elle avait introduit le roi. Les autres femmes de Valdrade reposaient; les domestiques étaient retirés dans leur quartier. Le silence et le mystère couvraient des plaisirs, que la contrainte rendait plus piquans. La surveillance de Sigobert était sans effet, parce qu'il ne pouvait s'approcher, la nuit, d'une chambre, qui était sacrée pour tous les hommes, qui habitaient le palais.

L'amour heureux passe facilement de la crainte à une imprudente sécurité. Sigobert remarqua enfin qu'une gaieté douce succédait à l'air de tristesse, qui ne quittait jamais Valdrade. Le sommeil avait long-temps semblé la fuir, et elle se levait avec le soleil. Maintenant, il a décrit la moitié de son cours, avant que la jeune dame se montre à ses femmes, et à ses domestiques. C'est donc la nuit qu'il faut veiller au dehors et au dedans du palais.

En examinant, soigneusement, l'extérieur de cette magnifique, et triste demeure, Sigobert reconnut une petite porte, qu'il n'avait pas remarquée encore. Elle n'était pas neuve ; on ne l'avait donc pas pratiquée pour favoriser des entrevues secrètes. Mais l'amour sait tout utiliser, et Sigobert veut savoir dans quelle partie du palais on peut pénétrer par cette porte.

Valdrade avait l'habitude de prendre l'air sur sa terrasse, après son déjeuner. Elle y paraissait, environnée de ses femmes, et dans ce simple négligé, qui sied si bien à la jeunesse. Aujourd'hui, elle emploie toutes les ressources de l'art, pour rehausser sa beauté. Un homme sans doute est l'objet de ces soins. On veut qu'il admire le jour, celle qui, la nuit, le comble de ses faveurs. Mais qui est-il ?

Sigobert choisit le moment où Valdrade était sur sa terrasse, pour éclaircir les soupçons que la petite porte lui avait fait concevoir. Il en avait bien reconnu la position, et il avait jugé qu'elle ne devait pas être éloignée de l'appartement de Valdrade. Il trouva, en effet, un petit escalier qui conduisait à une chambre, touchant à celle d'Isaure. Isaure n'était en faveur que depuis peu de temps, et il fallait passer chez elle pour arriver auprès de Valdrade. La bienveillance de la maîtresse était, sans doute, le prix des coupables complaisances de la suivante. D'après cet enchaînement d'observations, il ne restait plus qu'à surprendre l'amant favorisé.

Sigobert se cacha, la nuit suivante, à quelque distance de la porte. Bientôt, deux hommes parurent. L'un mit une clé à la serrure; il ouvrit, et l'autre se glissa dans l'intérieur. La porte se ferma à l'instant; celui qui l'avait ouverte, mit la clé dans sa poche, et se promena dans les environs, enveloppé, et caché sous un grand manteau.

Sigobert le suit; il approche, et lui enfonce un long poignard dans les reins. Disparg tombe et expire. Sigobert se saisit de la clé; il veut ouvrir; un verrou, poussé en dedans, s'oppose à ses efforts. Il rentre par la porte commune, et, une torche d'une main, et le poignard de l'autre, il marche droit à l'appartement de Valdrade. Le crime était avéré; il n'avait plus de ménagemens à garder, et il était entraîné par l'ardeur de punir l'audacieux, qui déshonorait son maître.

Isaure veut s'opposer à son passage; il la repousse loin de lui; il pénètre, il entre... C'est le roi qui s'offre à ses regards étonnés... l'effroi le saisit; son sang se glace; le poignard tombe de sa main. Childéric est désarmé; mais ce poignard est là. Il peut le relever, et ensevelir ce funeste secret... Mais Sigobert est-il seul?... Faudra-t-il immoler d'autres victimes? Sera-ce dans le sang de ses sujets qu'un roi cachera la honte, qu'il a imprimée sur le front d'un des premiers seigneurs de sa cour? Cette idée le fait frémir, et pendant qu'il délibère, Sigobert revient à lui, et s'échappe.

Les yeux de Childéric se portent sur Valdrade, éplorée et tremblante. Il ne voit plus qu'elle; il ne s'occupe que de la femme qu'il a perdue sans retour, et qui peut-être sera condamnée, par Romuald, à une mort lente et douloureuse. Il la prend, il l'entraîne; il ordonne à Isaure de les suivre.

Sigobert a ouvert la serrure de la petite porte; mais il a négligé de la refermer. Le roi sort, et il est surpris de ne pas trouver Disparg. A qui confiera-t-il Valdrade et Isaure? Éperdu, hors de lui, il ne voit qu'un moyen de les sauver, c'est de les conduire dans son propre palais. Il y rentre, avec les précautions accoutumées. Il croit Valdrade en sûreté.

Alors ses idées se reproduisent et se classent. Comment cacher deux femmes à tous les yeux? Que répondre au dernier de ses sujets, à qui il a donné le droit de l'accuser, devant la nation, de libertinage et de rapt? A quels excès peuvent se porter les grands, personnellement outragés, et qui verront retomber sur eux l'affront public fait à Romuald? Childéric se repent sincèrement. Mais que peut produire un stérile repentir?

Le roi résolut de faire tête à l'orage, qui ne pouvait tarder à se former. Mais Valdrade?... Que deviendra-t-elle?

Il va éveiller lui-même un des camarades de Disparg. Il lui ordonne de se procurer, à l'instant, des habits d'homme qui puissent aller à deux femmes d'une taille ordinaire, et il retourne essuyer des larmes, que lui seul fait couler, et qu'il ne peut tarir.

Fourcy a exécuté les ordres de son maître. Il revient; il donne, à la porte de l'appartement, le signal convenu. Le roi va lui ouvrir. Il lui dit d'attendre; il prend le paquet; il presse Valdrade et Isaure de quitter des vêtemens, qui peuvent les faire reconnaître, et de prendre ceux de la médiocrité. Le travestissement terminé, il fait entrer Fourcy.

« Je te confie deux femmes, qui ont droit à tes
« égards. Sors de Cambrai avec elles. Conduis-les
« à ma métairie, située au sud de la ville d'Amiens.
« Dis à mon percepteur et à sa femme que je re-
« commande ces dames à leurs soins, et que je
« confie à leur discrétion mes intérêts les plus
« chers. Voilà l'empreinte de mon sceau ; elle sera
« la marque certaine de ta mission. Voilà de l'or.
« Ne néglige aucun moyen de hâter ta marche. Si
« tu me sers fidèlement, je te récompenserai en
« roi ; tu es perdu si tu me compromets. »

Le jour ne paraissait pas encore, et Valdrade était loin de Cambrai. Une autre scène allait commencer.

On rapporta, au palais royal, Disparg assassiné, et le bruit de l'évasion de Valdrade se répandit dans toute la ville. L'officier qui commandait à la porte, par où était sortie cette infortunée, ne cacha point que trois hommes, en habits de cour, avaient passé à son poste, à la faveur de l'empreinte du sceau du roi, que lui a présenté Fourcy.

Pourquoi des hommes, attachés à la cour, sont-ils sortis de la ville, à pied, et au milieu de la nuit? Était-ce bien trois hommes? Un déguisement, qui sans doute était connu du roi, puisqu'il a donné l'empreinte de son sceau, a vraisemblablement facilité la fuite de Valdrade et d'Isaure. On s'interrogeait, on raisonnait, on discutait; tous les soupçons tombèrent sur Childéric, et la rumeur devint générale.

Sigobert seul gardait un silence profond. On connaissait son dévouement absolu pour Romuald, et le calme, l'étonnement qu'il marquait semblaient combattre une accusation vague, mais fondée sur trop de circonstances réunies. Childéric seul pénétra le motif de l'apparente modération de Sigobert. Il jugea que ce serviteur ne voulait dire la triste vérité qu'à son maître. Il résolut de le gagner, et cet homme, trop fidèle, rejeta ses offres avec indignation.

Cependant des intérêts, de la plus haute importance, étaient dans ses mains, et tout moyen de conviction devait s'éteindre avec lui. Le roi regretta de ne l'avoir pas sacrifié à sa sûreté, et à celle de Valdrade. Il en était temps encore, puisqu'il ne lui était pas échappé un mot, qui eût rapport à cette déplorable affaire. L'idée d'un assassinat révolta de nouveau Childéric. « S'il faut « du sang, se disait-il, que celui du coupable soit « seul répandu. »

Il affectait de se montrer en public, et sa tranquillité apparente, la bonté bien connue de son cœur, lui ramenaient peu à peu les esprits. Les événemens passés ne se présentaient plus que comme des ombres fugitives, que dissipe la clarté d'un beau jour. Le roi souffrait, intérieurement, tous les maux qui accablent un homme magnanime, qui, par sa faute, a tout perdu, tout, jusqu'à sa propre estime.

Mariole avait accueilli Valdrade et Isaure, et elle leur avait fait prendre ses propres habits. Le dévouement de cette femme rassurait Childéric sur leur situation présente. Mais Valdrade, destinée, par sa naissance et sa beauté, à briller dans le monde, usera-t-elle sa jeunesse, et peut-être sa vie dans une triste et humiliante obscurité? quelles jouissances, s'écriait-il quelquefois, eussent embelli sa carrière, si elle ne m'eût jamais connu! il ne pouvait plus réfléchir, penser même, que ses regrets ne s'accrussent, et que leur poison vengeur ne le déchirât.

Cependant Romuald avait glorieusement rempli sa mission, et il était rentré en France. Le roi sut qu'il était descendu à son palais, et il n'osa lui faire dire de se présenter devant lui. Romuald fit demander une audience, que le prince ne pouvait lui refuser.

Dans quelles angoisses Childéric attendit l'époux malheureux, qu'il avait déshonoré, et que Sigobert devait avoir instruit! Le trouble, la confusion, le remords se peignaient alternativement sur sa figure altérée. Ce n'était plus un roi puissant, dont la gloire naissante commençait à remplir l'Europe; dont la bienveillance faisait envier, à dix peuples divers, le sort de ses sujets; ce n'était plus qu'un criminel, qui allait paraître devant un juge, justement irrité.

Romuald se présenta, avec cette noble assurance que donne la satisfaction de soi-même; avec cet air ouvert et caressant, qui dissipe jusqu'aux moindres craintes. Le roi se persuada que Sigobert avait envisagé les suites d'une confidence dangereuse, et qu'il avait continué à garder le silence. Cette idée ramena le calme sur la figure de Childéric. Il entretint son envoyé (1), avec l'affabilité qui lui était ordinaire; il donna des marques de satisfaction, en écoutant ce que lui dit Romuald sur la politique, et les desseins véritables du roi des Saxons. Ils se séparèrent en se donnant réciproquement des marques d'une

---

(1) Les ambassadeurs ne furent connus en France qu'après le règne de Clovis. Ce prince entretenait, dans les cours étrangères, des émissaires, qu'il n'avouait jamais, et qui n'étaient que de misérables espions.

considération et d'un attachement qui ne trompèrent que l'un d'eux.

Le roi fut assez tranquille pendant le reste de la journée. Il eut la force de penser à Valdrade sans effroi, et de s'occuper de son sort à venir. Il résolut de la faire passer en Albion, et de substituer au lustre, que donne une réputation sans tache, celui que procurent partout les richesses. Fourcy avait rempli, en homme intelligent, la mission dont il l'avait chargé : il fixa son choix sur lui pour faire sortir Valdrade de ses états. Ce projet, dernière ressource d'un cœur coupable, mais bon, ne devait pas réussir.

Il manda ce nouveau favori auprès de sa personne; on ne le trouva pas au château. Il le fit chercher par la ville, et personne ne l'avait vu. Le roi conçut quelque inquiétude, qui cependant lui parut dénuée de fondement.

Le jour tombait, et Childéric était absorbé dans ses réflexions, lorsque Viomade parut devant lui. Les traits de Childéric exprimèrent la surprise et le mécontentement. « Je ne viens pas, lui « dit le grand homme, vous reprocher vos fautes; « mais vous faire connaître la juste punition, à « laquelle il faut que vous vous condamniez. Vous « n'avez que cette nuit pour sortir du pays qui « vous a vu naître. Demain, il sera trop tard. »

Childéric se leva, fit asseoir Viomade, et le conjura de s'expliquer. « Vous vous livrez à une trom- « peuse sécurité, et tout conspire autour de vous.

« Demain, à l'heure où vous recevez vos leudes,
« ils vous environneront, et vous tomberez sous
« leurs poignards... Vous pâlissez! c'est lorsque
« vous concevez l'idée d'un crime que vous devez
« trembler. Rappelez votre fermeté : vous allez en
« avoir besoin.

« Avez-vous pu croire que Sigobert se tairait,
« et que Romuald dévorerait sa honte? Il vous a
« trompé, ce matin, par une apparente tranquil-
« lité; il vous a trompé, mais pour assurer sa ven-
« geance.

« En vous quittant, il a rassemblé, chez lui, les
« seigneurs que vous avez déshonorés, et le nom-
« bre en est grand. Un dîner, une fête, donnée
« pour célébrer son retour, a été le prétexte de
« cette réunion. A la fin du repas, il a fait sortir
« tous les esclaves, dont la présence, a-t-il dit,
« nuit aux épanchemens de l'amitié. Alors il a rap-
« pelé, à ses convives, les affronts que chacun
« d'eux a patiemment supportés. Il s'est étendu
« sur les siens, avec l'animosité d'un homme cruel-
« lement blessé, et il a proposé nettement de vous
« sacrifier à la vengeance commune.

« L'énormité du crime a fait reculer les plus
« hardis. Les uns proposaient de vous dénoncer à
« la nation assemblée; d'autres voulaient qu'on
« vous précipitât du trône. Cela ne suffit pas, s'est
« écrié Romuald. D'ailleurs ce projet ne peut réus-
« sir : il est cher au peuple, qu'il rend heureux;
« il est adoré de l'armée, qui a élevé son enfance.

« Vous vous borneriez à le détrôner, lui qui n'a
« pas balancé à vous accabler d'outrages! N'êtes-
« vous donc plus ces Francs si fiers, si courageux,
« toujours prêts à laver leur honte dans le sang
« de l'agresseur? Vous discutez sur la peine que
« vous devez lui infliger, et en rentrant chez
« vous, vous recevrez, de ces femmes, qu'il a sé-
« duites, des marques d'une affection menson-
« gère; vous prendrez dans vos bras des enfans
« qui ne sont pas les vôtres : c'est à ceux de Chil-
« déric que vous allez prodiguer vos caresses.
« Qu'il tombe, qu'il périsse! Entourez-moi seule-
« ment demain à son audience publique, et je
« porterai les coups. Qu'il tombe, qu'il périsse!
« répètent tous les convives à la fois. Les poignards
« sont tirés, déposés sur la table, et c'est sur les
« instrumens de votre supplice, que votre mort
« est jurée.

« Romuald conduit les conjurés dans une pièce
« écartée. Un de ses officiers, connu de Fourcy,
« y a attiré ce misérable. Là, il est soigneusement
« gardé; là, on le menace des plus cruelles tor-
« tures, s'il ne révèle le lieu, où il a déposé Val-
« drade et Isaure, et la crainte des tourmens lui
« arrache son secret. Émissaire d'infâmes amours,
« lui dit Romuald, tu périras comme ton maître,
« et il lui plonge son poignard dans le cœur.

« Il fait venir Sigobert. Va, fidèle serviteur, va
« venger mon affront : que Valdrade et sa com-
« plice meurent. Épargne les gens chez qui elles

« sont : ils ne savent pas à qui ils ont accordé un
« asile. Sigobert prend avec lui deux hommes dé-
« terminés, et il part. — Valdrade va périr ! Vio-
« made, mon cher Viomade, courons la sauver.
« — Hé, ne l'aurais-je pas déja fait, si on m'eût
« instruit à temps ! Occupez-vous de votre salut,
« voilà tout ce que vous pouvez faire. Allez, sur
« une terre étrangère, pleurer le sang que vous
« avez fait couler ; allez vous mettre à la merci de
« ces rois, à qui vous imprimiez le respect; traînez,
« chez eux, votre déplorable existence ; vivez de
« leurs aumônes, et ménagez-les, si vous le pou-
« vez, dans ce qu'ils ont de plus cher. — Quitter
« mes états ! fuir comme un misérable ! — Inter-
« rogez-vous, et dites-moi ce que vous êtes. —
« Viomade ! comme vous me traitez ! — Ces vérités
« vous effraient. Que ne vous rendiez-vous digne
« d'en entendre de plus flatteuses ? — Mais qui
« protégera ma fuite ! — Moi : je n'ai pas mérité
« de perdre mes amis.

« — Valdrade assassinée ! assassinée pour moi !...
« Malheureux !... » Et des larmes abondantes tombèrent de ses yeux. « Si j'avais douté de votre
« cœur, je vous eusse laissé périr. Je le retrouve,
« et je suis moins malheureux. — Mais, cher Vio-
« made, les faits que vous m'avez communiqués
« sont-ils exacts ? Ne m'est-il plus permis de dou-
« ter ? — Cruel jeune homme, avez-vous pu croire
« que je serais un moment sans veiller sur vous ?
« Je tiens tout d'un conjuré, qui vous sauverait

« si cela était en son pouvoir, et que cependant
« vous avez offensé. Préparez-vous à partir, vous
« dis-je ; c'est le dernier conseil que je peux vous
« donner. »

L'orgueil qu'inspire le diadême fut contraint de ployer, et l'amour de la vie imposa un moment silence aux remords. Le malheureux Childéric, égaré, hors de lui, était incapable de prendre les mesures les plus ordinaires : sa grande ame avait perdu son ressort, parce qu'elle était avilie. Il se jeta dans les bras de Viomade. « Je vous aban-
« donne, lui dit-il, celui que mon père vous confia
« enfant. Veillez sur lui, disposez de lui, puisque
« vous daignez encore vous intéresser à son sort. »

Viomade lui aida à se travestir; il prit une pièce d'or, il la brisa, et il en donna la moitié au monarque infortuné. « Je vous enverrai l'autre,
« s'il vous est jamais permis de rentrer dans vos
« états. Mais cessez de craindre pour votre vie, et
« attendez-moi. Dans une heure, je viendrai vous
« prendre; je vous conduirai sur la place; vous y
« trouverez une escorte, disposée à vous défen-
« dre, et s'il faut tirer l'épée, vous lui donnerez
« l'exemple du courage. »

Les conjurés s'étaient séparés. Chacun était rentré chez soi, pour éloigner les soupçons, qu'aurait pu faire naître une réunion bruyante, et trop prolongée. Les officiers, les esclaves avaient suivi leurs maîtres. Un calme profond régnait dans la ville, lorsque Viomade reparut au palais.

Childéric, l'œil morne, l'air abattu, suivit son meilleur ami, le seul que lui eût laissé la fortune. Viomade prit la cassette du roi, la remit à un esclave, et il dirigea les pas du monarque déchu. Son sceau royal favorisa sa sortie de la ville, et celle de son escorte. Au lever du soleil, ce sceau ne devait plus être qu'un vain signe.

« Où voulez-vous vous retirer, demanda Vio-
« made à Childéric? — Mon ami, je serais heureux
« encore, si j'avais écouté vos conseils. Je suivrai
« du moins le dernier que vous m'allez donner. A
« qui croyez-vous que je doive demander un
« asile? — Le royaume de Thuringe a peu d'é-
« tendue; mais il couvre les états d'Allemagne de
« Théodoric, roi d'Italie, contre les entreprises de
« la France. Les deux souverains ont contracté
« une alliance étroite, et jamais les Francs n'ose-
« ront attaquer Basin : ils attireraient sur eux tou-
« tes les forces des Goths. Vous avez rendu des
« services à ce prince; il vous a toujours marqué
« de l'amitié, et votre infortune ne changera pas
« son cœur. Je crois que vous serez en sûreté à sa
« cour. — Marchons vers le Rhin, dit tristement
« Childéric (1). »

---

(1) L'histoire s'exprime ainsi sur cet événement :
Childéric était l'homme le mieux fait de son royaume. Il

Au point du jour, l'ami fidèle et son prince se séparèrent. Ce moment fut cruel pour tous deux. Childéric voulait retenir Viomade. « Vous voyez, « seigneur, que rien ne s'oppose à votre marche. « Avant que votre fuite soit connue, et qu'on ait « réuni assez de monde, pour attaquer votre es- « corte, avec avantage, vous serez loin. Je retourne « à Cambrai. La journée sera orageuse, et ce n'est « plus que dans votre capitale que je peux vous « être utile. »

Tous les Francs connaissaient Childéric. A chaque pas il recevait des hommages, qui lui froissaient le cœur. « Ce sont, disait-il à ceux qui l'en-« touraient, les derniers vœux que je recevrai de « ce bon peuple. Je m'éloigne de lui, avec la satis-« faction de m'être toujours occupé de son bon-« heur. Heureux, si j'avais pu me vaincre moi-« même, comme j'ai éloigné la misère de mes états! « Puisse celui qui doit me succéder m'imiter, au

---

avait de l'esprit, du courage; mais né avec un cœur tendre, il s'abandonnait à l'amour : ce fut la cause de sa perte. Les seigneurs français, aussi sensibles à l'outrage que leurs femmes l'avaient été aux charmes de ce prince, conspirèrent contre lui. C'était fait de Childéric, si une prompte fuite ne l'eût soustrait à leur vengeance.

En partant, il reçut de Viomade la moitié d'une pièce d'or. Ce fidèle serviteur lui dit qu'il lui renverrait l'autre s'il pouvait jamais reparaître sans danger.

Il se retira chez Basin, roi du petit état de Thuringe, qui était son ami.

« moins, dans l'amour que je n'ai cessé de porter
« à mes sujets ! »

Il sortit heureusement de la France, et il entra dans la Thuringe. De quel poids alors il se sentit soulagé! Il n'avait plus à craindre pour sa vie; mais il passa à l'instant des alarmes aux remords. Valdrade, Isaure, Disparg, Fourcy mourans, se retraçaient, sans cesse, à son imagination effrayée. Il gémissait sur ses égaremens; il détestait sa conduite passée; il jurait de ne jamais fixer une femme jolie; il prenait le ciel à témoin de ses sermens.

Basin, prévenu de son arrivée, attendait un prince beau, aimable, enchaînant partout les plaisirs sur ses pas : il ne vit qu'un infortuné, que consumait la tristesse. Il voulait le ramener à des sensations plus douces; Childéric était inconsolable. Il avouait ses fautes à Basin; il s'accusait de bonne foi, et dans l'amertume de son ame.

La reine de Thuringe était dans tout l'éclat de la première jeunesse, et sa beauté, ses graces, les charmes de son esprit lui attiraient tous les cœurs. Elle crut réussir mieux que le roi, auprès de Childéric, et les consolations, qu'elle lui adressait, étaient assez puissantes, sans doute, pour le rendre à lui-même. L'infortune l'évitait, autant que le lui permettait la décence. Il s'était promis de ne jamais penser à trahir les droits de l'hospitalité, et de l'amitié compatissante. Il le voulait; il n'avait pas d'amour. Il se flattait de surmonter ce nouveau danger, et il comptait se faire honneur, auprès de Viomade, de la première victoire qu'il aurait remportée sur ses sens.

Basin était roi; il ajoutait l'orgueil que donne le diadème à l'amour-propre, commun à tous les hommes. Il se croyait aimable et grand; Basine lui avait juré un amour éternel, et Childéric, détrôné et repentant, ne pouvait troubler sa sécurité. Il s'abandonnait, sans réserve, à tout l'intérêt que lui inspirait son hôte malheureux, et il ne pensait qu'à se l'attacher par ses égards, ses prévenances et ses bienfaits. Retournons à Cambrai. Voyons ce qui s'y passa, peu d'heures après l'évasion de Childéric.

La matinée s'écoulait, et les domestiques du palais royal attendaient le lever de Childéric. Accoutumés à ses absences de nuit, ils causaient avec cette liberté d'esprit, cette insouciance, si ordinaire à cette classe paresseuse et imprévoyante.

Cependant l'un d'eux finit par trouver extraordinaire que le roi n'appelât point. Il conçut des soupçons, et les communiqua à ses camarades. Ils attendirent encore; mais enfin ils résolurent de s'assurer de l'état dans lequel se trouvait le roi. Ils entrèrent dans sa chambre à coucher... Ils se regardèrent, et purent à peine exprimer leur inquiétude et leur étonnement.

L'heure de l'audience publique approchait. La place d'armes se garnissait d'esclaves, qui portaient des épées sous leurs vêtemens; leurs maîtres commençaient à se rassembler, et une agitation, qu'ils ne pouvaient dominer, annonçait de sinistres projets.

Les portes du palais ne s'ouvraient pas. L'impétueux Romuald s'avance, et demande à s'introduire. On lui répond que le roi est absent. Il fait aux conjurés le signal convenu. Tous accourent, se précipitent, écartent les valets et les esclaves, et se répandent dans le palais. Rien n'échape à leurs recherches, et, persuadés enfin que Childéric s'est soustrait à leur rage, ils éclatent en vaines exclamations.

Tout à coup Viomade parut, au milieu d'eux, avec cet air majestueux et tranquille qui impose à tous les hommes. On se presse autour de lui, on lui parle, on l'interroge. « J'ai connu votre « dessein, leur dit-il, et j'ai mis le roi à l'abri de « vos coups. — Vous l'avez soustrait à notre ven- « geance! — Il ne m'a point offensé : je devais « pourvoir à sa sûreté. —Il ne vous a point offensé! « il a méprisé vos conseils; il vous a éloigné de sa « personne. — Il m'a rendu au repos et à la li- « berté. Il a acquis des droits à ma reconnais- « sance, et je viens de lui en donner des marques. « S'il m'eût réellement outragé, je me serais bien « gardé de penser à l'en punir : qui s'établit juge, « dans sa propre cause, se livre souvent à des « excès, que suit de près le repentir. Childéric, « plus équitable que vous, s'est fait justice lui-

« même. Il a déposé sa couronne; il s'est banni
« de ses états, de sa patrie. Que pouvait-il faire de
« plus, pour vous convaincre qu'il est profondé-
« ment affligé de ses fautes, et qu'il a la volonté
« de les expier?

« — J'irai le chercher au bout de la terre, s'é-
« cria le fougueux Romuald. — Vous serez seul,
« et Childéric est brave. — Je serai seul! qui vous
« l'a dit? — Le silence de ces leudes ne vous fait-
« il pas connaître que leur vengeance est satis-
« faite? Mes amis, cessons de nous occuper de
« desseins, que la colère a enfantés, et que désa-
« vouent votre raison et votre cœur. Montrons-
« nous Français; songeons aux maux dont la pa-
« trie est menacée. Voilà les grands, les seuls
« objets qui soient dignes de vous.

« L'état est sans chef. L'anarchie va s'y intro-
« duire et le désoler : c'est ce qu'il faut empêcher.
« Convoquons une assemblée de la nation, et que
« le sceptre soit confié aux mains du plus sage et
« du plus brave. » L'adroit Viomade savait qu'on
calme une passion, en lui en opposant une autre.

Tous les leudes avaient droit de prétendre à
l'autorité royale, et l'ambition éteignit à l'instant
tout autre sentiment. Le vindicatif Romuald, lui-
même, se livra à l'idée flatteuse de voir son front
ceint du diadême. Tous pressèrent Viomade de
reprendre le timon des affaires, jusqu'à ce que
les Francs se fussent donné un roi. Tous pensè-

rent uniquement à se faire des créatures, et à s'assurer des voix.

Le bien public avait toujours été le but que se proposait Viomade. Il était généralement aimé, considéré, respecté : il sentit qu'il était le seul qui pût prendre temporairement les rênes de l'état, sans occasioner de secousses. Il se rendit au vœu de ses pairs, et il dépêcha des coureurs partout, pour hâter la réunion des Francs qui avaient le droit de voter. De ce moment, un champ vaste fut ouvert à l'intrigue et à la séduction. Les ennemis de Childéric ne pensèrent plus à ce prince : on oublie facilement le roi, auquel on se flatte de succéder.

Bientôt commença ce grand jour, où tout un peuple rassemblé allait jouir du droit de se nommer un maître. Déja ceux, qui s'étaient donnés ou vendus, circulaient dans la foule, et cherchaient à augmenter le nombre des partisans de leurs patrons. Trente leudes prétendaient à la couronne : le plus digne du trône est rarement celui qui s'y assied.

Hermangaud, le père de Valdrade, se faisait remarquer par ses longs habits de deuil, et la colère concentrée, qui roidissait les muscles de son visage. Un tumulte soudain s'élève dans l'assemblée, un cri se fait entendre : Romuald est mort ! « Il est tombé, s'écrie Hermangaud, comme il a « fait périr ma fille, sous le fer de mes esclaves. »

Il se dépouille aussitôt des crêpes noirs qu'il a juré de porter jusqu'au moment de la vengeance.

Il se montre, paré de l'éclat et des distinctions qui convenaient à son rang.

Viomade accourt à la tête de ses gardes. « Vous « avez puni par un crime, dit-il à Hermangaud, « celui que Romuald a commis. Je vous soumets « au jugement du peuple : défendez-vous et su- « bissez l'arrêt qui sera prononcé. »

Les hérauts d'armes ordonnent que chacun ait à prendre sa place, et Viomade, debout à côté du trône, accuse Hermangaud. « Romuald a assassiné « ma fille, dit le comte, et j'ai frappé l'assassin. « Voilà le fait, et je n'ai rien à ajouter pour ma « justification. »

Les leudes voyaient un concurrent à la couronne dans chacun de leurs pairs, et tous se prononcèrent contre Hermangaud. Le peuple formait une immense majorité, et il ne vit, dans l'action du malheureux père, que l'effet d'un désespoir excusable, qu'un acte que semblaient autoriser les mœurs encore farouches de ces temps reculés. Hermangaud fut absous.

Viomade avait fait son devoir, et il voyait Childéric délivré d'un ennemi qui, dans tous les temps, aurait été redoutable pour lui. Il annonça à la nation la vacance du trône, et la nécessité de le remplir.

Hermangaud avait pris la place que lui assignaient ses fonctions. Il se leva et demanda la parole.

« L'autorité, dit-il, a tant d'attaits, qu'elle est « convoitée, même par ceux qui savent à peine « obéir. Je vois ici beaucoup de prétendans, et je « n'y trouve que des hommes médiocres. Celui « qui ne pense pas à s'élever; qui a rendu d'écla-« tans services à Mérovée; qui aurait fait de son « fils un prince accompli, si ses avis eussent été « écoutés; celui dont la valeur a brillé dans les « batailles, dont la sagesse a éclaté dans les con-« seils, dont les mains fermes ont constamment « tenu le glaive et la balance des lois, qui n'a ja-« mais été l'objet d'un reproche dans sa conduite « publique ou privée, celui-là seul est digne du « trône, et cet homme est Viomade. »

Un murmure sourd se fit entendre d'un côté de l'assemblée, et des applaudissemens unanimes éclatèrent de l'autre. Il était facile de voir que les esprits se rapprochaient, et bientôt tous les regards se fixèrent sur Viomade. L'assemblée entière se leva spontanément, et le proclama.

Le grand homme prit la parole à son tour. « Français, dit-il, votre choix m'honore, et ne « m'éblouit pas. J'ai servi Mérovée en sujet fidèle; « j'ai élevé son fils, et j'espérais vous avoir donné « un bon roi. Les passions de Childéric ont « trompé mon attente. J'ai blâmé ouvertement « sa conduite; mais je l'ai plaint, et je n'ai pu

« cesser de l'aimer. Que penseriez-vous d'un ami
« infidèle, qui trahirait ses sermens, pour se vêtir
« des dépouilles d'un infortuné? Vous le mépri-
« seriez intérieurement, et celui qui sera appelé à
« régner sur vous doit avoir toute votre estime.
« Je refuse, solennellement, la couronne que vous
« m'offrez ; je jure de ne jamais l'accepter, et vous
« savez si je tiens mes engagemens.

« Permettez-moi d'ailleurs de vous représenter
« que ce n'est pas seulement du choix d'un homme
« que vous devez vous occuper. Vos intérêts po-
« litiques doivent principalement vous diriger dans
« cette circonstance.

« Le royaume de France est faible encore. Nous
« avons des rivaux de gloire et d'ambition sur la
« rive droite du Rhin. Les Armoriques et les pro-
« vinces romaines nous cernent à l'ouest et au
« sud. Devant nous, s'est formé et s'agrandit le
« royaume des Burgondions, et les Visigoths d'Es-
« pagne menacent de franchir les Pyrénées, et de
« conquérir les pays situés entre ces montagnes
« et la Loire. Nous jouissons d'une paix profonde ;
« mais que l'ambition détermine quelques-uns de
« ces souverains à se déclarer contre nous, quel
« sera notre sort? Nous ne pourrons aspirer qu'à
« l'honneur de succomber glorieusement.

« Il nous faut un prince, qui, en prenant le
« titre de roi de France, unisse des états, déja
« acquis, à ceux que nous lui donnerons ; qui
« double ainsi nos forces, et qui, fier de votre

« choix, fasse tout pour le justifier. Égidius est
« brave et ferme, et vous pouvez d'un mot vous
« agrandir de toutes les provinces romaines. »

Les leudes se récrièrent contre une proposition, qui tendait à faire passer le sceptre dans des mains étrangères. Les hommes libres, qui n'y pouvaient prétendre, étaient ébranlés par la solidité des raisonnemens de Viomade. Il développa ses idées avec la clarté et l'énergie qui lui étaient familières; son désintéressement ajoutait à la force de son discours, et à l'ascendant qu'il était en possession d'exercer depuis long-temps. Il entraîna tous les suffrages, et il expédia aussitôt des députés chargés d'annoncer à Égidius que le peuple français l'appelait à régner sur lui (1).

Nous avons vu les sujets romains de ce prince soumis à l'autorité absolue, et Viomade avait présumé, avec raison, qu'Égidius ne tarderait pas à violer les libertés, dont les Francs étaient si jaloux. Le souvenir des fautes de Childéric devait se dissiper avec le temps, et son extrême bonté, comparée aux actes arbitraires du patrice, pou-

---

(1) L'élection d'Égidius fut, dit l'auteur des Gestes des rois de France, chap. VII, un coup de la politique de Viomade. Ce patrice foulait ses sujets romains, et Viomade profita du crédit qu'il obtint sur l'esprit du nouveau roi, pour l'engager dans des démarches qui ne pouvaient que le rendre odieux à la nation. Les exactions du monarque régnant rappelèrent le souvenir du prince exilé, etc.

vait finir par lui ramener les cœurs les plus aliénés. Nous saurons plus tard si les événemens ont justifié les espérances de Viomade.

Basin avait établi sa résidence dans la petite ville de Northausen. Son palais gothique avait quelque splendeur; mais on ne connaissait pas l'art des distributions intérieures. Des corridors longs et obscurs conduisaient, alors, à des logemens isolés, cachés dans l'épaisseur des tours, ou couverts par des murs élevés et menaçans. On trouvait de la grandeur à s'ensevelir dans des carrières, et à imprimer, au dehors, une sorte de crainte qu'on voulait bien prendre pour du respect. On s'égarait nécessairement dans ces habitations, quand on n'en connaissait pas bien les détours, et on trouvait difficilement ceux qui avaient quelque intérêt à se cacher. Cette absence du goût, ou plutôt celui des choses barbares servit souvent les amours : où ne trouvent-ils pas des autels?

Les jardins n'offraient rien que d'utile. Des arbres fruitiers, des carrés de légumes étaient leur principale décoration. On ne savait pas encore condamner à la stérilité, pour l'agrément du maître, des portions de terre, dont le produit ferait exister cent familles. Cependant des treilles, hautes et touffues, ornaient quelques parties des jardins du roi de Thuringe. C'est là, qu'après son repas, il allait chercher de la fraîcheur et du repos. Basine l'avait toujours accompagné dans ces promenades. Sans amour, et par conséquent sans désirs, elle était tranquille auprès de l'époux que ses parens lui avaient donné. Le travail de l'aiguille, un chant grossier, mais joyeux, sa volière, quelques jeux innocens avec ses femmes suffisaient pour éloigner l'ennui, qui la poursuivait quelquefois. La beauté se contente de si peu, tant qu'elle a son innocence !

Childéric avait un appartement qui touchait à celui du roi. Basin l'avait logé près de lui, pour qu'ils se vissent à tous les momens du jour. L'amitié prévoit bien des choses ; il en est d'autres qui lui échappent, et dont elle s'aperçoit trop tard.

L'appartement de Basine était dans une autre aile du palais. Avant l'arrivée de Childéric, elle y passait la plus grande partie de la journée. Maintenant elle croit n'être bien qu'auprès de son époux. Elle va chez lui, à chaque instant, et le plus léger prétexte suffit pour motiver des visites multipliées. La légèreté même de ces motifs font croire à Basin que l'amour que lui porte la reine s'accroît de jour en jour. Il ne sait pas qu'en venant, en s'en retournant, Basine s'arrête devant la porte de Childéric, et qu'un soupir annonce le trouble naissant de son ame.

Quelquefois elle rencontrait Childéric chez le roi. Elle restait alors, et elle envoyait chercher son ouvrage. Childéric, embarrassé, cherchait, à son tour, un prétexte honnête, qui lui permît de se retirer; la reine en trouvait un pour le retenir. Elle était loin de lire dans son propre cœur; elle ne pensait pas même à y descendre.

Childéric avait trop d'expérience pour ne pas juger le sien. Il en était le maître encore; mais il sentait qu'il ne résisterait pas long-temps à une femme charmante, dont il était tendrement aimé. Il se rappelait l'amitié, les soins soutenus, la confiance du roi. Il opposait la reconnaissance, sa raison, son jugement à l'empire que Basine commençait à prendre sur lui. Il pensait à la fin tragique de Valdrade, et, saisi d'effroi, il sortait brusquement, et il allait se renfermer chez lui.

La reine se persuada que ses malheurs altéraient quelquefois sa raison. Elle prenait la main de son époux; elle l'entraînait chez Childéric; elle le pressait d'oublier ses infortunes; elle se plaignait de ne pouvoir en adoucir le sentiment. Ses expressions étaient celles de la candeur; mais son ton était pénétrant; un vif incarnat ajoutait à l'éclat de son teint, et Childéric, hors de lui, jugea qu'il n'y avait plus de salut pour lui que dans la fuite.

Il voulait fuir, le malheureux! il le voulait sincèrement. Il déclara à Basin que des maris offensés se disposaient à le poursuivre, jusque dans ses états, et qu'il allait chercher un asile en Italie. Basin lui répondait qu'il n'avait rien à craindre auprès de lui, et que, d'ailleurs, il n'avait pas reçu de courriers de France. Basine lui promettait naïvement de se placer entre lui et ses assassins; elle pleurait; elle croyait donner des larmes aux craintes qui paraissaient tourmenter Childéric : ses pleurs étaient arrachés par l'idée d'une prochaine, et éternelle séparation.

Quel homme aurait pu résister à ces attaques multipliées? Childéric porta l'héroïsme de la vertu aussi loin qu'il peut aller : il résolut de fuir secrètement.

Il n'était pas possible de sortir du palais pendant la nuit, et il était difficile d'effectuer, pendant le jour, un projet qui semblait nécessiter certains préparatifs. Quelques officiers étaient demeurés fidèles à Childéric, et l'avaient suivi dans son exil. Il ouvrit sa cassette; il partagea, entre eux, l'or qu'il avait apporté de France. Il leur enjoignit d'être prêts à partir, à l'heure où le roi reposait sous ses treilles. Il leur défendit de se charger de rien, qui pût faire soupçonner leur dessein, et il résolut de n'emporter que les vêtemens dont il était couvert. Ah! si Viomade me voyait, se disait-il : s'il pouvait lire dans mon cœur, il me trouverait digne de lui, et il me rendrait son estime.

Suffit-il à un homme égaré de vouloir se remettre sous l'empire de la vertu? Dépend-il de lui d'échapper aux circonstances? Qui de nous n'y est assujetti, par une force cachée et invincible? Eucher, l'un des officiers de Childéric, avait un cœur, et Tiburce, une des femmes de Basine, était sensible. L'amour les avait rapprochés; cet amour était vierge encore, et l'ordre du départ fut un coup mortel pour Eucher.

Il courut chercher Tiburce, et cacher dans son sein son tendre désespoir. Tiburce avait lu dans le cœur de la reine, et, je l'ai dit, les femmes ont toujours l'esprit du moment. Tiburce ne se livra pas à de vaines déclamations, à de stériles regrets; elle entra chez Basine, et lui annonça que, dans deux heures, Childéric allait disparaître pour jamais.

Basine, effrayée, consternée, ne chercha pas à dissimuler sa douleur. « Ce ne sont pas des « larmes, madame, qui éloignent les maux qui « nous menacent. Il faut agir, et faire à l'instant « fermer toutes les portes du palais. Il faut vous « rendre maîtresse de vous-même, et aller ap- « prendre au roi le projet de Childéric, et ce que « vous aurez fait pour retenir ce prince. — Va, « Tiburce, fais ce que tu croiras nécessaire; parle « partout en mon nom, et laisse-moi donner un « libre cours à mes pleurs. »

Tiburce était, en effet, la seule qui conservât assez de présence d'esprit, pour pouvoir servir les amours. Le bon roi Basin approuva qu'elle eût mis Childéric dans l'impossibilité de sortir du palais. Il fit doubler les gardes partout, pour rassurer ce prince contre les entreprises de ses ennemis. Il fit rassembler ses officiers; et leur fit vider, dans ses coffres, l'or dont leur maître les avait chargés; il alla trouver cet hôte, trop intéressant, et il lui tint ce discours :

« Vous avez pris un parti désespéré; il me per« suade qu'en effet on veut attenter à vos jours. « Mais avez-vous pensé aux dangers, sans cesse « renaissans, que vous rencontrerez sur votre « route? Des montagnes escarpées à gravir; des « forêts presque impraticables à traverser, ne fa« voriseront-ils pas les ennemis qui vous poursui« vent? Que leur opposerez-vous? Quatre ou cinq « compagnons de votre infortune, qui mourront « à vos côtés, sans pouvoir vous défendre. Restez « dans mes états, dans mon palais, d'où il faudra « une armée pour vous tirer, et quelle puissance « osera braver le ressentiment de Théodoric mon « allié? Mon cher Childéric, mon ami, demeurez « ici, je vous en prie, je vous en conjure. — Le « ciel m'est témoin que j'ai fait ce que j'ai pu...— « Je le sais : Tiburce m'a tout compté. Quels « malheurs nouveaux attireront sur nous ma fu« neste condescendance! — Céder c'est les pré« venir tous. — Vous le voulez.—Je l'exige. — Je « me rends — Votre parole. — Je vous la donne. »

Basin, charmé d'avoir persuadé Childéric, courut se féliciter auprès de la reine, de la victoire qu'il venait de remporter. Il parla, avec complaisance, des moyens de conviction qu'il avait employés; il comptait sur des éloges, et Basine lui en donna de bien sincères. Hélas! on ne peut éviter son sort.

La jeune princesse avait eu le temps de se remettre, et la certitude de voir Childéric passer ses jours auprès d'elle, lui rendit la gaieté naturelle à son âge. Le roi la quitta, enchanté d'elle et de lui.

Une princesse jeune, sensible, que la fuite d'un homme charmant a réduite au désespoir, n'a plus rien à apprendre à celle devant qui elle l'a pleuré. Mais Basine aimait, comme on aime pour la première fois. Le secret de son cœur l'oppressait; ce cœur avait besoin de se soulager. Childéric restait; c'était beaucoup, sans doute; mais son projet n'annonçait-il pas une indifférence décidée? Voilà un tourment nouveau, qui succède à celui qui vient de cesser, et souffrons-nous jamais, sans désirer une main bienfaisante qui essuie nos larmes? Tiburce pénétra la pensée de sa maîtresse, et elle lui évita l'embarras de s'expliquer la première. Elle osa lui parler de son amour.

Il ne fallait qu'un mot pour amener les plus touchantes, et les plus condamnables confidences. C'était la première fois que la reine laissait parler son cœur, et elle n'avait ni la force, ni la volonté de s'arrêter. Elle répétait ce qu'elle avait déja dit, et ce qu'elle croyait dire pour la première fois. Se lasse-t-on jamais, quand on s'entretient de ce qu'on aime?

La jeune princesse avait toute sa candeur. Aimer, être aimée lui paraissait le bonheur suprême. Elle n'imaginait rien au-delà. Son indifférence pour·le roi lui rendait insipides ces jouissances qui ont tant de prix, quand elles sont partagées. Elle n'en soupçonnait pas encore l'existence.

Il était facile de l'arrêter; d'opposer son devoir à son amour; de lui démontrer la nécessité de borner ses vœux au roman de cœur qu'elle s'était fait. Mais Tiburce allait avoir besoin d'indulgence, et elle ne voulut pas que sa maîtresse pût jamais rien lui reprocher.

Nous revenons, sans cesse, à l'idée qui nous domine exclusivement : Basine continuait à se plaindre de la froideur de Childéric. Tiburce répétait que la crainte de la mort ne l'avait pas porté à fuir; que sans doute il aimait avec passion, et que le respect, la défiance de lui-même l'avaient déterminé à s'éloigner. « Ah! Tiburce, si tu l'avais « pénétré! — N'avez-vous pas remarqué, madame, « avec quelle opiniâtreté, quelle impolitesse même « il a cherché à vous éviter? — Crois-tu que cela « ait pu m'échapper? J'en ai été blessée avec rai- « son, car que peut-il me reprocher? Je lui ai pro- « digué mes tendres soins, mes consolations... — « Et elles ont produit trop d'effet. Croyez-moi, « madame, on ne se dérobe à une femme char- « mante, que lorsqu'on tremble de n'avoir pas pro- « duit cette impression violente, dont on est tour- « menté. — Tu me rassures, ma chère amie. »

Basine n'allait plus chez le roi, que lorsqu'elle espérait y trouver Childéric. Elle passait le temps à parler de lui, avec Tiburce, et elle croyait ce plaisir bien innocent. L'artificieuse suivante couvrait le précipice de fleurs, et, pas à pas, elle y conduisait la séduisante victime. Childéric, las de combattre, s'abandonnait, sans réserve, à son nouvel amour. Le sort l'a voulu, se disait-il; le roi lui-même a retenu son rival; je n'ai rien à me reprocher.

J'ai décrit l'habitation, et les jardins du roi de Thuringe. On sent que deux jeunes gens, qui s'aimaient, qui se cherchaient, devaient se rencontrer souvent, dans ces détours obscurs, naguère si tristes, et que vont embellir les amours. Eucher et Tiburce étaient toujours placés entre les jeunes amans, et ceux qui pouvaient les surprendre. Basine s'était avancée jusqu'à recevoir un signal, qui annoncerait que le moment de se séparer était venu. On devait fuir alors, et trouver, partout, des asiles, où des regards indiscrets n'oseraient pénétrer.

Un échange d'aveux, et d'innocentes caresses comblaient les vœux de Basine, et elle répétait à son amant et à Tiburce qu'elle était la plus heureuse des femmes. Childéric s'enflammait tous les jours davantage; il touchait au moment d'être heureux, et, pour le devenir, il n'avait qu'à le vouloir. Cependant sa probité s'élevait encore contre ses désirs, et quelquefois elle leur imposait silence. « Savez-vous, dit-il un jour à Basine, « à quoi vous vous exposez? je porte partout le « malheur avec moi. — De ma vie je n'ai été aussi

« heureuse. Que dis-je? c'est à vous seul qu'il ap-
« partenait de me faire connaître le bonheur.

« Cette félicité est trompeuse. En avez-vous prévu
« les suites funestes? avez-vous oublié ce que je
« vous ai dit de Valdrade? — Elle est morte pour
« vous : son sort est digne d'envie. » Un baiser
brûlant accompagna ces derniers mots, et la vertu
mourante de Childéric s'éteignit sans retour (1).

Basine, revenue à elle, s'étonna d'abord de ce
qui venait de se passer. Elle pleura ensuite, et
elle adressa de tendres reproches à son vainqueur.
Elle protesta, dans toute la bonne foi de son ame,
qu'elle s'était promis de s'en tenir au bonheur
d'aimer et de plaire; elle gémissait sur une faute,
qu'avec un peu de réflexion il lui eût été facile de
prévoir. De quoi ne console pas l'amour, caché
sous une enveloppe charmante? Childéric, embelli encore par le sentiment de son bonheur,
par le feu et le charme de ses discours, conduisit
la reine, de chute en chute, jusqu'au point d'en
désirer, et d'en provoquer de nouvelles.

Basine gagna bientôt, en amabilité, ce qu'elle
avait perdu en candeur. Son ame expansive répandait, autour d'elle, la félicité dont elle était
enivrée. Le roi attribuait ce changement à la docilité que Childéric avait marquée pour leurs avis

---

(1) Roricou, livre I, dit, en parlant de Childéric : Il sé
duisit Basine, épouse du roi de Thuringe, son hôte et son ami.

communs. Les femmes sont sensibles, lui disait-il, et la reine est enchantée d'avoir contribué à votre conservation. Moi, je vous dois beaucoup : je n'avais qu'une très-jolie femme, et vous avez rendu Basine spirituelle et aimable. Ah! mon ami, quelle vie délicieuse nous mènerons désormais! mon palais sera l'asile des plaisirs, et vous jouirez de votre ouvrage.

L'expérience avait rendu Childéric prudent. Eucher et Tiburce, constamment occupés de leurs affaires personnelles, ou de celles de nos amans, ne se quittaient plus. Childéric les maria, pour prévenir toute espèce d'interprétations. Il ne se borna pas à cette mesure de prévoyance : il sentit que ses démarches et celles de la reine devaient être réglées par la plus rigoureuse circonspection. L'amitié et l'amour-propre, disait-il à Basine, ont produit cette confiance du roi, qui paraît nous favoriser; mais il ne faut qu'une imprudence pour l'éclairer, et nous perdre, peut-être, tous les trois. Il se permit de tracer à la reine une règle de conduite, qui ne s'accordait pas avec ses goûts; mais à laquelle elle promit de se conformer.

Basin se félicitait chaque jour, avec son hôte, des attentions, des prévenances, des soins soutenus de Basine. Jamais elle ne l'avait autant aimé. A la vérité, il l'avait épousée, ajoutait-il, presque au sortir de l'enfance, et son cœur était encore muet. Mon cher ami, vous êtes bien séduisant, et vos malheurs vous rendent plus intéressant encore. Mais si les femmes que vous avez aimées eussent ressemblé à la reine, si elles avaient eu ses qualités et ses vertus, vous seriez encore sur le trône.

Quelle erreur que celle qui nous rend heureux! combien il est cruel de la perdre, et qui peut nous en dédommager? Le bonheur dont jouissait le roi était sacré pour Childéric, et il faisait tout pour y ajouter à chaque instant. La tendre intimité qui l'unissait à la reine avait ses momens de repos : ils étaient prévus et arrangés d'avance. Childéric se livrait au plus aimable enjouement, et une conversation raisonnable et instructive succédait à la saillie piquante. Ce prince était l'élève de Viomade; il savait tout ce qu'on pouvait savoir alors, et le roi l'écoutait, avec un plaisir mêlé d'admiration, et d'une sorte de respect. Jusqu'alors Basin avait régné en barbare; Childéric en fit un bon roi.

Basine n'avait connu encore que des jeux enfantins. Son esprit n'était que celui qu'elle avait reçu de la nature. Childéric se chargea de le cultiver; il entreprit de faire éclore des talens aimables, et quel maître que l'amour! C'est chez le roi que se donnaient les leçons : ce n'était que là qu'on pouvait échapper aux distractions. Basine, obligée de se contraindre, était toute à ce que lui disait son amant, et la science perdait ce qu'elle avait d'aride, quand l'homme adoré voulait la parer de quelques graces.

La petite ville de Northausen devenait, insensiblement, le centre de la civilisation, parce que les goûts du maître sont bientôt ceux de la cour, et que le plus petit bourgeois croit s'agrandir, en imitant, gauchement, ceux que le hasard a placés au-dessus de lui. On goûtait, dans cette ville, à peu près ignorée aujourd'hui, des plaisirs nouveaux et toujours renaissans. L'autorité du maître était encore la même; mais il avait appris à l'adoucir par des manières affables. On savait qu'on était redevable de ce changement à Childéric; on ne concevait pas que l'ami des hommes eût été expulsé de ses états, et, quand il paraissait en public, il retrouvait les hommages que lui avaient long-temps prodigués les Français, et qui flattent, dans tous les pays, quand ils sont l'expression du cœur.

Les semaines, les mois, les années s'étaient écoulés dans un heureux oubli du passé. L'insouciant Childéric avait trouvé une nouvelle patrie, que Basine lui rendait bien chère; il régnait sur elle, et il n'avait plus d'autre ambition. Par quel art avait-elle fixé un prince, qui, jusqu'alors, avait compté ses plaisirs et non des femmes sensibles? Basine aimait avec une extrême tendresse; mais elle avait senti bientôt que les charmes de l'esprit peuvent remplir seuls de longs et ennuyeux intervalles; qu'un refus, adroitement ménagé, attire; qu'un caprice, qui n'a rien d'offensant, réveille un cœur, prêt à s'assoupir. C'était là son unique secret.

Childéric, plus réfléchi, commençait à comprendre que le mieux est l'ennemi du bien; qu'une femme charmante, sous tous les rapports, est préférable à celle qu'on ne recherche souvent, que parce qu'on ne l'a pas eue. Peut-être aussi la gêne, qui accompagne toujours un amour clandestin, contribuait-elle beaucoup à le rendre constant.

Cependant tout ce qu'avait prévu Viomade était arrivé. La France souffrait, et murmurait tout haut. Non-seulement Égidius avait attaqué et détruit les libertés des Francs; il les avait assujétis à des impôts, qu'ils n'avaient jamais connus. Les rois, qui l'avaient précédé, vivaient des revenus de leurs domaines; ce n'était que dans les circonstances graves qu'ils demandaient au peuple des secours, qui paraissaient légers, parce qu'ils étaient librement accordés (1). Égidius gouvernait avec une verge de fer. Il joignait à des exactions criantes un orgueil révoltant. Environné, sans cesse, de la force armée, et de la pompe du trône, il rappelait à la mémoire ces rois simples et débonnaires, qui ne déployaient la majesté de la couronne que lorsqu'ils allaient présider l'assemblée nationale.

---

(1) Ce tableau de la France est conforme à ce qu'en dit l'histoire.

Viomade parlait partout des qualités de Childéric, et partout il était favorablement écouté. Les maris, que ce prince avait offensés, avaient vieilli, et quelques-uns étaient morts. Le mal présent avait effacé le souvenir de fautes, qu'on supposait cruellement expiées, par un exil de huit années. Les gens attachés à Égidius, sous quelque dénomination que ce fût, étaient l'objet de la haine publique. On les évitait, on les fuyait. Les Francs se cherchaient, se rassemblaient, se serraient autour de Viomade. L'ami fidèle ne proposait rien de positif; mais il entretenait adroitement l'exaltation, dans laquelle il voyait tous les esprits; il lui fournissait de l'aliment.

Les familiers d'Égidius, réduits à vivre entre eux, ne pouvaient lui faire connaître le danger qui le menaçait (1), et ce prince était étranger à l'art de régner : il confondait l'obéissance forcée, avec cette soumission qu'inspirent la confiance et l'affection. Il prenait la crainte pour du respect. Il ne fallait qu'une secousse pour le renverser.

Viomade voyait les Francs disposés à prendre les armes. Les troupes romaines n'étaient pas traitées avec ces ménagemens, qui soutiennent la fidélité. En admettant qu'elles voulussent combattre, qu'avaient à redouter, de soldats amollis, des hommes jaloux de leur liberté, et brûlant de re-

---

(1) L'espionnage n'était pas connu alors. Il y avait des assassins, et point de délateurs.

conquérir leurs anciens droits? Viomade jugea que le moment favorable était venu. Il fit partir un homme sûr, et le chargea de remettre, à Childéric, la moitié de la pièce d'or, qu'ils avaient rompue, lorsque ce prince fut obligé de fuir (1).

Childéric avait entendu parler confusément des maux qui pesaient sur la France. Il s'en affligeait quelquefois; souvent aussi il les oubliait auprès de Basine, et, tout à elle, il finissait par ne rien regretter. Ces alternatives se succédaient dans un cœur tout français, lorsque l'envoyé de Viomade parut.

Le premier mouvement du prince fut pour la gloire; le second fut à l'amour. Il jura à Basine qu'elle lui tenait lieu de tout ce qu'il avait perdu, et qu'il ne la quitterait jamais. « Et votre peuple, « lui répondit cette femme étonnante? Il vous « rappelle, il vous attend. — Mon peuple m'est « bien cher; mais toutes mes affections s'évanouis- « sent devant l'amour. — L'amour peut tout en- « noblir, vous me l'avez dit : que notre héroïsme « justifie notre faiblesse. Allez, délivrez votre pa- « trie du joug étranger. Je vous regretterai, je « vous pleurerai pendant le reste de ma vie; mais « j'applaudirai à votre gloire, à vos vertus, et le « sacrifice que je vous fais me rendra ma propre « estime. »

---

(1) Ces détails sont encore entièrement historiques.

Childéric résistait. Il ne pouvait supporter l'idée de se séparer d'une femme, qui avait embelli huit ans de sa vie, et qui était dans tout l'éclat de sa beauté. « Celui qui a donné des leçons aux rois, « lui dit-elle, qui a appris à Basin comment on « doit régner, a-t-il besoin des conseils d'une « femme faible? Souffrira-t-il qu'elle se montre « plus grande, plus généreuse que lui? » Elle prend la main de son amant, et le conduit chez le roi.

« Seigneur, lui dit-elle, votre ami vous a ré-« pété cent fois que les peuples ne sont pas faits « pour les rois ; mais que les rois sont faits pour « les peuples. Childéric va mettre cette grande « maxime en pratique. Il est rappelé dans ses « états ; il vient vous remercier de l'asile que vous « lui avez si généreusement accordé, et il va faire « le bonheur de la France, ou périr glorieusement « les armes à la main. »

Elle avait mis son amant dans l'impossibilité de reculer ; mais ses forces étaient épuisées. Elle laissa Childéric avec le roi, et elle alla cacher, dans le fond de son appartement, sa douleur et ses larmes amères : depuis long-temps, elle ne connaissait que celles du plaisir.

Basin resta anéanti de ce qu'il venait d'apprendre. Il s'était fait une douce habitude de vivre avec Childéric, et il sentait ce qu'il devait au commerce d'un prince, aussi aimable qu'éclairé. Cependant il ne balança point, entre son intérêt personnel, et celui de la France. Il se rangea de suite à l'opinion de la reine, et fit tout préparer pour le départ.

L'amour devait un moment encore aux deux amans, et ils le trouvèrent. Le dernier adieu fut cruel, déchirant. Le roi, sincèrement affligé, trouva la douleur de Basine naturelle, et il attribua à la reconnaissance celle que Childéric ne pouvait dissimuler. On se sépara enfin. Les regards de l'amant se tournaient, sans cesse, vers ces murs qu'habitait ce qu'il avait de plus cher; Basine agitait, du haut d'une tour, un mouchoir mouillé de ses pleurs. Childéric ne la voyait plus, et il regardait encore. La ville de Northausen se fondit enfin dans l'atmosphère, et le prince français commença à combattre son cœur, et à s'occuper des destinées qui l'attendaient.

Basine avait voulu garder Tiburce. On ne se console pas de la perte d'un amant adoré; mais on se complaît à en parler à quelqu'un, qui entend le langage du cœur, et qui sait y répondre. Eucher, attaché à sa femme, avait obtenu de Childéric la permission de rester auprès d'elle. C'est avec elle que Basine passait tous les momens, qu'elle pouvait dérober aux bienséances, et au roi.

Déja Childéric touchait aux frontières de la France. C'est avec trois officiers qu'il allait y rentrer; c'est par sa présence seule qu'il voulait essayer de reconquérir un trône. Il sentait la témérité d'une telle entreprise; mais Basine n'était plus près de lui, et la gloire seule pouvait la remplacer, dans une ame courageuse et élevée. Il piqua son cheval, et poussa droit au premier village français, qui se rencontra devant lui.

« C'est Childéric, dit-il aux habitans; c'est ce
« roi que vous avez aimé, et qu'une conspiration
« de courtisans a banni de ses états, c'est lui qui
« vient vous protéger de son épée, et renverser
« un tyran. C'est lui qui vous promet que ce sera
« pour vous que vous féconderez la terre, et que
« vos immunités vous seront rendues. Armez-vous
« et suivez-moi. »

Ces villageois l'avaient écouté à genoux, et les bras étendus vers lui. Ils se levèrent, ils jurèrent de seconder leur libérateur, et ils coururent aux armes. Ainsi l'amour, qu'il avait inspiré, se ranima aux premiers accens de sa voix, et lui donna son premier bataillon. Ses forces augmentaient à mesure qu'il avançait, et bientôt il fut à la tête d'une armée.

Ce mouvement était d'une trop haute importance pour qu'Égidius pût l'ignorer long-temps. Il était brave; mais il voyait les Français l'abandonner, pour se ranger sous les drapeaux de Childéric, et il n'était pas sûr de ses propres troupes. Il jugea qu'il perdrait ses provinces romaines avec la France, s'il ne se hâtait d'y rentrer, et de les contenir par sa présence. Il réunit ses différens corps; il se mit à leur tête, et il abandonna le territoire français (1).

La marche de Childéric ne fut plus qu'une fête triomphale. Il avait promis la liberté à ses sujets, et partout il en établissait les bases. Les Francs le bénissaient, et reprenaient cette noble fierté, qui sied à des hommes libres. Égidius n'aurait pu traîner au combat que des soldats à gages; Childéric avait une nation de héros à opposer à ses ennemis.

Viomade jouissait de son ouvrage, et du changement, qui s'était opéré dans les inclinations du roi. Ce prince avait été faible par l'influence de l'âge, mais il touchait à celui où une noble ambition commence à se développer. Il écoutait la voix de cette passion des grands hommes, et l'objet de la sienne était de se faire aimer, et d'obtenir, à sa mort, les larmes de la reconnais-

---

(1) Il suffit d'une bataille, dit l'auteur des Gestes, dont les historiens modernes ont adopté l'opinion, pour rétablir Childéric sur son trône. Grégoire de Tours, loin de parler de cette bataille, ne dit pas même qu'Égidius se soit opposé au rétablissement de Childéric. Il assure, au contraire, liv. II, chap. 11, que le patrice et le roi vécurent en bonne intelligence, et que toujours ils se réunirent contre l'ennemi commun. Je donnerai, dans mon histoire de France, une discussion approfondie sur les contradictions qui existent entre les vieux chroniqueurs, et les erreurs auxquelles se sont livrés nos auteurs modernes.

sance. Heureux les peuples à qui la fortune accorde de tels rois!

Cependant Basine était loin d'être oubliée, et peut-être son ascendant sauva-t-il Childéric de nouvelles faiblesses. On prévoit que ce prince ne lui laissa pas ignorer sa réintégration. Le courrier, qu'il dépêcha à Basin, était chargé d'une mission secrète pour la reine. Childéric ne savait pas écrire, et on ne confie pas, à une main étrangère, le sort d'une femme qu'on a adorée, et qu'on aime tendrement encore. Un chien d'or, enrichi de pierreries, fut l'emblême de ses sentimens.

Viomade le pressait souvent de se marier. Je n'ai pas trente ans encore, lui répondait-il. Laissez-moi affermir le bonheur de mes sujets; je reviendrai ensuite à l'amour.

Le plus grand des hommes a ses faiblesses : la nature nous a assujettis à un tribut, que nous lui payons tous, plus ou moins. Peut-être les nobles résolutions de Childéric se seraient-elles évanouies, au sein de la paix et du repos : le génie de la France lui suscita un ennemi, auquel il ne pensait pas, et qu'il se disposa à combattre.

Théodoric, roi d'Italie et d'une grande partie de l'Allemagne, avait placé son frère Frédéric en Espagne, sur le trône des Visigohts. Ce prince descendit des Pyrénées, à la tête d'une armée nombreuse, et il entra dans les Celtiques. Childéric s'allia avec Égidius, et ils marchèrent contre l'ennemi commun.

Le roi voulait que Viomade l'accompagnât, et qu'il fût l'ame de ses conseils. « Non, lui répondit « ce serviteur fidèle. Si vous êtes vainqueur, on « m'attribuera vos succès, et votre gloire toute « entière doit vous appartenir. Montrez-vous seul « à la tête des armées, et soyez digne du peuple « que vous avez l'honneur de commander. Je reste « à Cambrai; partez. L'amitié fera des vœux pour « vous, et elle vous attend au retour. »

Frédéric avait passé la Loire auprès d'Orléans (1). Childéric et Égidius se joignirent dans les plaines qui bordent cette ville. Égidius, vieilli, plein de confiance dans l'activité du roi des Francs, et dans l'intelligence qu'il développait dans toutes les occasions, lui laissa la direction de cette journée, et se borna à conduire ses troupes au combat. Jamais Childéric n'avait fait la guerre; mais il était né général (2). Ses dispositions furent celles d'un tacticien consommé. Il invoqua Basine et la gloire, et il marcha à l'ennemi.

La victoire fut long-temps disputée. Childéric

---

(1) Les détails, qui se rapportent seulement aux faits militaires, sont conformes à l'histoire.

(2) Le grand Condé, Charles XII, le prince Charles Édouard d'Écosse n'avaient pas entendu un coup de canon, lorsqu'ils gagnèrent leur première bataille.

était partout, et partout les Visigoths reculaient devant lui. Ah! si elle me voyait, s'écriait-il quelquefois, dominé par le délire, qui naît toujours d'un premier succès! tout céda enfin à l'impétuosité française, et à la valeur brillante du roi. Les débris de l'armée de Frédéric repassèrent la Loire. Ce fut du champ de bataille même que Childéric dépêcha à Northausen un courrier, qui décida du reste de sa vie.

Ce prince négociait comme il savait combattre. La France ne pouvait avoir de prétentions sur les contrées situées entre la Loire et les Pyrénées : elle en était séparée par des provinces entières. Childéric ne demanda que des garanties, qui assurassent l'indépendance de ses états, et de ceux d'Égidius : il ne connaissait plus d'ennemis quand ils avaient remis l'épée dans le fourreau.

On voyait cette armée, naguère bouillante de valeur, à présent couverte de gloire, reprendre fièrement le chemin de ses foyers. L'humble habitant des campagnes se pressait sur son passage, et voyait un héros dans le dernier soldat. Ces soldats recevaient ces félicitations, ces caresses comme un hommage dû aux libérateurs de leur pays, et leur patriotisme adoucissait la rudesse, qu'on contracte si facilement sous le drapeau.

Déja le vainqueur avait dépassé la ville d'Arras, et il approchait de Cambrai. Un nuage de poussière annonça à Childéric qu'un gros de cavalerie s'approchait de lui... C'était Viomade, qui venait, à la tête d'une suite nombreuse, féliciter le roi. Les deux amis tombèrent dans les bras l'un de l'autre, émus, attendris. Viomade jouissait de la gloire de son élève; le roi se sentait digne de son ami.

On n'avait pas alors d'armée, formant un corps séparé dans l'état. Les rois de France furent obligés, plus tard, d'adopter cet usage, et de maintenir, par une force permanente, les grands vassaux de la couronne, qui souvent attaquaient l'autorité royale. L'hydre féodal succomba; mais les armées, maintenues sous le drapeau, devinrent souvent les instrumens du despotisme. Childéric licencia la sienne sous les murs de Cambrai, et il rentra dans sa capitale, comme un bon père, qui vient reprendre sa place, au milieu de sa famille.

Un soir, il se livrait avec Viomade à ces épanchemens du cœur, si nécessaires à tous les hommes, et dont les rois jouissent si rarement! Les deux amis, satisfaits du passé, s'occupaient de l'avenir, et cherchaient le bien qui restait encore à faire. Quelquefois un soupir s'échappait vers Northausen, sans nuire à l'attention que le roi devait aux discours de Viomade. Tout à coup on vient annoncer à Childéric qu'Eucher demande la permission de le saluer.

A ce nom, le peuple français, les intérêts politiques, la gloire acquise disparurent. Le roi ne douta point que cet officier lui fût député par

Basine, et il ne vit plus qu'elle. Viomade avait appris que le moyen de conserver la faveur est de n'en jamais abuser. Il ignorait ce que voulait Eucher; mais il voyait que le roi était impatient de l'entendre, et il se retira.

Eucher fut accueilli comme un homme qu'on n'attendait pas, et dont on allait apprendre des choses du plus haut intérêt. Oh! comme on est écouté, quand on sait parler au cœur! Les distances disparurent à l'instant. L'officier devint l'égal, l'ami du monarque, dont il caressait la passion.

L'étonnement, la satisfaction du roi augmentaient à chaque mot que lui adressait Eucher. « Où est-elle, s'écria-t-il enfin? Que je la voie, « que je la presse dans mes bras : les détails vien- « dront après. » Eucher sort, et il introduit Basine, soutenue par Tiburce.

Peut-être quelqu'un de mes lecteurs a-t-il été séparé de l'objet de ses plus chères affections, sans espoir de le revoir jamais. Lui seul jugera le ravissement, l'ivresse, le délire qui égarèrent les deux amans. Les ménagemens politiques, l'amitié d'un roi, ouvertement trahie, les mœurs publiques violées, toutes les considérations qui enchaînent les passions des hommes s'éteignirent aussitôt. L'amour, l'amour heureux régnait seul, et sans partage. « Si je connaissais, dit Basine au roi, un « plus grand héros, ou un plus galant homme

« que vous, j'irais le chercher jusqu'aux extré-
« mités de la terre (1). »

On avait trouvé enfin la possibilité de s'adresser des mots suivis. « Comment êtes-vous sortie de « Northausen ?... Comment avez-vous pu fuir la « Thuringe ?... Quel homme, quel ami, quel dieu « vous a remise dans mes bras ? » Telles furent les premières questions que fit Childéric à Basine.

On est toujours concis, lorsqu'une conversation suivie ne s'accorde pas avec les intérêts présens du cœur. Basine raconta que la nouvelle de la victoire d'Orléans avait ajouté à la violence d'un amour, qu'elle avait en vain essayé de combattre. Eucher et Tiburce lui avaient représenté les dangers du parti qu'elle voulait prendre. Elle était décidée, et ils n'eurent plus qu'à obéir. Une partie de chasse fut arrangée; tout était disposé pour le travestissement de la reine, et Eucher avait placé, d'avance, des relais sur la route. Basine prit, dans un bois, les simples vêtemens d'une suivante, et celle qui quittait un trône, ne fut plus, jusqu'à Cambrai, qu'une jeune fille au service de Tiburce.

Ce récit n'était pas long, mais il suffisait pour satisfaire la première curiosité du roi. Le reste de la nuit fut consacré aux amours.

Qu'il est cruel le réveil qui suit des plaisirs,

---

(1) Ces paroles de Basine sont consacrées par tous les historiens.

que la morale et la probité désavouent! Childéric et Basine descendirent au fond de leurs cœurs. Le charme, qui avait couvert l'abîme, était évanoui. Ils condamnaient leur conduite; ils tremblaient pour l'avenir, et ils n'osaient se le dire.

Basine n'avait plus pour appui, pour unique ressource que son amant, et Childéric était effrayé de la position où il se trouvait. Il passa dans une pièce voisine, et il envoya chercher Viomade.

Il lui raconta les faits, dans toute leur simplicité; il ne lui cacha pas l'intimité qui s'était établie entre la reine et lui, à la cour de Northausen : cet aveu pouvait seul expliquer la fuite de Basine. Il protesta qu'il avait été entièrement étranger à cette démarche, plus qu'inconsidérée, et il finit par demander des conseils à celui, dont la sagesse n'avait pas toujours été écoutée.

« Vous vous êtes rendu coupable, envers le
« roi de Thuringe, du crime le plus bas, l'ingrati-
« tude. Vous lui avez ôté le cœur de sa femme;
« vous avez violé la sainteté du mariage; vous
« avez préparé la fuite de la reine, et elle a mis
« votre conduite passée à découvert, parce qu'une
« femme ne quitte pas son époux, pour s'aller
« donner à un homme, dont elle n'est pas sûre
« d'être accueillie. Vous ne m'avez pas demandé
« ce que je pense sur tous ces événemens; je vous
« fais grace de reproches, qui vous aigriraient
« encore, et qui ne remédieraient à rien. Vous
« voulez des conseils? Je n'en ai qu'un à vous

« donner. Renvoyez Basine en Thuringe, et dés-
« avouez hautement sa conduite. Plaignez-la in-
« térieurement, vous le devez; mais ne lui sacri-
« fiez pas le sang et l'or de vos sujets..

« — La renvoyer à son mari! Abandonner une
« femme, qui m'a accueilli dans ma disgrace; qui
« m'a fait oublier mes infortunes; près de qui le
« temps de mon exil s'est écoulé, comme un jour
« serein; qui vient de me donner la preuve la
« plus certaine d'un inaltérable amour; la ren-
« voyer à son mari! la livrer au ressentiment d'un
« homme justement irrité! Ce serait le comble de
« la lâcheté.

« — La lâcheté, seigneur, est dans la chose, et
« non dans la réparation. Basine sera malheureuse,
« sans doute; mais à qui imputera-t-elle son triste
« sort? A son amour condamnable, et à la fatale
« imprudence, qui vient de la remettre dans vos
« bras. Qu'est une femme, comparée aux grands
« intérêts qui vous sont confiés? Avez-vous oublié
« que Basin est l'allié du roi Théodoric? Ce prince
« outragé ne demandera-t-il pas vengeance au
« souverain, qui s'est engagé à protéger sa fai-
« blesse? Voulez-vous attirer sur vos états l'Italie,
« toute entière, et une partie de la Germanie?

« — L'abandonner! La renvoyer à son époux!...
« Jamais... jamais! Que voulez-vous faire? —
« Je ne sais. — Je vais vous le dire. Vous allez
« donner à votre cour le spectacle d'une union
« adultère et publique. Vous réveillerez, par une

« faute plus grave, le souvenir de celles que les
« exactions d'Égidius ont fait oublier. Celle-ci est
« impardonnable, et ne sera pas couverte par les
« lauriers que vous avez cueillis dans les plaines
« d'Orléans. — Que dites-vous, Viomade! Celle
« qui s'est assise sur un trône, dont le front a été
« couvert du bandeau des rois, serait dégradée
« jusqu'à n'être qu'une misérable concubine! —
« Je vous entends, seigneur. Vous voulez qu'elle
« règne sur la France, au mépris des droits les
« plus sacrés.   Oui... je le veux... Et elle ré-
« gnera. » Viomade se leva; il salua respectueusement son maître; il sortit, et ne reparut plus à la cour.

Le roi s'était prononcé, et il se sentait soulagé d'un pesant fardeau. Mais il est des résolutions, qu'il faut exécuter à l'instant, parce qu'on sent, soi-même, qu'elles ne peuvent soutenir l'examen de la raison. Je lui reste seul, répétait Childéric, et mon trône doit la dédommager de celui qu'elle m'a sacrifié. Cette pensée, prolongée, soutenue, le maintenait dans ses dispositions actuelles, et l'empêchait de rétrograder.

Les leudes qui étaient à Cambrai furent mandés au palais. « Que doit, leur demanda-t-il, un
« homme délicat à une femme jeune, belle et
« sensible, qui, volontairement, a perdu, pour
« lui, ses dignités, sa réputation et son repos? »
La délibération ne fut pas longue. Un leude répondit au nom de ses pairs : « Cette femme a droit

« à tous les dédommagemens que son amant peut
« lui offrir. — Mes amis, cette femme est la reine
« de Thuringe, et l'homme à qui elle a tout sa-
« crifié, c'est moi. »

Cet aveu changeait singulièrement la face de la question. Les leudes étonnés se regardèrent, et aucun d'eux n'osa prendre la parole. Childéric s'aperçut aisément qu'ils partageaient l'opinion de Viomade, et il sentit qu'une secousse imprévue pouvait seule les rendre indulgens. Il donne le signal convenu, entre Eucher et lui; un rideau se tire. Basine paraît sur une estrade, embellie encore par les délices de la nuit. Elle est environnée des femmes, qu'on a pu rassembler, et qui lui adressent leurs hommages. L'or, les pierreries brillent sur sa longue robe, et sont à peine remarqués. Elle sait qu'elle est devant ses juges, et elle les regarde avec ce sourire, auquel les cœurs ne peuvent échapper. Tous s'écrient à la fois : « Qu'elle règne sur la France et sur nous !
« — Mes amis, jurez-vous de me suivre, s'il faut
« défendre votre reine. — Nous le jurons. »

Ce jour entier fut consacré aux plaisirs. Pendant que Basine subjuguait tous les seigneurs de la cour, par les charmes de sa figure, par son amabilité, par les graces de son esprit, les druides ornaient leur temple de guirlandes et de festons, et le rigoriste Viomade fut oublié.

Dans le courant de la journée, Eucher entendit quelques leudes qui se disaient : « Aucune femme

« ici ne peut être comparée à Basine; le roi n'a
« que trente ans, et il n'y a que ce mariage qui
« puisse assurer le repos de nos familles. »

Dès que le jour suivant commença à poindre, des hérauts annoncèrent, partout, que le roi se rendait au vœu de son peuple, et qu'il allait associer une compagne à son trône. Les Francs se rassemblèrent de toutes parts, ils garnirent les rues, les places publiques et les approches du temple. Lorsque Basine parut, appuyée sur la main de l'heureux Childéric, des applaudissemens unanimes éclatèrent : le peuple est le même dans tous les lieux, et dans tous les temps. Livré sans réserve aux sensations de l'instant, il oublie que le jour le plus fortuné doit avoir un lendemain (1).

En effet, tous les yeux étaient fixés sur Childéric et Basine. Personne ne s'occupait du roi de Thuringe, ni par conséquent des résultats que pouvait amener la conduite de Childéric. Mais quand le premier délire fut calmé, que la cessation des fêtes rendit chacun à ses foyers et à la réflexion, tous les esprits se tournèrent vers Basin; les inquiétudes commencèrent à naître, et à empoisonner le bonheur de Childéric et de la reine.

Tous les maux qu'avait prévus Viomade pou-

---

(1) Velly dit, d'après Grégoire de Tours : Childéric épousa Basine contre les droits sacrés de l'hyménée, et les lois inviolables de l'amitié. C'est de ce mariage qu'est né Clovis.

vaient fondre sur la France. Mais cet homme, si pénétrant, ne connaissait pas le caractère de Théodoric. L'intérêt personnel de ce prince était le mobile de toutes ses actions, et, comme beaucoup d'autres rois, il ne faisait, et n'observait des traités, qu'autant qu'ils étaient utiles à son agrandissement.

Basin, outré d'un affront qu'il n'avait pas mérité, révolté de l'ingratitude de Childéric, mais trop faible pour le punir avec ses seules ressources, Basin avait fait retentir de ses plaintes la Germanie et l'Italie. Il finit par sommer Théodoric de tenir les conditions stipulées entre eux.

Théodoric lui fit répondre qu'il s'était engagé à garantir ses états, et non sa femme, et qu'il ne convenait pas à sa dignité d'entrer dans des querelles de famille. Si Childéric eût pris la moindre bourgade de la Thuringe, le roi d'Italie eût fait tomber toutes ses forces sur la France : il fut insensible à la douleur de son allié.

Basin fut réduit à l'emploi des moyens que lui donnaient alors les lois. Basine s'était répudiée par le fait : il la répudia solennellement, pour la forme. Il affecta, pour elle, pendant tout le reste de sa vie, une indifférence qu'il était loin d'éprouver, et un mépris qui pouvait être sincère.

Cet orage, calmé dès sa naissance, fut le seul incident qui troubla la tranquillité de Childéric et de Basine. Livrés exclusivement à l'amour, ils ne pouvaient cependant en épuiser les délices.

L'amour constant n'est pas rare chez les femmes : il se nourrit de ce qu'il a coûté à la pudeur, et surtout à la décence publique. Mais la fidélité de Childéric peut étonner : elle ne s'accordait ni avec ses habitudes, ni avec son caractère. Cette espèce de phénomène ne peut-elle s'expliquer? La beauté plaît seule; mais seule elle ne captive pas, et les graces sont toujours nouvelles. Celles de Basine se montraient chaque jour sous des nuances différentes; la femme de la veille n'était jamais celle du lendemain. Childéric, d'ailleurs, avait appris ce que peuvent coûter des amours frauduleux, et, à trente ans, on sent tout ce que vaut une femme accomplie.

A la fin de l'année, la naissance d'un prince resserra les liens, qui unissaient les tendres époux. Cet enfant fut nommé Clovis (1). La fortune le destinait à étendre le territoire français, et à faire, de son royaume, l'état le plus puissant de l'Europe. Il naquit brave comme son père; mais il annonça bientôt un caractère féroce que rien ne put dompter, et Childéric n'avait plus de Viomade à qui il pût confier son enfance. Ce grand homme venait de terminer une carrière toujours utile, et souvent glorieuse.

Childéric et Basine furent frappés de cette perte. Le roi regrettait des conseils, qu'avait

---

(1) L'histoire ne dit plus rien de Basine après la naissance de Clovis.

toujours dictés la sagesse, et la reine sentit qu'une aimable frivolité ne suffit pas à une femme qui partage un trône. Elle conçut le noble projet de remplacer Viomade, et de parer la raison des charmes que la nature lui avait prodigués. Elle voulut faire un grand roi de son époux, parce qu'elle l'aimait pour lui.

Le peuple n'avait pas été oublié; mais on s'était faiblement occupé de son bonheur. Basine entreprit de ramener le roi aux sentimens de bienfaisance, qui lui étaient naturels, et elle y réussit sans peine. La France vit, avec attendrissement, de jeunes souverains lui consacrer leurs travaux et leurs veilles. La reconnaissance publique fut le prix de leurs efforts. Bientôt la gloire des armes ajouta à la gloire, moins éclatante, mais plus solide, qui naît d'une bonne et sage administration.

L'île d'Albion n'avait jamais été entièrement soumise aux Romains. Les Pictes (1), favorisés par leur position, et couverts par leurs montagnes, avaient conservé leur indépendance, et faisaient souvent des courses dans l'intérieur de l'île. Trop faible pour leur résister, le roi Voltigerne appela à son secours les Saxons et les Angles (2).

---

(1) Les Écossais.

(2) Tout ceci est historique. C'est vraisemblablement de ce dernier peuple qu'Albion prit le nom d'Angleterre.

Ces peuples quittèrent la Germanie, où ils étaient établis, et ils débarquèrent en Albion. Bientôt ils s'emparèrent des meilleures terres; ils bâtirent des forteresses, et Voltigerne vit qu'il s'était donné des maîtres.

Ces spoliateurs, se trouvant trop resserrés dans leur nouvelle conquête, repassèrent la mer, sous la conduite de leur roi Audoacrius. Ils remontèrent la Loire et la Mayenne et pénétrèrent jusqu'à Angers.

Les Visigoths d'Espagne, qui s'étaient fixés dans ces belles contrées, n'opposèrent qu'une faible résistance à ce torrent dévastateur. Égidius était mort, peu de temps après la bataille d'Orléans. Le comte Paulus, qui lui avait succédé, trembla pour ses provinces. Les états de Childéric n'étaient couverts que par les Armoriques (2), et une invasion générale semblait menacer cette partie de l'Europe.

Childéric et Paulus avaient les mêmes intérêts à défendre, et ils s'allièrent à l'instant. Le roi de France convoqua une assemblée de la nation. Il y parut sur un trône, où Basine était assise avec lui. Il peignit les dangers, qui menaçaient la patrie, avec le ton de vérité d'un homme convaincu, et la noble énergie qui caractérise un héros. Basine tenait son fils dans ses bras. Lorsque le roi

---

(1) La Bretagne.

eut cessé de parler, elle se leva, et, avec ce charme, qui lui était propre, elle sollicita, pour l'enfant, la protection de l'assemblée. Aussitôt tous les boucliers furent élevés sur la pointe des javelots, et on n'entendit qu'un cri prolongé : La guerre !

On s'empressait de s'enrôler, pour défendre son pays, sa liberté, et pour se montrer digne de la magnanimité du souverain. Toute la France se fût rangée sous les drapeaux de Childéric, s'il l'eût exigé. Il se mit à la tête d'une armée nombreuse, qui brûlait de combattre, et la reine l'accompagna jusqu'à la frontière. On la voyait, montée sur un superbe cheval, passer dans les rangs, et montrer Clovis aux Francs, comme Childéric, à cet âge, l'avait été par Viomade, et par le brave et malheureux Gontram. Basine connaissait le cœur humain.

Lorsque le roi sortit de la ville de Northausen, les adieux avaient été cruels. Ceux-ci ne furent pas moins pénibles. Les rois n'attendaient pas alors des nouvelles des armées au milieu des délices de leur capitale; ils combattaient avec leurs troupes, et un jour de bataille ils n'avaient d'autre avantage, sur le dernier de leurs soldats, que l'honneur de paraître au premier rang. La mort pouvait frapper Childéric, et cette pensée arrachait des larmes à Basine. Le roi sentait qu'il l'embrassait peut-être pour la dernière fois, et il ne pouvait se séparer d'elle. « C'est assez, lui dit-

« elle enfin, c'est assez vous montrer époux et
« père : ne soyez plus que roi. » Elle piqua son
coursier, et s'éloigna rapidement, avec son fils
et sa suite.

Paulus, impatient de combattre, jaloux, peut-
être, d'enlever à Childéric l'honneur de la victoire, Paulus avait gagné une journée sur son
allié. Empressement funeste! Il attaqua Audoacrius, sous les murs d'Angers; il y perdit la vie,
et ses troupes, composées alors de gens sans
aveu, et de toutes les nations, plièrent de toutes
parts. Angers ouvrit ses portes au prince saxon.

Le lendemain, à la pointe du jour, l'armée de
Childéric se déploya dans la plaine. Il rallia les
fuyards de celle de Paulus; il les incorpora dans
ses bataillons, pour les mettre dans l'impossibilité
de reculer, et il se disposa à combattre.

Audoacrius crut que les Francs seraient aussi
faciles à vaincre que ce ramas d'hommes, qui
déshonoraient le nom romain. Il sortit d'Angers,
et il accepta le combat. Ses troupes étaient braves; mais elles n'étaient guidées que par l'appât
du pillage : l'amour de la patrie et de la gloire
avait armé les Francs.

Ils devaient être invincibles, et ils le furent.
Ces Saxons, qui se croyaient si redoutables, plie-
rent à leur tour. Childéric se montra grand général, et le plus brave de son armée. Il redoubla
d'efforts, et la victoire le couronna.

La ville d'Angers tomba avec Audoacrius, et

les débris des troupes saxonnes cherchèrent leur salut dans leurs barques. Le roi s'empara d'une partie de leurs navires; il les poursuivit, l'épée dans les reins, jusque dans leurs îles (1), et, là, il les contraignit à traiter selon ses vues. Jamais ce prince n'avait tiré l'épée que pour se défendre, et c'est le plus bel éloge qu'on puisse faire d'un roi. Jamais il n'avait pensé à usurper une province, une ville, un village, et, pour la seconde fois, il se borna à mettre son ennemi dans l'impuissance de troubler son repos : exemple de modération bien remarquable, et qui a été trop rarement suivi.

Les Francs, enivrés de leur nouvelle victoire, sentaient cependant tout ce qu'ils devaient à Childéric. Ils l'élevèrent sur le pavois, et le proclamèrent le libérateur de la patrie : titre auguste, et qui passe toujours à la postérité la plus reculée.

Le roi de France était rentré dans ses états, et il s'avançait vers sa capitale, impatient de recevoir les objets de ses plus tendres affections. Il marchait à la tête des siens, en pensant qu'il ne recevrait plus les félicitations de Viomade. Il regrettait que cet ami sincère ne pût applaudir à cette nouvelle victoire, comme il avait partagé la

---

(1) Grégoire de Tours dit positivement que les Francs poursuivirent les Saxons jusque dans leurs îles, qu'il ne désigne pas. Il n'est pas vraisemblable qu'il ait voulu parler de l'Angleterre et de l'Irlande.

gloire, acquise sous les murs d'Orléans. L'amour ne devait pas tarder à faire oublier l'amitié. La Renommée avait devancé Childéric, et son impatience était partagée par celle qui, autrefois infidèle et inconsidérée, était devenue un modèle de constance et de vertus.

Ainsi qu'au retour d'Orléans, un nuage de poussière frappe les yeux attentifs du roi. Ce prince a deviné Basine. Il s'élance de toute la vitesse de son cheval, et l'amour réunit, une seconde fois, deux êtres que la raison d'état avait pu seule séparer.

Qu'ils sont doux ces premiers momens qui voient éteindre de vives alarmes! A cette mort, glorieuse sans doute, mais toujours cruelle, qu'avaient redoutée ces époux, avaient succédé la gloire, la sécurité, l'honneur national affermi, et l'espoir du bonheur tranquille, qui devait en être la suite.

Combien de fois ne l'ai-je pas dit! les femmes ont toujours l'esprit du moment. Elles seules connaissent ces soins heureux, ces attentions fines, dont nous sommes toujours si flattés. Basine savait avec quelle satisfaction on revoit les heureux qu'on a faits; combien, dans un cœur bien placé, est profondément gravé le souvenir des services qu'on a reçus! Eucher avait parlé : l'amour et la nature étaient satisfaits; le moment d'offrir une fleur à l'ancienne amitié était enfin venu.

Nous avons vu qu'alors les rois étaient toujours accessibles. Ils le furent long-temps encore : Louis IX, qui fut aussi grand que l'esprit de son siècle lui permit de l'être, Louis IX administrait la justice, assis à l'ombre d'un chêne de la forêt de Vincennes. Deux époux, présentés par Basine, trois enfans se jetèrent aux pieds du roi. Il les relève, il les regarde, il les presse dans ses bras paternels. C'est Mariole, c'est son mari, c'est leur famille intéressante.

Le roi se sentait assez grand pour avouer ses fautes « Ah! dit-il à Mariole, vous devez à Vio-
« made une conscience sans reproche; Bruno lui
« doit son heureuse sécurité, et la mère de ses
« enfans n'a point à rougir devant eux. Je savais
« tout cela, lui dit Basine d'un ton pénétré. Mais
« je vous estime assez pour croire que je peux
« vous présenter Mariole sans danger. — Mon
« amie, mon excellente amie, il n'est plus pour
« moi qu'une femme au monde, et cette femme,
« c'est vous.

« — Seigneur, ces bonnes gens sont dans l'ai-
« sance; mais croyez-vous que de l'aisance suffise
« à qui a contribué au salut de mon héros, en-
« core enfant? — Faites, madame, tout ce que
« vous croirez convenable. Mes bienfaits, offerts
« par vous, auront un charme de plus. »

Basine s'attacha Mariole : Childéric employa Bruno; les enfans furent donnés à Clovis. Ils devinrent, près du petit prince, ce qu'avaient été

Disparg et Fourcy. Mais ils vivaient sous les yeux de la reine, et leur mère veillait aussi sur eux. Il n'était pas à craindre que, de long-temps, ils pussent rendre à Clovis certains services, que les grands paient avec une magnificence scandaleuse; mais il fallait les garantir de la brutalité naissante d'un enfant, que déja il était si facile de juger.

Ils n'étaient pas toujours heureux; souvent ils regrettaient la métairie des environs d'Amiens, et la liberté illimitée dont ils y avaient joui. Un sourire, une caresse de Basine, les calmaient; un présent, qu'ils montraient à leur mère, leur faisait tout oublier.

Mariole était sensible à leurs petits chagrins. Mais elle voyait leur éducation soignée, le germe des talens se développer; elle rêvait des emplois, et même des grandeurs pour la suite : une mère est-elle jamais sans quelque ambition?

La France était heureuse au-dedans, et redoutée au-dehors. On compte les jours de tous les rois. On aime à prévoir celui où on sera délivré d'un prince méchant ou inutile; on se complaît à étendre, jusqu'aux bornes les plus reculées, ceux du souverain, dont l'épée fait la sécurité de l'état, et dont la bienfaisante sagesse répand le bonheur autour de lui. Ainsi la France cherchait à se persuader que son roi survivrait au plus grand nombre de ses sujets.

Étrange et malheureuse destinée! la vie de

Childéric touchait à son terme, et on ne voulait pas s'apercevoir de l'état de langueur, dans lequel il commençait à tomber. La tendresse toujours active, toujours prévoyante de la reine, jugea le coup dont elle allait être frappée. Elle ne sortait plus des temples; elle adressait ses vœux ardens aux dieux : les dieux étaient sourds.

Childéric sentit approcher sa fin, et il la vit avec résignation. « Nous n'avons plus Viomade, « disait-il à la reine, et le sceptre passera, peut-« être, dans les mains d'un enfant de quinze ans. « Qui maîtrisera cette fougue, que déja il ne dis-« simule plus? Je mourrais tranquille, si je croyais « qu'il dût écouter vos conseils : je n'ose l'espérer. »

Il semblait que l'avenir se dévoilât devant le lit de mort de Childéric. Basine partageait ses craintes, mais elle voulait que son ame s'exhalât en paix. Elle faisait valoir les qualités de Clovis; elle lui en accordait d'imaginaires; elle parlait d'une docilité, d'un attachement pour elle, qui n'avaient jamais existé. Elle cherchait à rappeler, dans le cœur déja glacé de son époux, l'espérance, qui était éteinte dans le sien. Il mourut en l'écoutant.

Ce jour fut un jour de deuil pour toute la France. Point de crêpes, point de signes extérieurs. Personne n'avait la force de s'occuper de ces livrées de l'ostentation, ou d'une joie, que la cupidité dérobe difficilement à un œil observateur. Des regrets amers, des larmes, des sanglots manifestèrent la douleur des Francs. Les enfans pleuraient à l'exemple de leurs mères : les malheureux ne savaient pas ce qu'ils avaient perdu.

~~~~~~~~~~

Les vieux chroniqueurs, qui ont parlé de Childéric, ont affecté une concision affligeante. Ces anciens historiens étaient évêques ou moines, et Childéric n'était pas chrétien. Il se sont étendus, avec complaisance, sur le règne de Clovis, qui embrassa le christianisme. Grégoire de Tours n'osa taire les crimes de ce prince; mais il les colora d'un vernis religieux.

Cependant, à travers de simples indications, il est facile de lier les grandes époques du règne de Childéric. On voit ce prince, dominé par l'amour excessif des femmes, développer toutes les vertus qui peuvent s'allier avec un défaut, toujours dangereux dans un roi. Son affection pour le peuple français; ses soins soutenus, pour assurer le bonheur national; sa politique, franche et loyale; la légitimité des guerres qu'il entreprit; sa valeur dans les combats; sa modération après la victoire, doivent le faire ranger au nombre des grands rois.

Il mourut en 481, dans la vingt-quatrième année de son règne. L'histoire s'est tue sur le lieu où il fut inhumé. Mais un hasard heureux fit découvrir son tombeau, dans l'enceinte de Tournai, en l'an 1653.

On y trouva le squelette d'un cheval, et quelques ossemens humains, qui annonçaient une haute et forte stature; un globe de cristal, et plusieurs pièces curieuses, d'or massif; une tête de bœuf, un style avec ses tablettes; des abeilles émaillées, des médailles de plusieurs empereurs, enfin un grand nombre d'anneaux, sur, un desquels on voit un cachet, qui présente l'empreinte d'un homme parfaitement beau. Il a le visage entièrement rasé; sa chevelure est longue, tressée, séparée au milieu du front, et rejetée par derrière. Il tient un javelot de la main droite. On lit autour de cette figure le nom de Childéric, gravé en lettres romaines. Une partie de ces restes d'une grandeur, anéantie, a été déposée à la bibliothèque du roi.

Il paraît vraisemblable que, dans ces temps reculés, les rois et les grands étaient enterrés avec leur cheval de bataille, leurs bijoux et des provisions de bouche. J'ai lu quelque part qu'un souverain exigea que son médecin fût enterré avec lui : cette idée de représailles ne s'est pas convertie en usage.

FIN DU BEAU-PÈRE ET LE GENDRE

TABLE

DES CHAPITRES ET MATIÈRES CONTENUS DANS CE VOLUME.

L'ÉGOISME.

Chapitre Ier. Introduction............ Page 1
Chapitre II. Que ferai-je de ces deux hommes-là. 6
Chapitre III. Revenons au comte d'Alaire...... 22
Chapitre IV. Encore de la philanthropie...... 38
Chapitre V. Je crois qu'il sera varié......... 49
Chapitre VI. La brochure................. 35
Chapitre VII. Les voies de fait ont toujours de tristes suites........................ 84
Chapitre VIII. Madame de Versac et Julie..... 107
Chapitre IX. D'Alaire.................... 128
Chapitre X. Le procès.................... 149
Chapitre XI. Où l'amour s'arrêtera-t-il ?...... 171
Chapitre XII. La catastrophe.............. 200
Chapitre XIII. Suite du précédent........... 224
Chapitre XIV. L'Amour et la Raison......... 252
Chapitre XV. Un mariage.................. 277

LE BEAU PÈRE ET LE GENDRE.

PREMIÈRE PARTIE.

Avertissement.	Page 323
La guerre aux mots.	325
Poésies diverses.	342
Notice historique sur le maréchal Brune.	358
Poésies diverses.	376

LE SIÉGE DU PARNASSE AU DIX-NEUVIÈME SIÈCLE.
POEME HÉROÏ-COMIQUE. 405

Préface.	407
Le Siége du Parnasse au dix-huitième siècle, chant premier.	409
Notes du chant premier.	425
Lettres d'un Illinois à un de ses compatriotes.	429
Les Voyages de Vénus.	473

CHILDÉRIC PREMIER, ROI DE FRANCE, ET VIOMADE.

DEUXIÈME PARTIE. 489

Preface.	491
Childéric premier, roi de France, et Viomade.	493

FIN DE LA TABLE.

www.ingramcontent.com/pod-product-compliance
Lightning Source LLC
Chambersburg PA
CBHW050315240426
43673CB00042B/1410